Angewandte Induktive Statistik und Statistische Testverfahren

Thomas Cleff

Angewandte Induktive Statistik und Statistische Testverfahren

Eine computergestützte Einführung mit Excel, SPSS und Stata

Thomas Cleff
Fakultät für Wirtschaft und Recht
Hochschule Pforzheim
Pforzheim, Deutschland

ISBN 978-3-8349-0753-0 ISBN 978-3-8349-6973-6 (eBook)
https://doi.org/10.1007/978-3-8349-6973-6

Die Deutsche Nationalbibliothek verzeichnet diese Publikation in der Deutschen Nationalbibliografie; detaillierte bibliografische Daten sind im Internet über http://dnb.d-nb.de abrufbar.

Springer Gabler

Verantwortlich im Verlag: Markus Braun

Springer Gabler ist ein Imprint der eingetragenen Gesellschaft Springer Fachmedien Wiesbaden GmbH und ist ein Teil von Springer Nature.
Die Anschrift der Gesellschaft ist: Abraham-Lincoln-Str. 46, 65189 Wiesbaden, Germany

Vorwort

Das hier vorliegende Lehrbuch *Angewandte Induktive Statistik und Statistische Testverfahren: Eine computergestützte Einführung mit Excel, SPSS und Stata* möchte den Studierenden der Volks- und Betriebswirtschaftslehre sowie Praktikern in Unternehmen die Grundlagen, Techniken und Anwendungsmöglichkeiten der Induktiven Statistik und der statistischen Testverfahren näher bringen. Die Inhalte reichen von der klassischen Messfehlertheorie und den Grundlagen der Wahrscheinlichkeitsrechnung, über die Darstellung unterschiedlicher Wahrscheinlichkeitsverteilungen, bis zur Berechnung von Konfidenzintervallen. Zudem wird ein erster Einblick in parametrische und nicht-parametrische Testverfahren gegeben. Alle Themen werden mit Hilfe von computerbasierten Berechnungen auf betriebswirtschaftliche Beispiele angewendet. Die Themengebiete decken so alle wichtigen Aspekte einer Hochschulveranstaltung zur Induktiven Statistik ab bzw. gehen in Teilen sogar darüber hinaus.

Bei der Abfassung des Buches war es für mich wichtig, auch demjenigen einen Einblick in die Denkweise statistischer Verfahren zu ermöglichen, der ansonsten Schwierigkeiten mit der formalen oder methodischen Herangehensweise eines traditionellen Statistikbuches hat. An vielen Stellen habe ich versucht, auf überflüssige Formeln zu verzichten oder zunächst eine intuitive Herangehensweise an ein Thema zu wählen, bevor eine Formel abgeleitet bzw. angegeben wird. Es dürfte dennoch jeder verstehen, dass ein Buch über die Induktive Statistik und über statistische Testverfahren niemals ohne Formeln auskommen kann und es auch nicht sollte. Wenn die Alltagssprache in ihrer Präzision versagt, ist und bleibt eine Formel letztlich die präziseste Form der sprachlichen Formulierung dessen, was methodisch ausgedrückt werden soll. Zur Vertiefung habe ich jedem Kapitel Übungsaufgaben mit Lösungen angefügt, die ein effizientes Selbststudium erleichtern sollen.

Letztlich ermöglicht vor allem die allgemeine Verfügbarkeit von Computerprogrammen eine neue didaktische Herangehensweise an die Statistik. Jeder Studierende hat heute Zugriff auf Standardprogramme wie Excel oder auf Statistikpakete wie SPSS oder Stata. Dieses Lehrbuch beschränkt sich deshalb nicht nur auf die Darstellung der statistischen Verfahren, sondern erweitert den Blick auf deren Anwendung mit Hilfe der Computerprogramme Excel 2010, SPSS (Version 25) und Stata (Version 13). Hierfür sind auf der Homepage des Verlages unter springer.com/9783834907530 – neben anderen Zusatzmaterialien – die verwendeten Datensätze zur Verfügung gestellt. Mit ihnen können die Beispiel- und Übungsaufgaben durchgerechnet werden.

Ich möchte an dieser Stelle allen danken, die an der Verwirklichung dieses Buches mitgearbeitet haben. Mein besonderer Dank für die kritische Durchsicht des Manuskripts und für die wertvollen Hinweise gilt Dr. Bettina Müller und Prof. Dr. Kirsten Wüst sowie vielen weiteren ungenannten Helfern. Ebenfalls möchte ich mich bei Claudia Rosenbaum als der verantwortlichen Lektorin des SpringerGabler Verlags für ihre Unterstützung bedanken. Verbleibende Fehler und Unzulänglichkeiten gehen selbstverständlich weiterhin zu meinen Lasten. Abschließend wäre dieses Buch niemals ohne die Unterstützung meiner Familie möglich gewesen. Ihr gilt mein ganz besonderer Dank.

Ich hoffe auch in Zukunft auf Anregungen und Verbesserungsvorschläge an meine E-Mail-Adresse thomas.cleff@hs-pforzheim.de, denn gemäß einer chinesischen Weisheit sind nur mit den Augen der anderen die eigenen Fehler gut zu sehen.

Pforzheim
im Januar 2019

Thomas Cleff

Inhaltsverzeichnis

Abbildungsverzeichnis

Tabellenverzeichnis

1 Einführung

Auch dieses Buch über die Grundlagen der Induktiven Statistik könnte man mit der üblichen Polemik gegen die Statistik beginnen. Jeder kennt sie, hat sie vielleicht schon einmal selbst verwendet oder zumindest im ersten Band dieses Buches (Cleff 2015, S. 1) gelesen: „Ich glaube keiner Statistik, die ich nicht selbst gefälscht habe", „Mit Statistik kann man alles beweisen" oder „Es gibt drei Arten von Lügen: Lügen, verdammte Lügen und Statistiken". Letztlich unterstellen alle diese Aussagen, dass Statistik eine besonders hinterhältige Form der Lüge und ein mithin manipulatives Instrumentarium darstellt. Dennoch vergeht kein Tag, an dem nicht über irgendwelche Statistiken berichtet wird. Mit Spannung werden die Ergebnisse des Politbarometers, des Geschäftsklimaindexes oder die neuesten Konjunkturprognosen von der Öffentlichkeit erwartet. Statistische Modelle und Methoden sind dabei zu einem wichtigen Instrument in der betriebswirtschaftlichen Problemanalyse, der Entscheidungsfindung und der Unternehmensplanung geworden. Wieso scheint hier nun die eben noch gescholtene Statistik einen unwiderstehlichen Zauber, eine Magie der Präzision der Zahlen auszustrahlen? Wie kommt es, dass der oben beschriebene Superlativ von Lügen – Statistiken – auf einmal zur Grundlage der Planung von Privatpersonen und Unternehmen wird? Swoboda (1971, S. 16) glaubt, dass vor allem die mangelnde Kenntnis statistischer Methoden und deren Möglichkeiten hierfür verantwortlich ist. Im Zeitalter von Standardsoftware, indem prinzipiell ein Mausklick genügt, um ein statistisches Verfahren berechnen zu lassen, wird dem Laien der Schritt zu komplizierten Anwendungen leicht gemacht. Nicht selten werden dabei Annahmen verletzt, Sachverhalte bewusst – also manipulativ – oder unbewusst verkürzt dargestellt. Zudem werden sorgsam ausgearbeitete Statistiken von Lesern und Zweitverwertern unachtsam oder falsch interpretiert und weitergegeben. Hier liegt der eigentliche Grund dafür, dass Statistik einerseits Hilfsmittel sein kann und andererseits auch als Lüge wahrgenommen wird: Die bewusst oder unbewusst falsche Anwendung statistischer Methoden sowie die bewusst oder unbewusst falsche Interpretation der Ergebnisse dieser Verfahren. „Trugschlüsse und Irrtümer sind [dabei] ansteckend wie Windpocken, und wie ansteckende Krankheiten breiten sie sich aus. Wer eine Infektion überstanden hat, ist

T. Cleff, *Angewandte Induktive Statistik und Statistische Testverfahren*,
https://doi.org/10.1007/978-3-8349-6973-6_1

danach häufig immun gegen erneuten Befall, und wer einen Trugschluss erst einmal erkannt hat, fällt auf ihn nicht mehr so leicht herein" (Dubbern & Beck-Bornholdt 2007, S. 17).

Damit ist das Lernziel dieses Buches bereits bestens umschrieben. Es soll nicht allein darum gehen, dem Leser die Methoden der Induktiven Statistik und des statistischen Testens möglichst verständlich beizubringen, sondern ihn auch gegen mögliche Fehlinterpretationen und Falschanwendungen zu immunisieren.

Was kennzeichnet nun aber die Induktive Statistik? Hierzu müssen wir uns zunächst darüber verständigen, was überhaupt die Aufgabe von Statistik im Allgemeinen ist und wie sich die Induktive Statistik und die Deskriptive Statistik voneinander abgrenzen lassen. Historisch gesehen gehen die Methoden der Statistik weit vor Christi Geburt zurück. Schon im sechsten Jahrhundert vor Christi sah die Verfassung des Königs Servius Tullius eine periodische Erfassung aller Bürger vor. Auch die biblische Weihnachtsgeschichte geht auf eine Volkszählung zurück. Politiker hatten seit jeher das Interesse, mit Hilfe von Volkszählungen, die Leistungsfähigkeit der Bevölkerung zu ermitteln und damit eine Grundlage für die Steuerlast festzulegen. Bei allen frühzeitlichen Statistiken handelt es sich in der Regel um Vollerhebungen in dem Sinne, dass buchstäblich jede Person, jedes Tier, jedes Objekt gezählt wurde. Aus Sicht des Staatsapparates erfolgte die Sammlung von Daten mit dem Ziel der Gewinnung von Informationen über den eigenen Staat. Noch im heutigen statistischen Jahrbuch finden sich die Wurzeln dieser Interpretation von Statistik als Staatsbeschreibung: Abschnitte über „Geografie und Klima", „Bevölkerung", „Erwerbstätigkeit" und „Wahlen" füllen die ersten Seiten des Statistischen Jahrbuches der Bundesrepublik Deutschland (Statistisches Bundesamt 2017).

Bis zum Beginn des 20. Jahrhunderts stand die Beschäftigung mit entsprechend großen Fallzahlen im Vordergrund des Interesses. Diese Periode stellt den Ausgangspunkt der Deskriptiven (beschreibenden) Statistik dar. Die Deskriptive Statistik beinhaltet alle Verfahren, mit denen sich durch die Beschreibung von Daten einer Grundgesamtheit (*engl.:* population) Informationen gewinnen lassen. Zu diesen Methoden bzw. Verfahren gehören unter anderem die Erstellung von Grafiken, Tabellen und die Berechnung von deskriptiven Kennzahlen bzw. Parametern (vgl. hierzu beispielsweise Cleff (2015)). Erst viel später entwickelte sich die Induktive Statistik, mit deren Hilfe von Stichproben Schlüsse auf die Gesamtpopulation gezogen werden. Das Ziehen von Schlüssen aus einer Stichprobe führte letztlich auch zur Etablierung des Begriffes der Schließenden Statistik, der – wie auch der Begriff der Inferenzstatistik – häufig synonym zur Induktiven Statistik verwendet wird. Die Entwicklung der Verfahren der Induktiven Statistik wurde entscheidend durch die Arbeiten von Jacob Bernoulli (1654–1705), Abraham de Moivre (1667–1754), Thomas Bayes (um 1702–1761), Pierre-Simon Laplace (1749–1827), Carl Friedrich Gauß (1777–1855), Pafnuti Lwowitsch Tschebyschow[1] (1821–1894), Francis Galton (1822–1911), Ronald A. Fisher (1890–1962) und William Sealy Gosset (1876–1937) geprägt. Diesen Erkenntnissen ist es zu verdanken, dass heute nicht jede Person

[1] Früher auch als Tschebyscheff, Tschebyschew oder Tschebyschev transkribiert.

einer Grundgesamtheit, sondern nur eine Stichprobe (*engl.:* sample) befragt werden muss. Dies ist insbesondere dann von Vorteil, wenn Vollerhebungen zu teuer kämen, zu lange dauern würden oder die Erhebung mit einer Zerstörung der Untersuchungselemente einhergehen würde (z. B. bei bestimmten Formen der Qualitäts- und Materialprüfung wie Weinproben). Für den Auswertungsprozess bedeutet dies, dass das zu ermittelnde Wissen nun eben nicht mehr auf Daten einer Vollerhebung basiert, sondern auf Daten einer auf bestimmte Art erhobenen Stichprobe. Der Preis dieser Herangehensweise ist der, dass die Aussagen über die Grundgesamtheit mit Unsicherheit belegt sind. Allerdings ist dieser Preis im Rahmen der Induktiven Statistik mit Hilfe von Fehlerwahrscheinlichkeiten messbar und bei korrekter Anwendung der Verfahren auch nicht besonders hoch. Berechnungsgrundlage für den statistischen Fehler bildet die klassische Messfehlertheorie, deren Grundlagen im folgenden Kap. 2 kurz beschrieben werden.

Literatur

Cleff T (2015) Deskriptive Statistik und Explorative Datenanalyse. Eine computergestützte Einführung mit Excel, SPSS und Stata, 3. erweiterte und überarbeitete Aufl. Springer Gabler, Wiesbaden

Dubbern H-H, Beck-Bornholdt HP (2007) Der Hund der Eier legt. Erkennen von Fehlinformation durch Querdenken, 2. Aufl. Rowohlt, Reinbek bei Hamburg

Statistisches Bundesamt (2017) Statistisches Jahrbuch Deutschland und Internationales 2017. DeStatis, Wiesbaden

Swoboda H (1971) Exakte Geheimnisse: Knaurs Buch der modernen Statistik. Knaur, München und Zürich

Die klassische Messfehlertheorie

2

Die klassische Messfehlertheorie geht beim Messen von der Stabilität eines zu messenden Merkmals (Reliabilität einer Messung) und von der Grundannahme aus, dass die Ergebnisse der Messungen mit den wahren Werten korrespondieren (Validität einer Messung). Dabei bestreitet die klassische Messfehlertheorie nicht die Existenz von Fehlern. Vielmehr geht sie von der durchaus realitätsnahen Annahme aus, dass Messungen selbst bei größter Sorgfalt niemals perfekt sein können und somit zwangsläufig Messfehler auftreten. So wird ein Astronom bei Messungen der Distanz zwischen zwei Planeten an fünf verschiedenen Abenden vermutlich auf fünf (leicht) unterschiedliche Werte kommen. Gründe hierfür können Unschärfen durch Lichtspiegelungen o. ä. sein. Auch wird mancher schon die Erfahrung gemacht haben, dass er beim wiederholten Ausmessen seiner Wohnung auf unterschiedliche Grundflächen gekommen ist. Dies liegt nicht daran, dass unterschiedlich geeichte Maßbänder verwendet werden, sondern daran, dass unsystematisch (kleinere) Messfehler durch falsches Ablesen, durch unregelmäßig dicke Bodenleisten oder durch schiefe Wände auftreten können. Aber dennoch: Führt man die Messungen nur häufig genug durch, so wird man feststellen, dass ein bestimmter Wert besonders oft vorkommt und die davon abweichenden Werte umso seltener auftreten, je weiter diese von dem häufigsten Wert entfernt liegen. Diese unsystematischen Fehler bezeichnet der Statistiker als zufällige oder statistische Fehler. Sie treten unvorhergesehen auf, folgen aber dennoch bestimmten Gesetzmäßigkeiten – nämlich wie wir später sehen werden, der einer Normalverteilung –, welche die statistische Berechnung der Größe des unsystematischen Fehlers ermöglichen.

Mit großer Sicherheit dürfte es sich bei dem häufigsten Wert um den wahren Wert handeln, es sei denn, es ist uns ein systematischer Fehler unterlaufen. Systematische Fehler stellen das eigentliche Problem dar, denn für sie stellt die Induktive Statistik keine Berechnungsmöglichkeit zur Verfügung und sie sind in ihrer ergebnisverzerrenden Wirkung kaum einschätzbar.

Ein systematischer Fehler kann z. B. dann vorliegen, wenn das Maßband der Wohnungsvermessung nicht beim Wert Null, sondern erst beim Wert Eins beginnt und deshalb bei jeder Messung ein Zentimeter zu viel ausgewiesen wird. Nun hätte man durch

T. Cleff, *Angewandte Induktive Statistik und Statistische Testverfahren*,
https://doi.org/10.1007/978-3-8349-6973-6_2

sorgsames Überprüfen des Maßbandes diesen Fehler des Messinstrumentes aufdecken können, allerdings zeigt die empirische Erfahrung, dass viele Datenerhebungen in der Wirtschafts- und Sozialforschung Gefahr laufen, unbemerkte systematische Fehler zu enthalten, da der gesamte Datenerhebungsprozess ein, von einer Vielzahl exogener Faktoren beeinflusster, sozialer Prozess ist. Befragte Personen verhalten sich im Laufe des Befragungsprozesses nicht passiv, sondern interpretieren die Absichten einer Befragung vor dem Hintergrund eigener Zielsetzungen bzw. der gegebenen Situation und entwerfen aktiv eigene Handlungs- und Reaktionsstrategien. Situation und Handlungsweise unterliegen dabei einer ständigen Revision durch den Befragten und verhindern dadurch exakte Messungen. Erhobene Eigenschaften degenerieren zwangsläufig zu instabilen Merkmalsausprägungen, die in Abhängigkeit der beteiligten Akteure und der Situation variieren. Fehler sind und bleiben somit an der Tagesordnung und sind unvermeidliche Konsequenz des sozialen Charakters einer sozialwissenschaftlichen Datenerhebung.

Die Betrachtung der Folgen von systematischen Fehlern zeigt aber eindeutig, dass – neben der selbstverständlich wünschenswerten Senkung von unsystematischen Fehlern – auf die Kontrolle systematischer Störeffekte ein besonderes Augenmerk gerichtet sein sollte. Ziel empirischer Forschung muss deshalb die Verhinderung situationsspezifischer systematischer Ergebnisverzerrungen sein. Mögliche Ursachen systematischer Fehler sind gleichzeitig auch die Ansatzpunkte für deren aktive Kontrolle. Entsprechend sollte

- das Auswahlverfahren so angelegt werden, dass die Repräsentativität der Stichprobe gewährleistet ist und somit kein Stichprobenfehler (*engl.:* sampling error) vorliegt (vgl. Abschn. 2.1).
- Zudem sollten die kognitive Kompetenz und die Neutralität der am Forschungsprozess beteiligten Akteure gewährleistet sein und Interviewer- und Befragteneffekte sowie durch den Forscher selbst verursachte Fehler möglichst verhindert werden (vgl. Abschn. 2.2). Treten diese dennoch auf, spricht man von Nicht-Stichprobenfehlern (*engl.:* non-sampling error).

2.1 Quelle für Stichprobenfehler

Nicht selten bezieht sich das Unbehagen gegenüber der Statistik auf die Tatsache, dass als Grundlage nicht alle möglichen Beobachtungen einer Grundgesamtheit, sondern nur eine Stichprobe herangezogen wird und letztere – aufgrund ihrer Unvollständigkeit – „doch per se nicht richtig sein kann". Als Beispiele werden dann gerne Wahlprognosen herangezogen, bei denen die Wahlforscher wieder einmal nicht richtig gelegen haben. Und in der Tat ist die politische Meinungsforschung vor allem durch eine Fehlprognose bekannt geworden: Als im Jahre 1936 der amtierende US-Präsident Franklin Delano Roosevelt und der republikanische Bewerber Alf Landon gegeneinander antraten, sah die Zeitschrift *The Literary Digest* den republikanischen Herausforderer mit 57 zu 43 Prozent in Führung. Diese Ergebnisse galten als besonders glaubwürdig, da *The Literary Digest* seit 1916 nicht nur alle Wahlausgänge richtig prognostizieren konnte, sondern 1936 auf Basis von Adressen aus Telefonbüchern und Autobesitzerlisten mit insgesamt 10 Mio. Fragebögen, von denen insgesamt 2,3 Mio. beantwortet und ausgewertet wurden, die bis dahin größte Befragung aller Zeiten durchführte. Eine – selbst aus heutiger Sicht – sehr große Stichprobe. Lediglich ein junger Wissenschaftler namens George Gallup glaubte, mit einer realisierten Stichprobe von nur 50.000 Probanden widersprechen zu können. Er berechnete einen Sieg für Roosevelt und wie wir heute wissen, war dies richtig: Roosevelt konnte Landon mit 62 Prozent der Stimmen weit überflügeln.

Wie konnte dies passieren? Wie konnte Gallup mit einer kleinen Stichprobe besser prognostizieren als *The Literary Digest* mit 2,3 Mio. ausgewerteten Fragebögen? Intuitiv gehen viele davon aus, dass sich große Stichproben zur Prognose oder Schätzung der wahren Werte besser eignen als kleine Stichproben. Man greift ja schließlich auf einen größeren Teil aller Beobachtungen zurück und müsste sich dem wahren Wert zwangsläufig auch besser annähern. Tatsächlich ist die Größe nicht allein der entscheidende Faktor für die Repräsentativität von Stichproben. Hinzu kommt die Tatsache, dass die Beobachtungen zufällig gezogen werden. Und genau hierin lag der große Fehler von *The Literary Digest*: Die Wahl der Adressdatei von Telefon- und Automobilbesitzern verursachte eine höhere Ziehungswahrscheinlichkeit wohlhabender Wählerschichten, denn nur diese konnten sich Produkte wie Autos oder Telefone überhaupt leisten. Wohlhabende Amerikaner wählen aber tendenziell die Republikaner, weswegen das Auswahlverfahren zu einer überdurchschnittlichen Berücksichtigung republikanischer Wählerschaft in der Stichprobe führte. Damit war die Bruttostichprobe – d. h. die Aufstellung all derer, die in die Befragung aufgenommen werden sollen, nicht repräsentativ. Außerdem steigt bei freiwilligen Befragungen die Teilnahmebereitschaft von Personen, die ihre Unzufriedenheit gegen den Amtsinhaber zum Ausdruck bringen wollen. Der Antwortrücklauf (*engl.:* response) und die dadurch entstehende Nettostichprobe verzerrte sich somit zusätzlich zugunsten republikanischer Wählerschichten.

Zusammenfassend muss also festgehalten werden, dass eine Stichprobe verzerrt (*engl.:* biased) ist, wenn sie Teile der Grundgesamtheit (*engl.:* population) falsch repräsentiert. Die Größe einer (verzerrten) Stichprobe kann deshalb also niemals als alleinige Begründung für die Repräsentativität einer Stichprobe dienen. Die Größe einer Stichprobe kann einen Stichprobenfehler niemals kompensieren![1] Eine Stichprobe ist vielmehr dann repräsentativ, wenn Strukturgleichheit unterstellt werden kann, wenn „sie in der Verteilung aller untersuchungsrelevanten Merkmale der Grundgesamtheit entspricht, d. h. ein zwar verkleinertes aber sonst wirklichkeitsgetreues Abbild der Gesamtheit darstellt" (Berekoven, Eckert und Ellenrieder 2009, S. 45).

In der Praxis haben sich deshalb verschiedene Auswahlverfahren für Stichproben etabliert, die übrigens auch in Kombination miteinander verwendet werden können. Nicht im-

---

[1] Dies sei hier nochmals besonders betont, da nicht selten folgende Aussage zu hören oder zu lesen ist: „Die Stichprobe ist mit 250 Befragten sehr groß. Es kann deshalb von der Repräsentativität der Befragung ausgegangen werden".

mer stellen die Verfahren von Anbeginn eine Strukturgleichheit mit der Grundgesamtheit sicher, es lässt sich aber über Verfahren (z. B. durch die unterschiedliche Gewichtung von einzelnen Gruppen in der Stichprobe) Strukturgleichheit nachträglich herstellen. Die Auswahlverfahren lassen sich in bewusste Auswahlverfahren (*engl.:* nonprobability sampling) und Wahrscheinlichkeitsauswahlverfahren unterscheiden (vgl. Abb. 2.1). Bei ersteren liegt die Entscheidung über die Aufnahme eines Elementes in die Stichprobe im Ermessen des Auswählenden. Die Auswahlwahrscheinlichkeiten der einzelnen Beobachtungen werden im Vorhinein nicht angegeben. Wir werden später sehen, dass genau dies der Grund dafür ist, weshalb bestimmte Verfahren der Inferenzstatistik nicht angewendet werden dürfen und damit die Generalisierbarkeit der Stichprobenergebnisse nicht möglich ist. Dennoch kann es unter bestimmten Umständen sinnvoll sein, bewusste Auswahlverfahren zu verwenden, nämlich dann, wenn ein interessierendes Merkmal der Grundgesamtheit auf wenige Elemente konzentriert ist oder Elemente in die Stichprobe genommen werden, die subjektiv als typische bzw. extreme Vertreter der Grundgesamtheit gelten. Beispielsweise lässt sich die Wirkung einer Arznei gegen Beschwerden bei Schwerelosigkeit nur an einer kleinen Gruppe von Astronauten überprüfen. Auch die Lead-User-Analyse beschränkt sich in ihrer Betrachtung auf besondere Kunden, die neue Produkte bereits zu einem frühen Zeitpunkt im Produktlebenszyklus erwerben. Zur Gruppe der bewussten Auswahlverfahren gehört auch das Willkürliche Auswahlverfahren (*engl.:* convenience sampling; judgmental sampling). Letzteres ist bei bestimmten Forschungsfragen sinnvoll, ist aber als generelles Auswahlverfahren ungeeignet.

Ein erster Schritt, aus der Stichprobe einen Miniaturquerschnitt der Grundgesamtheit zu machen, ist die sogenannte Quoten-Stichprobe (*engl.:* quota sampling), bei der hinsichtlich wichtiger Merkmale (z. B. Geschlecht) die Verhältnisse der Grundgesamtheit abgebildet werden. Die Bedeutsamkeit dieser Merkmale für den Forschungsgegenstand muss zuvor nachgewiesen werden. Nach Festlegung dieser Quoten – beispielsweise 52 Prozent Frauen und 48 Prozent Männer – erfolgt die Ziehung wiederum über Willkürliche Verfahren. Aufgrund ihrer Subjektivität sollten bewusste Auswahlverfahren nur in begründeten Fällen Anwendung finden. Besser geeignet sind die Verfahren der Wahrscheinlichkeitsauswahl (*engl.:* random sampling; probability sampling). Bei der einfachen Zufallsauswahl (*engl.:* simple random sampling) besitzt jedes Element der Grundgesamtheit die gleiche Wahrscheinlichkeit, in die Stichprobe zu gelangen. Die in der Grundgesamtheit befindlichen und nummerierten Elemente können mit Hilfe von Zufallszahlen ausgewählt werden. Eine geschichtete Auswahl (*engl.:* stratified sampling) liegt vor, wenn die Menge der Elemente der Grundgesamtheit – wie bei der Quoten-Stichprobe – anhand bestimmter Elementmerkmale in disjunkte Mengen (Schichten) zerlegt ist, aus denen einzelne Zufallsstichproben gezogen werden. Entsprechen die Anteile der Schichten der Stichprobe denen der Grundgesamtheit, spricht man von proportional, sonst von disproportional gezogenen Stichproben. Bei sogenannten Klumpen-Stichproben (*engl.:* cluster sampling) vollzieht sich die Auswahl nicht anhand einzelner Elemente, sondern bezieht sich auf Gruppen von Elementen (Klumpen, z. B. Regionen). Die (serielle) Anwendung mehrerer Verfahren hintereinander wird schließlich als mehrstufige Auswahlverfahren (*engl.:*

Bewusste Auswahl	
Die Entscheidung über die Aufnahme eines Elementes in eine Stichprobe liegt im Ermessen des Auswählenden. Auswahlwahrscheinlichkeiten der Elemente können nicht angegeben werden. Problem: Auswahl subjektiv; stark verminderte Generalisierbarkeit der Ergebnisse; Interferenzstatistik ist nicht anwendbar.	
Quoten-Stichprobe	Eine Quoten-Stichprobe soll hinsichtlich bestimmter Merkmale (Geschlecht etc.) die Verhältnisse der Grundgesamtheit abbilden. Die Bedeutsamkeit der Merkmale, die als Verteilungsschlüssel Verwendung finden, muss nachgewiesen werden. Nach Festlegung dieser Quoten erfolgt die Ziehung über Willkürliche Verfahren (s.u.). Die Quotenkonstruktion bei heterogenen Grundgesamtheiten ist kompliziert.
Willkürliche Auswahl	Ein bestimmtes Merkmal der Grundgesamtheit ist im Wesentlichen auf wenige Elemente konzentriert. Somit genügt die Auswahl dieser Elemente, um den Großteil der Varianz der Grundgesamtheit zu erklären. Als generelles Auswahlverfahren ungeeignet.
Wahrscheinlichkeitsauswahl	
Die Entscheidung über die Aufnahme eines Elementes in die Stichprobe obliegt dem Zufallsprinzip. Auswahlwahrscheinlichkeiten der Elemente können vor der Stichprobenerhebung angegeben werden. Interferenzstatistik ist anwendbar.	
Einfache Zufallsauswahl	Jedes Element besitzt die gleiche Wahrscheinlichkeit in eine Stichprobe zu gelangen. Die in der Grundgesamtheit nummerierten Elemente werden mit Hilfe von generierten Zufallszahlen ausgewählt.
Geschichtete Auswahl	Die Menge der Elemente der Grundgesamtheit ist anhand bestimmter Merkmale in disjunkte Mengen (Schichten) zerlegt, aus denen wiederum Einzelstichproben gezogen werden. Entsprechen die Anteile der Schichten der Stichproben denen der Grundgesamtheit, spricht man von proportionalen, sonst von disproportionalen geschichteten Stichproben.
Klumpen Auswahl	Grundgesamtheit wird in (oft geografische) Elementgruppen (Klumpen) zerlegt. Hieraus werden Klumpen zufällig ausgewählt und deren Einzelelemente vollständig untersucht. Dabei können Klumpeneffekte auftreten, da Unterschiede zwischen den Elementen in einem Klumpen geringer als in einer normalen Zufallsstichprobe sein können.
Mehrstufige Auswahl	Die Zufallsauswahl vollzieht sich durch die serielle Anwendung mehrerer Verfahren der Wahrscheinlichkeitsauswahl.

Abb. 2.1 Auswahlverfahren in der empirischen Forschung

sequential sampling) bezeichnet.[2] Bei allen Verfahren der Wahrscheinlichkeitsauswahl obliegt die Entscheidung über die Aufnahme eines Elementes in eine Stichprobe also dem Zufallsprinzip. Die Auswahlwahrscheinlichkeit der Elemente kann dabei im Vorhinein

[2] Für weitere Informationen über Auswahlverfahren vgl. Malhotra (2010, S. 368–430) und ADM (1999).

immer angegeben werden, was die Anwendung von Verfahren der Inferenzstatistik und die Generalisierbarkeit der Stichprobenergebnisse auf die Grundgesamtheit mit einer gegebenen Fehlerwahrscheinlichkeit ermöglicht.

2.2 Quellen für Nicht-Stichprobenfehler

Der Weg zu einer Stichprobe ohne systematischen Fehler ist steinig und erfordert nicht selten ein hohes Maß an empirischer Erfahrung. Am Wegesrand lauern Fehler, die nicht nur durch eine falsche Auswahl der Erhebungseinheiten entstehen, sondern auch Fehler, die trotz sorgfältiger Auswahlmethoden auftreten. Letztere können zufällig oder systematisch sein. Während zufällig auftretende Stichprobenfehler wiederum gleichmäßig (mit einem Standardfehler) um den wahren Wert streuen – und damit der wahre Wert im Durchschnitt richtig geschätzt werden kann –, verzerrt ein systematischer Nicht-Stichprobenfehler die Ergebnisse in eine bestimmte Richtung. Er verursacht Ergebnisbeeinträchtigungen und stellt ein erhebliches Problem dar.

Abb. 2.2 stellt mögliche Quellen von Nicht-Stichprobenfehlern dar, deren Auftreten der Forscher durch ein angemessenes Forschungsdesign bzw. durch aufmerksame Kontrolle des Forschungsprozesses verhindern sollte:

1. Vollständiger Antwortausfall-Fehler (*engl.:* unit-non-response error): Können bei einer Befragung bestimmte Bevölkerungsgruppen nicht erreicht werden, weil sie zu bestimmten Uhrzeiten nicht zu Hause anzutreffen sind oder sie die Teilnahme verweigert haben, wird diese Gruppe in der Stichprobe unterrepräsentiert vorkommen.
2. Antwortfehler (*engl.:* response error): Geben Befragte unrichtige Angaben oder werden richtige Angaben vom Interviewer falsch aufgenommen bzw. falsch analysiert, ergeben sich Antwortfehler. Diese Fehler können somit auf Seiten des Befragten, aber auch auf Seiten des Interviewers oder des Forschers entstehen.
   - Der Befragte ist aufgrund von Unwissenheit, Müdigkeit, Langeweile, einer falschen Erinnerung, missverständlicher Fragestellungen oder anderer Umstände nicht in der Lage, eine valide Antwort zu geben (*engl.:* inability error). Eine Antwort scheitert dabei nicht zwangsläufig an fehlenden kognitiven Fähigkeiten der Probanden, sondern auch am Schwierigkeitsgrad der Frage. Wer kennt noch den Markennamen eines vor vier Wochen konsumierten Joghurts? Um dem Interviewer „zu gefallen" oder um Nichtwissen zu vertuschen, werden dann bisweilen auch falsche Antworten gegeben. Ähnliches gilt für Fragen, bei denen gewisse Antworten als sozial erwünscht gelten: Auch hierbei werden Antworten nicht wahrheitsgetreu, sondern gemäß einer vermuteten gesellschaftlichen Akzeptanz gegeben. Dieser Effekt ist umso größer, wenn Dritte der Befragung – möglicherweise in der Öffentlichkeit – beiwohnen. Antwortverweigerungen bei einzelnen Fragen (*engl.:* item non-response) bilden eine letzte mögliche Quelle für Ergebnisverzerrungen, wenn sich die fehlenden Antworten systematisch über die Befragten verteilen. Geben beispielsweise

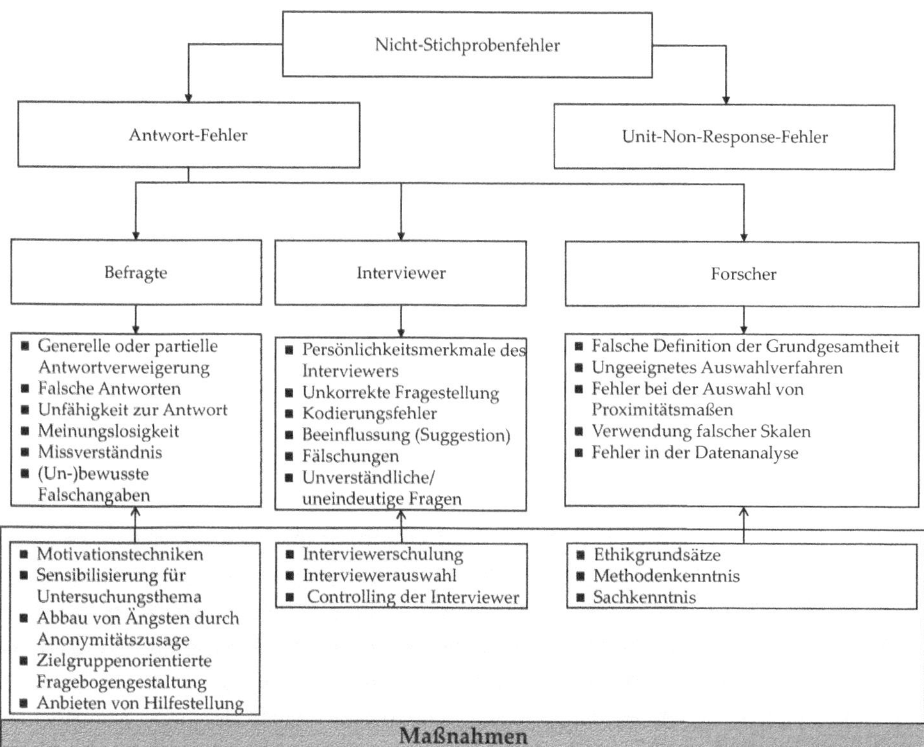

Abb. 2.2 Nicht-Stichprobenfehler (In Anlehnung an Malhotra (2010, S. 117). Eigene Darstellung)

niedrige Einkommensgruppen die Höhe der Lohnzahlungen nicht an, ergeben sich zu hohe Durchschnittseinkommen.

- Aber auch der Interviewer ist Quelle von Stichprobenverzerrungen: Die nicht exakte Verwendung des vorgegebenen Fragetextes (*engl.:* questioning error), die (irrtümliche/nachlässige/selektive) Übernahme falscher Werte in den Antwortbogen (*engl.:* recoding error) oder Persönlichkeitsmerkmale (Aussehen/Ausstrahlung/Benehmen) des Interviewers können Befragungsergebnisse verfälschen. „Ich mag keine Männer mit Schnurrbart" würde ein Interviewer mit Schnurrbart wohl seltener zu hören bekommen, als ein Interviewer ohne Schnurrbart. Versuche von Interviewern, Probanden aktiv zu beeinflussen oder gar bestimmte Aussagen zu suggerieren, wirken verzerrend. Dabei ist es eine Gratwanderung zwischen Hilfestellung auf der einen und Suggestion auf der anderen Seite. Die Gefahr von Fälschungen durch Selbstausfüllen von Fragebögen durch den Interviewer ist insbesondere dann hoch, wenn im Rahmen einer Quotenstichprobe noch Probanden mit seltener Merkmalsstruktur gesucht und befragt werden müssen.
- Schließlich beeinflusst der Forscher durch die Art der Fragenformulierung und die Auswahl der verwendeten Skalen (Antwortmöglichkeiten) selbst das Antwortver-

halten von Befragten. Hierzu zählten beispielsweise der unnötige Gebrauch von Fremdwörtern, die missverständliche Formulierung von Fragen sowie das Nahelegen einer bestimmten Antwort. Selbst die Reihenfolge der Fragen kann Verzerrungen hervorrufen, wenn vorangehende Fragestellungen einen Einfluss auf die inhaltliche Bewertung der Befragten bei nachfolgenden Fragen haben. Zudem können Fehlerquellen wie eine falsche Definition der Grundgesamtheit, eine ungeeignete Auswahlmethode (wie zum Beispiel die Auswahl von Telefonlisten durch *The Literary Digest*) und Fehlern bei der Auswahl von Proxy-Skalen[3] hinzukommen.

Es wird mehr als deutlich, wie vielen potenziellen Fehlerquellen empirische Erhebungen unterliegen können. Der Forscher muss in verantwortlicher Weise diese Fehlerquellen kontrollieren und in seiner Ergebnisinterpretation berücksichtigen. Es bleibt schließlich noch die Frage zu klären, wie groß eine Stichprobe eigentlich sein sollte? Diese Frage wollen wir im weiteren Verlauf des Buches noch mehrmals ansprechen, aber hier bereits festhalten, dass die Zuverlässigkeit von Schätzwerten einer Zufallsstichprobe mit zunehmender Stichprobengröße steigt. An dieser Stelle wollen wir uns zunächst mit einem anschaulichen Beispiel begnügen: Nachdem eine Suppe ausreichend gerührt wurde, damit die Gewürze „repräsentativ" im Kochtopf verteilt sind, kommen Sie zum Abschmecken der Suppe. Das Abschmecken ist nichts anderes als das Ziehen einer Stichprobe, denn wir hoffen, dass das Probieren der Suppe uns in die Lage versetzt, eine Aussage über den Geschmack der gesamten Suppe zu machen. Hierfür können Sie einen Zahnstocher, einen Suppenlöffel oder eine große Suppenkelle verwenden. Man wird kaum einen Eindruck über den Geschmack erlangen, wenn der Zahnstocher in die Suppe getaucht und hiernach abgeschmeckt wird. Eine etwas größere und sicherlich bessere Stichprobe wäre der Suppenlöffel. Die Verwendung einer großen Suppenkelle wirkt demgegenüber als unnötig große Stichprobe. Bevor wir die ausreichende Größe des Suppenlöffels in Analogie zur Stichprobengröße bestimmen, werden wir uns zuvor mit den Grundlagen der Wahrscheinlichkeitsrechnung befassen.

Literatur

ADM – Arbeitskreis Deutscher Markt- und Sozialforschungsinstitute e. V., AG.MA Arbeitsgemeinschaft Media-Analyse e. V. (Hrsg) (1999) Stichproben-Verfahren in der Umfrageforschung. Eine Darstellung für die Praxis. Leske + Budrich, Opladen

Berekoven L, Eckert W, Ellenrieder P (2009) Marktforschung. Methodische Grundlagen und praktische Anwendungen, 12. überarbeitete und erweiterte Aufl. Gabler, Wiesbaden

Malhotra NK (2010) Marketing Research. An Applied Approach, 6. Aufl. Pearson, London

[3] Proxi-Skalen werden verwendet, wenn eine tatsächliche Handlung nicht oder nur indirekt beobachtet werden kann (z. B. bei einer künftigen Kaufentscheidung) und deshalb Hilfskonstrukte (z. B. Präferenzen für ein gewisses Produkt) gewählt werden müssen.

3 Wahrscheinlichkeitsrechnung

Fasst man die Überlegungen zu Stichproben zusammen, so wird man auf eine komplette Erhebung der Grundgesamtheit immer dann verzichten, wenn eine Vollerhebung …

- … zu teuer ist,
- … zu viel Zeit in Anspruch nehmen würde,
- … die Untersuchungselemente durch die Erhebung zerstört würden (z. B. Materialprüfung, Weinprobe, etc.) oder
- … organisatorisch nicht durchführbar wäre (z. B., weil nicht alle Untersuchungseinheiten erreicht werden können).

Sicher gibt es noch eine Vielzahl weiterer Gründe auf eine Vollerhebung zu verzichten, sodass die obige Liste unvollständig sein dürfte. Auf Basis der Ergebnisse der Stichprobe wird dann mit Hilfe der Wahrscheinlichkeitstheorie auf die Zusammenhänge in der Grundgesamtheit geschlossen. In der Alltagssprache wird der Begriff *wahrscheinlich* immer dann verwendet, wenn man sich über einen Sachverhalt nicht vollständig sicher ist: „Wahrscheinlich wird es morgen regnen", „wahrscheinlich bestehe ich die Statistikklausur" oder „wahrscheinlich sehen wir uns morgen" sind alles Aussagen, bei denen wir uns nicht sicher sein können, dass das genannte Ereignis auch wirklich eintritt. Weniger noch: Diese Aussagen spiegeln nicht einmal das mögliche Ausmaß der „Eintrittswahrscheinlichkeit" wider. Konkreter sind da schon die Aussagen „die Wahrscheinlichkeit im Lotto 6 aus 49 sechs Richtige zu haben, ist sehr gering" oder „die Wahrscheinlichkeit, dass ein Neugeborenes mehr als fünf Kilogramm wiegt, ist sehr gering". In diesen Fällen wissen wir zumindest die ungefähre Ausprägung der Wahrscheinlichkeit, nämlich „sehr gering". Die konkretesten Formen, das Ausmaß der Eintrittswahrscheinlichkeit eines Ereignisses anzugeben, sind sicherlich Aussagen wie „die Wahrscheinlichkeit im Lotto sechs Richtige zu haben beträgt 1 zu 13.983.816" oder „die Wahrscheinlichkeit, dass ein Neugeborenes mehr als fünf Kilogramm wiegt, liegt bei 0,3 Prozent" (Schwarze 2009, S. 12). Es wird also immer dann konkret, wenn man die Wahrscheinlichkeiten für das Eintreten von

T. Cleff, *Angewandte Induktive Statistik und Statistische Testverfahren*,
https://doi.org/10.1007/978-3-8349-6973-6_3

Ereignissen in bestimmten Zahlen angeben kann. Diese Zahlen bewegen sich zwischen Null für ein unmögliches Ereignis und Eins für ein sicheres Ereignis. Wie aber lassen sich diese Zahlen als Ausdruck der Wahrscheinlichkeit ermitteln? Bevor wir uns dieser Frage zuwenden, müssen zunächst einige Begriffe und Grundlagen der Wahrscheinlichkeitsrechnung eingeführt werden.

3.1 Begriffe der Wahrscheinlichkeitsrechnung

Beim Ziehen von Lottokugeln oder beim Werfen einer Münze handelt es sich um Vorgänge, bei denen mehrere – zumindest aber zwei – unterschiedliche Ereignisse eintreten können. Diese Vorgänge heißen Zufallsexperimente *(engl.:* experiments), jeder mögliche Ausgang eines Zufallsexperimentes Ereignis oder Ergebnis (*engl.:* event; outcome). Welches der Ereignisse letztlich eintritt, ist im Vorhinein nicht bestimmbar. Beim Werfen eines Würfels – man bezeichnet dies auch als Würfelexperiment – stellen ungerade Zahl oder gerade Zahl mögliche Ereignisse dar. Diese ließen sich weiter in sogenannte Elementarereignisse zerlegen, nämlich für die ungeraden Zahlen in eins, drei und fünf oder für die geraden Zahlen in zwei, vier oder sechs. Nicht mehr zerlegbare und sich ausschließende Möglichkeiten für den Ausgang eines Zufallsexperimentes heißen Elementarereignisse (*engl.:* elementary events). Alle Elementarereignisse – also die Menge $\Omega = \{\omega_1, \omega_2, \omega_3, \ldots \omega_m\}$ – bilden den Ergebnis- oder Ereignisraum (*engl.:* sample space). Der Ereignisraum beim Würfelexperiment setzt sich somit aus den Elementarereignissen $\Omega = \{1, 2, 3, 4, 5, 6\}$ zusammen (vgl. Abb. 3.1). Natürlich können Einzelereignisse auch wieder zu zusammengesetzten Ereignissen (*engl.:* union of events) vereinigt werden. Im Würfelexperiment ließe sich beispielsweise das Ereignis „Augenzahl unter vier" aus den Elementarereignissen $\{1, 2, 3\}$ zusammensetzen. Logisch lässt sich die Vereinigung von k Ereignissen als Inklusiv-ODER-Verknüpfung darstellen, da alle Ereignisse zusammengeführt werden, die entweder zum einen oder zum anderen spezifizierten Ereignis gehören:[1]

$$\left(A = A_1 \cup A_2 \cup \ldots \cup A_k = \bigcup_{i=1}^{k} A_i\right). \tag{3.1}$$

Interessiert das gleichzeitige Eintreten zweier Ereignisse, spricht man vom Durchschnitt von Ereignissen (*engl.:* intersection of events):

$$\left(A = A_1 \cap A_2 \cap \ldots \cap A_k = \bigcap_{i=1}^{k} A_i\right). \tag{3.2}$$

[1] Die Aussage „Am Montag oder Dienstag gehe ich zur Bank" hat sprachlich zwei mögliche Interpretationen: Exklusiv-ODER: Der Kunde geht nur an einem Tag zur Bank, nämlich entweder am Montag oder am Dienstag. Nur eines der Ereignisse ist wahr. (2) Inklusiv-ODER erlaubt zudem beide Möglichkeiten gleichzeitig: Ein Besuch der Bank ist möglich am Montag, Dienstag und an beiden Tagen.

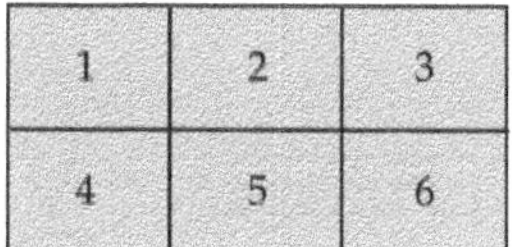

Ω = Ereignisraum

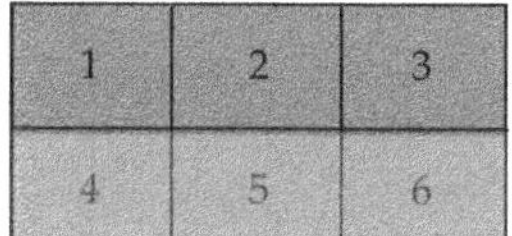

Zusammengesetzte Ereignisse

Abb. 3.1 Ereignisraum und zusammengesetzte Ereignisse

Es handelt sich um eine logische UND-Verknüpfung, denn der Durchschnitt $A \cap B$ bildet sich, wenn mit dem Eintritt von Ereignis A automatisch auch das Ereignis B eintritt (vgl. Abb. 3.2). Im Würfelexperiment soll beispielsweise die Menge beschrieben werden, deren Augenzahl gerade und gleichzeitig kleiner als fünf ist. Die Menge der geraden Zahlen wird durch $A = \{2, 4, 6\}$ und die Menge der Zahlen kleiner als fünf durch die Menge $B = \{1, 2, 3, 4\}$ beschrieben. Lediglich die Zahlen zwei und vier erfüllen die Bedingung beider Mengen $A \cap B = \{2, 4\}$. Tritt ein Ergebnis B immer dann nicht ein, wenn das Ereignis A eintritt, schließen sich A und B aus (*engl.:* mutually exclusive events). Es gilt dann $A \cap B = \{\}$. Die Vereinigungsmenge entspricht dabei nicht zwangsläufig dem gesamten Ereignisraum Ω, denn wie das Würfelexperiment zeigt, schließen sich die Augenzahlen drei und vier aus, bilden aber nicht gemeinsam den Ereignisraum eines Würfelexperiments ab. Der Sonderfall sich ausschließender Ereignisse sind sogenannte komplementäre Ereignisse (*engl.:* complement), bei der ein Ereignis B automatisch nicht eintritt, wenn das Ereignis A eintritt und beide zusammen den gesamten Ereignisraum Ω bilden, wenn also gilt $A \cup B = \Omega$ und $A \cap B = \{\}$ (vgl. Abb. 3.2). Im Würfelexperiment schließen sich beispielsweise die Ereignisse A *„gerade Augenzahl"* und B *„ungerade Augenzahl"* aus ($A \cap B = \{\}$) und die Vereinigungsmenge entspricht dem gesamten Ereignisraum: $A \cup B = \{2, 4, 6\} \cup \{1, 3, 5\} = \{1, 2, 3, 4, 5, 6\} = \Omega$.

Zufallsexperimente lassen sich in einstufige und mehrstufige Zufallsexperimente unterscheiden. Während bei einstufigen Zufallsexperimenten lediglich ein Experiment durchgeführt wird, werden bei mehrstufigen Zufallsexperimenten zwei oder mehr Experimente nacheinander durchgeführt. Bei einem dreifachen seriellen Münzwurf spricht man von einem dreistufigen Zufallsexperiment, das anschaulich mit Hilfe eines Ereignisbaumes dargestellt werden kann. Jeder Pfad von der Wurzel über die einzelnen Verzweigungen bis hin in die Blätter am rechten Ende des in Abb. 3.3 abgebildeten Ereignisbaumes stellt eine der möglichen Ereignisfolgen dar.

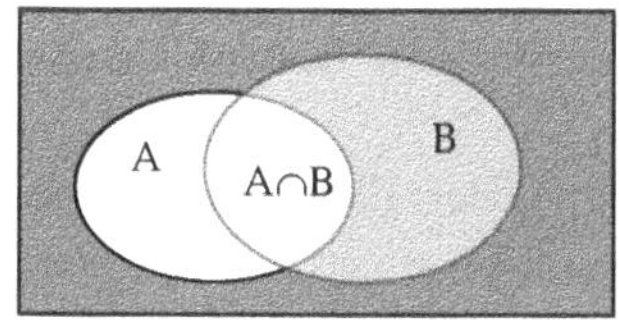

Durchschnitt von Ereignissen

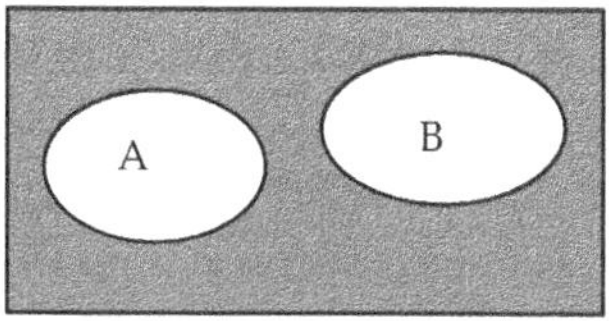

Durchschnitt A∩B={}

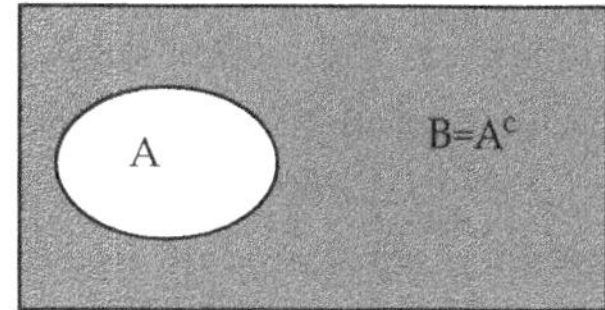

Komplementärereignis

Abb. 3.2 Durchschnitt von Ereignissen und komplementäre Ereignisse

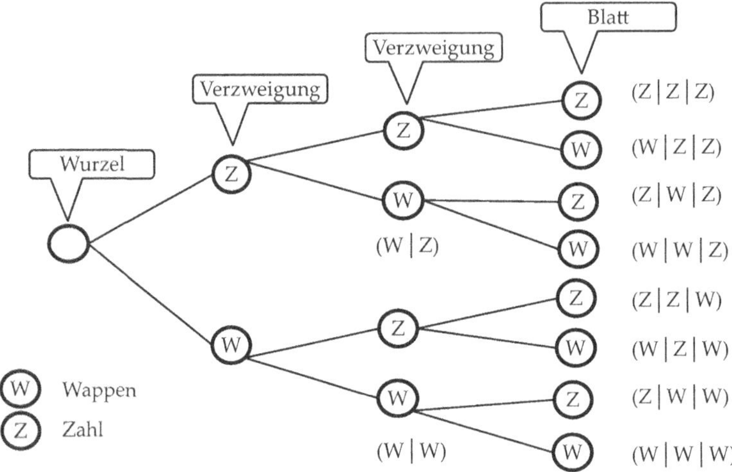

Abb. 3.3 Ereignisbaum für einen dreifachen Münzwurf

3.2 Definitionen des Wahrscheinlichkeitsbegriffes

Bisher war nur von Ereignissen und Kombinationen von Ereignissen die Rede. Dem Ziel, den Begriff der Wahrscheinlichkeit konkreter zu definieren, sind wir dadurch nur unbemerkt näher gekommen. Betrachten wir deshalb nun einmal folgende Aussagen:

1. Die Wahrscheinlichkeit im Lotto sechs Richtige zu haben, beträgt 1 zu 13.983.816.
2. Die Wahrscheinlichkeit, dass ein Neugeborenes mehr als fünf Kilogramm wiegt, liegt bei 0,3 Prozent (Schwarze 2009, S. 12).
3. Die Wahrscheinlichkeit, dass es außerhalb der Erde andere intelligente Lebensformen gibt, liegt bei 50 Prozent.

Semantisch unterscheiden sich alle drei Aussagen nicht voneinander, denn in allen Fällen ist von der Wahrscheinlichkeit die Rede. Dennoch stecken hinter allen drei Beispielen unterschiedliche Erklärungsmodelle über das Vorgehen bei der Quantifizierung der jeweils angegebenen Wahrscheinlichkeit. Theoriengeschichtlich sind sie unterschiedlichen Konzepten zuzuordnen: Im ersten Beispiel wird die Wahrscheinlichkeit mit Hilfe des klassischen Wahrscheinlichkeitsbegriffs bestimmt, im zweiten Beispiel mit Hilfe des statistischen Wahrscheinlichkeitsbegriffs und im dritten Beispiel mit Hilfe des subjektiven Wahrscheinlichkeitsbegriffs.

Der klassische Wahrscheinlichkeitsbegriff unterstellt, dass jedes Elementarereignis gleich wahrscheinlich und die Wahrscheinlichkeit a priori bestimmbar ist. Als erster begründete der Mathematiker Jacob Bernoulli (1654–1705) diese Annahme mit dem Prinzip vom unzureichenden Grund. Dieses besagt, dass das Eintreten von unterschiedlichen Ereignissen als gleich wahrscheinlich angenommen werden kann, wenn keine weiteren

Informationen vorliegen (Indifferenzprinzip). Die Zahlenkombination $(1, 2, 3, 4, 5, 6)$ ist beim Lotto demnach genauso wahrscheinlich, wie jede beliebige andere Zahlenkombination. Da insgesamt 13.983.816 unterschiedliche Zahlenkombinationen existieren, lässt sich die Wahrscheinlichkeit für eine gegebene Zahlenkombination mit 1 zu 13.983.816 angeben. Laplace (1749–1827) leitete aus dieser Idee die klassische Definition der Wahrscheinlichkeit ab, indem er die Wahrscheinlichkeit als Quotient aus der Anzahl der für das Ereignis günstigen Fälle und der Anzahl aller möglichen Fälle definierte. Diese Wahrscheinlichkeitsdefinition wird deshalb auch Laplace-Wahrscheinlichkeit genannt:

$$P(A) = \frac{\text{Anzahl der für das Eintreten von } A \text{ günstigen Fälle}}{\text{Anzahl aller möglichen Fälle}} = \frac{\text{Anzahl } (A)}{\text{Anzahl } (\Omega)}. \tag{3.3}$$

Die Wahrscheinlichkeit eine gerade Zahl im Würfelexperiment zu würfeln, wäre demnach $P(\text{gerade Augenzahl}) = 3/6 = 1/2$, da die Anzahl aller möglichen Fälle sechs und die entsprechende Anzahl der günstigen (geraden) Fälle drei entspricht. Befinden sich in einer Lostrommel 100 Lose mit 20 Gewinnen, so ist die Gewinnwahrscheinlichkeit

$$P(\text{Gewinn}) = 20/100 = 0{,}2 = 20\,\%. \tag{3.4}$$

Bei den genannten Beispielen gehen wir, wie gesagt, davon aus, dass alle Ereignisse gleich wahrscheinlich sind, also die gleiche Chance haben, gezogen zu werden. Jedes Elementarereignis besitzt somit die gleiche (Laplace-)Wahrscheinlichkeit $P(j) = 1/N$.[2] Das kann und muss in der Praxis nicht immer der Fall sein: Besteigt ein Passagier beispielsweise ein Flugzeug und würde mit obiger Formel die Wahrscheinlichkeit eines Absturzes berechnen, erhält er für die Anzahl aller möglichen Fälle $\Omega = \{\text{Absturz; kein Absturz}\}$ den Wert zwei und für die Anzahl des für ihn negativen Ereignisses Absturz den Wert eins. Damit ergibt sich eine Absturzwahrscheinlichkeit von $P(\text{Absturz}) = 1/2 = 50\,\%$. Kein Passagier würde bei dieser Wahrscheinlichkeit – auf zwei Flüge käme ein Absturz – ein Flugzeug auch nur betreten wollen. Grund für diese Fehlbestimmung der Absturzwahrscheinlichkeit ist die Tatsache, dass die Ereignisse Absturz und kein Absturz in der Realität keine gleichmöglichen bzw. gleich wahrscheinlichen Fälle darstellen. Hier zeigt sich der Fallstrick des klassischen Wahrscheinlichkeitsbegriffs in seiner praktischen Anwendung, wenn die zugrunde liegende Annahme der Laplace-Wahrscheinlichkeit nicht vorliegt: Wahrscheinlichkeiten lassen sich mit Hilfe der Laplace-Wahrscheinlichkeit nur berechnen, wenn wir davon ausgehen, dass die Ereignisse alle mit derselben Wahrscheinlichkeit eintreten.

Auch für das Beispiel des Geburtsgewichtes von Neugeborenen lassen sich mit Hilfe der Laplace-Wahrscheinlichkeit a priori keine Wahrscheinlichkeiten bestimmen. Nicht jedes Geburtsgewicht ist gleich wahrscheinlich. Die Abschätzung der Wahrscheinlichkeit erfolgt in diesem Fall a posteriori durch Beobachtung der relativen Häufigkeit derartiger

[2] Mit Hilfe der Kombinatorik lässt sich die Anzahl aller möglichen Elementarereignisse (Ω) auch für umfangreichere Fallzahlen bestimmen (vgl. Abschn. 3.3.2).

Geburtsgewichte in der Vergangenheit. Da in der Vergangenheit der Anteil von Neugeborenen mit mehr als fünf Kilogramm bei 0,3 Prozent lag, wird davon ausgegangen, dass die Wahrscheinlichkeit für dieses Ereignis ebenfalls bei 0,3 Prozent liegt.

Dieses Vorgehen entspricht dem statistischen Wahrscheinlichkeitsbegriff, der im Wesentlichen von der axiomatischen Wahrscheinlichkeitsdefinition von Richard von Mises (1883–1953) geprägt worden ist. Jedem Ereignis aus dem Ereignisraum wird eine reelle Zahl zugeordnet, welche die Chance, dass genau dieses Ereignis eintritt, zum Ausdruck bringt. Dieser funktionale Zusammenhang ist die Wahrscheinlichkeit (*engl.:* probability) und besitzt folgende Eigenschaften (Axiome von Kolmogoroff):

- Die Wahrscheinlichkeit ist eine nicht-negative Zahl: $P(A) \geq 0$.
- Schließen sich zwei Wahrscheinlichkeiten aus, dann ergibt sich für das zusammengesetzte Ereignis die Summe der Wahrscheinlichkeiten: $P(A \cup B) = P(A) + P(B)$ für $A \cap B = \{\}$.
- Die Wahrscheinlichkeit für das sichere Ereignis ist gleich Eins (= 100 %).

Das bedeutet letztlich, dass sich Wahrscheinlichkeiten nicht willkürlich setzen lassen, sondern ein Maß für die Chance des Eintretens von Ereignissen darstellen. Ist ein Ereignis unmöglich, so hat es eine Wahrscheinlichkeit von Null ($P(A) = 0$) und wenn ein Ereignis mit Sicherheit eintritt, hat es eine Wahrscheinlichkeit von Eins ($P(A) = 1$).[3]

Wenn nun aber nicht alle Ereignisse die gleiche Eintrittswahrscheinlichkeit haben, wie lassen sich dann jedem Ereignis Wahrscheinlichkeitswerte zuordnen? Der Wahrscheinlichkeitstheoretiker Richard von Mises (1883–1953) führte den Wahrscheinlichkeitsbegriff deshalb auf die relative Häufigkeit bestimmter Ereignisse zurück. Er geht davon aus, dass sich das Auftreten eines bestimmten Ereignisses zufällig ergibt. Da zur Feststellung der „wahren“ Wahrscheinlichkeit eines Ereignisses das damit verbundene Zufallsexperiment nicht unendlich oft wiederholt werden kann, dient die relative Häufigkeit des Auftretens des Ereignisses als Annäherung (Schätzung) für den Wert der sogenannten empirischen Wahrscheinlichkeit. Nehmen wir als Beispiel das Werfen einer Münze mit den möglichen Ereignissen Wappen oder Zahl und ermitteln die relative Häufigkeit für das Ereignis Zahl bei hundert Münzwürfen. Die Entwicklung der relativen Häufigkeit ist in Abb. 3.4 dargestellt.

In dieser Versuchsreihe beträgt die relative Häufigkeit für die Ausprägung „Zahl“ nach vier Würfen $F(\text{Zahl}) = 3/4 = 0{,}75$, nach 20 Würfen $F(\text{Zahl}) = 13/20 = 0{,}65$, nach 70 Würfen $F(\text{Zahl}) = 28/70 = 0{,}54$ und schließlich nach 100 Würfen $F(\text{Zahl}) = 51/100 = 0{,}51$. Je größer die Anzahl der durchgeführten Experimente ist, umso mehr nähert sich der Wert der relativen Häufigkeit dem der „wahren“ Wahrscheinlichkeit an. Die Wahrscheinlichkeit für das Auftreten eines Ereignisses A entspricht somit dem Grenzwert

[3] Jedoch bedeutet $P(A) = 1$ nicht unbedingt, dass es sich um ein sicheres Ereignis handelt, sondern lediglich, dass die relative Häufigkeit dieses Ereignisses bei einer großen Anzahl von n Versuchen 100 Prozent ist. Analog gilt für $P(A) = 0$, dass die relative Häufigkeit dieses Ereignisses bei einer großen Anzahl von n Versuchen 0 Prozent ist.

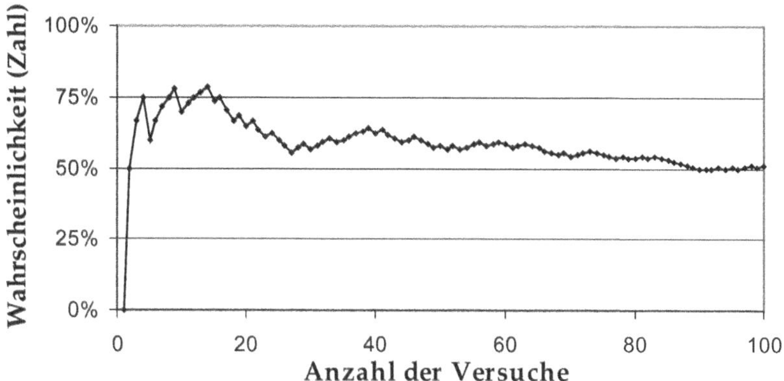

Abb. 3.4 Relative Häufigkeit bei einem Münzwurf

der relativen Häufigkeit bei unendlicher Durchführung des Zufallsexperimentes:

$$P(A) = \lim_{n \to \infty} (f_n(A)) = \lim_{n \to \infty} \left(\sum_{i=1}^{n} \frac{x_i}{n} \right), \text{ wobei gilt: } \begin{cases} x_i = 1 & \text{für Zahl} \\ x_i = 0 & \text{für Wappen} \end{cases}. \tag{3.5}$$

Der Zusammenhang zwischen relativer Häufigkeit und der Wahrscheinlichkeit bei einer gegen unendlich laufenden Anzahl der Experimente, veranlasste Jacob Bernoulli dazu, dies als Gesetz der großen Zahlen zu bezeichnen. Ein empirischer Beweis dieses Zusammenhanges ist zwar nicht möglich, da niemand ein Experiment unendlich oft durchführen kann. Auch sind bisher alle mathematisch-theoretischen Beweise hierzu gescheitert (Schira 2012, S. 222ff.). Allerdings bildet der Ansatz eine gute Grundlage für die Induktive Statistik, bei der sich Wahrscheinlichkeiten zwar nicht exakt, bei hinreichend großen Stichproben allerdings gut abschätzen lassen.

Der klassische und der statistische Wahrscheinlichkeitsbegriff lassen sich dem objektiven Wahrscheinlichkeitsansatz zuordnen. Beide Konzepte erweisen sich in der empirischen Praxis als sehr nützlich, haben allerdings Grenzen, wenn die Wahrscheinlichkeit eines Ereignisses ohne sein tatsächliches Eintreten bestimmt werden soll oder wenn ein Experiment nicht wiederholbar ist. Zur Bestimmung der Wahrscheinlichkeit, dass es intelligente Lebensformen außerhalb der Erde gibt, liegen weder Annahmen über die potenzielle Häufigkeit dieses Ereignisses vor, noch lässt sich die Wahrscheinlichkeit mit Hilfe von wiederholbaren Experimenten bestimmen. In diesen Fällen kommt der subjektive Wahrscheinlichkeitsbegriff zur Anwendung. Dieser von Savage (1917–1971) und de Finetti (1906–1985) geprägte Ansatz individualisiert die Betrachtungsweise von Wahrscheinlichkeit, indem Wahrscheinlichkeit als Maß für das Vertrauen, das eine „vernünftig denkende Person" dem Eintreten eines bestimmten Ereignisses entgegenbringt, definiert wird (vgl. Savage 1954 und de Finetti 2008). Die Person wird ihre Einschätzung dabei auf ihre Intuition, ihr Experten- und ihr Erfahrungswissen zum jeweiligen Thema gründen.

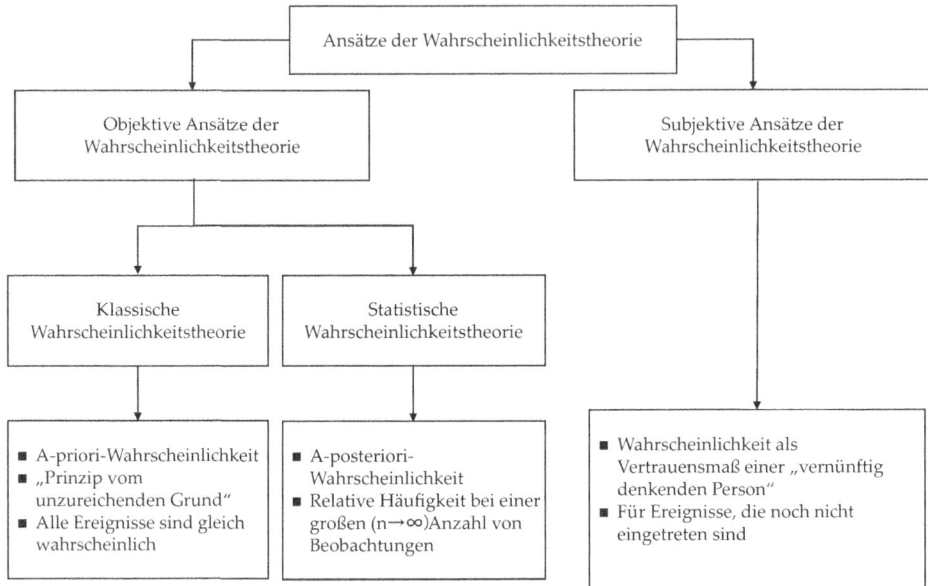

Abb. 3.5 Ansätze der Wahrscheinlichkeitstheorie

Wahrscheinlichkeit ist somit allein Ausdruck einer individuellen Einschätzung und lässt sich im Englischen mit dem Satz „Probability is degree of belief!" treffend charakterisieren. So würde ein „vernünftig denkender Mensch" die Wahrscheinlichkeit der Zahl sechs bei einem fairen Würfel auf 1/6 schätzen. Dies entspricht der Erkenntnis des klassischen Wahrscheinlichkeitsbegriffs. Meint die gleiche Person nun aber festzustellen, dass es sich um einen unfairen Würfel handelt, wird sie ihre Einschätzung über die Wahrscheinlichkeit individuell verändern. Wettquoten bilden dabei die individuelle Wahrscheinlichkeit eines Ereignisses ab: Ist eine Person gerade noch dazu bereit, bei dem nächsten Wurf des Würfels auf eine Sechs zu setzen, wenn er bei Erfolg für einen eingesetzten Euro zwei Euro Gewinn erhält, so beträgt die subjektive Wahrscheinlichkeit für eine Sechs: $P(X = 6) = 1/(2 + 1) = 1/3 = 33{,}3\,\%$.

Abb. 3.5 fasst alle drei beschriebenen Wahrscheinlichkeitsansätze nochmals schematisch zusammen. Im Folgenden wollen wir uns nun den grundlegenden Regeln der Wahrscheinlichkeitsrechnung widmen. Diese sind unabhängig vom gewählten wahrscheinlichkeitstheoretischen Ansatz, gelten somit für die klassische, die statistische und die subjektive Wahrscheinlichkeitstheorie gleichermaßen. Für die Rechenregeln der Wahrscheinlichkeit ist es also unerheblich, wie man an die Werte für einzelne Wahrscheinlichkeiten gelangt. Vielmehr geht es darum, wie mit den Werten für Wahrscheinlichkeiten gerechnet werden kann.

3.3 Grundlagen der Wahrscheinlichkeitsrechnung

3.3.1 Der Wahrscheinlichkeitsbaum

Eine erste Möglichkeit, Wahrscheinlichkeiten darzustellen und mit ihnen zu rechnen sind sogenannte Wahrscheinlichkeitsbäume. Sie leiten sich aus der Idee der Ereignisbäume ab und sind eine grafische Darstellung der Wahrscheinlichkeiten aller möglichen Ereigniskombinationen. An die Äste werden jeweils die Wahrscheinlichkeiten abgetragen, die mit der jeweiligen Verzweigung verbunden sind. Die Summe der Wahrscheinlichkeiten an jeder Verzweigung muss immer Eins ergeben, denn nur dann sind alle möglichen Ereignisse an der jeweiligen Verzweigung auch berücksichtigt. In Abb. 3.6 ist der Wahrscheinlichkeitsbaum für das Zufallsexperiment, dass eine Münze drei Mal hintereinander geworfen wird, exemplarisch dargestellt. Die Wahrscheinlichkeit für eine bestimmte Ereignisfolge lässt sich durch Multiplikation der auf dem Pfad liegenden Wahrscheinlichkeiten ermitteln (Pfadmultiplikationsregel). Die Wahrscheinlichkeit für die Ereignisreihenfolge 1. Wurf Wappen, 2. Wurf Zahl, 3. Wurf Zahl ergibt sich somit als:

$$P(\mathrm{Z}|\mathrm{Z}|\mathrm{W}) = \frac{1}{2} \cdot \frac{1}{2} \cdot \frac{1}{2} = \frac{1}{8}. \tag{3.6}$$

Auch lassen sich Wahrscheinlichkeiten für Ereignisfolgen bestimmen, die nicht in den Blättern des Wahrscheinlichkeitsbaumes enden. Die Ereignisfolge 1. Wurf Wappen und

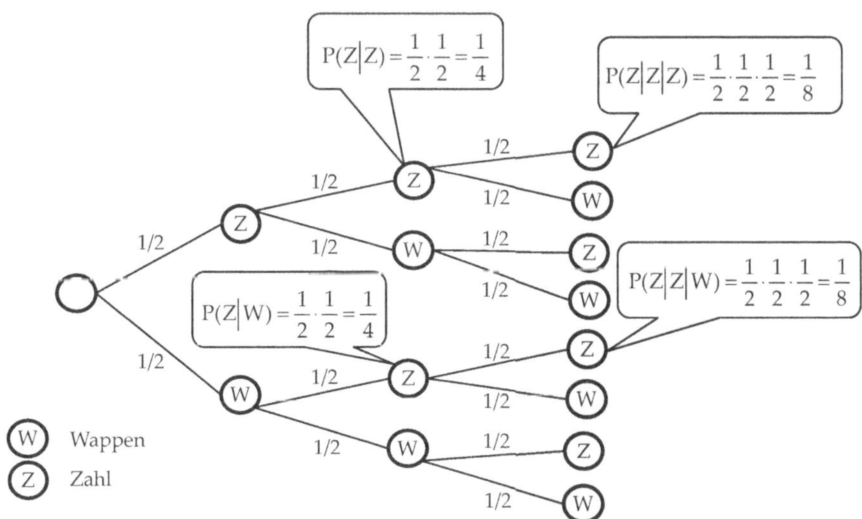

Abb. 3.6 Wahrscheinlichkeitsbaum eines dreifachen Münzwurfes

2. Wurf Zahl (das Ereignis des dritten Wurfes bleibt offen) beträgt in der Multiplikation der relevanten Äste:

$$P(Z|W) = \frac{1}{2} \cdot \frac{1}{2} = \frac{1}{4}. \tag{3.7}$$

Wenn sich Ereignisse aus mehreren parallelen Pfaden eines Baumdiagramms zusammensetzen, so ergibt sich die Wahrscheinlichkeit dieses Ereignisses durch die Addition der Pfadwahrscheinlichkeiten (Pfadadditionsregel). Interessiert die Wahrscheinlichkeit, einmal eine Zahl und zwei Mal ein Wappen geworfen zu haben, so sind die Wahrscheinlichkeiten der Pfade (Z|W|W), (W|Z|W) und (W|W|Z) zu addieren. Es ergibt sich:

$$P(Z|W|W) + P(W|Z|W) + P(W|W|Z) = \frac{1}{8} + \frac{1}{8} + \frac{1}{8} = \frac{3}{8}. \tag{3.8}$$

Wahrscheinlichkeitsbäume eignen sich immer dann, wenn eine geringe Anzahl mehrstufiger Experimente bei gleichzeitig geringer Anzahl möglicher Ereignisse vorliegen und die Reihenfolge von Ereignissen eine Rolle spielt. Bei einer großen Anzahl möglicher Ereignisse und auch bei Fragestellungen, bei denen die Reihenfolge gezogener Elemente keine Rolle spielt, hilft die Kombinatorik bei der Berechnung von Laplace-Wahrscheinlichkeiten.

3.3.2 Kombinatorik

Die Kombinatorik ist nicht nur die Grundlage der Berechnung von Laplace-Wahrscheinlichkeiten, sondern beschäftigt sich generell mit der Auswahl und Anordnung von Elementen, die aus einer endlichen Menge bzw. Grundgesamtheit entnommen werden. Sie ist darüber hinaus Grundlage von später noch vorgestellten statistischen Verteilungen, wie zum Beispiel der Binomial- oder der hypergeometrischen Verteilung. All dies sind gute Gründe dafür, sich mit dem Thema der Kombinatorik etwas ausführlicher zu beschäftigen. Hartung (2009, S. 96) differenziert die Kombinatorik hinsichtlich der beiden Fragestellungen, „Wie viele Möglichkeiten gibt es, N Elemente anzuordnen?“ und „Wie viele Möglichkeiten gibt es, von N Elementen k auszuwählen?“. Zur Beantwortung der ersten Frage müssen Permutationen, zur Beantwortung der zweiten Frage entweder Kombinationen oder Variationen berechnet werden.

Beginnen wir zunächst mit der Berechnung der Anzahl von Permutationen. Der Begriff Permutation beschreibt zunächst einmal nur eine mögliche Anordnung von N verschiedenen Elementen einer gegebenen Menge, wobei jedes Element genau nur einmal vorhanden ist oder jedes Element nur einmal ausgewählt werden kann. Nehmen wir beispielsweise einmal an, dass ein Kunde drei verschiedene Werbeformen unseres Produktes gesehen hat. Wir wissen aber nicht, in welcher Reihenfolge er diese gesehen hat. Die Reihenfolge erst Werbeform 1, dann Werbeform 2 und dann Werbeform 3 bildet nur eine mögliche Anordnung, genau wie die umgekehrte Reihenfolge, erst Werbeform 3, dann Werbeform 2 und dann Werbeform 1. Insgesamt lassen sich die drei Werbeformen in

$$P_3^3 = 3! = 1 \cdot 2 \cdot 3 = 6 \tag{3.9}$$

unterschiedlich mögliche Reihenfolgen bringen.[4] Man spricht in diesem Fall auch von einer Permutation ohne Wiederholung. Jede Reihenfolge hat eine Laplace-Wahrscheinlichkeit von $P = 1/6$. Allgemein aufgeschrieben, lässt sich die Anzahl der Permutationen ohne Wiederholung von N unterschiedlichen Objekten wie folgt berechnen:

$$P_N^N = N!. \tag{3.10}$$

Eine Permutation mit Wiederholung liegt vor, wenn mindestens zwei Elemente identisch oder nicht unterscheidbar voneinander sind. In einem solchen Fall existieren k verschiedene Gruppen von Elementen. Nehmen wir z. B. an, unser Unternehmen hätte nun insgesamt vier Werbeformen geschaltet. Es bestehen im Falle von Permutation ohne Wiederholung insgesamt

$$P_4^4 = 4! = 24 \tag{3.11}$$

unterschiedlich mögliche Reihenfolgen der vier Werbeformen. Nun hat eine Werbung einen grünen, eine einen roten und zwei haben einen blauen Hintergrund. Es liegen somit Werbungen mit $k = 3$ Gruppen von unterschiedlichen Hintergrundfarben – also mit Wiederholungen – vor und wir fragen uns, wie viele unterschiedliche Anordnungen der Werbeformen es in diesem Fall gibt. Es müssen zwangsläufig weniger als im Fall ohne Wiederholung sein, denn bestimmte Anordnungen sind nicht mehr unterscheidbar, gelten somit als identisch und werden als nur eine Anordnung gezählt. So sind die Permutationen „Grün, Rot, Blau 1, Blau 2“ und „Grün, Rot, Blau 2, Blau 1“ im Sinne der Hintergrundfarbe identisch und zählen als eine und nicht als zwei mögliche Anordnungen. Rechnerisch ermittelt man die Anzahl der Permutationen mit Wiederholung durch

$$P_{n_1;\ldots;n_k}^N = \frac{N!}{n_1!n_2!\ldots n_k!}. \tag{3.12}$$

Dabei entspricht die Anzahl der Gruppenelemente N der aufaddierten Anzahl der Elemente der k Gruppen:

$$\sum_{i=1}^{k} n_i = N. \tag{3.13}$$

[4] Das Ausrufezeichen im Ausdruck $n!$ bezeichnet die mathematische Funktion der Fakultät. Die Fakultät der Zahl n berechnet sich aus dem Produkt aller natürlichen Zahlen kleiner oder gleich n:

$$n! = 1 \cdot 2 \cdot 3 \cdot \ldots \cdot n = \prod_{k=1}^{n} k.$$

	Variationen (mit Berücksichtigung der Reihenfolge)	**Kombinationen** (ohne Berücksichtigung der Reihenfolge)
Stichprobe mit Zurücklegen (mit Wiederholung)	$\tilde{V}_n^N = N^n$ Bsp.: Variation aller Gewinner bei N Pokerrunden	$\tilde{C}_n^N = \binom{N+n-1}{n}$ Bsp.: Kombination Gewinner bei n Pokerrunden
Stichprobe ohne Zurücklegen (ohne Wiederholung)	$V_n^N = n!\binom{N}{n} = \frac{N!}{(N-n)!}$ Bsp.: Variation bei Auftragsvergabe an Zulieferer	$C_n^N = \binom{N}{n} = \frac{N!}{n!(N-n)!}$ Bsp.: Lottospiel

Abb. 3.7 Kombination und Variation (Quelle: Wewel (2014, S. 168). Veränderte Darstellung)

Für das Beispiel der Hintergrundfarben ergibt sich somit:

$$P_{1;1;2}^{4} = \frac{4!}{1!1!2!} = 12. \tag{3.14}$$

Geht es nun nicht mehr um die Anordnung, sondern um die Auswahl von k Elementen aus einer Menge von N Elementen, spricht man von Variationen, wenn die Ziehungsreihenfolge von Bedeutung ist und von Kombinationen, wenn die Ziehungsreihenfolge keine Rolle spielt. Auch hier bestehen jeweils die Optionen mit und ohne Zurücklegen bzw. Wiederholungen (vgl. Abb. 3.7).

Die Situation einer Kombination ohne Zurücklegen und ohne Berücksichtigung der Reihenfolge entspricht der beim Lottospiel: Aus einer Anzahl von N Kugeln werden n Kugeln gezogen, wobei bereits gezogene Kugeln nicht wieder in die Urne zurückgelegt werden. Dabei ist die Ziehungsreihenfolge der Kugeln für den Gewinn unerheblich. Lediglich ob eine Zahl gezogen wird oder nicht, ist von Bedeutung. Die Anzahl der möglichen Kombinationen berechnet sich entsprechend der Formel.

$$C_n^N = \binom{N}{n} = \frac{N!}{n!(N-n)!}. \tag{3.15}$$

$\binom{N}{n}$ wird dabei als Binomialkoeffizient bezeichnet. Insgesamt bestehen somit, bei sechs aus 49 gezogenen Kugeln, folgende unterschiedliche Zahlenkombinationen:

$$C_6^{49} = \binom{49}{6} = \frac{49!}{6!(49-6)!} = 13.983.816. \tag{3.16}$$

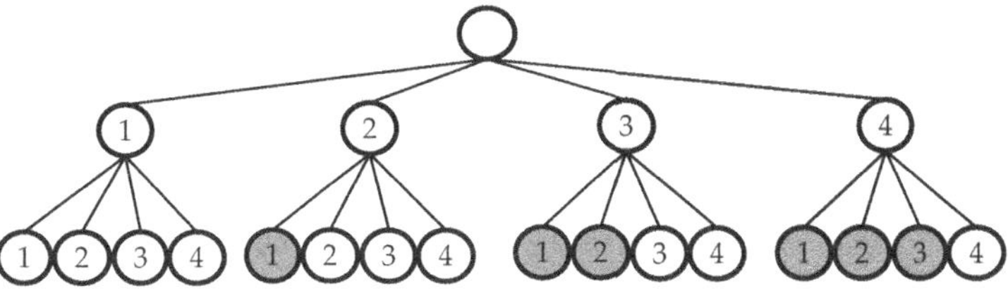

Lesehilfe:
Vier Personen spielen zwei Pokerpartien: Im Fall mit Zurücklegen (mit Wiederholung) und bei Berücksichtigung der Reihenfolge der Gewinner (Variation mit Zurücklegen), bestehen theoretisch 16 unterschiedliche Gewinnermöglichkeiten. Spielt die Reihenfolge des Auftretens der Gewinner hingegen keine Rolle, entfallen bei Zurücklegen die grau markierten Kombinationen, da diese bereits an anderer Stelle berücksichtigt sind (z.B. Spieler 1 gewinnt erste und Spieler 2 die zweite Partie ist identisch zum Ergebnis Spieler 2 gewinnt erste und Spieler 1 die zweite Partie). Für den Fall mit Zurücklegen und ohne Berücksichtigung der Reihenfolge (Kombination mit Zurücklegen) ergeben sich theoretisch zehn unterschiedliche Kombinationen.

Abb. 3.8 Ereignisbaum für Gewinnerkombinationen und -variationen bei vier Spielern und zwei Spielen

Etwas komplizierter ist die Berechnung der Kombinationen mit Zurücklegen. Dieser Fall tritt immer dann ein, wenn Elemente bei mehrfachen Ziehungen auch mehrfach ausgewählt werden können und die Reihenfolge der Ziehung unerheblich ist. Angenommen, vier Personen spielen zwei Pokerpartien und Sie wollen wissen, wie viele unterschiedliche Kombinationen von Gewinnern es theoretisch gibt. Im Gegensatz zum Lottospiel, kann hier jeder Spieler auch öfters als einmal als Sieger „gezogen werden", also ein Spiel gewinnen. Dabei interessiert Sie lediglich, wie oft und nicht in welchem Spiel die einzelnen Spieler jeweils gewonnen haben. Die Berechnung dieser Kombination erfolgt gemäß der Formel:

$$\tilde{C}_n^N = \binom{N+n-1}{n}. \tag{3.17}$$

Bei $N = 4$ Spielern und $n = 2$ Pokerpartien existieren zehn unterschiedliche Siegerkombinationen, die sich lediglich durch die Anzahl der Siege einzelner Teilnehmer unterscheiden (vgl. Abb. 3.8):

$$\tilde{C}_2^4 = \binom{4+2-1}{2} = \binom{5}{2} = \frac{5!}{2!(5-2)!} = 10. \tag{3.18}$$

Spielt bei den Pokerspielen die Reihenfolge der Gewinner eine Rolle, erfolgt die Berechnung über die Formel für die Variation mit Zurücklegen. Im ersten Spiel können vier unterschiedliche Spieler gewinnen. Nach dem zweiten Spiel existieren bereits $4 \cdot 4 = 16$ unterschiedliche Gewinnvariationen. Für $n = 2$ Spiele und $N = 4$ Spieler ergeben sich wegen

$$\tilde{V}_n^N = N^n \tag{3.19}$$

insgesamt $\tilde{V}_2^4 = 4^2 = 16$ Gewinneroptionen (vgl. Abb. 3.8).

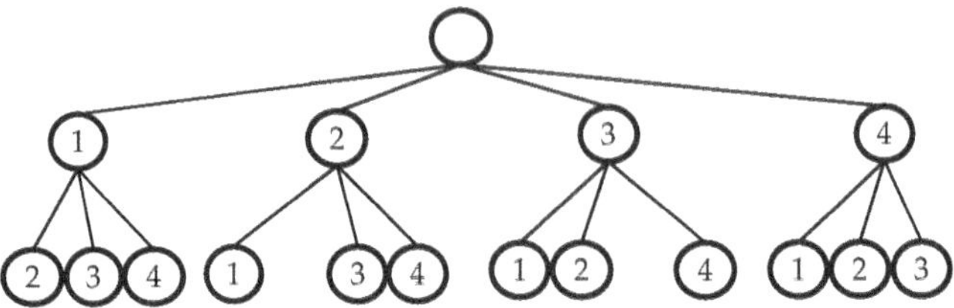

Lesehilfe:
Vier Personen spielen zwei Pokerpartien. Sobald ein Spieler ein Spiel gewonnen hat, muss er den Spieltisch verlassen (Variation ohne Zurücklegen).

Abb. 3.9 Ereignisbaum für Gewinnervariationen (ohne Wiederholung) bei vier Spielern und zwei Spielen

Auch die Berechnung einer Variation ohne Zurücklegen durch die Formel

$$V_n^N = n!\binom{N}{n} = \frac{N!}{(N-n)!} \tag{3.20}$$

lässt sich mit Hilfe des Pokerspiels zeigen. Wieder wollen Sie wissen, wie viele unterschiedliche Reihenfolgen von Gewinnern es bei $n = 2$ Pokerpartien und $N = 4$ Spielern gibt, wenn jeder Spieler bei einem Spielgewinn den Spieltisch verlassen muss (ohne Zurücklegen bzw. ohne Wiederholung). Es ergeben sich

$$V_2^4 = \frac{4!}{(4-2)!} = 12 \tag{3.21}$$

unterschiedliche Möglichkeiten (vgl. Abb. 3.9).

Zugegebenermaßen ist es nicht üblich, dass gerade der Gewinner den Spieltisch zu verlassen hat. Dennoch sind Variationen ohne Zurücklegen sehr praxisrelevante Fragestellungen, wenn es beispielsweise darum geht, Zulieferer auszuwählen. Wie viele mögliche Rangfolgen gibt es beispielsweise, wenn aus 20 Zulieferern insgesamt drei zum Zuge kommen sollen und der erste Bewerber 50 Prozent, der zweite 30 Prozent und der dritte 20 Prozent der Auftragssumme erhalten soll. Die Reihenfolge spielt in diesem Fall aus der Sicht der Zulieferer eine maßgebliche Rolle für den Umfang der Auftragssumme. Insgesamt ergeben sich

$$V_3^{20} = \frac{20!}{(20-3)!} = 6840 \tag{3.22}$$

unterschiedliche Variationen. Erfahrungsgemäß fällt es Studierenden zu Beginn sehr schwer zu entscheiden, ob in einer gegebenen Situation eine Permutation, eine Kombination oder eine Variation vorliegt. Bourier (2018) schlägt deshalb ein algorithmisches Vorgehen zur Entscheidungsfindung vor, das in Abb. 3.10 zusammengefasst ist.

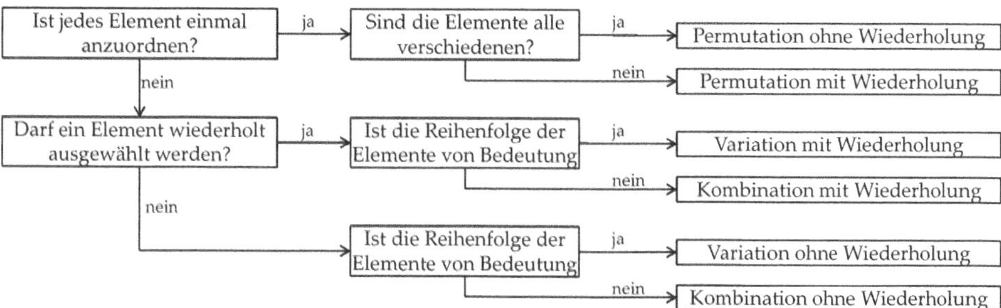

Abb. 3.10 Entscheidungsfindung zu Permutation, Kombination oder Variation (in Anlehnung an Bourier (2018). Eigene Darstellung)

3.3.3 Additionssatz disjunkter Ereignisse

Liegen die Wahrscheinlichkeiten für die einzelnen Ereignisse vor und soll die Wahrscheinlichkeit für deren Auftreten berechnet werden, findet der sogenannte Additionssatz Anwendung. Dabei ist zu unterscheiden, ob sich die Ereignisse gegenseitig ausschließen (disjunkt sind) oder nicht. Die Wahrscheinlichkeit zweier sich ausschließender Ereignisse A und B – es gilt also $P(A \cap B) = \{\}$ – entspricht der Summe der Einzelwahrscheinlichkeiten der Ereignisse A und B – $P(A \cup B) = P(A) + P(B)$. Bei mehreren sich gegenseitig ausschließenden Ereignissen gilt entsprechend:

$$P\left(\bigcup_{i=1}^{m} A_i\right) = \sum_{i=1}^{m} P(A_i). \tag{3.23}$$

Nehmen wir das einfache Beispiel eines Würfelexperiments: Die Wahrscheinlichkeit, eine gerade Augenzahl zu werfen, entspricht der Summe der Einzelwahrscheinlichkeiten für das Werfen der Zahlen zwei, vier und sechs. Bei einem fairen sechsseitigen Würfel ist die Wahrscheinlichkeit für das Werfen dieser Zahlen jeweils $1/6$, sodass sich folgende Gesamtwahrscheinlichkeit ergibt:

$$P(\text{gerade Zahl}) = P(2) + P(4) + P(6) = 1/6 + 1/6 + 1/6 = \frac{1}{2} = 50\,\%. \tag{3.24}$$

Oder ein weiteres Beispiel: In einer Lostrommel mit 1000 Losen befinden sich zehn erste und achtzig zweite Preise. Die Einzelwahrscheinlichkeiten für die Ereignisse „Erster Preis" und „Zweiter Preis" sind damit:

$$P(\text{Erster Preis}) = 10/1000 = 1\,\% \text{ und } P(\text{Zweiter Preis}) = 80/1000 = 8\,\%. \tag{3.25}$$

Mit keinem Los erhält man gleichzeitig einen ersten und einen zweiten Preis, sodass sich die Ereignisse gegenseitig ausschließen und die entsprechende Schnittmenge eine leere

	1	2	3	4	5	6
1	0,2268%	0,4535%	0,6803%	0,9070%	1,1338%	1,3605%
2	0,4535%	0,9070%	1,3605%	1,8141%	2,2676%	2,7211%
3	0,6803%	1,3605%	2,0408%	2,7211%	3,4014%	4,0816%
4	0,9070%	1,8141%	2,7211%	3,6281%	4,5351%	5,4422%
5	1,1338%	2,2676%	3,4014%	4,5351%	5,6689%	6,8027%
6	1,3605%	2,7211%	4,0816%	5,4422%	6,8027%	8,1633%

Abb. 3.11 Wahrscheinlichkeiten beim unfairen Würfelexperiment

Menge ergibt. Die Wahrscheinlichkeit eines Gewinns ist die Summe der Wahrscheinlichkeiten eines ersten und eines zweiten Preises:

$$P(\text{Erster Preis} \cup \text{Zweiter Preis}) = 0{,}01 + 0{,}08 = 9\,\%. \tag{3.26}$$

Ein besonderer Fall sich ausschließender Ereignisse ist der Fall komplementärer Ereignisse (A^c). Wie bereits geschildert, ergänzen sich zwei solcher Ereignisse zur Gesamtmenge Ω. Entsprechend addieren sich auch die Wahrscheinlichkeiten zu Eins ($P(A \cup B) = P(\Omega) = 1$), sodass eine Wahrscheinlichkeit immer mit Hilfe der anderen berechnet werden kann. Es gilt:

$$P(A) = 1 - P(A^c) = 1 - P(B). \tag{3.27}$$

Die Kenntnis dieses Zusammenhangs ist vor allem dann hilfreich, wenn eine der beiden Wahrscheinlichkeiten aufwändig und die andere einfach zu berechnen ist. Nehmen wir das Beispiel eines Würfelexperiments mit zwei manipulierten Würfeln, bei der nicht jede Augenzahl die gleiche Wahrscheinlichkeit besitzt. Wie groß ist nun die Wahrscheinlichkeit einer Augenzahl kleiner als elf? In Abb. 3.11 sind alle Kombinationsmöglichkeiten und deren Wahrscheinlichkeiten dargestellt.

Die Ermittlung von $P(\text{Augenzahl} < 11)$ könnte nun durch Aufaddieren aller Einzelwahrscheinlichkeiten mit Kombinationen kleiner als elf Augen erfolgen. Dies wären insgesamt 33 Einzelwahrscheinlichkeiten. Da die Wahrscheinlichkeit $P(\text{Augenzahl} \geq 11)$ komplementär hierzu ist, kann die Berechnung auch hierüber erfolgen. Es müssen nur die grau markierten Einzelwahrscheinlichkeiten aufaddiert und dieser Wert von Eins abgezogen werden:

$$\begin{aligned} P(\text{Augenzahl} < 11) &= 1 - P(\text{Augenzahl} \geq 11) \\ &= 1 - (6{,}8027\,\% + 6{,}8027\,\% + 8{,}1633\,\%) \approx 78{,}23\,\%. \end{aligned} \tag{3.28}$$

3.3.4 Additionssatz nicht-disjunkter Ereignisse

Etwas anders verhält sich die Addition von Wahrscheinlichkeiten bei nicht-disjunkten Ereignissen. In einem solchen Fall existiert eine nicht leere Schnittmenge, die bei einfacher Addition der beiden Einzelwahrscheinlichkeiten doppelt gezählt würde. Man betrachte hierzu nochmals den Fall „Durchschnitt von Ereignissen" in Abb. 3.2. Die Wahrscheinlichkeit zweier sich nicht ausschließender Ereignisse A und B entspricht somit der Summe der Einzelwahrscheinlichkeiten der Ereignisse A und B abzüglich des Durchschnitts der beiden Ereignisse. Es gilt:

$$P(A \cup B) = P(A) + P(B) - (A \cap B). \tag{3.29}$$

Ziehen wir wiederum das Würfelexperiment zur Verdeutlichung heran: Wie groß ist die Wahrscheinlichkeit dafür, eine gerade Augenzahl oder eine Augenzahl kleiner als vier zu würfeln? Die Ergebnismenge der Augenzahlen kleiner als vier entspricht $A = \{1,2,3\}$, die Ergebnismenge einer geraden Augenzahl entspricht $B = \{2, 4, 6\}$. Es wird deutlich, dass beide Ergebnismengen eine gemeinsame Schnittmenge ($A \cap B = \{2\}$) mit einer Wahrscheinlichkeit von $P(A \cap B) = 1/6$ besitzen. Gemäß des Additionssatzes bei nicht-disjunkten Ereignissen ergibt sich somit für die gesuchte Wahrscheinlichkeit:

$$P(A \cup B) = P(A) + P(B) - (A \cap B) = 3/6 + 3/6 - 1/6 = 5/6 \approx 83{,}3\,\%. \tag{3.30}$$

3.3.5 Bedingte Wahrscheinlichkeiten

Eine wichtige Fragestellung ist die Berechnung bedingter Wahrscheinlichkeiten. Betrachten wir hierzu zunächst ein Beispiel (Velleman 2002): Wissenschaftler am Baystate Medical Center in Springfield (Massachusetts) untersuchten das Geburtsgewicht von 189 Neugeborenen. Insgesamt 59 Neugeborene (31 Prozent) wiesen ein geringes, 75 ein mittleres (40 Prozent) und 55 (21 Prozent) ein hohes Geburtsgewicht auf. Entsprechend hat eine schwangere Mutter eine Wahrscheinlichkeit von 31 Prozent für ein untergewichtiges Baby: $P(\text{Geringes Geburtsgewicht}) = 59/189 \approx 31\,\%$. Die Wissenschaftler vermuteten bei rauchenden Müttern eine größere Wahrscheinlichkeit für ein Baby mit geringem Geburtsgewicht als bei nicht rauchenden Müttern. In der Studie waren 74 Mütter Raucherinnen und diese brachten 30 Babys mit geringem Geburtsgewicht zur Welt.

Die Wahrscheinlichkeit ein untergewichtiges Baby zu gebären liegt bei Raucherinnen also bei $P(\text{Geringes Geburtsgewicht}|\text{Raucherin}) = 30/74 \approx 41\,\%$. Man spricht in einem solchen Fall von einer bedingten Wahrscheinlichkeit (*engl.:* conditional probability). Bedingte Wahrscheinlichkeit deshalb, da eine Restriktion in Hinblick auf die Gruppe der zu betrachtenden Personen formuliert wird – hier die Raucherinnen. In der Notation wird die Bedingung mit einem senkrechten Strich vom Ereignis abgetrennt und wie folgt ausgedrückt: $P(\text{Ereignis}|\text{Bedingung})$. Die Berechnung erfolgt, indem man die Wahrscheinlichkeit der Schnittmenge der beiden Ereignisse ($P(\text{Untergewicht} \cap \text{Raucherin})$)

durch die Wahrscheinlichkeit der Bedingung (P(Raucherin)) teilt. Es ergibt sich für das obige Beispiel:

$$P(A|B) = \frac{P(\text{Untergewicht} \cap \text{Raucherin})}{P(\text{Raucherin})} = \frac{\frac{30}{189}}{\frac{74}{189}} = \frac{30}{74} = 0{,}41 = 41\,\%. \tag{3.31}$$

Für den generellen Fall gilt also:

$$P(A|B) = \frac{P(A \cap B)}{P(B)}. \tag{3.32}$$

3.3.6 Stochastische Unabhängigkeit von Ereignissen

Sollte im vorangegangenen Beispiel das Gewicht unabhängig von der Tatsache sein, ob die Mutter Raucherin ist oder nicht, liegt die Wahrscheinlichkeit, untergewichtige Babys zu bekommen, sowohl für rauchende als auch für nicht rauchende Mütter bei 31 Prozent. D. h., es muss gelten $P(\text{Untergewicht}|\text{Raucherin}) = P(\text{Untergewicht}) = 31\,\%$. Dies ist, wie wir oben bereits berechnet haben, nicht der Fall. Raucherinnen bringen in 41 Prozent der Fälle ein untergewichtiges Kind zur Welt. Zwei Ereignisse sind also immer dann unabhängig, wenn das Eintreten eines Ereignisses (Raucherin) keinen Einfluss auf die Eintrittswahrscheinlichkeit des anderen Ereignisses (niedriges Geburtsgewicht) hat. Wir können also festhalten, dass zwei Ereignisse immer dann unabhängig voneinander sind, wenn folgendes gilt:

$$P(A|B) = P(A) \text{ bzw. } P(B|A) = P(B). \tag{3.33}$$

So hat das Ergebnis der Ziehung der Lottozahlen des vorherigen Samstags – bei ordnungsgemäßem Zustand des Ziehungsgerätes und der 49 Kugeln – keinen Einfluss auf die Ziehung des folgenden Samstags. Auch sollte die Wahrscheinlichkeit des Bestehens der Statistikklausur unabhängig vom Leistungsergebnis des Studierenden am Nachbartisch sein.

3.3.7 Multiplikationssatz

Mit Hilfe des Multiplikationssatzes kann die Wahrscheinlichkeit für das gleichzeitige Eintreten zweier Ereignisse berechnet werden. Während der Additionssatz die Wahrscheinlichkeiten für Ereignisse mit einem Inklusiv-ODER verknüpft, erfolgt die Berechnung beim Multiplikationssatz mit Hilfe einer UND Verknüpfung. Gesucht wird die Wahrscheinlichkeit für das gleichzeitige Auftreten von zwei Ereignissen. Es gilt dann der generelle Multiplikationssatz:

$$P(A \cap B) = P(A|B) \cdot P(B) \text{ bzw. } P(A \cap B) = P(B|A) \cdot P(A). \tag{3.34}$$

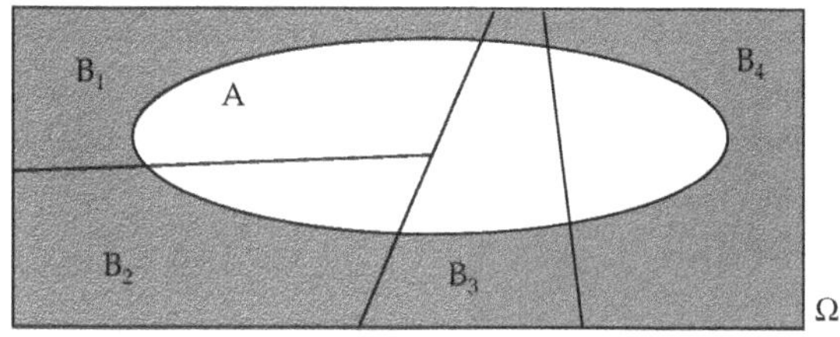

Abb. 3.12 Satz der Totalen Wahrscheinlichkeit

Mit Hilfe des Multiplikationssatzes kann ebenfalls stochastische Unabhängigkeit untersucht werden. Zwei Ereignisse sind unabhängig voneinander, wenn folgendes gilt:

$$P(A|B) = P(A \cap B)P(B) = P(A). \tag{3.35}$$

Das ist allerdings nur dann der Fall, wenn $P(A \cap B) = P(A) \cdot P(B)$ entspricht. Generell sind also zwei Ereignisse A und B unabhängig voneinander, wenn das Produkt der beiden Einzelwahrscheinlichkeiten dem der Wahrscheinlichkeit der Schnittmenge beider Ereignisse entspricht. Gilt hingegen $P(A|B) \neq P(A)$ oder $P(A \cap B) \neq P(A) \cdot P(B)$ besteht ein Zusammenhang bzw. keine Unabhängigkeit.

3.3.8 Satz der totalen Wahrscheinlichkeit

Aus der Anwendung des Additions- und des Multiplikationssatzes lässt sich nun der Satz der Totalen Wahrscheinlichkeit herleiten. Angenommen, uns interessiert die unbedingte Wahrscheinlichkeit für ein Ereignis A ($P(A)$) und uns seien aber nur die bedingten Wahrscheinlichkeiten $P(A|B_j)$ bekannt. Zudem wissen wir aber, dass es sich bei $B_1, \ldots B_n$ um sich paarweise ausschließende Ereignisse und um eine Zerlegung des Ergebnisraumes Ω handelt. Abb. 3.12 verdeutlicht den Zusammenhang anhand eines Venn-Diagrammes: $B_1, \ldots B_n$ zerlegen der Ergebnisraum Ω in vier disjunkte Mengen. Die Menge A bildet sich aus der Addition der Schnittmengen von A mit den Mengen von B_1, B_2, B_3 und B_4.

Entsprechend gilt:

$$P(A) = P(A \cap B_1) + P(A \cap B_2) + \ldots + P(A \cap B_n). \tag{3.36}$$

Angewendet auf das Beispiel aus Tab. 3.1 bilden Raucherinnen und Raucher den Ergebnisraum und zerlegen diesen in zwei disjunkte Mengen. Somit ergibt sich die Wahrscheinlichkeit für ein niedriges Geburtsgewicht (P(Niedrig)) aus der Addition der Wahrscheinlichkeiten der Schnittmengen für niedriges Geburtsgewicht bei Raucherinnen und bei Nichtraucherinnen. Es gilt somit:

$$P(\text{Niedrig}) = P(\text{Niedrig} \cap \text{Raucherin}) + P(\text{Niedrig} \cap \text{Nichtraucherin}). \tag{3.37}$$

Tab. 3.1 Geburtsgewichtsuntersuchung Baystate Medical Center

Mutter	Geburtsgewicht			Summe
Raucherin oder Nichtraucherin	Hoch	Mittel	Niedrig	
Keine Raucherin	42	44	29	115
Raucherin	13	31	30	74
Summe	55	75	59	189

Quelle: Velleman, P. (2002, S. 14–1).

Wenden wir hierauf den Multiplikationssatz an, so ergibt sich:

$$P(\text{Niedrig}) = P(\text{Niedrig}|\text{Nichtraucherin}) \cdot P(\text{Nichtraucherin}) + P(\text{Niedrig}|\text{Raucherin}) \cdot P(\text{Raucherin}) \tag{3.38}$$

$$P(\text{Niedrig}) = \frac{29}{115} \cdot \frac{115}{189} + \frac{30}{74} \cdot \frac{74}{189} = \frac{59}{189} = 31{,}2\,\%. \tag{3.39}$$

Die generelle Wahrscheinlichkeit für ein niedriges Geburtsgewicht beträgt somit $P(\text{Niedrig}) = 31{,}2\,\%$. Dieser Wert wurde dabei aus den Werten des bedingten Eintretens von Ereignissen einerseits für Raucherinnen und andererseits für Nichtraucherinnen ermittelt. Für den Satz der Totalen Wahrscheinlichkeit gilt im Allgemeinen deshalb:

$$P(A) = P(A|B) \cdot P(B) + P(A|C) \cdot P(C) + \ldots + P(A|Z) \cdot P(Z). \tag{3.40}$$

In Bezug auf das Beispiel aus Tab. 3.1 hätten wir die Lösung natürlich auch direkt aus der Tabelle ablesen können. Allerdings ist dies nicht immer möglich, wie folgendes Beispiel zeigt: Ein Unternehmen unterzieht seine Endprodukte einer maschinengesteuerten Qualitätskontrolle. Aus Erfahrung weiß man, dass die Wahrscheinlichkeit für ein defektes Produkt bei einem Prozent liegt ($P(\text{defect}) = 1\,\%$). Die maschinelle Endkontrolle erkennt diese fehlerhaften Produkte mit einer Wahrscheinlichkeit von $P(\text{out}|\text{defect}) =$ 99 Prozent. In $P(\text{out}|\text{not defect}) = 0{,}5\,\%$ der Fälle werden allerdings auch nicht defekte als defekte Endprodukte ausgewiesen. Es stellt sich die Frage, mit welcher Wahrscheinlichkeit sortiert die maschinelle Endkontrolle ein Produkt aus ($P(\text{out})$)? Insgesamt bilden defekte und nicht defekte Produkte disjunkte Ereignisse, die den Ergebnisraum in zwei Teile zerlegen. Mit Hilfe des Satzes der Totalen Wahrscheinlichkeit werden die Ereignisse, dass ein Produkt irrtümlicherweise aussortiert und dass ein Produkt richtiger Weise aussortiert wurde, über die Addition der beiden Schnittmengen zusammengefügt:

$$P(\text{out}) = P(\text{out} \cap \text{defect}) + P(\text{out} \cap \text{not defect}) \tag{3.41}$$

$$P(\text{out}) = P(\text{out}|\text{defect}) \cdot P(\text{defect}) + P(\text{out}|\text{not defect}) \cdot P(\text{not defect}). \tag{3.42}$$

Es ergibt sich somit eine Wahrscheinlichkeit der Produktaussortierung von:

$$P(\text{out}) = 0{,}99 \cdot 0{,}01 + 0{,}005 \cdot (1 - 0{,}01) = 0{,}149 = 1{,}49\,\%. \tag{3.43}$$

3.3.9 Das Theorem von Bayes

Betrachten wir nun die aussortierten Produkte. Mit welcher Wahrscheinlichkeit handelt es sich wirklich um ein defektes Produkt ($P(\text{defect}|\text{out})$)? Diese Frage lässt sich mit Hilfe des Theorems von Bayes lösen. Die Herleitung des Zusammenhanges ist dabei wenig kompliziert: Aus Abschn. 3.3.6 wissen wir, dass sowohl die Gleichung $P(A \cap B) = P(A|B) \cdot P(B)$ als auch die Gleichung $P(A \cap B) = P(B|A) \cdot P(A)$ gelten. Beide lassen sich gleichsetzen, sodass die Gleichung $P(A|B) \cdot P(B) = P(B|A) \cdot P(A)$ in das Theorem von Bayes überführt werden kann:

$$P(A|B) = \frac{P(B|A) \cdot P(A)}{P(B)} \text{ für } P(B) > 0. \tag{3.44}$$

Drückt man im Nenner $P(B)$ nun noch mit Hilfe des Satzes der Totalen Wahrscheinlichkeit aus, so ergibt sich die allgemeine Formel für das Theorem von Bayes:

$$P(A_i|B) = \frac{P(B|A_i) \cdot P(A_i)}{P(B)} = \frac{P(B|A_i) \cdot P(A_i)}{\sum_{j=1}^{n} P(B|A_j) \cdot P(A_j)} \text{ für } \sum_{j=1}^{n} P(B|A_j) \cdot P(A_j) > 0. \tag{3.45}$$

Auf unser Beispiel angewendet bedeutet dies, dass sich die Wahrscheinlichkeit eines zu Recht aussortierten Produktes ergibt aus:

$$P(\text{defect}|\text{out}) = P(\text{out}|\text{defect}) \cdot \frac{P(\text{defect})}{P(\text{out})} = 0{,}99 \cdot \frac{0{,}01}{0{,}0149} = 0{,}66 = 66\,\%. \tag{3.46}$$

Dies bedeutet, dass rund jedes dritte aussortierte Produkt fälschlicherweise als Ausschuss deklariert wird.

Bedingte Wahrscheinlichkeiten – wie sie auch durch das Theorem von Bayes berechnet werden – besitzen eine weitaus wichtigere Praxisrelevanz als einfache Einzelwahrscheinlichkeiten. Sie weisen uns auf Besonderheiten bestimmter Gruppen hin und decken Zusammenhänge zwischen Ereignissen auf. Auf der anderen Seite werden die Bedingungen in einer allgemeinen Diskussion gerne unterschlagen und Wahrscheinlichkeiten verdreht oder allgemeingültig gemacht. Krämer (2015) führt hierzu einige Beispiele auf, darunter folgendes: Zwei Drittel aller Trinker sind verheiratet. Dass das Eheleben Männer zur Flasche greifen lässt, ist dabei eine Fehlinterpretation, denn die bedingte Wahrscheinlichkeit der Verheirateten aus der Gruppe der Trinker ($P(\text{Verheiratet}|\text{Trinker}) = 66\,\%$) ist nicht identisch mit der bedingten Wahrscheinlichkeit, ein Trinker in der Gruppe der Verheirateten zu sein ($P(\text{Trinker}|\text{Verheiratet}) = ?$). Wie lässt sich nun aber die Wahrscheinlichkeit ermitteln, dass ein Verheirateter bzw. Unverheirateter zum Trinker wird? Erst der Vergleich dieser beiden bedingten Wahrscheinlichkeiten würde uns eröffnen, welche Gruppe mehr zur Alkoholsucht neigt: Verheiratete oder Unverheiratete?

Gelöst wird dieses Problem wiederum mit Hilfe des Theorems von Bayes. Die Wahrscheinlichkeit, dass es sich bei einem beliebig herausgegriffenen Deutschen um eine alleinstehende Person handelt, liegt bei rund $P(\text{Alleinstehend}) = 22\,\%$[5], die Wahrscheinlichkeit für Alkoholmissbrauch bei rund $P(\text{Trinker}) = 2\,\%$[6]. Daraus ergibt sich:

$$\begin{aligned} P(\text{Trinker}|\text{Alleinstehend}) &= \frac{P(\text{Alleinstehend}|\text{Trinker}) \cdot P(\text{Trinker})}{P(\text{Alleinstehend})} = \frac{0{,}33 \cdot 0{,}02}{0{,}22} \\ &= 3{,}0\,\%. \end{aligned} \tag{3.47}$$

Verheiratete weisen eine geringere Wahrscheinlichkeit für eine Alkoholabhängigkeit auf, nämlich:

$$P(\text{Trinker}|\text{Verheiratet}) = \frac{P(\text{Verheiratet}|\text{Trinker}) \cdot P(\text{Trinker})}{P(\text{Verheiratet})} = \frac{0{,}66 \cdot 0{,}02}{0{,}78} = 1{,}7\,\% \tag{3.48}$$

Wieder einmal wird deutlich, wie wichtig die genaue Betrachtung bedingter Wahrscheinlichkeiten ist. Das Theorem von Bayes stellt somit die Möglichkeit dar, eine unbekannte bedingte Wahrscheinlichkeit mit Hilfe einer bekannten bedingten und zweier totaler (unbedingter) Wahrscheinlichkeiten zu berechnen.

3.3.10 Exkurs: Das Ziegenproblem

Wir wollen das Theorem von Bayes anhand des sehr populären Ziegenproblems, das im englischen Sprachraum als Monty Hall Problem bezeichnet wird, nochmals verdeutlichen. Das Problem basiert auf der in den 1960er- und 1970er-Jahren in den USA ausgestrahlten TV-Show *Let's make a deal*. Dem Kandidat dieser Show wurden drei geschlossene Türen gezeigt. Hinter einer dieser Türen befindet sich ein großer Preis – in der Regel war es ein PKW –, hinter den anderen beiden Türen ein Trostpreis – was auch mal eine Ziege sein konnte, weshalb dieses Problem auch Ziegenproblem genannt wird. Nachdem sich der Kandidat für eine der drei Türen entschieden hatte, ließ der Show-Master eine der beiden verbleibenden Türen öffnen. Dabei handelte es sich natürlich immer um eine Tür, hinter der nicht der Hauptpreis zu finden war. Dem Kandidat wurde nun die Gelegenheit gegeben, sich nochmals umzuentscheiden oder bei seiner ersten Auswahl zu bleiben. Ist die Wahrscheinlichkeit den Hauptpreis zu gewinnen höher, wenn sich der Kandidat umentscheidet oder ist sie höher beim Verbleib bei der ersten Entscheidung? Oder ist es gar unerheblich, da die Wahrscheinlichkeiten gleich groß sind, nämlich fifty-fifty?

Diese Frage ist breit[7] diskutiert worden und einmal mehr bestätigte es sich, dass Intuition und statistische Wahrheit manchmal weit auseinander liegen. Nachdem die Wissenschaftlerin Marilyn vos Savant nämlich behauptete, dass ein Wechsel der Tür immer

[5] Eigene Berechnungen. Als Alleinstehend werden alle Personen definiert, die nicht in familienähnlichen Zusammenhängen leben (Statistisches Bundesamt 2009).

[6] Rund 1,3 Millionen Bundesbürger gelten als alkoholabhängig (Drogenbeauftragte der Bundesregierung – Bundesministerium für Gesundheit 2009).

[7] Eine schöne Zusammenfassung der Diskussion findet sich bei Randow (2007).

die Gewinnwahrscheinlichkeit erhöht, erntete sie Missfallen und Spott und wie wir heute wissen: zu Unrecht. Es kann gezeigt werden, dass sich die Gewinn-Wahrscheinlichkeit verdoppelt, wenn der Kandidat von seiner ersten Wahl abrückt und sich für eine der anderen Türen entscheidet!

Versuchen wir dieses Problem zunächst ohne Formeln zu lösen. Es existieren insgesamt drei Türen. Bevor der Moderator die Tür öffnet, beträgt die Wahrscheinlichkeit, dass sich hinter einer beliebigen Tür der Hauptpreis befindet, $P(\text{Hauptpreis}) = 1/3 = 33{,}3\,\%$. Gehen wir davon aus, dass der Kandidat sich zunächst für Tür 1 entscheidet. Wie wird sich nun der Moderator verhalten?

- Möglichkeit 1: Der Hauptpreis steht hinter Tür 1. In diesem Fall würde der Moderator entweder Tür 2 oder Tür 3 öffnen lassen, denn hinter beiden Türen steht nur ein Trostpreis. In diesem Fall würde der Kandidat verlieren, wenn er sich – abweichend von seiner ursprünglichen Wahl – umentscheidet.
- Möglichkeit 2: Der Hauptpreis steht hinter Tür 2. In diesem Fall öffnet der Moderator Tür 3, denn er würde dem Kandidaten bei Öffnen der Tür 2 den Hauptpreis offenbaren. In diesem Fall würde der Kandidat den Hauptpreis gewinnen, wenn er sich umentscheidet.
- Möglichkeit 3: Der Hauptpreis steht hinter Tür 3. In diesem Fall öffnet der Moderator Tür 2, denn er würde dem Kandidaten bei Öffnen der Tür 3 den Hauptpreis offenbaren. In diesem Fall würde der Kandidat den Hauptpreis gewinnen, wenn er sich umentscheidet.

Es wird also deutlich, dass der Kandidaten durch Abweichung von seiner ursprünglichen Wahl in zwei von drei Fällen den Hauptpreis gewinnt. Diese Wahrscheinlichkeiten ändern sich auch dann nicht, wenn sich der Kandidat zunächst für Tür 2 oder für Tür 3 entscheidet. Es handelt sich um eine spiegelbildliche Anwendung der oben beschriebenen Vorgehensweise. Der Zusammenhang lässt sich auch mit Hilfe des Wahrscheinlichkeitsbaumes in Abb. 3.13 darstellen.

Marilyn vos Savant macht den Sinn des Wechselns anhand eines erweiterten Beispiels nochmals deutlich: „Yes; you should switch. The first door has a 1/3 chance of winning, but the second door has a 2/3 chance. Here's a good way to visualize what happened. Suppose there are a million doors, and you pick door #1. Then the host, who knows what's behind the doors and will always avoid the one with the prize, opens them all except door #777,777. You'd switch to that door pretty fast, wouldn't you?“[8]

Was hat das Ziegenproblem nun mit dem Theorem von Bayes zu tun? Nun, das Problem lässt sich auch hierüber lösen. Hierzu sind zunächst die Ereignisse T_i = {Hauptgewinn befindet sich hinter dem Tor i} und M_j = {Moderator öffnet Tür j} zu definieren. Die Gewinnwahrscheinlichkeiten der drei Türen sind dabei zu Beginn $P(T_1) = P(T_2) = P(T_3) = 1/3$. Zunächst entscheidet sich der Kandidat wieder für die erste Tür.

[8] Siehe hierzu: http://www.marilynvossavant.com/articles/gameshow.html.

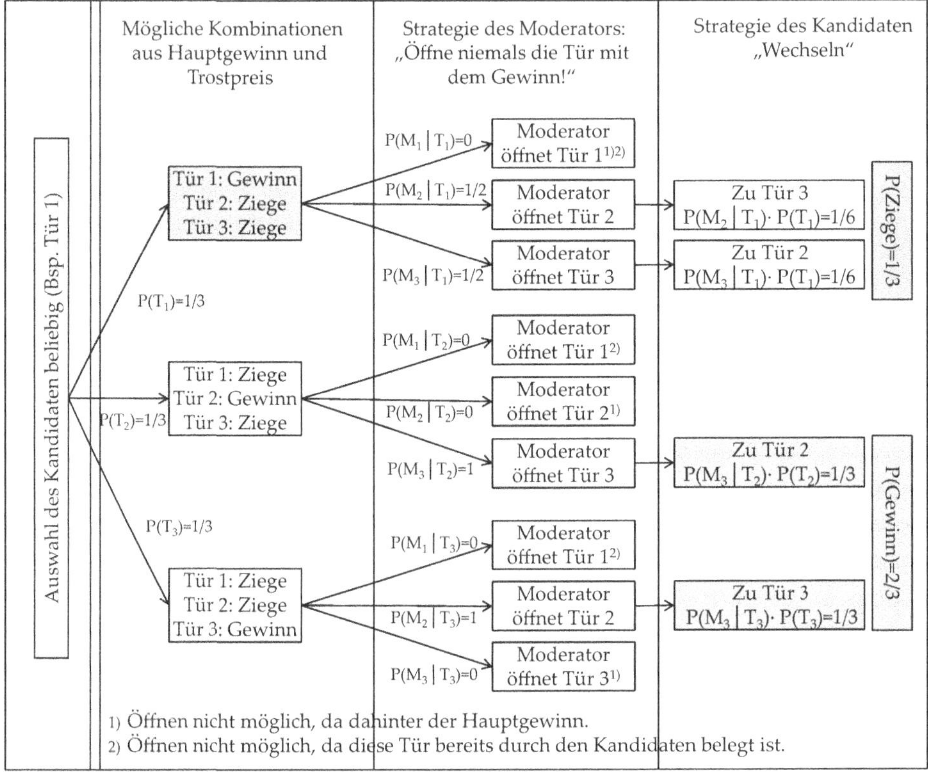

Annahme bei diesem Wahrscheinlichkeitsbaum ist, dass der Moderator weder die Tür mit dem Hauptpreis, noch die vom Kandidaten zuerst gewählte Tür öffnen darf. Angenommen wird außerdem, dass der Kandidat eine beliebige Tür auswählen kann, sich in diesem Beispiel für Tür 1 entscheidet. Entscheidet sich der Kandidat für eine andere Tür, handelt es sich lediglich um ein spiegelbildliches Problem, das die Gewinnwahrscheinlichkeit nicht verändert. Gewinnsituationen sind grau hinterlegt.

Abb. 3.13 Wahrscheinlichkeitsbaum des Ziegenproblems

Beispielhaft könnte dies auch für alle anderen Türen durchgerechnet werden, ohne dass sich hierdurch die Ergebnisse ändern würden. Der Moderator wird nun eine Tür mit einer Ziege öffnen und diese damit von der weiteren Auswahl ausschließen. Dies kann nur entweder Tür 2 oder Tür 3 sein. Angenommen er öffnet Tür 3, so stellt sich dem Kandidaten die Frage, wie groß ist nun die Gewinnwahrscheinlichkeit bei einem Wechsel – gesucht wird also $P(T_2|M_3)$ – und wie groß ist die Gewinnwahrscheinlichkeit bei keinem Wechsel – gesucht wird dann $P(T_1|M_3)$? Wir wissen zudem folgendes:

- Wenn der Gewinn hinter Tür 3 wäre, würde der Moderator diese Tür nicht öffnen, da er den Gewinn offenbaren würde. Entsprechend hat dieses Ereignis gemäß der Spiellogik eine Wahrscheinlichkeit von Null: $P(M_3|T_3) = 0$.

- Wenn der Gewinn hinter Tür 2 ist, kann der Moderator nur Tür 3 öffnen. Ansonsten würde er den Gewinn offenbaren: $P(M_3|T_2) = 1$.
- Wenn der Gewinn hinter Tür 1 ist, kann der Moderator Tür 2 oder Tür 3 öffnen. Entsprechend gilt: $P(M_3|T_1) = 50\,\%$.

Die Anwendung des Theorems von Bayes ergibt nun:

$$P(T_1|M_3) = \frac{P(M_3|T_1)\cdot P(T_1)}{P(M_3|T_1)\cdot P(T_1) + P(M_3|T_2)\cdot P(T_2) + P(M_3|T_3)\cdot P(T_3)} = \frac{\frac{1}{2}\cdot\frac{1}{3}}{\frac{1}{2}\cdot\frac{1}{3} + 1\cdot\frac{1}{3} + 0\cdot\frac{1}{3}} = \frac{1}{3} \tag{3.49}$$

$$P(T_2|M_3) = \frac{P(M_3|T_2)\cdot P(T_2)}{P(M_3|T_1)\cdot P(T_1) + P(M_3|T_2)\cdot P(T_2) + P(M_3|T_3)\cdot P(T_3)} = \frac{1\cdot\frac{1}{3}}{\frac{1}{2}\cdot\frac{1}{3} + 1\cdot\frac{1}{3} + 0\cdot\frac{1}{3}} = \frac{2}{3}. \tag{3.50}$$

Es ist zu erkennen, dass sich der Wechsel für den Kandidaten lohnt, da die Gewinnwahrscheinlichkeit größer ist, als im Fall, in dem er nicht wechseln würde.

3.4 Übungsaufgaben zur Wahrscheinlichkeitsrechnung

Aufgabe 1

Inge ist Vertreterin für Haarwaschmittel und möchte 10 Friseure, die in verschiedenen Friseurgeschäften arbeiten, auf ihrer täglichen Verkaufstour besuchen.

a. Wie viele mögliche Touren gibt es für Inge?
b. Von den 10 Friseuren haben 5 blonde Haare, 3 schwarze Haare und 2 rote Haare. Wie viele mögliche Touren gibt es, wenn Inge die Friseure nur nach der Haarfarbe unterscheiden kann?
c. Inge möchte 6 der 10 Friseure zu ihrem 25. Geburtstag einladen. Wie viele Möglichkeiten hat sie?

Aufgabe 2

Zwanzig Unternehmer haben jeweils eine freie Stelle ausgeschrieben. Im Arbeitsamt liegen zwanzig Arbeitsgesuche vor, die zu diesen Stellen passen. 16 Anträge sind von Frauen und 4 Anträge von Männern. Wie viele verschiedene Möglichkeiten, die Arbeitsuchenden den Arbeitsstellen zuzuweisen, hat der Sachbearbeiter des Arbeitsamtes, wenn er die Antragsteller nur nach ihrem Geschlecht unterscheidet?

Aufgabe 3
Ein Marketingleiter möchte aus Kostengründen seine Werbefilme nur noch in drei Fernsehprogrammen laufen lassen. Es kommen die Sender ARD, ZDF, RTL, SAT1 und PRO 7 in Frage.

a. Wie viele Möglichkeiten gibt es für den Marketingleiter, drei verschiedene Sender auszuwählen? Schreiben Sie die Möglichkeiten auf!
b. Der Marketingleiter möchte die Werbespots fünf Mal täglich in den drei ausgewählten Kanälen platzieren. Dabei soll auch der Fall zulässig sein, dass ein Spot in einem Sender mehrfach laufen kann. Wie viele Möglichkeiten hat er, wenn die Reihenfolge der gesendeten Spots keine Rolle spielt?

Aufgabe 4

a. An einem Pferderennen nehmen zehn Pferde teil. Wie viele Möglichkeiten gibt es, die ersten drei Pferde in der richtigen Reihenfolge ihres Einlaufes zu tippen?
b. In einem Leichtathletikverein sind sechs gleichwertige Sprinter, aus denen eine 4×100-Meter-Staffel zusammengestellt werden soll. Wie viele Möglichkeiten gibt es dazu, wenn zwischen den einzelnen Staffelplätzen unterschieden werden soll?

Aufgabe 5
Ein Zigarettenautomat hat zwölf Fächer. Es stehen zehn verschiedene Zigarettenmarken zur Verfügung. Wie viele Möglichkeiten gibt es, den Automaten zu bestücken, wenn es nur auf die Anzahl der Packungen einer Marke im Automaten ankommt?

Aufgabe 6
Frisörin Inge aus Aufgabe 1 kennt 50 Friseure. Wie groß ist die Wahrscheinlichkeit, dass mindestens zwei der 50 Friseure am gleichen Tag Geburtstag haben? Die Aufgabe ist auch als das sogenannte „Geburtstagsparadoxon“ bekannt.

Aufgabe 7
In einer Statistikvorlesung sitzen 100 Studierende. Zur Klausurvorbereitung stehen beim AStA zwei alte Klausuren zur Verfügung. 50 % der Studierenden lösen die Klausur 1. 15 % der Studierenden lösen die Klausur 1, aber nicht die Klausur 2. 20 % bearbeiten die Klausur 2, aber nicht die Klausur 1. Man wählt zufällig einen Studenten aus. A sei das Ereignis, dass er Klausur 1 bearbeitet, B, dass er Klausur 2 bearbeitet.

a. Stellen sie durch geeignete Verknüpfungen von A und B folgende Ereignisse dar und bestimmen Sie deren Wahrscheinlichkeiten! Der ausgewählte Student bearbeitet 1. keine Klausur, 2. genau eine Klausur, 3. beide Klausuren, 4. wenigstens eine Klausur, 5. höchstens eine Klausur.
b. Sind die Ereignisse stochastisch unabhängig? Begründen Sie Ihre Antwort!
c. Man wählt unter den Studenten, die Klausur 1 lösen, zufällig einen aus. Mit welcher Wahrscheinlichkeit löst dieser auch Klausur 2?

Aufgabe 8

Kurz nach der Einführung des Euro nimmt die Versuchung, die Umstellung zur Verwendung von Falschgeld auszunutzen, zu. Die Wahrscheinlichkeit, dass ein Euroschein gefälscht ist, liege bei 0,5 %. Der Handel schläft jedoch nicht und installiert an den Kassen Detektoren zur Erkennung von Falschgeld. Diese erkennen einen gefälschten Euroschein in 95 % der Fälle. Allerdings liefern sie auch mit 1 %-iger Wahrscheinlichkeit das Ergebnis, dass ein Euroschein gefälscht ist, wenn es sich um echte Euros handelt.

a. Mit welcher Wahrscheinlichkeit weisen die Detektoren auf Falschgeld hin?
b. Mit welcher Wahrscheinlichkeit handelt es sich wirklich um den Versuch eines Betrugs, wenn der Detektor Falschgeld signalisiert?

Aufgabe 9

Aus Erfahrung weiß man, dass 78 % der Studenten die Statistikklausur bestehen. Von den Studenten, die bestanden haben, fahren 67 % nach Bekanntgabe der Ergebnisse in den Urlaub. Diejenigen, die durchfallen, lernen lieber noch mehr. Von ihnen fahren aber auch 25 % nach Bekanntgabe der Klausurergebnisse für eine Weile weg.

a. Stellen Sie die Zusammenhänge mit Hilfe eines Wahrscheinlichkeitsbaumes dar!
b. Mit welcher Wahrscheinlichkeit macht ein Student nach Bekanntgabe der Klausurergebnisse Urlaub?
c. Sie rufen einen Kommilitonen an und hören von seinem Anrufbeantworter „Bin nicht da! Bin auf Teneriffa!" Mit welcher Wahrscheinlichkeit hat er die Statistikklausur bestanden?

Aufgabe 10

Ein Marktforschungsinstitut stellt fest, dass in einer Branche 80 % aller neu konzipierten Produkte Flops sind. Selbst, wenn die Entscheidung für die Massenfertigung der neuen Produkte vom Ergebnis eines Testmarktes abhängig gemacht wird, sind Fehlentscheidungen nicht ausgeschlossen. Aus den bisherigen Erfahrungen ist bekannt, dass bei erfolgreichen Produkten in 70 % der Fälle ein gutes Testmarktergebnis erzielt wird. In 20 % wird ein mittleres und in 10 % der Fälle ein schlechtes Testmarktresultat erzielt. Bei Flops ist es gerade umgekehrt.

a. Stellen Sie die Zusammenhänge mit Hilfe eines Wahrscheinlichkeitsbaumes dar!
b. Wie groß ist die Wahrscheinlichkeit, dass der Testmarkt ein gutes Ergebnis liefert?
c. Ein Produkt hat ein gutes Testmarktresultat erzielt. Mit welcher Wahrscheinlichkeit wird das Produkt dennoch ein Flop?
d. Wie groß ist die Wahrscheinlichkeit, dass ein Produkt ein gutes Testmarktergebnis erzielt oder ein Flop wird?
e. Wie groß ist die Wahrscheinlichkeit, dass ein Produkt ein schlechtes Testmarktergebnis erzielt und ein Flop wird?

Aufgabe 11

Drei Maschinen A, B, C produzieren 50 %, 30 % und 20 % der gesamten Produktion eines Betriebes. Die Ausschussanteile der Maschinen betragen 3 %, 4 % und 5 %.

a. Stellen Sie die Zusammenhänge mit Hilfe eines Wahrscheinlichkeitsbaumes dar!
b. Wie groß ist die Wahrscheinlichkeit für das Ereignis, dass ein zufällig ausgewähltes Stück defekt ist?
c. Mit welcher Wahrscheinlichkeit stammt ein zufällig ausgewähltes defektes Stück von Maschine A?
d. Mit welcher Wahrscheinlichkeit stammt ein Produkt von Maschine A oder ist defekt?
e. Mit welcher Wahrscheinlichkeit stammt ein Produkt von Maschine B und ist nicht defekt?

Aufgabe 12

Die Fertigungskontrolle einer Lackiererei eines Automobilherstellers registriert die lackierten Karosserien als:

A_1^* – fehlerfrei mit $P(A_1^*) = 0{,}85$
A_2^* – Läufer vorhanden mit $P(A_2^*) = 0{,}12$
A_3^* – Blasen vorhanden mit $P(A_3^*) = 0{,}08$

A_1 bedeutet fehlerfrei; A_2 nur Läufer vorhanden; A_3 nur Blasen vorhanden; A_4 Läufer und Blasen vorhanden.

a. Stellen Sie die Ereignisse A_1, A_2, A_3 und A_4 mit Hilfe eines Venn-Diagramms dar!
b. Berechnen Sie die Wahrscheinlichkeiten für $A_i, i = 1, 2, 3, 4$!
c. Sind A_2^* und A_3^* unabhängige Ereignisse?
d. Wie groß sind die bedingten Wahrscheinlichkeiten $P(A_2^*|A_3^*)$ und $P(A_3^*|A_2^*)$?

3.5 Lösungen der Übungsaufgaben

Lösung 1

a. Hier liegt eine Permutation von N verschiedenen Elementen vor:
Es gilt $P_N^N = N!$ und somit existieren $P_{10}^{10} = 10! = 3.628.800$ mögliche Touren.
b. Hier liegt eine Permutation von N Elementen bei k unterschiedlichen Gruppen vor:
Es gilt: $P_{n_1;\ldots;n_k}^N = \frac{N!}{n_1!n_2!\cdot\ldots\cdot n_k!} = 5$ und somit existieren $P_{5;3;2}^{10} = \frac{10!}{5!3!2!} = 2520$ verschiedene Touren.
c. Hier liegt eine Kombination ohne Zurücklegen vor. Aus zehn Friseuren werden sechs eingeladen. Dabei ist es unerheblich, in welcher Reihenfolge die sechs Personen

eingeladen wurden und somit existieren 210 Möglichkeiten:

$$C_n^N = \binom{N}{n} = \frac{N!}{n!(N-n)!} \rightarrow C_6^{10} = \binom{10}{6} = \frac{10!}{6!(10-6)!} = \frac{10!}{4!6!}$$
$$= 210 \text{ Möglichkeiten.}$$

Lösung 2

Es liegt eine Permutation von N Elementen bei k unterschiedlichen Gruppen vor:

Somit bestehen $P_{n_1;\ldots;n_k}^N = \frac{N!}{n_1!n_2!\cdot\ldots\cdot n_k!} \rightarrow P_{16;4}^{20} = \frac{20!}{16!4!} = 4845$ verschiedene Möglichkeiten.

Lösung 3

a. Es handelt sich um eine Kombination ohne Zurücklegen. Es gilt also:

$$C_n^N = \binom{N}{n} = \frac{N!}{n!(N-n)!} \rightarrow C_3^5 = \binom{5}{3} = \frac{5!}{3!(5-3)!} = \frac{5!}{3!2!} = 10.$$

Lexikografische Anordnung:

1	2	3	4	5	6	7	8	9	10
ARD	ARD	ARD	ARD	ARD	ARD	PRO7	PRO7	PRO7	RTL
PRO7	PRO7	PRO7	RTL	RTL	SAT1	RTL	RTL	SAT1	SAT1
RTL	SAT1	ZDF	SAT1	ZDF	ZDF	SAT1	ZDF	ZDF	ZDF

b. Es handelt sich um eine Kombination mit Zurücklegen. Es gilt also:

$$\tilde{C}_n^N = \binom{N+n-1}{n} \rightarrow \tilde{C}_5^3 = \binom{3+5-1}{5} = \binom{7}{5} = 21.$$

Lösung 4

a. Es liegt eine Variation ohne Zurücklegen vor. Es existieren somit:

$$V_n^N = n!\binom{N}{n} = \frac{N!}{(N-n)!} \rightarrow V_3^{10} = \frac{10!}{(10-3)!} = \frac{10!}{7!} = 720 \text{ Möglichkeiten.}$$

b. Es liegt eine Variation ohne Zurücklegen vor. Wenn die Reihenfolge der ersten vier Starter eine Rolle spielt, existieren somit:

$$V_n^N = n!\binom{N}{n} = \frac{N!}{(N-n)!} \rightarrow V_4^6 = \frac{6!}{(6-4)!\cdot} = 360 \text{ Möglichkeiten.}$$

Lösung 5

Es handelt sich um eine Kombination mit Zurücklegen (auch 12 Marlboro möglich) und ohne Berücksichtigung der Reihenfolge (es kommt nur auf die Anzahl der Packungen an)

Es existieren somit $\tilde{C}_n^N = \binom{N+n-1}{n} \rightarrow \tilde{C}_{12}^{10} = \binom{10+12-1}{12} = \binom{21}{12} = 293.930$ Möglichkeiten.

Lösung 6

Das Jahr habe $N = 365$ Tage.

Bei $V_n^{365} = \frac{365!}{(365-n)!}$ Möglichkeiten haben alle n Personen an verschiedenen Tagen Geburtstag (Variation ohne Wiederholung). Bei n Personen gibt es insgesamt $\tilde{V}_n^{365} = 365^n$ Möglichkeiten der Geburtstagszusammenstellung (Variation mit Wiederholung). Es sei:

$\overline{A}$: Alle n Personen haben an verschiedenen Tagen Geburtstag
A: Mindestens zwei Personen haben am gleichen Tag Geburtstag

$$P(A) = 1 - P(\overline{A}) = 1 - \frac{\frac{365!}{(365-n)!}}{365^n} = 1 - \frac{365 \cdot 364 \cdot \ldots \cdot (365-n+1)}{365^n} = 1 - 0{,}0296$$
$$= 0{,}97037$$

Beispiele für Wahrscheinlichkeiten von mindestens zwei gleichen Geburtstagen bei unterschiedlichen Gruppengrößen (n):

n	2	10	20	25	30	40	60	80
$P(A)$	0,27 %	9,46 %	41,14 %	56,86 %	70,63 %	89,12 %	99,41 %	99,99 %

Lösung 7

a.

A: 1. Klausur bearbeitet; B: 2. Klausur bearbeitet;
$\overline{A}$: 1. Klausur nicht bearbeitet; $\overline{B}$: 2. Klausur nicht bearbeitet:

	A	$\overline{A}$	
B	0,35	0,2	0,55
$\overline{B}$	0,15	0,3	0,45
	0,5	0,5	1

1. $P(\overline{A} \cap \overline{B}) = 0{,}3$
2. $P(A \cup B) - P(A \cap B) = P(A) - P(A \cap B) + P(B) - P(A \cap B) = 0{,}55 - 0{,}35 + 0{,}5 - 0{,}35 = 0{,}35$
   oder alternativ: $P(A \cap \overline{B}) + P(\overline{A} \cap B) = 0{,}15 + 0{,}2 = 0{,}35$

3. $P(A \cap B) = 0{,}35$
4. $P(A \cup B) = P(A) + P(B) - P(A \cap B) = 0{,}7$
   oder alternativ: $P(A \cap B) + P(\overline{A} \cap B) + P(A \cap \overline{B}) = 0{,}35 + 0{,}2 + 0{,}15 = 0{,}7$
5. $1 - P(A \cap B) = 0{,}65$
   oder alternativ: $P(\overline{A} \cap \overline{B}) + P(\overline{A} \cap B) + P(A \cap \overline{B}) = 0{,}3 + 0{,}2 + 0{,}15 = 0{,}65$

b. Die Ereignisse sind stochastisch abhängig. Sie wären unabhängig, wenn $P(A) = P(A|B)$.
   Begründung: $P(A) = 0{,}5 \neq P(A|B) = \frac{P(A \cap B)}{P(B)} = \frac{0{,}35}{0{,}55} = 0{,}636$
c. Folgende Formel findet Anwendung:

$$P(B|A) = \frac{P(A \cap B)}{P(A)} = \frac{0{,}35}{0{,}5} = 0{,}7$$

   oder über das Theorem von Bayes: $P(B|A) = \frac{P(A|B) \cdot P(B)}{P(A)} = \frac{0{,}636 \cdot 0{,}55}{0{,}5} = 0{,}7$

Lösung 8

a. Ereignisse:
   F: Falschgeld; $\overline{F}$: kein Falschgeld; D: Detektor signalisiert Falschgeld; $\overline{D}$: Detektor signalisiert kein Falschgeld.
   Es ergeben sich folgende Wahrscheinlichkeiten:
   $P(F) = 0{,}005$; $P(\overline{F}) = 0{,}995$; $P(D|F) = 0{,}95$; $P(D|\overline{F}) = 0{,}01$.
   Nach dem Satz der Totalen Wahrscheinlichkeit beträgt die Wahrscheinlichkeit, dass die Detektoren auf Falschgeld hinweisen:
   $P(D) = P(D|F) \cdot P(F) + P(D|\overline{F}) \cdot P(\overline{F}) = 0{,}95 \cdot 0{,}005 + 0{,}01 \cdot 0{,}995 = 0{,}0147$,
   d. h. mit einer Wahrscheinlichkeit von 1,47 % melden die Detektoren Falschgeld.
b. Nach dem Theorem von Bayes gilt für die bedingte Wahrscheinlichkeit $P(F|D)$, dass Falschgeld vorliegt, wenn der Detektor dies meldet:
   $P(F|D) = \frac{P(D|F) \cdot P(F)}{P(D)} = \frac{0{,}95 \cdot 0{,}005}{0{,}0147} = 0{,}323$, d. h. mit einer Wahrscheinlichkeit von 32,3 % ist ein Euroschein wirklich gefälscht, wenn der Detektor Alarm auslöst.

Lösung 9

a. Ereignisse:
   B: Student hat die Statistikklausur bestanden
   $\overline{B}$: Student hat die Statistikklausur nicht bestanden
   U: Student macht Urlaub
   $\overline{U}$: Student macht keinen Urlaub
   Die Wahrscheinlichkeit für das Bestehen der Statistikklausur ist mit $P(B) = 0{,}78$ gegeben. Für das Nichtbestehen gilt die Gegenwahrscheinlichkeit:

$$P(\overline{B}) = 1 - P(B) = 1 - 0{,}78 = 0{,}22.$$

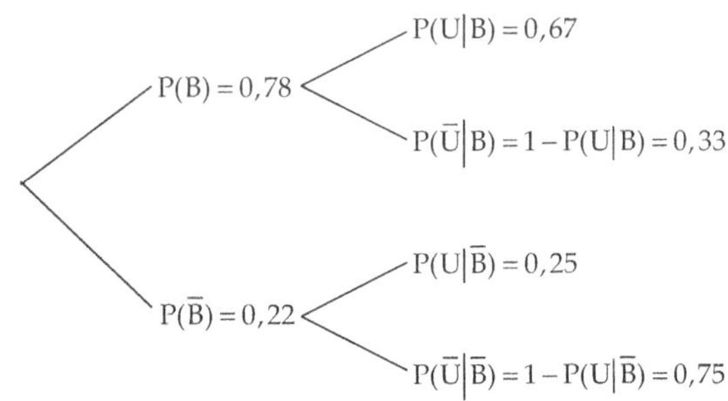

Abb. 3.14 Wahrscheinlichkeitsbaum Statistikklausur und Urlaub

Von den Studenten, die bestanden haben, fahren nach Bekanntgabe der Ergebnisse 67 % in Urlaub. Also gilt: $P(U|B) = 0{,}67$. Diejenigen, die durchfallen, lernen lieber noch mehr. Von ihnen fahren aber auch 25 % nach Bekanntgabe der Klausurergebnisse für eine Weile weg. Also gilt: $P(U|\overline{B}) = 0{,}25$. Es ergibt sich der Wahrscheinlichkeitsbaum aus Abb. 3.14.

b. Nach dem Satz der Totalen Wahrscheinlichkeit gilt:

$$P(U) = P(U|B) \cdot P(B) + P(U|\overline{B}) \cdot P(\overline{B}) = 0{,}67 \cdot 0{,}78 + 0{,}22 \cdot 0{,}25 = 0{,}5776.$$

Mit einer Wahrscheinlichkeit von 57,76 Prozent macht ein Student nach der Bekanntgabe der Klausurergebnisse Urlaub.

c. Nach dem Theorem von Bayes gilt:
$P(B|U) = \frac{P(U|B) \cdot P(B)}{P(U)} = \frac{0{,}67 \cdot 0{,}78}{0{,}5776} = 0{,}905$. D. h., mit einer Wahrscheinlichkeit von 90,5 Prozent hat der Kommilitone die Klausur wirklich bestanden.

Lösung 10

a. Ereignisse: F: Flop; $\overline{F}$: kein Flop
T_{Gut}: Testmarkt liefert positives Ergebnis
T_{Mittel}: Testmarkt liefert mittleres Ergebnis
T_{Schlecht}: Testmarkt liefert schlechtes Ergebnis

siehe für den Wahrscheinlichkeitsbaum Abb. 3.15

b. Totale Wahrscheinlichkeit: $P(T_{\text{Gut}}) = 0{,}1 \cdot 0{,}8 + 0{,}7 \cdot 0{,}2 = 0{,}22$ (vgl. Abb. 3.15)

c. Theorem von Bayes:

$$P(F|T_{\text{Gut}}) = \frac{P(F \cap T_{\text{Gut}})}{P(T_{\text{Gut}})} = \frac{P(T_{\text{Gut}}|F) \cdot P(F)}{P(T_{\text{Gut}})} = \frac{0{,}1 \cdot 0{,}8}{0{,}1 \cdot 0{,}8 + 0{,}7 \cdot 0{,}2} = 0{,}3636$$

d. Additionssatz: $P(F \cup T_{\text{Gut}}) = P(F) + P(T_{\text{Gut}}) - P(F \cap T_{\text{Gut}}) = 0{,}8 + 0{,}22 - 0{,}1 \cdot 0{,}8 = 0{,}94$

e. Multiplikationssatz: $P(F \cap T_{\text{Schlecht}}) = P(T_{\text{Schlecht}}|F) \cdot P(F) = 0{,}7 \cdot 0{,}8 = 0{,}56$

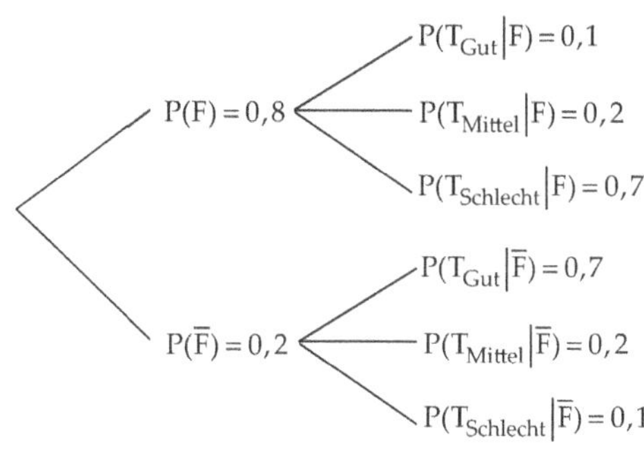

Abb. 3.15 Wahrscheinlichkeitsbaum Testmarkt

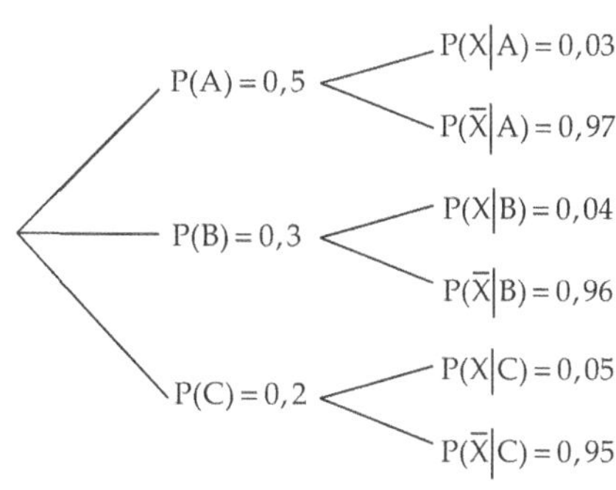

Abb. 3.16 Wahrscheinlichkeitsbaum defekte Produkte

Lösung 11

a. Ereignisse:
   A: Teil auf Maschine A gefertigt
   B: Teil auf Maschine B gefertigt
   C: Teil auf Maschine C gefertigt
   X: Teil ist defekt
   $\overline{X}$: Teil ist nicht defekt

   siehe für den Wahrscheinlichkeitsbaum Abb. 3.16
b. Totale Wahrscheinlichkeit: $P(X) = 0{,}03 \cdot 0{,}5 + 0{,}04 \cdot 0{,}3 + 0{,}05 \cdot 0{,}2 = 0{,}037$ (vgl. Abb. 3.16)
c. Theorem von Bayes:

$$P(A|X) = \frac{P(A \cap X)}{P(X)} = \frac{P(X|A) \cdot P(A)}{P(X)} = \frac{0{,}03 \cdot 0{,}5}{0{,}037} = 0{,}4054$$

d. Additionssatz: $P(A \cup X) = P(A) + P(X) - P(A \cap X) = 0{,}5 + 0{,}037 - 0{,}03 \cdot 0{,}5 = 0{,}522$
e. Multiplikationssatz: $P(B \cap \overline{X}) = P(\overline{X}|B) \cdot P(B) = 0{,}96 \cdot 0{,}3 = 0{,}288$

Lösung 12

a.

Lackiererei

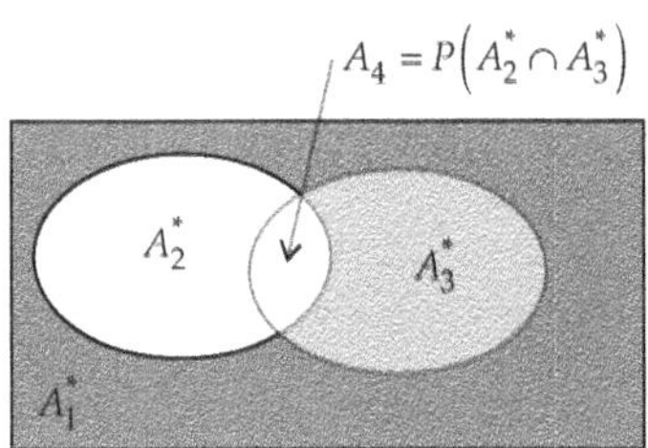

b. $P(A_1) = P(A_1^*) = 0{,}85$
$P(A_4) = P(A_2^* \cap A_3^*) = 0{,}85 + 0{,}12 + 0{,}08 - 1 = 0{,}05$ (Alle ohne: 1. ohne Fehler; 2. mit Läufern; 3. mit Blasen)
$P(A_2) = P(A_2^*) - P(A_2^* \cap A_3^*) = 0{,}12 - 0{,}05 = 0{,}07$ (Alle mit Läufern ohne (Läufer mit Blasen))

$$P(A_3) = P(A_3^*) - P(A_2^* \cap A_3^*) = 0{,}08 - 0{,}05 = 0{,}03$$

c. $P(A_2^* \cap A_3^*) = 0{,}05 \neq P(A_2^*) \cdot P(A_3^*) = 0{,}12 \cdot 0{,}08 = 0{,}096 \rightarrow$ Abhängigkeit

d. Es gilt:
$P(A_2^*|A_3^*) = \frac{P(A_2^* \cap A_3^*)}{P(A_3^*)} = \frac{0{,}05}{0{,}08} = 0{,}625$ und $P(A_3^*|A_2^*) = \frac{P(A_2^* \cap A_3^*)}{P(A_2^*)} = \frac{0{,}05}{0{,}12} = 0{,}41\overline{6}$

Literatur

Bourier G (2018) Wahrscheinlichkeitsrechnung und Schließende Statistik. Praxisorientierte Einführung mit Aufgaben und Lösungen, 9. Aufl. Springer Gabler, Wiesbaden

de Finetti B (2008) Philosophical Lectures on Probability, collected, edited, and annotated by Alberto Mura. Springer, Heidelberg und Berlin

Drogenbeauftragte der Bundesregierung – Bundesministerium für Gesundheit (2009) Drogen- und Suchtbericht Mai 2009

Hartung J (2009) Statistik. Lehr- und Handbuch der angewandten Statistik, 15. Aufl. Oldenbourg, München

Krämer W (2015) So lügt man mit Statistik, 17. Aufl. Campus, Frankfurt/Main

von Randow G (2007) Das Ziegenproblem. Denken in Wahrscheinlichkeiten, 4. Aufl. Rowohlt, Reinbek bei Hamburg

Savage LJ (1954) Foundation of Statistics. Wiley, New York

Schira J (2012) Statistische Methoden der VWL und BWL, Theorie und Praxis, 4. aktualisierte Aufl. Pearson-Studium, München

Schwarze J (2009) Grundlagen der Statistik 2: Wahrscheinlichkeitsrechnung und induktive Statistik, 9. vollständig überarbeitete Aufl. NWB Verlag, Herne/Berlin

Statistisches Bundesamt (2009) Deutschland – Land und Leute. Statistisches Bundesamt, Wiesbaden

Velleman, P. (2002) ActivStats Computersoftware

Wewel MC (2014) Statistik im Bachelor-Studium der BWL und VWL. Methoden, Anwendung, Interpretation, 3. aktualisierte Aufl. Pearson, München

4 Zufallsvariablen und Wahrscheinlichkeitsverteilungen

Im letzten Kapitel haben wir verschiedene Gesetze und Rechentechniken rund um den Begriff der Wahrscheinlichkeit kennengelernt. In diesem Kapitel wollen wir darauf aufbauend mehrere theoretische Wahrscheinlichkeitsverteilungen kennenlernen, die uns in die Lage versetzen sollen, in unterschiedlichen Situationen im wissenschaftlichen und praktischen Alltag von einer Stichprobe auf eine Grundgesamtheit schließen zu können. Allen diesen Wahrscheinlichkeitsverteilungen ist gemein, dass sie auf der Idee der Zufallsvariablen (*engl.:* random variable) basieren. Eine Zufallsvariable ist eine Variable, deren numerischen Werte Ergebnisse von Zufallsexperimenten sind. Zufallsvariablen werden mit einem lateinischen Großbuchstaben, z. B. „X", symbolisiert. Die einzelnen Ausprägungen bzw. Werte der Zufallsvariablen werden entweder mit „X_i" oder mit „x" bezeichnet. Generell lassen sich zwei Typen von Zufallsvariablen unterscheiden:

1. Es liegt eine diskrete Zufallsvariable (*engl.:* discrete random variable) vor, wenn die Ergebnisse der Zufallsexperimente endlich viele oder abzählbar unendlich viele Werte annehmen können. Häufig – aber nicht zwangsläufig – sind diese Werte ganzzahlig (Wertebereich $= \mathbb{N}_0$). Die Wahrscheinlichkeiten aller Merkmalsausprägungen addieren sich zum Wert Eins. Ein Beispiel für eine diskrete Zufallsvariable ist die Augenzahl beim Werfen eines Würfels. Die Zufallsvariable X entspricht der Augenzahl beim Werfen eines Würfels mit den möglichen Werten $\{1,2,3,4,5,6\}$ für X_i.
2. Hingegen liegt eine stetige Zufallsvariable (*engl.:* continuous random variable) vor, wenn die Ergebnisse der Zufallsexperimente unendlich viele Werte annehmen können (Wertebereich $= \mathbb{R}$). Diese unendliche Anzahl der Werte kann dabei durchaus auf ein Intervall beschränkt sein. Das Integral unterhalb der Wahrscheinlichkeitsfunktion weist im festgelegten Intervall einen Flächeninhalt von Eins auf. Ein Beispiel für eine stetige Zufallsvariable ist die Haltbarkeit von technischen Geräten.

Für beide Typen von Zufallsvariablen lassen sich Wahrscheinlichkeitsverteilungen (*engl.:* probability distribution) bilden, die angeben, mit welcher Wahrscheinlichkeit die einzel-

T. Cleff, *Angewandte Induktive Statistik und Statistische Testverfahren*,
https://doi.org/10.1007/978-3-8349-6973-6_4

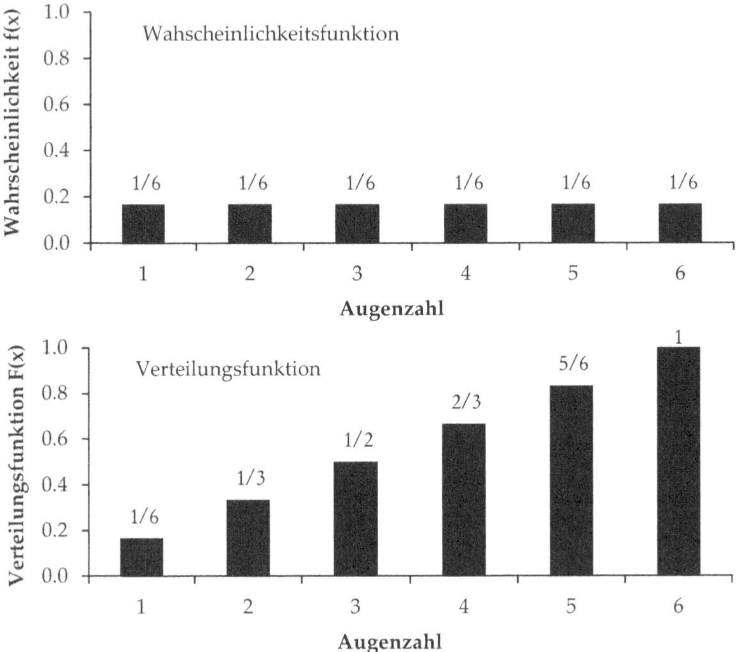

Abb. 4.1 Wahrscheinlichkeitsfunktion und Verteilungsfunktion bei einem Würfelexperiment

nen Werte oder Wertintervalle bei den Zufallsexperimenten eintreten. In beiden Fällen lassen sich zudem die Wahrscheinlichkeitsverteilungen durch eine Wahrscheinlichkeitsfunktion (*engl.:* probability function) und durch eine Verteilungsfunktion (*engl.:* distribution function) darstellen. Für die diskrete Zufallsvariable eines Würfelexperiments sind die Wahrscheinlichkeitsfunktion und Verteilungsfunktion in Abb. 4.1 dargestellt.

Wie bei der diskreten Häufigkeitsverteilung lässt sich auch für die diskrete Wahrscheinlichkeitsverteilung so etwas wie ein Mittelwert und eine Varianz berechnen. Beim Mittelwert spricht man in Bezug auf eine Zufallsvariable von einem Erwartungswert (*engl.:* expected value), der sich durch Addition aller Werte einer Zufallsvariablen gewichtet mit den Werten zugehörigen Wahrscheinlichkeiten berechnet. Für das Würfelexperiment aus Abb. 4.1 ergibt sich für den Erwartungswert:

$$\begin{aligned} \mathrm{E}(X) = \mu_X &= \sum_{i=1}^{N} X_i \cdot P(X_i) = \sum_{i=1}^{6} X_i \cdot \frac{1}{6} \\ &= 1 \cdot \frac{1}{6} + 2 \cdot \frac{1}{6} + 3 \cdot \frac{1}{6} + 4 \cdot \frac{1}{6} + 5 \cdot \frac{1}{6} + 6 \cdot \frac{1}{6} = 3{,}5. \end{aligned} \tag{4.1}$$

Für die Varianz ergibt sich:

$$\sigma_X^2 = \sum_{i=1}^{N} (X_i - \mu_X)^2 \cdot P(X_i) = (1-3{,}5)^2 \frac{1}{6} + (2-3{,}5)^2 \cdot \frac{1}{6} + \ldots + (6-3{,}5)^2 \cdot \frac{1}{6}$$
$$= 2{,}9166. \tag{4.2}$$

Theoretisch gibt es zahlreiche unterschiedliche empirische Wahrscheinlichkeitsverteilungen, die sich aus Beobachtungen von relativen Häufigkeitsverteilungen aus der Realität ergeben. So unterscheiden sich sicher die Wahrscheinlichkeitsverteilungen der Zufallsvariablen $X = \{\text{Anzahl der Kunden in einem Geschäft}\}$ von der Zufallsvariablen $Y = \{\text{Haltbarkeitsdauer von einem Jogurt}\}$.

Viele dieser empirischen Verteilungen lassen sich aber modellhaft durch eine begrenzte Anzahl theoretischer Wahrscheinlichkeitsfunktionen approximieren, sodass einige von diesen theoretischen Wahrscheinlichkeitsfunktionen eine besondere Bedeutung für die (wissenschaftliche) Praxis erlangt haben.

Die einfachste Form ist beispielsweise die in Abb. 4.1 dargestellte diskrete Gleichverteilung (*engl.:* uniform probability distribution), bei der jedes abzählbare Ereignis die gleiche Wahrscheinlichkeit aufweist. Darüber hinaus haben weitere theoretische Verteilungen Berühmtheit erlangt, um typische diskrete Phänomene in der betriebswirtschaftlichen Praxis zu beschreiben. Dazu gehören die Binomialverteilung, die hypergeometrische Verteilung und die Poisson-Verteilung, die alle im Folgenden kurz vorgestellt werden sollen.

4.1 Diskrete Verteilungen

4.1.1 Binomialverteilung

Eine der wichtigsten diskreten Verteilungen ist die sogenannte Binomialverteilung (*engl.:* binomial distribution). Etymologisch leitet sich der Begriff *Binomial* aus dem lateinischen für *Ex binis nominibus* ab, was übersetzt „aus zwei Ausdrücken bestehend" bedeutet. Eine Binomialverteilung ist dadurch gekennzeichnet, dass sie nur zwei verschiedene Merkmalsausprägungen (A und B) aufweist, die zusammen den gesamten Wahrscheinlichkeitsraum ausfüllen: $A \cup B = \Omega$. Die beiden Ereignisse sind dabei unabhängig voneinander und die Einzelwahrscheinlichkeiten ergeben aufaddiert den Wert Eins. Zunächst erscheint die Begrenzung auf lediglich zwei Merkmalsausprägungen aus Sicht der Praxisrelevanz sehr einschränkend. Sicher gibt es typische Variablen – wie zum Beispiel der Kauf oder Nichtkauf eines Produkts – mit nur zwei Ausprägungen. Aber auch darüber hinaus interessieren immer wieder binomiale Fragestellungen, die auf ein Eintreten (A) oder Nicht-Eintreten (B) eines Ereignisses zielen:

- Mit welcher Wahrscheinlichkeit fällt eine Maschine aus oder nicht,
- mit welcher Wahrscheinlichkeit ist ein Arbeitnehmer krank oder gesund,
- mit welcher Wahrscheinlichkeit fällt ein Kredit aus oder nicht und
- mit welcher Wahrscheinlichkeit nimmt ein Kunde eine bestimmte Werbung wahr oder nicht, etc.

Alle diese Fragestellungen besitzen eine hohe betriebswirtschaftliche Relevanz, obwohl sie die Wahrscheinlichkeit für eine Variable mit lediglich zwei möglichen Ausprägungen untersuchen.

In der Theorie wird zur Beschreibung der Binomialverteilung häufig das sogenannte „Urnenmodell" verwendet. Hierzu stelle man sich z. B. eine Urne mit zehn schwarzen und fünf weißen Kugeln vor, aus der nacheinander Kugeln mit Zurücklegen gezogen werden. Wiederum bestehen also zwei mögliche Ausprägungen des Zufallsexperiments: Es wird entweder eine weiße Kugel gezogen oder eine schwarze. Die Wahrscheinlichkeit, aus dieser Urne eine weiße Kugel zu ziehen, beträgt $p = P(\text{Kugel} = \text{weiß}) = 5/15 = 1/3$. Die Wahrscheinlichkeit für die schwarzen Kugeln ergibt sich aus dem Rest, in diesem Fall: $q = P(\text{Kugel} = \text{schwarz}) = 1 - 1/3 = 2/3$. Sofort wird deutlich, dass man eigentlich nur einen der beiden Wahrscheinlichkeitswerte – den Wert p – kennen muss, da sich die zweite Wahrscheinlichkeit als komplementäre Größe zwangsläufig ergibt ($q = (1 - p)$). Da bei der Binomialverteilung die Ziehungen als unabhängig voneinander angenommen werden, dürfen sich die Ziehungswahrscheinlichkeiten bei einer zweiten Ziehung nicht ändern: Nach wie vor muss die Ziehungswahrscheinlichkeit einer weißen Kugel $1/3$ und die einer schwarzen Kugel $2/3$ betragen. Dies ist allerdings nur dann der Fall, wenn nach wie vor von insgesamt 15 Kugeln fünf Kugeln weiß und 10 Kugeln schwarz sind. Deshalb muss nach jeder Ziehung die Kugel wieder zurückgelegt werden.

Häufig wird die Binomialverteilung deshalb mit dem Modell „Ziehen mit Zurücklegen" verbunden, was im Urnenmodell zwar richtig ist, pauschal aber nicht immer gelten muss. Besser sollte mit der Binomialverteilung das Modell „Ziehen mit gleichbleibenden Ziehungswahrscheinlichkeiten" assoziiert werden.

Wie groß ist nun die Wahrscheinlichkeit, im Urnenmodell bei insgesamt fünf Ziehungen mit gleichbleibender Ziehungswahrscheinlichkeit zwei weiße und drei schwarze Kugeln zu ziehen? Betrachten wir zunächst eine bestimmte Ziehungsreihenfolge, nämlich weiß, weiß, schwarz, schwarz, schwarz. Die Wahrscheinlichkeit für genau diese Reihenfolge beträgt:

$$P(\text{weiß}) \cdot P(\text{weiß}) \cdot P(\text{schwarz}) \cdot P(\text{schwarz}) \cdot P(\text{schwarz}) = P(\text{weiß})^2 \cdot P(\text{schwarz})^3 \tag{4.3}$$

$$B(n,k,p) = \binom{n}{k} \cdot p^k \cdot (1-p)^{n-k} = \frac{n!}{k!(n-k)!} \cdot p^k \cdot (1-p)^{n-k}$$

p: Wahrscheinlichkeit für das Auftreten eines Ereignisses mit einer bestimmten Eigenschaft (z.B. Wahrscheinlichkeit des Auftretens einer weißen Kugel).

k: Anzahl der Ergebnisse mit einer bestimmten Eigenschaft (z.B. Anzahl der gezogenen weißen Kugeln).

n: Anzahl der Ziehungen insgesamt.

Abb. 4.2 Binomialverteilung

oder verkürzt geschrieben:

$$p^2 \cdot (1-p)^3 = \left(\frac{1}{3}\right)^2 \cdot \left(1 - \frac{1}{3}\right)^3 = 3{,}29\,\%. \tag{4.4}$$

Nun kommt das Ereignis zweier weißer und dreier schwarzer Kugeln durchaus auch in anderen Reihenfolgen vor, z. B. abwechselnd schwarze und weiße Kugeln. Auch hier ergibt sich die gleiche Einzelwahrscheinlichkeit:

$$\begin{aligned} P(\text{schwarz}) \cdot P(\text{weiß}) \cdot P(\text{schwarz}) \cdot P(\text{weiß}) \cdot P\,(\text{schwarz}) &= \left(\frac{1}{3}\right)^2 \cdot \left(1 - \frac{1}{3}\right)^3 \\ &= 3{,}29\,\%. \end{aligned} \tag{4.5}$$

Aus der Kombinatorik lässt sich die Anzahl möglicher Kombinationen zweier weißer und dreier schwarzer Kugeln mit Hilfe des Binomialkoeffizienten berechnen:

$$\binom{5}{2} = \frac{5!}{2!(5-2)!} = \frac{1 \cdot 2 \cdot 3 \cdot 4 \cdot 5}{(1 \cdot 2)(1 \cdot 2 \cdot 3)} = 10 \tag{4.6}$$

Dieser Binomialkoeffizient ergibt somit insgesamt zehn Möglichkeiten für die Kombination für die Ziehung zweier weißer und dreier schwarzer Kugeln, wenn jede Kugel nach der Ziehung zurückgelegt wird. Somit lässt sich nun auch die Gesamtwahrscheinlichkeit für eine von der Reihenfolge unabhängige Ziehung der Kombination zweier weißer und dreier schwarzer Kugeln bestimmen, nämlich:

$$\begin{aligned} \binom{5}{2} \cdot \left(\frac{1}{3}\right)^2 \cdot \left(\frac{2}{3}\right)^3 &= \frac{5!}{2!(5-2)!} \cdot \left(\frac{1}{3}\right)^2 \cdot \left(\frac{2}{3}\right)^3 = \frac{1 \cdot 2 \cdot 3 \cdot 4 \cdot 5}{(1 \cdot 2)(1 \cdot 2 \cdot 3)} \cdot \left(\frac{1}{3}\right)^2 \cdot \left(\frac{2}{3}\right)^3 \\ &= 10 \cdot 3{,}29\,\% = 32{,}9\,\%. \end{aligned} \tag{4.7}$$

Unabhängig von diesem spezifischen Beispiel gilt also für die Formel der Binomialverteilung (vgl. Abb. 4.2).

Nähern wir uns der Binomialverteilung nochmals mit Hilfe eines weiteren Beispiels: Ein Unternehmen lässt an drei verschiedenen Tagen einer Woche eine TV-Werbung ausstrahlen. Die Werbeverantwortlichen haben mit Hilfe von Media-Analysen ermittelt, dass

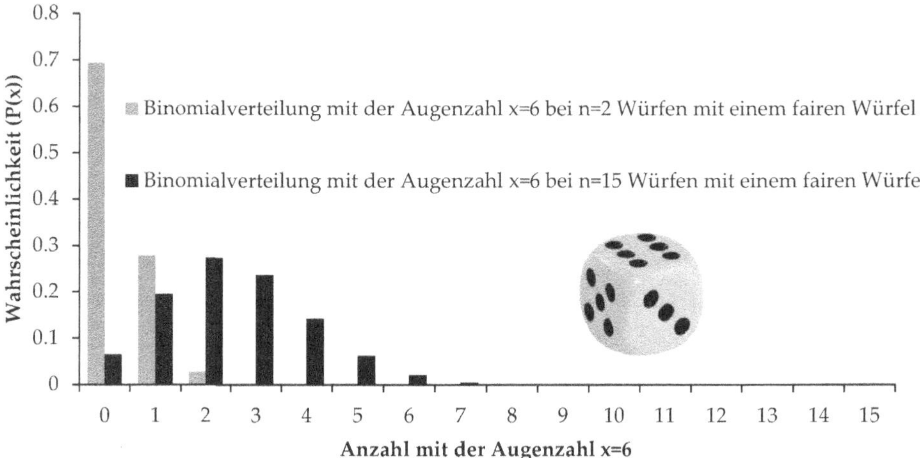

Abb. 4.3 Binomialverteilung mit der Augenzahl $x = 6$ bei n Würfen mit einem fairen Würfel

die potenziellen Kunden jede einzelne Werbung mit einer gleichbleibenden Wahrscheinlichkeit von 10 Prozent zu sehen bekommt. Wie groß ist die Wahrscheinlichkeit, dass ein Kunde zwei Werbekontakte hat, wenn die Kontaktreihenfolge keine Rolle spielt?

Die Wahrscheinlichkeit, dass ein Kunde eine Werbung zu sehen bekommt, ist also $p = 0{,}1$, die Komplementärwahrscheinlichkeit, die Werbung nicht gesehen zu haben, ist demnach $q = (1 - p) = (1 - 0{,}1) = 0{,}9$. Diese Wahrscheinlichkeiten ändern sich im Verlauf der Zeit nicht, sodass die Wahrscheinlichkeiten binomialverteilt sind. An diesem Beispiel wird deutlich, weshalb man bei der Binomialverteilung nicht pauschal vom Modell „Ziehungen mit Zurücklegen" sprechen sollte: Wenn beispielsweise eine Person die Werbung am Montag nicht gesehen hat, wird sie im weiteren Verlauf der Woche nicht mehr die Möglichkeit haben, diese Montagswerbung nochmals zu sehen. Die Montagswerbung ist verstrichen und wird auch „in dieser Woche nicht mehr zurückgelegt"! Da sich die Wahrscheinlichkeit für die anderen beiden Werbekontakte nicht ändert, liegt eine Binomialverteilung vor. Die Wahrscheinlichkeit für zwei Werbekontakte ist

$$B(3;2;0{,}1) = \binom{3}{2} p^x \cdot (1-p)^{1-x} = \frac{n!}{x!(n-x)!} p^x \cdot (1-p)^{1-x} = \frac{3!}{2! \cdot 1!} \cdot 0{,}1^2 \cdot 0{,}9^1 = 2{,}7\,\%. \tag{4.8}$$

An dieser Stelle seien weitere Besonderheiten der Binomialverteilung kurz aufgeführt:

- Liegt der Wert für p bei $p = 0{,}5$, ist die Binomialverteilung symmetrisch, unabhängig von der Größe n der Stichprobe. In den Fällen, in denen der Wert $p < 0{,}5$ ($p > 0{,}5$) ist, ist die Binomialverteilung rechtsschief (linksschief). Mit zunehmender Stichprobengröße n nimmt die Schiefe der Verteilung allerdings ab (vgl. Abb. 4.3).

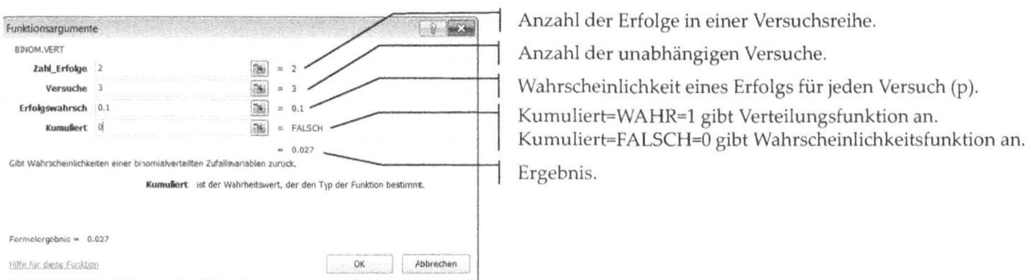

Syntax: BINOM.VERT(Zahl_Erfolge; Versuche; Erfolgswahrscheinlichkeit; Kumuliert); BINOM.VERT(2;3;0,1; 0)

Abb. 4.4 Berechnung der Binomialverteilung mit Excel

- Der Erwartungswert einer binomialverteilten Zufallsvariable ist $\text{E}(X) = n \cdot p$. Für das Beispiel der Werbekontakte ergibt sich $\text{E}(X) = 3 \cdot 0{,}1 = 0{,}3$. D. h., man erwartet bei dreimaligem Ziehen durchschnittlich insgesamt 0,3 Werbekontakte.
- Die Varianz einer binomialverteilten Zufallsvariable ist $\text{Var}(X) = n \cdot p \cdot (1 - p)$. Für das Beispiel der Werbekontakte ergibt sich $\text{Var}(X) = 3 \cdot 0{,}1 \cdot 0{,}9 = 0{,}27$.
- Binomialverteilte Zufallsvariablen sind reproduktiv, d. h., das Zusammenführen zweier (oder mehrerer) binomialverteilter Zufallsvariablen führt wiederum zu einer binomialverteilten Zufallsvariablen.
- Unter bestimmten Voraussetzungen kann die Wahrscheinlichkeit binomialverteilter Zufallsvariablen auch mit Hilfe anderer Verteilungen berechnet werden. Binomialverteilte Zufallsvariablen sind annähernd (approximativ) ...
  a. ... normalverteilt ($N(n \cdot p; \sqrt{n \cdot p(1 - p)})$), wenn $n \cdot p \cdot (1 - p) > 9$ gilt (vgl. beispielsweise Abb. 4.3),
  b. ... Poisson-verteilt ($\text{Po}(n \cdot p)$), wenn $n \cdot p \leq 10$ und $n \geq 1500 \cdot p$ gilt.

4.1.1.1 Berechnung der Binomialverteilung mit Excel

Softwaretechnisch können die Wahrscheinlichkeitswerte der Binomialverteilung mit Hilfe von Excel wie folgt berechnet werden: Unter den Menüpunkten *Formeln* und danach *Funktionen Einfügen* muss aus der Funktionskategorie *Statistik* die Funktion *BINOM.VERT* gewählt werden. Es müssen dann – wie aus Abb. 4.4 ersichtlich – lediglich die Parameter Anzahl der Erfolge in einer Versuchsreihe (*Zahl_Erfolge*), Anzahl der voneinander unabhängigen Versuche (*Versuche*), Wahrscheinlichkeit eines Erfolgs für jeden Versuch (*Erfolgswahr*) und der Wahrheitswert, der den Typ der Funktion bestimmt, (*Kumuliert*)[1] angegeben werden.

4.1.1.2 Berechnung der Binomialverteilung mit Stata

In Stata erfolgt die Berechnung mit Hilfe der Syntax aus Abb. 4.5. Dabei wird in die Befehlszeile *display binomialp(n,k,p)* eingegeben, wenn die Wahrscheinlichkeit für *k* er-

[1] *1* für *BINOM.VERT* gibt die Verteilungsfunktion zurück und *0* für *BINOM.VERT* gibt die Wahrscheinlichkeitsfunktion zurück.

Fall	Syntax
Berechnet die Wahrscheinlichkeit für k erfolgreiche Realisationen aus n Versuchen für die Erfolgswahrscheinlichkeit p: B(n,k=x,p). Bsp.: Wahrscheinlichkeit für 2 erfolgreiche Realisationen aus 3 Versuchen für die Erfolgswahrscheinlichkeit p=0,1: B(3,k=2,0.1).	display binomialp(n,k,p) display binomialp(3,2,0.1) .027
Berechnet die Wahrscheinlichkeit für höchstens k erfolgreiche Realisationen aus n Versuchen für die Erfolgswahrscheinlichkeit p: B(n,k≤x,p). Bsp.: Wahrscheinlichkeit für höchstens 2 erfolgreiche Realisationen aus 3 Versuchen für die Erfolgswahrscheinlichkeit p=0,1: B(3,k≤2,0.1).	display binomial(n,k,p) display binomial(3,2,0.1) .999
Berechnet die Wahrscheinlichkeit für mindestens k erfolgreiche Realisationen aus n Versuchen für die Erfolgswahrscheinlichkeit p: B(n,k≥x,p). Bsp.: Wahrscheinlichkeit für mindestens 2 erfolgreiche Realisationen aus 3 Versuchen für die Erfolgswahrscheinlichkeit p=0,1: B(3,k≥2,0.1).	display binomialtail(n,k,p) display binomial-tail(3,2,0.1) .028

Abb. 4.5 Berechnung der Binomialverteilung mit Stata

folgreiche Realisationen aus n Versuchen für die Einzelwahrscheinlichkeit p berechnet werden soll ($B(n, k, p)$). Analog erfolgt die Berechnung des Wertes der binomialverteilten Verteilungsfunktion für höchstens k erfolgreiche Realisationen durch *display binomial(n,k,p)* und für mindestens k erfolgreiche Realisationen durch *display binomialtail(n,k,p)*.[2]

4.1.2 Hypergeometrische Verteilung

Eine hypergeometrische Verteilung (*engl.:* hypergeometric distribution) ist dadurch gekennzeichnet, dass sie – wie die Binomialverteilung – nur zwei verschiedene Merkmalsausprägungen (A und B) aufweist, die zusammen wiederum den gesamten Wahrscheinlichkeitsraum ausfüllen: $A \cup B = \Omega$. Im Gegensatz zur Binomialverteilung ist bei der hypergeometrischen Verteilung die Wahrscheinlichkeit des Auftretens eines Ereignisses abhängig von den Ergebnissen der bereits durchgeführten Experimente. Die Ziehungswahrscheinlichkeit bleibt während der einzelnen Ziehungen nicht konstant.

[2] Eine sehr gute Darstellung über die Vorgehensweise bei Stata findet sich hier: https://www.youtube.com/watch?v=4O641mAAf_I.

Bemühen wir zur Erklärung der hypergeometrischen Verteilung wieder das Urnenmodell mit Kugeln zweier unterschiedlicher Farben und stellen uns eine Urne mit fünf roten und drei grünen Kugeln vor. Im ersten Zug beträgt die Wahrscheinlichkeit eine rote Kugel zu ziehen $P(\text{Kugel} = \text{rot}) = 5/8$. Die Wahrscheinlichkeit für die grünen Kugeln ergibt sich wiederum aus der Komplementärwahrscheinlichkeit, in diesem Fall: $P(\text{Kugel} = \text{grün}) = 1 - 5/8 = 3/8$. Nun wird die gezogene Kugel nicht zurückgelegt, sodass nur noch sieben Kugeln in der Urne verbleiben. Die Ziehungswahrscheinlichkeiten für eine weitere rote oder eine weitere grüne Kugel sind abhängig davon, welche Farbe die Kugel hatte, die im ersten Versuch gezogen wurde: Wurde bei der ersten Ziehung eine rote Kugel gezogen, sind vier der verbleibenden sieben Kugeln rot, sodass die roten Kugeln eine Ziehungswahrscheinlichkeit von $P_2(\text{Kugel} = \text{rot}) = 4/7$ und die grünen Kugel eine Ziehungswahrscheinlichkeit von $P_2(\text{Kugel} = \text{grün}) = 3/7$ haben. Wurde hingegen bei der ersten Ziehung eine grüne Kugel gezogen, sind fünf der sieben verbleibenden Kugeln rot, sodass die roten Kugeln eine Ziehungswahrscheinlichkeit von $P_2(\text{Kugel} = \text{rot}) = 5/7$ und die grünen Kugel eine Ziehungswahrscheinlichkeit von $P_2(\text{Kugel} = \text{grün}) = 2/7$ haben. Man erkennt deutlich die Abhängigkeit der Ziehungswahrscheinlichkeit von den Ergebnissen vorangegangener Ziehungen.

Wie groß ist nun die Wahrscheinlichkeit, im Urnenmodell bei insgesamt zwei abhängigen Ziehungen – also ohne Zurücklegen – eine rote und eine grüne Kugel zu ziehen? Hierzu müssen drei Fragen beantwortet werden:

- Wie groß ist die gesamte Anzahl aller gleichwertigen Ziehungsmöglichkeiten für eine Ziehungskombination rot/grün unabhängig von der Ziehungsreihenfolge? Aus der Kombinatorik ergeben sich hierfür insgesamt

$$\binom{N}{n} = \binom{8}{2} = \frac{8!}{2!(8-2)!} = 28 \text{ Möglichkeiten.}$$

- Wie groß ist die gesamte Anzahl aller einmaligen Ziehungen von einer aus fünf roten Kugeln, wiederum unabhängig davon, ob diese im ersten oder zweiten Versuch gezogen wird? Aus der Kombinatorik ergeben sich hierfür insgesamt

$$\binom{M}{x} = \binom{5}{1} = \frac{5!}{1!(5-1)!} = 5 \text{ Möglichkeiten.}$$

- Die Anzahl aller einmaligen Ziehungen von einer aus drei grünen Kugeln ergibt sich aus der komplementären Summe

$$\binom{N-M}{n-x} = \binom{8-5}{2-1} = \binom{3}{1} = \frac{3!}{1!(3-1)!} = 3 \text{ Möglichkeiten.}$$

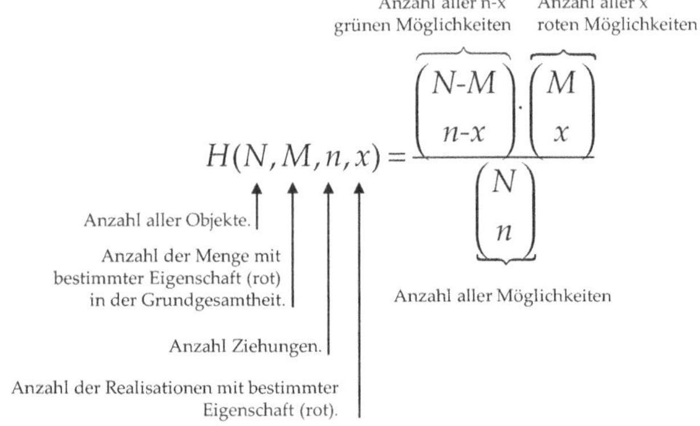

Abb. 4.6 Hypergeometrische Verteilung

Die Wahrscheinlichkeit, bei zwei abhängigen Ziehungen eine rote und eine grüne Kugeln zu ziehen, ergibt sich somit aus dem Quotienten:

$$H(8,5,2,1) = \frac{(\text{Anzahl } 1 \times \text{ROT zu ziehen}) \cdot (\text{Anzahl } 1 \times \text{GRÜN zu ziehen})}{\text{Gesamtanzahl aller Ziehungsmöglichkeiten}} \tag{4.9}$$

$$H(8,5,2,1) = \frac{\binom{M}{x} \cdot \binom{N-M}{n-x}}{\binom{N}{n}} = \frac{\binom{5}{1} \cdot \binom{8-5}{2-1}}{\binom{8}{2}} = \frac{\frac{5!}{1!(5-1)!} \cdot \frac{3!}{1!(3-1)!}}{\frac{8!}{2!(8-2)!}} = \frac{5 \cdot 3}{28} = 0{,}54 = 54\,\%. \tag{4.10}$$

Hieraus lässt sich für die hypergeometrische Verteilung der in Abb. 4.6 dargestellte formale Zusammenhang formulieren.

Ein typisches Beispiel für eine hypergeometrische Verteilung ist das Ziehen von Lottozahlen. Wie groß ist die Wahrscheinlichkeit, bei 6 aus 49 drei bzw. sechs Richtige zu haben? Da das Ziehen der Lottokugeln ohne Zurücklegen erfolgt, ändert sich mit jeder Ziehung zwangsläufig die Ziehungswahrscheinlichkeit jeder Kugel. Für drei bzw. sechs richtige Zahlen ergeben sich folgende Wahrscheinlichkeiten:

$$H(49,6,6,3) = \frac{\binom{49-6}{6-3}\binom{6}{3}}{\binom{49}{6}} = \frac{\frac{43!}{3!(43-3)!} \cdot \frac{6!}{3!(6-3)!}}{\frac{49!}{6!(49-6)!}} = \frac{12.341 \cdot 20}{13.983.816} = 0{,}0177 = 1{,}77\,\% \tag{4.11}$$

$$H(49,6,6,6) = \frac{\binom{49-6}{6-6}\binom{6}{6}}{\binom{49}{6}} = \frac{\frac{43!}{0!(43-0)!} \cdot \frac{6!}{6!(6-6)!}}{\frac{49!}{6!(49-6)!}} = \frac{1 \cdot 1}{13.983.816} = 0{,}00000715\,\%. \tag{4.12}$$

Weitere Eigenschaften der hypergeometrischen Verteilung sind:

Erstens: Der Erwartungswert einer hypergeometrisch verteilten Zufallsvariablen ist definiert als

$$\mathrm{E}(X) = n\frac{M}{N}. \tag{4.13}$$

Für fünf rote Kugeln ergäbe sich bei zwei Ziehungen demnach ein Erwartungswert von

$$\mathrm{E}(X) = 2 \cdot \frac{5}{8} = 1{,}25 \text{ für die Anzahl der gezogenen roten Kugeln.} \tag{4.14}$$

Zweitens: Die Varianz einer hypergeometrisch verteilten Zufallsvariablen ist definiert durch

$$\mathrm{Var}(X) = \frac{n(N-n)}{N-1} \cdot \frac{M}{N} \cdot \left(1 - \frac{M}{N}\right), \tag{4.15}$$

sodass sich für das obige Kugelbeispiel folgende Varianz ergibt:

$$\mathrm{Var}(X) = \frac{n \cdot (N-n)}{N-1} \cdot \frac{M}{N} \cdot \left(1 - \frac{M}{N}\right) = \frac{2 \cdot (8-2)}{8-1} \cdot \frac{5}{8} \cdot \left(1 - \frac{5}{8}\right) = 0{,}402. \tag{4.16}$$

Drittens: Die Wahrscheinlichkeit hypergeometrisch verteilter Zufallsvariablen kann unter bestimmten Voraussetzungen auch durch andere Verteilungen approximiert werden. Dies ist insbesondere bei großen Grundgesamtheiten der Fall, denn hier verändern sich trotz Nicht-Zurücklegens die Wahrscheinlichkeiten in den folgenden Ziehungen kaum. Man mache es sich am Beispiel der Befragung der deutschen Bevölkerung von rund 80 Mio. Bürgern klar. Die Ziehungswahrscheinlichkeit ist bei der ersten Ziehung $1/80.000.000$. Bei der zweiten Ziehung ist die Ziehungswahrscheinlichkeit der restlichen Einwohner mit $1/79.999.999$ nur geringfügig kleiner. Hypergeometrisch $(H(N, M, n, x))$-verteilte Zufallsvariablen sind annähernd (approximativ) ...

$$\ldots \text{ normalverteilt } \left(N \left(\underbrace{n\frac{M}{N}}_{\mathrm{E}(x)} ; \underbrace{\sqrt{\frac{n \cdot (N-n)}{N-1} \cdot \frac{M}{N} \cdot \left(1 - \frac{M}{N}\right)}}_{\sigma} \right) \right),$$

$$\text{wenn } n > 30 \text{ und } 0{,}1 < \frac{M}{N} < 0{,}9 \text{ gilt,}$$

$$\ldots \text{ Poisson-verteilt } \left(\mathrm{Po} \left(\underbrace{n\frac{M}{N}}_{\mathrm{E}(x)} \right) \right),$$

$$\text{wenn } 0{,}1 \geq \frac{M}{N} \text{ oder } \frac{M}{N} \geq 0{,}9 \text{ und } n > 30 \text{ und } \frac{n}{N} < 0{,}05 \text{ gilt,}$$

$$\ldots \text{ binomialverteilt } \left(B \left(n; \frac{M}{N} \right) \right),$$

$$\text{wenn } n > 10 \text{ und } 0{,}1 < \frac{M}{N} < 0{,}9 \text{ und } \frac{n}{N} < 0{,}05 \text{ gilt.}$$

4.1.2.1 Berechnung der hypergeometrischen Verteilung mit Excel

Softwaretechnisch können die Wahrscheinlichkeitswerte einer hypergeometrischen Verteilung mit Hilfe von Excel berechnet werden: Unter den Menüpunkten *Formeln → Funktionen Einfügen* muss aus der Funktionskategorie *Statistik* die Funktion *HYPERGEOM.VERT*

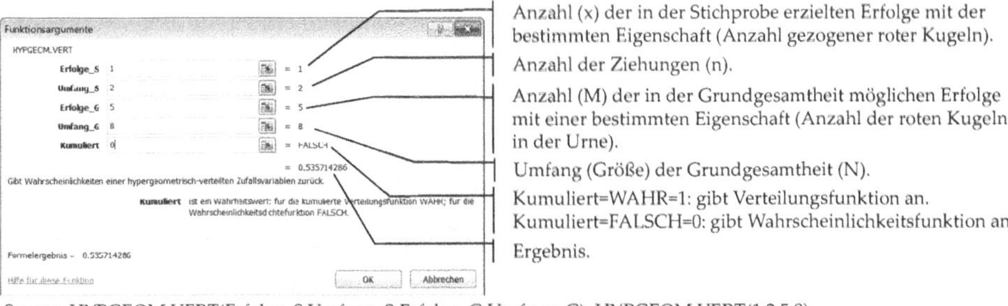

Syntax: HYPGEOM.VERT(Erfolge_S;Umfang_S;Erfolge_G;Umfang_G); HYPGEOM.VERT(1;2;5;8)

Abb. 4.7 Berechnung der hypergeometrischen Verteilung mit Excel

gewählt werden. Danach müssen – wie aus Abb. 4.7 ersichtlich – die Parameter für x (Anzahl der in der Stichprobe erzielten Erfolge mit der bestimmten Eigenschaft: *Erfolge_S)*, für n (Größe der Stichprobe: *Umfang_S)*, für M (Anzahl der in der Grundgesamtheit möglichen Erfolge mit einer bestimmten Eigenschaft: *Erfolge_G)* und N (Größe der Grundgesamtheit: *Umfang_G)* angegeben werden.

4.1.2.2 Berechnung der hypergeometrischen Verteilung mit Stata

In Stata erfolgt die Berechnung wiederum mit Hilfe der Syntaxeingabe (vgl. Abb. 4.8). Möchte man die hypergeometrische Wahrscheinlichkeit für $x = k$ erfolgreiche Realisationen eines interessierenden Merkmals einer Stichprobe im Umfang von n berechnen und in der Grundgesamtheit der Größe N ist das interessierende Merkmal insgesamt M

Fall	Syntax
Berechnet die Wahrscheinlichkeit für k erfolgreiche Realisationen aus n Versuchen: H(N,M,n,x=k). Bsp.: Wahrscheinlichkeit für eine erfolgreiche Realisation aus zwei Versuchen: H(8,5,2,x=1).	display hypergeometricp(N,M,n,x) display hypergeometricp(8,5,2,1) .536
Berechnet die Wahrscheinlichkeit für höchstens k erfolgreiche Realisationen aus n Versuchen: H(N,M,n,x≤k). Bsp.: Wahrscheinlichkeit für höchstens eine erfolgreiche Realisation aus zwei Versuchen: H(8,5,2,x≤1).	display hypergeometric(N,M,n,x) display hypergeometric(8,5,2,1) .643
Berechnet die Wahrscheinlichkeit für mehr als k erfolgreiche Realisationen aus n Versuchen: H(N,M,n,x>k). Bsp.: Wahrscheinlichkeit für mindestens 2 erfolgreiche Realisationen aus 3 Versuchen: H(8,5,2,x>1).	display 1- hypergeometric(N,M,n,x) display 1-hypergeometric(8,5,2,1) .357

Abb. 4.8 Berechnung der hypergeometrischen Verteilung mit Stata

mal vertreten, ist in die Befehlszeile *display hypergeometricp(N,M,n,x)* mit den entsprechenden Werten für N, M, n und $x = k$ einzugeben. Analog erfolgt die Berechnung des Wertes der hypergeometrischen Verteilungsfunktion $H(N, M, n, x)$ für höchstens k erfolgreiche Realisation ($x \leq k$) durch *display hypergeometric(N,M,n,k)* und für mehr als k ($x > k$) erfolgreiche Realisation durch *display 1-hypergeometric(N,M,n,k)*.

4.1.3 Poisson-Verteilung

Auch die nun zuletzt noch vorzustellende diskrete Verteilung ist letztlich auf die Binomialverteilung zurückzuführen, denn es geht wiederum um das Eintreten oder Nichteintreten eines bestimmten Ereignisses (Bernoulli-Experiment). Die nach dem französischen Physiker und Mathematiker Siméon Denis Poisson (1781–1840) benannte Poisson-Verteilung (*engl.:* poisson distribution) wird dabei gerne dann verwendet, wenn es um die Schätzung des Auftretens eines bestimmten Ereignisses innerhalb eines bestimmten Zeitintervalls geht, wie z. B. die Anzahl der Maschinenausfälle oder fehlerhafter Produkte innerhalb eines Tages oder die Anzahl von Abverkäufen eines Fahrzeuges in einer Stunde etc. Es wird dabei unterstellt, dass die Ereignisse unabhängig voneinander sind, sodass die Wahrscheinlichkeit eines Maschinenausfalls im ersten Zeitintervall nicht in Zusammenhang mit der Ausfallwahrscheinlichkeit im zweiten Intervall steht.

Eine Variable ist in der Regel dann Poisson-verteilt, wenn die Wahrscheinlichkeit des Eintretens eines bestimmten Ereignisses relativ gering ist. Der Parameter p der Binomialverteilung ist in diesem Fall vergleichsweise klein, während der Parameter n – also der Umfang der Stichprobe – tendenziell groß ist. In einem solchen Fall kann bewiesen werden, dass eine binomialverteilte Zufallsvariable einer bestimmten Formel folgt:

$$B(n, k = x, p) \underset{n \to \infty}{=} \lim_{n \to \infty} \binom{n}{x} p^x (1-p)^{n-x} = \frac{\mu^x}{x!} e^{-\mu}. \tag{4.17}$$

Dieser Ausdruck entspricht der Formel zur Berechnung Poisson-verteilter Zufallsvariablen (vgl. Abb. 4.9).

Eine Besonderheit der Poisson-Verteilung ist, dass die Verteilung mit nur einem Parameter λ beschrieben werden kann und der Erwartungswert μ und die Varianz der

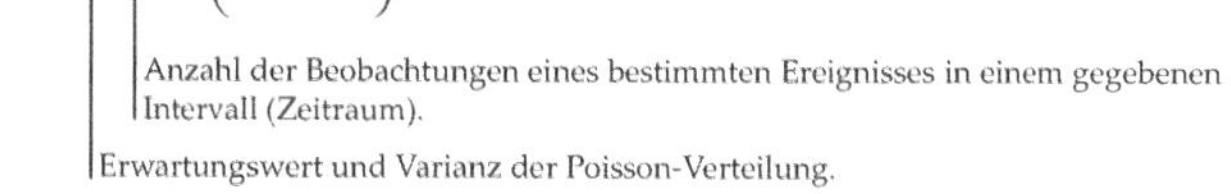

$$Po(\lambda, x) = \left(\frac{\lambda^x}{x!} e^{-\lambda} \right)$$

Anzahl der Beobachtungen eines bestimmten Ereignisses in einem gegebenen Intervall (Zeitraum).

Erwartungswert und Varianz der Poisson-Verteilung.

Abb. 4.9 Poisson-Verteilung

Verteilung genau diesem Parameter λ entsprechen:

$$E(X) = \mu_X = \sigma_X^2 = \lambda. \tag{4.18}$$

Eine weitere Besonderheit der Poisson-Verteilung ist die der Reproduktivität, bei der die Summe von n stochastisch unabhängigen und Poisson-verteilten Zufallsvariablen mit den Parametern $\lambda_1, \lambda_2, \ldots, \lambda_n$ wieder eine Poisson-Verteilung mit $\lambda = \lambda_1 + \lambda_2 + \ldots + \lambda_n$ ergibt. Anhand eines Beispiels sollen beide Besonderheiten gezeigt werden:

Auf eine Kreuzung münden vier Straßen. Die Anzahl der Kfz, die aus den einzelnen Straßen kommen, sind stochastisch unabhängig und Poisson-verteilt. Aus Erfahrung weiß man, dass aus den vier Straßen täglich im Durchschnitt jeweils 2,0; 1,6; 3,4 und 3,0 Kfz kommen. Wie groß ist die Wahrscheinlichkeit, dass täglich genau neun Kfz die Kreuzung passieren und wie groß ist die Wahrscheinlichkeit, dass täglich höchstens neun Kfz die Kreuzung passieren?

Die Erwartungswerte der Poisson-Verteilungen entsprechen den jeweiligen Parametern für $\mu_1 = \lambda_1 = 2, \ldots, \mu_4 = \lambda_4 = 3{,}4$. Aufgrund der Reproduktivität ergibt die Summe der einzelnen Poisson-Verteilungen wieder eine Poisson-Verteilung, sodass wir täglich durchschnittlich insgesamt

$$\mu = \mu_{1+}\mu_{2+}\mu_{3+}\mu_4 = 2 + 1{,}6 + 3{,}4 + 3 = 10 = \lambda \tag{4.19}$$

Kfz erwarten können. Für die Wahrscheinlichkeit, dass täglich genau neun Kfz die Kreuzung passieren, ergibt sich:

$$\text{Po}(\lambda, x = 9) = \frac{\mu^x}{x!}e^{-\mu} = \frac{10^9}{9!}e^{-10} = 12{,}511\,\%. \tag{4.20}$$

Zur Berechnung der Wahrscheinlichkeit für täglich höchstens neun die Kreuzung passierende Kfz müssten die Einzelwahrscheinlichkeiten für die Fälle zwischen keinem und neun Kfz berechnet und aufaddiert werden. Hierbei hilft die Berechnung mit dem Computer.

Oben wurde gezeigt, dass sich die Poisson-Verteilung mit $\lambda = n \cdot p$ aus der Binomialverteilung herleitet und letztere wiederum durch die stetige Normalverteilung approximiert werden kann. Unter bestimmten Umständen ($\lambda \geq 10$) kann deshalb die Poisson-Verteilung ebenfalls durch die stetige Normalverteilung approximiert werden.[3]

[3] Bei Approximation einer diskreten Verteilung durch eine stetige Verteilung ist die Wahrscheinlichkeit für einen bestimmten Wert x_i der Zufallsvariablen im diskreten Fall positiv, während sie bei der stetigen Verteilung gleich Null ist. Um durch Approximation z. B. den Wert für $P(X = 10)$ zu bestimmen, berechnet man die Differenz der normalverteilten Verteilungsfunktionen $P(X = 10) = P(X \leq 10{,}5) - P(X \leq 9{,}5)$.

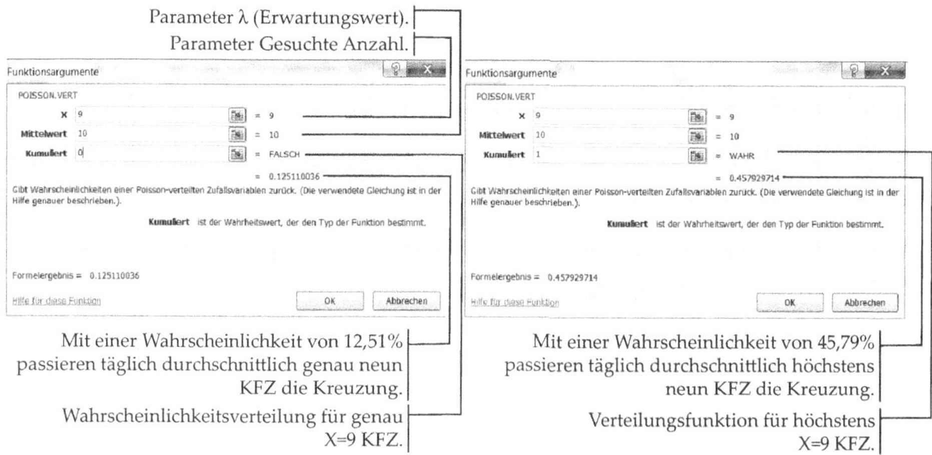

Abb. 4.10 Berechnung der Poisson-Verteilung mit Excel

4.1.3.1 Berechnung der Poisson-Verteilung mit Excel

Die Wahrscheinlichkeit aus dem obigen Beispiel lässt sich mit Excel folgendermaßen bestimmen. Nach der Menüfolge *Formeln → Funktionen Einfügen* kann die Funktion *POISSON.VERT* gewählt werden. Danach müssen – wie aus Abb. 4.10 ersichtlich – die Parameter für die Anzahl der zu bestimmenden Fälle ($X = 9$), für den Mittelwert ($\lambda = 10$) und für die Art der Funktion (*Kumuliert=1:* POISSON.VERT gibt Verteilungsfunktion zurück; *Kumuliert=0:* POISSON.VERT gibt Wahrscheinlichkeitsfunktion zurück) angegeben werden. Für genau neun Kfz liegt die Wahrscheinlichkeit bei 12,51 % (vgl. Abb. 4.10 links). Mit einer Wahrscheinlichkeit von 45,79 % passieren täglich durchschnittlich höchstens neun Kfz die Kreuzung (vgl. Abb. 4.10 rechts).

4.1.3.2 Berechnung der Poisson-Verteilung mit Stata

In Abb. 4.11 sind die Berechnungen der Wahrscheinlichkeitsverteilung und der Verteilungsfunktion mit Hilfe der Stata-Syntax zusammengefasst. Dabei wird in die Befehlszeile *display poissonp(λ,k)* eingegeben, wenn die Wahrscheinlichkeit für k erfolgreiche Realisationen mit einem Erwartungswert von λ berechnet werden soll. Analog erfolgt die Berechnung des Wertes der Poisson-Verteilungsfunktion für höchstens k erfolgreiche Realisationen durch *display poisson(λ,k)* und für mindestens k erfolgreiche Realisationen durch *display poissontail(λ,k)*.[4]

[4] Eine sehr gute Darstellung über die Vorgehensweise bei Stata findet sich hier: https://www.youtube.com/watch?v=R9a61ViJBwc.

Fall	Syntax
Berechnet die Wahrscheinlichkeit für x=k erfolgreiche Realisationen bei einem Erwartungswert von μ=λ: Po(λ,x=k). Bsp.: Wahrscheinlichkeit für x=9 erfolgreiche Realisationen bei einem Erwartungswert von μ=10: Po(λ=10, x=2).	display poissonp(λ,k) display poissonp(10,9) .125
Berechnet die Wahrscheinlichkeit für höchstens x=k erfolgreiche Realisationen bei einem Erwartungswert von μ=λ: Po(λ,x≤k). Bsp.: Wahrscheinlichkeit für höchstens x=9 erfolgreiche Realisationen bei einem Erwartungswert von μ=10: Po(λ=10, x≤2).	display poisson(λ,k) display poisson(10,9) .458
Berechnet die Wahrscheinlichkeit für mindestens x=k erfolgreiche Realisationen bei einem Erwartungswert von μ=λ: Po(λ,x≥k). Bsp.: Wahrscheinlichkeit für mindestens x=9 erfolgreiche Realisationen bei einem Erwartungswert von μ=10: Po(λ=10, x≥2).	display poissontail(λ,k) display poissontail(10,9) .667

Abb. 4.11 Berechnung der Poisson-Verteilung mit Stata

4.2 Stetige Verteilungen

Im vorhergehenden Abschnitt haben wir die Wahrscheinlichkeitsverteilungen von diskreten Zufallsvariablen kennengelernt. Mögliche Ergebnisse von diskreten Zufallsexperimenten sind endlich viele oder abzählbar unendlich viele Werte. Können Ergebnisse von Zufallsexperimenten unendlich viele Werte annehmen, liegen stetige Zufallsvariablen vor. Häufig sind diese in Zeit-, Gewichts- oder Längeneinheiten gemessen, wie z. B. die Wahrscheinlichkeit für die Haltbarkeit eines Produktes.

Während im diskreten Fall die Wahrscheinlichkeitsfunktion die Wahrscheinlichkeit für einen gegebenen Wert ausdrückt, erfolgt die Darstellung der stetigen Wahrscheinlichkeit mit Hilfe einer sog. Dichtefunktion (*engl.:* density function) $f(x)$. Letztere liefert nicht direkt den Wahrscheinlichkeitswert, sondern dieser muss für ein gegebenes Intervall mit Hilfe der Integralrechnung bestimmt werden. Bei den beiden Grafiken in Abb. 4.12 handelt es sich um typische Dichtefunktionen, da die jeweiligen Flächen unterhalb der Funktionen $f(x)$ genau den Wert

$$\int_{-\infty}^{\infty} f(x)\,\mathrm{d}x = 1 = 100\,\% \qquad (4.21)$$

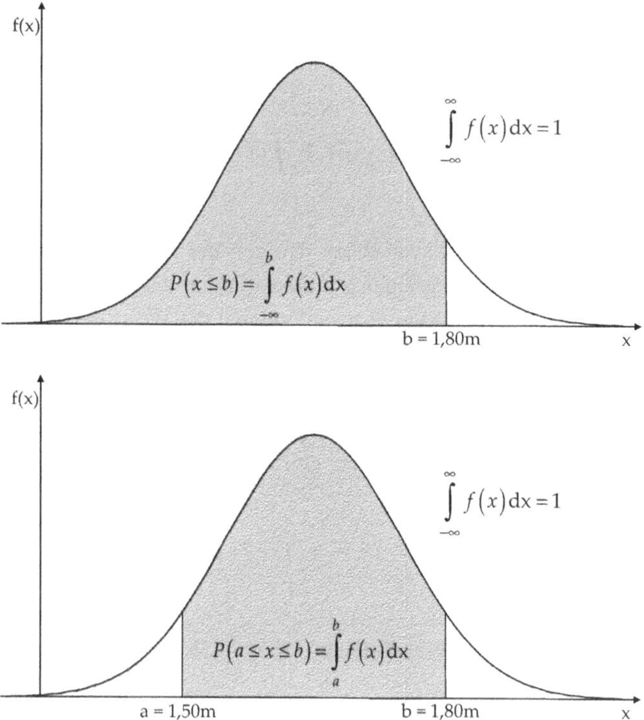

Abb. 4.12 Dichtefunktionen

annehmen. Die Tatsache, dass das Integral von $-\infty$ bis $+\infty$ genau den Wert 1 annimmt, ist eine notwendige Bedingung für eine Dichtefunktion.[5]

Untersucht man beispielsweise die Körpergröße von Studierenden, dann liegen 100 % der untersuchten Studierenden unterhalb einer Kurve zwischen $-\infty$ bis $+\infty$ Körpergröße. Die grau schraffierte Fläche der oberen Dichtefunktion entspricht dabei der Wahrscheinlichkeit, dass ein Wert von höchstens b (in diesem Fall 1,80 m) auftritt:

$$P(x \le b) = \int_{-\infty}^{b} f(x)\,dx. \tag{4.22}$$

[5] Darüber hinaus sind notwendige Bedingungen einer Dichtefunktion, dass es sich um eine reelle Funktion handeln muss, die zudem nicht-negativ und integrierbar ist.

Die schraffierte Fläche der unteren Grafik beschreibt das Integral aller Werte die zwischen a (in diesem Fall: 1,50 m) und b (in diesem Fall 1,80 m) liegen:

$$P(a \leq x \leq b) = \int_a^b f(x)\,\mathrm{d}x. \tag{4.23}$$

Analog zum Fall diskreter Zufallsvariablen erfolgen die Berechnungen für den Erwartungswert und die Varianz einer stetigen Zufallsvariablen anstelle der Addition in Form der Bestimmung eines Integrals. Man verwendet dabei die Werte der Dichtefunktion und nicht die Wahrscheinlichkeiten:

$$\mathrm{E}(X) = \mu_X = \int_{-\infty}^{\infty} x \cdot f(x)\,\mathrm{d}x \tag{4.24}$$

$$\sigma_X^2 = \int_{-\infty}^{\infty} (x - \mu_X)^2 \cdot f(x)\,\mathrm{d}x. \tag{4.25}$$

Im Folgenden wollen wir uns die wichtigsten stetigen Verteilungsfunktionen einmal genauer ansehen.

4.2.1 Stetige Gleichverteilung

Die wahrscheinlich einfachste stetige Verteilung ist die sog. Gleichverteilung oder auch Rechteck-Verteilung (*engl.:* uniform distribution). Die Dichtefunktion verläuft mit einem konstanten Wert

$$\frac{1}{b-a} \tag{4.26}$$

innerhalb eines festgelegten Intervalls zwischen dem Minimum a und dem Maximum b. Alle Ereignisse haben dabei die gleiche Eintrittswahrscheinlichkeit.

$$f(x) = \begin{cases} \frac{1}{b-a} & \textit{für } a < X \leq b \\ 0 & \textit{sonst} \end{cases}. \tag{4.27}$$

Das Integral der Dichtefunktion zwischen den Intervallgrenzen a und b nimmt den für Dichtefunktionen üblichen Wert Eins an:

$$P(a \leq x \leq b) = \int_a^b f(x)\,\mathrm{d}x = 1. \tag{4.28}$$

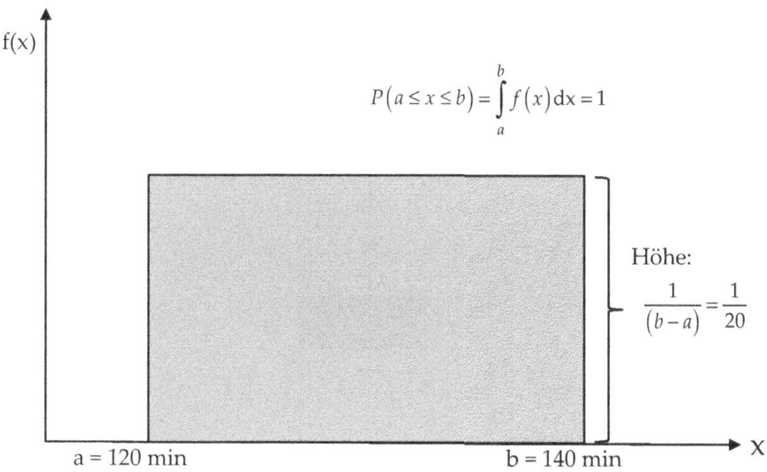

Abb. 4.13 Gleichverteilung

Wir wollen diesen Sachverhalt durch ein kleines Beispiel verdeutlichen. Angenommen, für die Produktion eines Gutes sind mindestens 120 Minuten und höchstens 140 Minuten erforderlich, wobei eine Gleichverteilung wie folgt vorliegt (vgl. Abb. 4.13).

$$f(x) = \begin{cases} \frac{1}{140-120} = \frac{1}{20} & \textit{für } 120 < X \le 140 \\ 0 & \textit{sonst} \end{cases}. \tag{4.29}$$

Der Erwartungswert – also die Produktionsdauer, die durchschnittlich zu erwarten ist – beträgt:

$$\mathrm{E}(X) = \frac{a+b}{2} == \frac{120+140}{2} = 130 \text{ Minuten}. \tag{4.30}$$

Die Varianz beträgt:

$$\sigma^2 = \frac{(b-a)^2}{12} = \frac{(140-120)^2}{12} = \frac{400}{12} = 33,\overline{3} \text{ Minuten}^2. \tag{4.31}$$

Wie groß ist die Wahrscheinlichkeit, dass der Produktionsprozess ...

a. höchstens 125 Minuten dauert?
b. mindestens 130 Minuten dauert?
c. zwischen 125 und 130 Minuten dauert?

Im Aufgabenteil a. ist der Flächeninhalt des schwarzen Rechtecks der linken Darstellung aus Abb. 4.14 gesucht. Der Flächeninhalt des schwarz markierten Rechtecks beträgt

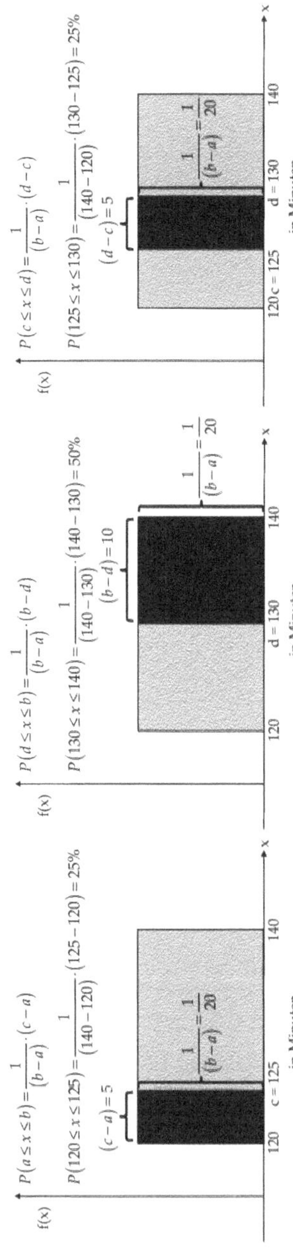

Abb. 4.14 Produktionsdauer

„Höhe · Breite“:

$$P(a \leq x \leq c) = \int_a^c f(x)\,\mathrm{d}x = \frac{1}{(b-a)} \cdot (c-a) \tag{4.32}$$

sodass die Wahrscheinlichkeit einer Höchstdauer von 125 Minuten folgenden Wert annimmt:

$$P(120 \leq X \leq 125) = \frac{1}{(140-120)} \cdot (125-120) = 25\,\%. \tag{4.33}$$

Für Aufgabenteil b. ergibt sich analog (vgl. mittlere Darstellung aus Abb. 4.14):

$$P(d \leq X \leq b) = \int_d^b f(x)\,\mathrm{d}x = \frac{1}{(b-a)} \cdot (b-d) = \frac{1}{(140-120)} \cdot (140-130) = 50\,\%. \tag{4.34}$$

Die Wahrscheinlichkeit, dass die Produktionszeit zwischen 125 und 130 Minuten liegt, ergibt sich wiederum aus der Formel *Höhe · Breite* des schwarz markierten Rechtecks der rechten Grafik aus Abb. 4.14. Sie stellt die allgemeine Formel zur Berechnung von Wahrscheinlichkeiten aus gleichverteilten Dichtefunktionen dar:

$$P(c \leq X \leq d) = \frac{1}{(b-a)} \cdot (d-c) \tag{4.35}$$

$$P(125 \leq X \leq 130) = \frac{1}{(140-120)} \cdot (130-125) = 25\,\%. \tag{4.36}$$

4.2.2 Normalverteilung

Die wohl wichtigste theoretische Verteilung ist die sogenannte Normalverteilung. Bereits im Jahre 1738 veröffentliche der Hugenotte Abraham de Moivre in seiner zweiten Auflage des Werkes „Doctrine of Chances“ (de Moivre 1738) den Übergang der Binomialverteilung zu einer kontinuierlichen Normalverteilung, ohne allerdings bereits den Begriff Normalverteilung zu verwenden. Seinen Lebensunterhalt verdiente er im Übrigen mit der Beratung in Glücksspielangelegenheiten. Die Mathematiker Laplace (1749–1827) und Gauß (1777–1855) griffen diese Erkenntnisse in der Beschreibung der sogenannten „Fehlerkurve“ auf. Diese gilt in den Naturwissenschaften seither als wichtiges Instrument, um die Unzulänglichkeiten von Messinstrumenten zu erklären. Die Naturwissenschaftler dieser Zeit standen nämlich vor dem Problem, dass die Messungen eines naturwissenschaftlichen Sachverhaltes aufgrund der unzureichenden Messinstrumente schwankende Messergebnisse erbringen. Wird beispielsweise die Entfernungen zu Fixsternen gemessen, führen erste Messungen nicht selten zu völlig unterschiedlichen und weit auseinanderliegenden Ergebnissen. Führt man viele weitere Messungen durch, so ergeben diese eine

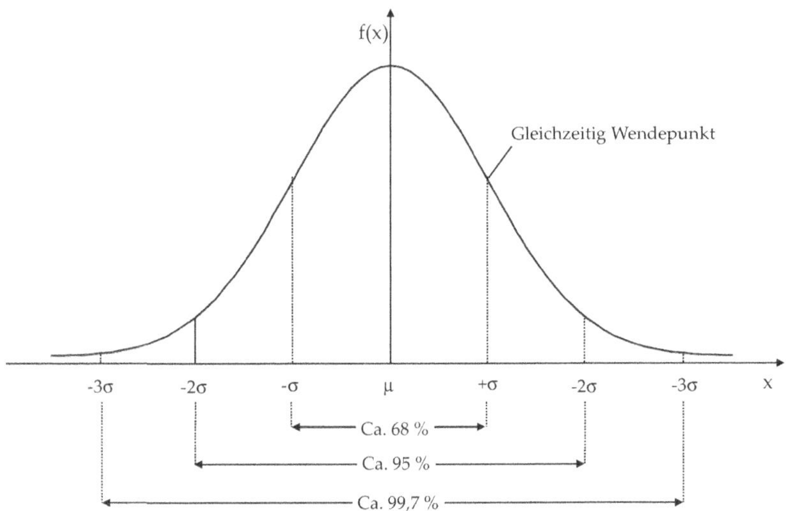

Abb. 4.15 Idealtypischer Verlauf der Dichte einer Normalverteilung

symmetrische und glockenförmige Kurve, deren Mittelwert zugleich den häufigsten Wert darstellt (vgl. Abb. 4.15). Dieser Wert wurde dann als die tatsächliche Entfernung angenommen. Aber erst Adolph-Lambert Quételet (1796–1874) verwendete zum ersten Mal den Begriff der Normalverteilung: Diesem akribischen – wohl auch zum Teil idiosynkratischen – Wissenschaftler fiel auf, dass die Häufigkeitsverteilungen unterschiedlichster Messreihen dem der Gauß-Laplace'schen Fehlerkurve ähnelten: Die Körpergröße von Menschen, die Messung von Brustumfängen bei schottischen Soldaten etc., für alle Messreihen ermittelte er eine – für ihn naturgegebene – „normale" Verteilung der Messergebnisse. Daher leitet sich auch die Bezeichnung der Normalverteilung ab. Selbstverständlich kommen in der Natur auch nicht-normalverteilte Eigenschaften vor, die sich allerdings nicht selten aus dem Zusammenwirken mehrerer normalverteilter Messreihen ergeben können (Swoboda 1971, S. 76ff.).

Die Normalverteilung gilt heute als die vielleicht wichtigste Grundlage der Statistik. Doch wie sieht eine solche Normalverteilung (*engl.:* normal distribution) aus und was ist so besonders an ihr? Die idealtypische Normalverteilung ist in Abb. 4.15 dargestellt. Für den formal geübten Leser sei an dieser Stelle auch die Formel der Dichte der Normalverteilung angegeben:

$$f_X(x) = \frac{1}{\sigma\sqrt{2\cdot\pi}} \cdot e^{-\frac{(x-\mu)^2}{2\cdot\sigma^2}} \tag{4.37}$$

Die Normalverteilung hat die Form einer Glocke, sie ist eingipflig und symmetrisch. Sie hat die Eigenschaft, dass unabhängig von den Messinhalten auf der x-Achse, die Verteilung mit nur zwei Parametern vollständig beschrieben werden kann: Dem Erwartungswert μ und der Standardabweichung σ, was bereits auch aus oben angegebener Formel der

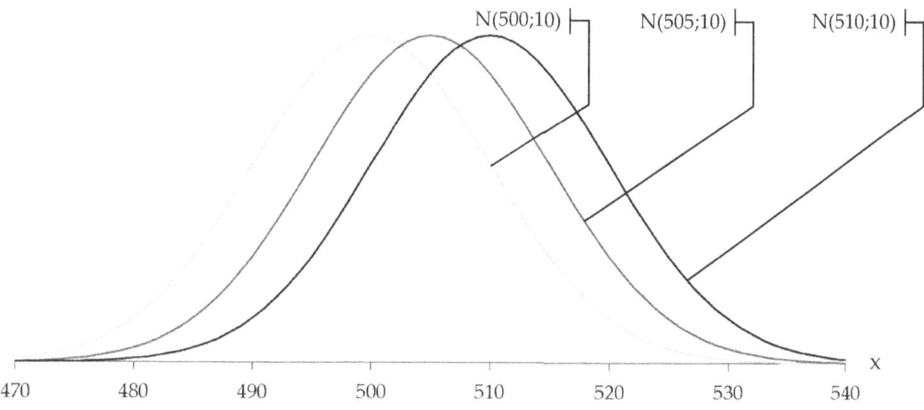

Abb. 4.16 Unterschiedliche Lage von Normalverteilungen

Dichte der Normalverteilung ableitbar ist, denn nur die Parameter μ und σ sind zu setzen. Entsprechend beschreibt man eine normalverteilte Zufallsvariable mit:

$$X \sim N(\mu;\sigma) \tag{4.38}$$

Der Erwartungswert stellt gleichzeitig die Symmetrieachse und den am häufigsten vorkommenden Wert der Verteilung dar und ist mit dem Median der Verteilung identisch. Der Erwartungswert beschreibt die Lage einer Normalverteilung auf der x-Achse. Je größer der Erwartungswert, umso mehr verschiebt sich die Normalverteilung entlang der x-Achse nach rechts (vgl. Beispiele in Abb. 4.16).

Nach links und rechts fällt die Dichte der Kurve ab und nähert sich beidseitig asymptotisch der Abszisse. Die Größe der Standardabweichung der Normalverteilung beeinflusst dabei den Verlauf der Normalverteilung. Je größer der Wert der Standardabweichung, umso flacher verläuft die Normalverteilung (vgl. Abb. 4.17).

Bei einem Abstand von einer Standardabweichung (σ) von μ befindet sich der Wendepunkt der Normalverteilung. Legt man an diese Punkte eine Tangente, so schneidet diese die Normalverteilung bei einem Abstand von zwei Standardabweichungen ($2 \cdot \sigma$). Im Intervall zwischen $-\sigma$ und $+\sigma$ liegen ca. 68 Prozent, zwischen $-2 \cdot \sigma$ und $+2\sigma$ ca. 95 Prozent und zwischen $-3 \cdot \sigma$ und $+3 \cdot \sigma$ ca. 99,7 Prozent der Beobachtungen (vgl.Abb. 4.15).

Die Normalverteilung ist zudem reproduktiv: Sind zwei Zufallsvariablen X_1 und X_2 mit gleichen oder auch unterschiedlichen Erwartungswerten und Streuungen normalverteilt mit $N(\mu_1;\sigma_1)$ und $N(\mu_2;\sigma_2)$, so ist die Zufallsvariable $X = X_1 + X_2$ ebenfalls normalverteilt mit:

$$N\left(\mu_1 + \mu_2; \sqrt{\sigma_1^2 + \sigma_2^2}\right). \tag{4.39}$$

Besonderes Merkmal der Normalverteilung ist nun des Weiteren, dass die Fläche zwischen der x-Achse und der Normalverteilung immer gleich Eins ($=$ 100 Prozent) ist, egal ob es

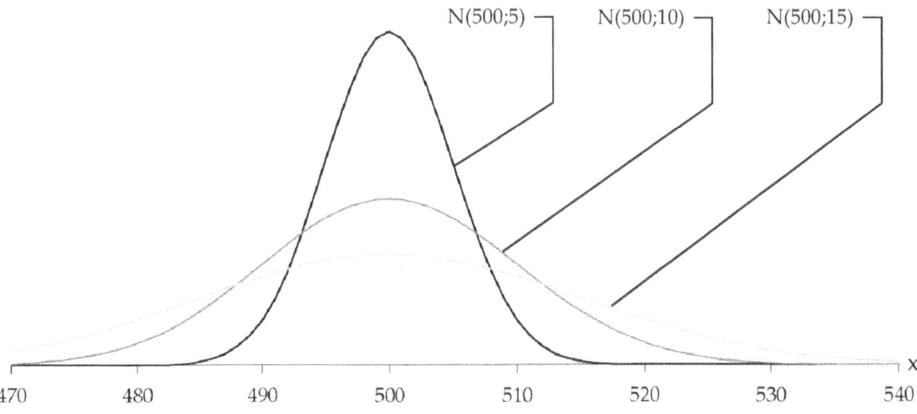

Abb. 4.17 Unterschiedliche Streuungen von Normalverteilungen

sich um eine schmale, breite oder flache Normalverteilung handelt. Die Verteilung eignet sich auch deshalb besonders dazu, Wahrscheinlichkeiten für bestimmte Messwerte zum Ausdruck zu bringen.

Die idealtypische Normalverteilung ist ein Denkmodell, das sich in der empirischen Realität niemals in 100 %-iger Genauigkeit erfüllt, allerdings hat die Annahme der Normalverteilung als Approximation der wahren Werte häufig seine Berechtigung. Der Physiker Gabriel Lippmann soll dazu einmal gesagt haben: „Alle Welt glaubt an die Normalverteilung – die Mathematiker, weil sie glauben, es handle sich um eine experimentell nachgewiesene Tatsache; die Experimentatoren, weil sie glauben, es handle sich um ein mathematisches Theorem." (Swoboda 1971, S. 80)

Aus der Familie aller Normalverteilungen hat die Normalverteilung mit einem Erwartungswert von $\mu = 0$ und einer Standardabweichung von $\sigma = 1$ eine besondere Bedeutung gewonnen. Sie wird als „Standardnormalverteilung" (*engl.:* standard normal probability distribution) bezeichnet, denn aufgrund der doch sehr komplizierten Berechnung einer Normalverteilung wurde in Zeiten ohne Computer auf die in Abschn. 8.1 tabellierten Werte der Standardnormalverteilung zurückgegriffen. Denn letztlich lässt sich jede beliebige Normalverteilung in eine Standardnormalverteilung transformieren, indem von jedem Wert einer Zufallsvariablen X der jeweilige Erwartungswert abgezogen und danach durch die Standardabweichung geteilt wird. Dieses Vorgehen nennt man „z-Transformation":

$$Z = \frac{X - \mu}{\sigma} \tag{4.40}$$

Aus $X \sim N(\mu; \sigma)$ ergibt sich somit

$$Z = \frac{X - \mu}{\sigma} \sim N(0; 1). \tag{4.41}$$

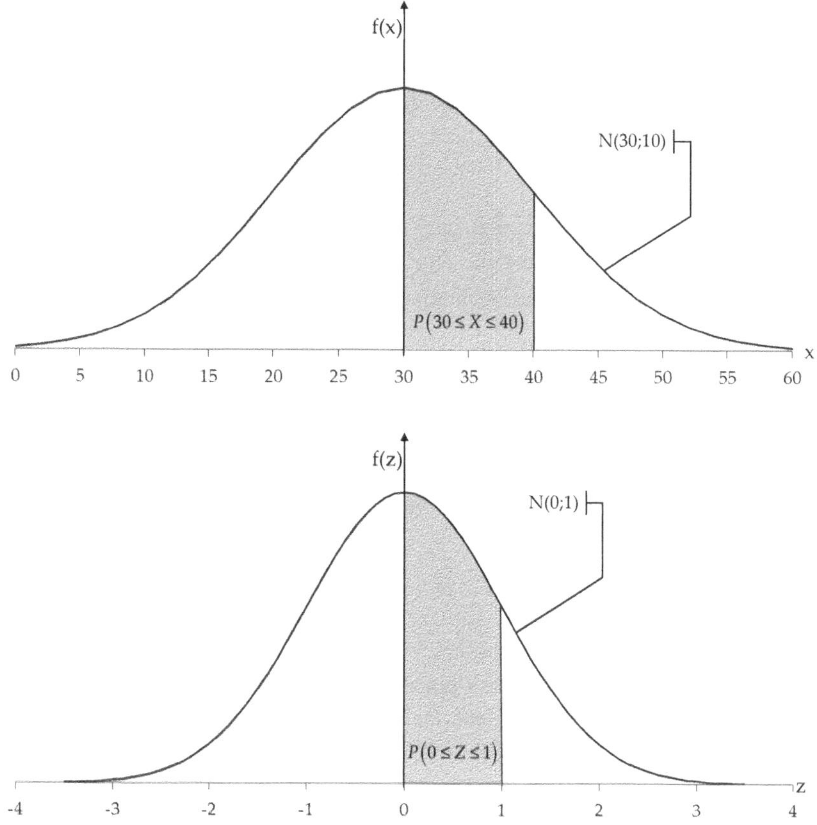

Abb. 4.18 Haltbarkeit eines Jogurts (1)

Mit jeder normalverteilten Zufallsvariable X korrespondiert also eine standardnormalverteilte Zufallsvariable Z, mit deren Hilfe Wahrscheinlichkeiten tabellarisch abgelesen werden können.

Wir wollen dies anhand eines Beispiels verdeutlichen: Angenommen, die Haltbarkeit eines Jogurts sei $N(30; 10)$-verteilt, d. h., die Haltbarkeit beträgt im Durchschnitt 30 Tage mit einer Standardabweichung von zehn Tagen. Mit welcher Wahrscheinlichkeit liegt die tatsächliche Haltbarkeit des Produktes bei höchstens 50 Tagen? Gesucht wird also der Wert für $P(X \leq 50)$, was genau der grau markierten Fläche der oberen Grafik aus Abb. 4.18 entspricht.

Leider ist der Wert 50 nicht aus einer Tabelle ablesbar, sodass die Normalverteilung $N(30; 10)$ zunächst z-transformiert werden muss. Die Obergrenze des grau markierten Intervalls wird auf eine $N(0; 1)$-verteilte Zufallsvariable so übertragen, dass der Flächeninhalt identisch bleibt. Aus dem Wert 50 einer $N(30; 10)$-verteilten Zufallsvariablen wird somit der Wert zwei einer standardnormalverteilten Zufallsvariablen (vgl. untere Grafik aus Abb. 4.18). Die rechnerische Lösung erfolgt über den Ansatz:

$$P(X \leq 50) \Rightarrow P(X-\mu \leq 50-\mu) \Rightarrow P\left(\frac{X-\mu}{\sigma} \leq \frac{50-\mu}{\sigma}\right) \Rightarrow P\left(Z \leq \frac{50-30}{10}\right)$$
$$\Rightarrow P(Z \leq 2). \tag{4.42}$$

Die Werte für $P(Z \leq 2)$ lässt sich der Tabelle der Standardnormalverteilung (vgl. Abschn. 8.1) entnehmen. Der Wert für $P(Z \leq 2) = 0{,}9772$ entspricht dem der Zeile 2.0 (für den Wert 2 und die erste Dezimalstelle 0) und der Spalte 0.00 (für die zweite Dezimalstelle 0).

Auch für Wahrscheinlichkeiten mit festgelegten Ober- und Untergrenze eines Intervalls lassen sich Wahrscheinlichkeiten bestimmen:

$$P\left(X_u \leq X \leq X_o\right) \Leftrightarrow P\left(X_u-\mu \leq X-\mu \leq X_o-\mu\right). \tag{4.43}$$

$$\Leftrightarrow P\left(\frac{X_u-\mu}{\sigma} \leq \frac{X-\mu}{\sigma} \leq \frac{X_o-\mu}{\sigma}\right). \tag{4.44}$$

$$\Leftrightarrow P\left(\frac{X_u-\mu}{\sigma} \leq Z \leq \frac{X_o-\mu}{\sigma}\right). \tag{4.45}$$

Nehmen wir wieder an, die Haltbarkeit eines Jogurts sei $N(30; 10)$-verteilt. Mit welcher Wahrscheinlichkeit liegt die tatsächliche Haltbarkeit des Produktes zwischen 30 und 40 Tagen? Gesucht wird also der Wert für $P(30 \leq X \leq 40)$, was genau der grau markierten Fläche der oberen Grafik aus Abb. 4.19 entspricht.

Durch die z-Transformation erfolgt wiederum eine Übertragung der Grenzen auf eine $N(0; 1)$-verteilte Zufallsvariable derart, dass der Flächeninhalt identisch bleibt (vgl. untere Grafik aus Abb. 4.19). Die rechnerische Lösung erfolgt über den Ansatz:

$$P\left(\frac{X_u-\mu}{\sigma} \leq \frac{X-\mu}{\sigma} \leq \frac{X_o-\mu}{\sigma}\right) \Rightarrow P\left(\frac{30-30}{10} \leq Z \leq \frac{40-30}{10}\right) \Rightarrow P(0 \leq Z \leq 1). \tag{4.46}$$

Die gesuchte Wahrscheinlichkeit entspricht dem Flächeninhalt für die gesamte Fläche der Standardnormalverteilung von $-\infty$ bis zur Intervallobergrenze $P(Z \leq 1)$ abzüglich der Fläche von $-\infty$ bis zur Intervalluntergrenze $P(Z < 0)$. Dieser Zusammenhang ist in Abb. 4.20 beispielhaft dargestellt und ergibt:

$$P(0 \leq Z \leq 1) = P(Z \leq 1) - P(Z < 0). \tag{4.47}$$

Die Werte für $P(Z \leq 1)$ und $P(Z < 0)$ lassen sich wiederum der Tabelle der Standardnormalverteilung (vgl. Abschn. 8.1) entnehmen. Der Wert für $P(Z < 0) = 0{,}5000$ entspricht dem der Zeile 0.0 (für den Wert 0 und die erste Dezimalstelle 0) und der Spalte

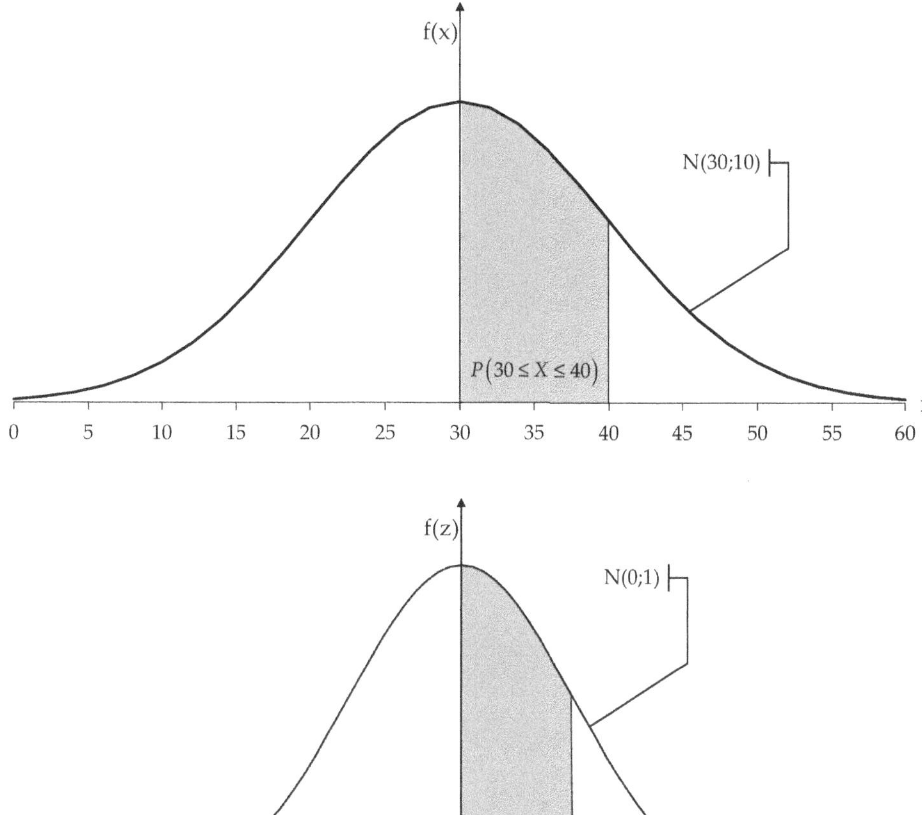

Abb. 4.19 Haltbarkeit eines Jogurts (2)

0.00 (für die zweite Dezimalstelle 0) und der Wert für $P(Z \leq 1) = 0{,}8413$ entspricht dem der Zeile 1.0 und der Spalte 0.00. Es ergibt sich somit eine Wahrscheinlichkeit von 34,13 Prozent:

$$P(0 \leq Z \leq 1) = P(Z \leq 1) - P(Z < 0) = 0{,}8413 - 0{,}5000 = 34{,}13\,\%. \qquad (4.48)$$

In Abb. 4.21 wird die Berechnung von Wahrscheinlichkeiten mit Hilfe der Tabelle der Standardnormalverteilung anhand von Beispielen nochmals vertieft.

Das letzte Beispiel zeigt, dass aufgrund der Symmetrie der Standardnormalverteilung die Fläche, die rechts eines positiven x-Werts liegt (z. B. rechts von 2,5), genau so groß

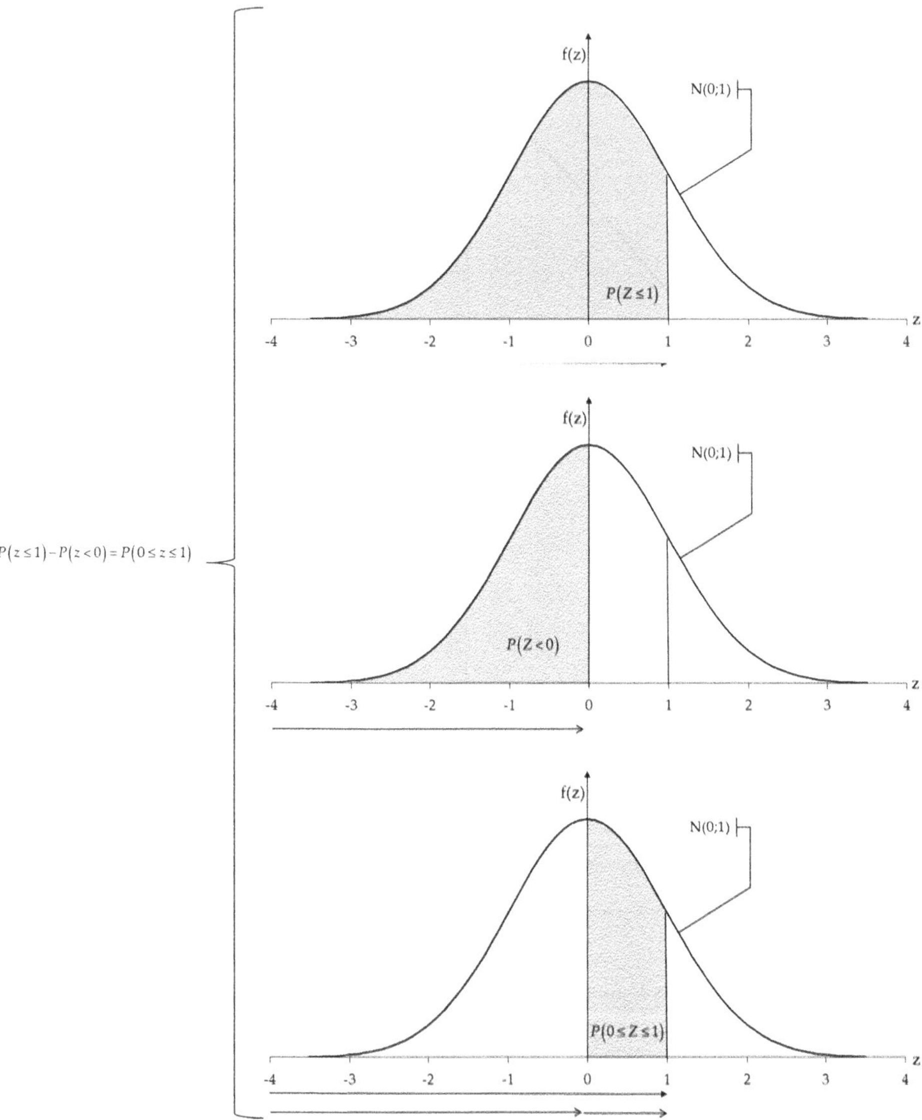

Abb. 4.20 Berechnung der Wahrscheinlichkeit einer z-transformierten Zufallsvariablen

wie die Fläche ist, die links des gleichen x-Wertes mit negativen Vorzeichen liegt (z. B. links von $-2{,}5$). Es gilt also:

- $P(Z \geq 1{,}65) = P(Z \leq (-1{,}65)) \approx 0{,}05$,
- $P(Z \geq 1{,}96) = P(Z \leq (-1{,}96)) \approx 0{,}025$,
- $P(Z \geq 2{,}58) = P(Z \leq (-2{,}58)) \approx 0{,}005$,
- $P(Z \geq 3{,}00) = P(Z \leq (-3{,}00)) \approx 0{,}001$.

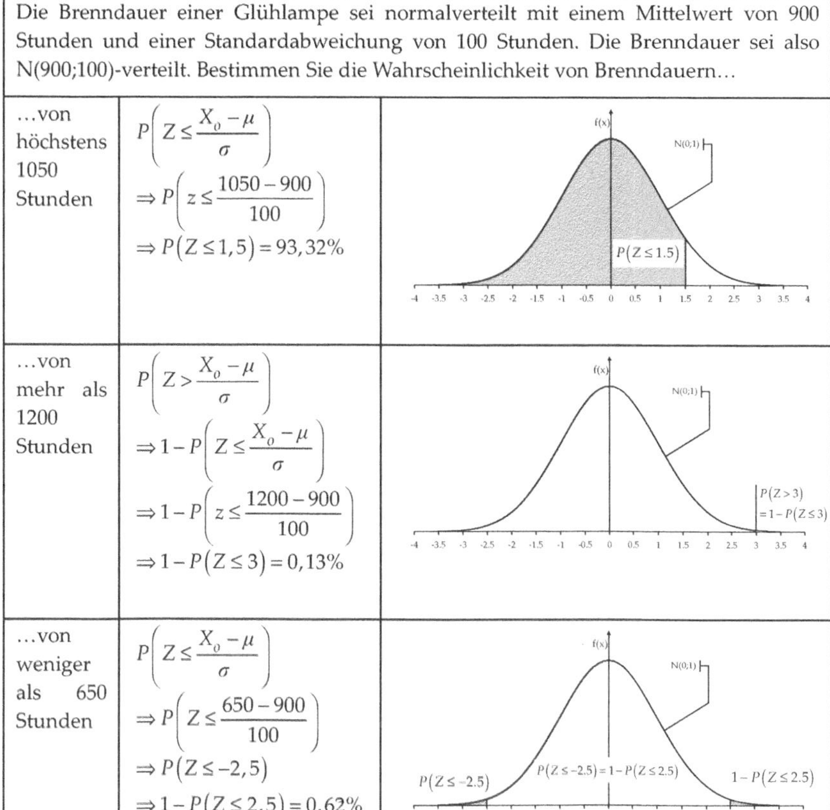

Die Brenndauer einer Glühlampe sei normalverteilt mit einem Mittelwert von 900 Stunden und einer Standardabweichung von 100 Stunden. Die Brenndauer sei also N(900;100)-verteilt. Bestimmen Sie die Wahrscheinlichkeit von Brenndauern...		
...von höchstens 1050 Stunden	$P\left(Z \leq \frac{X_0-\mu}{\sigma}\right)$ $\Rightarrow P\left(z \leq \frac{1050-900}{100}\right)$ $\Rightarrow P(Z \leq 1{,}5) = 93{,}32\%$	f(x); N(0;1); $P(Z \leq 1.5)$
...von mehr als 1200 Stunden	$P\left(Z > \frac{X_0-\mu}{\sigma}\right)$ $\Rightarrow 1-P\left(Z \leq \frac{X_0-\mu}{\sigma}\right)$ $\Rightarrow 1-P\left(z \leq \frac{1200-900}{100}\right)$ $\Rightarrow 1-P(Z \leq 3) = 0{,}13\%$	f(x); N(0;1); $P(Z>3) = 1-P(Z \leq 3)$
...von weniger als 650 Stunden	$P\left(Z \leq \frac{X_0-\mu}{\sigma}\right)$ $\Rightarrow P\left(Z \leq \frac{650-900}{100}\right)$ $\Rightarrow P(Z \leq -2{,}5)$ $\Rightarrow 1-P(Z \leq 2{,}5) = 0{,}62\%$	f(x); N(0;1); $P(Z \leq -2.5)$; $P(Z \leq -2.5) = 1-P(Z \leq 2.5)$; $1-P(Z \leq 2.5)$

Abb. 4.21 Berechnung von Wahrscheinlichkeiten mit der Standardnormalverteilung

Sehr gute Zusammenfassungen über die Normalverteilung finden sich im Internet unter:

- https://www.youtube.com/watch?v=9la6r8EuuCw
- https://www.youtube.com/watch?v=y7sISN6A3EM

4.2.2.1 Berechnung der Normalverteilung mit Excel

Mit Excel erfolgt die Berechnung der Wahrscheinlichkeitswerte, indem nach der Menüfolge *Formeln → Funktionen Einfügen* die Funktion *NORM.VERT* gewählt wird (vgl. oberer Teil der Abb. 4.22). Nach Eingabe des x-Wertes, des Erwartungswertes, der Standardabweichung und der Setzung des Wertes Eins für den Parameter *kumuliert* wird das einseitige Intervall der kumulierten Wahrscheinlichkeit für $p = (1 - \alpha)$ ausgegeben. Für einen gegebenen x-Wert von $x = 2{,}33$ ergibt sich bei einem Erwartungswert $\mu = 0$ und der Standardabweichung $\sigma = 1$ eine kumulierte Wahrscheinlichkeit von $p \approx 0{,}99$. Die Berechnung mit Excel erfolgt durch die Funktion *NORM.VERT(2,33;0;1)*.

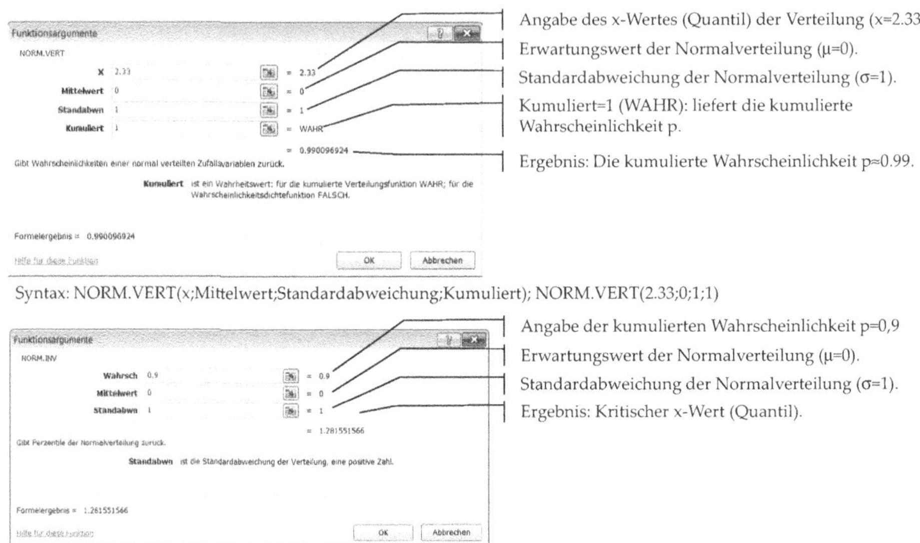

Abb. 4.22 Berechnung der Normalverteilung mit Excel

Umgekehrt kann über die Funktion *NORM.INV* für eine gegebene kumulierte Wahrscheinlichkeit $p = (1 - \alpha)$ und bei gegebenem Erwartungswert und gegebener Standardabweichung der entsprechende (kritische) x-Wert (Quantil) der Normalverteilung berechnet werden (vgl. unterer Teil der Abb. 4.22). So ergibt die Funktion *NORM.INV(0,9;0;1)* für eine Wahrscheinlichkeit von $p = (1 - \alpha) = 0{,}9$, einem Erwartungswert $\mu = 0$ und einer Standardabweichung $\sigma = 1$ den Normalverteilungswert $x \approx 1{,}28$.

Liegt ein zweiseitiges Intervall vor und verteilt sich die Gesamtfläche für α gleichermaßen auf beiden Seiten der Normalverteilung, so ergibt sich für die Obergrenze ein x-Wert von $x_{(1-\alpha/2)}$ und für die Untergrenze ein x-Wert von $x_{(\alpha/2)}$. Für das obige Beispiel einer Wahrscheinlichkeit von $p = 0{,}9$ bei einem Erwartungswert $\mu = 0$ und einer Standardabweichung $\sigma = 1$ ergibt sich mit *NORM.INV(0,95;0;1)* ein x-Wert von $x_{95\,\%} \approx 1{,}65$ und mit *NORM.INV(0,05;0;1)* ein x-Wert von $x_{5\,\%} \approx -1{,}65$.

4.2.2.2 Berechnung der Normalverteilung mit Stata

Der Befehl *display normal(z)* ermittelt die kumulierte Wahrscheinlichkeit p bei gegebenem z-Wert einer Standardnormalverteilung. Die Syntax *display normal(1.96)* ergibt entsprechend den Wert $p = 0{,}975$. Liegt keine Standardnormalverteilung, sondern eine Normalverteilung mit beliebigen μ und σ vor, so ist der x-Wert zu standardisieren und folgende Syntax zu verwenden: *display normal((x-μ)/σ)*. Der Befehl *display normal((7-3)/4)* ergibt für $N(3; 4)$ und einem Wert für $x = 7$ eine Wahrscheinlichkeit von $p \approx 0{,}8413$.

Analog berechnet *display invnormal(p)* den z-Wert eines einseitigen Intervalls unter der Annahme einer gegebenen kumulierten Wahrscheinlichkeit p. So ergibt die Funktion

Fall	Syntax
Berechnet die kumulierte Wahrscheinlichkeit für p bei gegebenem z-Wert einer Standardnormalverteilung.	display normal(z)
Bsp.: Für z=1,96 und N(0;1) ergibt sich eine kumulierte Wahrscheinlichkeit p≈0.975.	display normal(1.96) . 9750021
Bsp.: Für x=7 und N(3;4) ergibt sich eine kumulierte Wahrscheinlichkeit p≈0,841.	display normal((7-3)/4) .84134475
Berechnet den z-Wert eines einseitigen Intervalls unter der Annahme einer gegebenen kumulierten Wahrscheinlichkeit p einer Standardnormalverteilung.	display invnormal(p)
Bsp.: Für p=0,9 und N(0;1) ergibt sich ein z-Wert von z=1,28.	display invnormal(0.9) 1.2815516
Bsp.: Für p=0,9 und N(3;4) ergibt sich ein Wert von x≈8,13.	display 3+invnormal(0.9)*4 8.1262063

Abb. 4.23 Berechnung der Normalverteilung mit Stata

display invnormal(0.9) den z-Wert von $z \approx 1{,}28$ (vgl. Abb. 4.23). Für Normalverteilungen mit beliebigen μ und σ kann der z-Wert in den x-Wert durch Anwendung von $\mu + z \cdot \sigma$ retransformiert werden. Der Befehl *display 7+invnormal(0.9)*4* berechnet beispielsweise den Wert $x \approx 8{,}13$ einer $N(3;4)$-verteilten Zufallsvariablen für die Wahrscheinlichkeit $p = 0{,}9$.[6]

4.3 Weitere wichtige Testverteilungen

Neben der Normalverteilung haben drei weitere theoretische Verteilung eine gewisse Berühmtheit erlangt. Hierzu zählen die t-Verteilung, die F-Verteilung und die Chi-Quadrat-Verteilung (χ^2-Verteilung). Der Grund hierfür liegt weniger in der Tatsache begründet, dass diese Verteilungen in einem Zusammenhang mit der Normalverteilung stehen, sondern vielmehr darin, dass sie für das Testen von statistischen Hypothesen von besonderer Bedeutung sind. Deshalb werden diese Verteilungen häufig auch als Testverteilungen bezeichnet. Die Idee des statistischen Testens werden wir in Kap. 6 genauer kennenlernen, die Besonderheiten der drei Testverteilungen wollen wir uns bereits in den nächsten Abschnitten genauer ansehen.

[6] Eine sehr gute Darstellung über die Vorgehensweise bei Stata findet sich hier: https://www.youtube.com/watch?v=Os4kEJdwIyU.

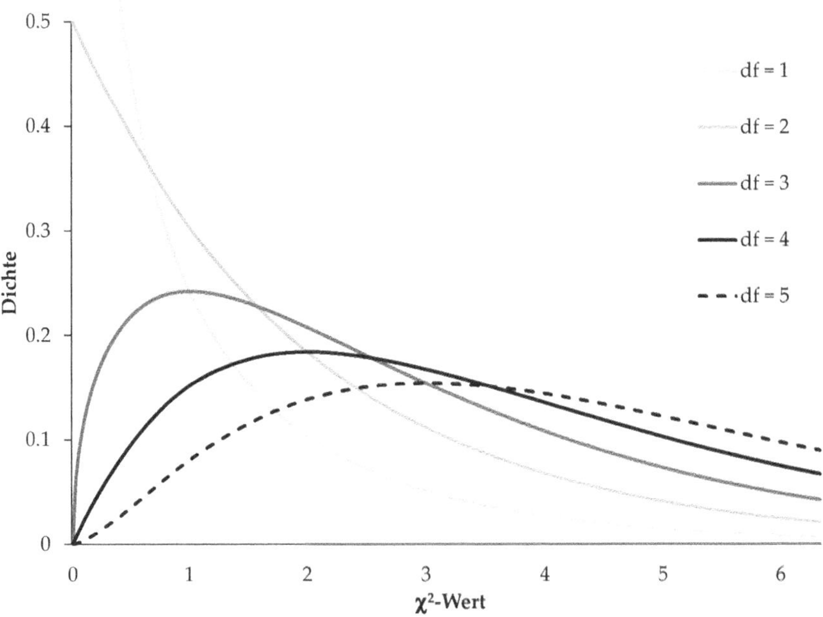

Abb. 4.24 Dichtefunktion der Chi-Quadrat-Verteilung bei unterschiedlichen Freiheitsgraden (df)

4.3.1 Chi-Quadrat-Verteilung

In der empirischen Praxis spielt die Chi-Quadrat-Verteilung (*engl.:* chi-squared distribution) – häufig auch als χ^2 Verteilung abgekürzt – eine sehr wichtige Rolle, denn sie ist Grundlage vieler einschlägiger Testverfahren. Sie wurde 1876 vom deutschen Mathematiker Friedrich Robert Helmert erstmals beschrieben, geriet danach aber zunächst in Vergessenheit. Erst Karl Pearson konnte ihren großen Nutzen bei statistischen Testverfahren zeigen (Swoboda 1971, S. 326). Die Dichtefunktionen der Chi-Quadrat-Verteilung haben je nach Anzahl der Freiheitsgrade – diese werden häufig auch mit df für „degrees of freedom" abgekürzt – einen unterschiedlichen Verlauf (vgl. Abb. 4.24).

Die Herleitung der Verteilung basiert auf der Idee quadrierter standardnormalverteilter Zufallsvariablen. So folgt das Quadrat einer N(0;1)-verteilten Zufallsvariablen einer Chi-Quadrat-Verteilung mit einem Freiheitsgrad:

$$Z^2 \sim \chi_1^2. \tag{4.49}$$

Die Summe der Quadrate zweier voneinander unabhängiger und standardnormalverteilten Zufallsvariablen Z_1 und Z_2 folgt einer χ^2-Verteilung mit zwei Freiheitsgraden:

$$Z_1^2 + Z_2^2 \sim \chi_2^2. \tag{4.50}$$

Verallgemeinert man diesen Fall und bildet die Summe der Quadrate von n voneinander unabhängigen und standardnormalverteilten Zufallsvariablen, ergibt sich eine χ^2-Verteilung mit n Freiheitsgraden:

$$Z_1^2 + Z_2^2 + \ldots + Z_n^2 \sim \chi_n^2. \tag{4.51}$$

Die Gesamtfläche unterhalb der Dichte einer χ^2-Verteilung ergibt wiederum den Wert 1. Die Fläche innerhalb eines bestimmten Intervalls beschreibt die Wahrscheinlichkeit, dass sich ein zufälliger χ^2-Wert in diesem Intervall befindet (Bortz und Schuster 2010, S. 75). Wie bei der Normalverteilung ist die Berechnung der Fläche – und damit die Bestimmung der Wahrscheinlichkeit – ohne Computer oder ohne die Verwendung einer χ^2-Tabelle aufwändig. Die χ^2-Tabelle ist für eine Auswahl wichtiger Quantile und Freiheitsgrade in Abschn. 8.2 dargestellt. Für die Wahrscheinlichkeit von $(1-\alpha) = 90\,\%$ und 20 Freiheitsgrade ergibt sich beispielsweise ein Quantil von $\chi^2_{90\,\%;20} = 28{,}412$.

Zwei Besonderheiten der χ^2-Verteilung sollen an dieser Stelle noch erwähnt werden:

- Mit zunehmender Anzahl von Freiheitsgraden nimmt die χ^2-Verteilung den Verlauf einer Normalverteilung an.
- Wie die Normalverteilung und die Poisson-Verteilung ist auch die χ^2-Verteilung reproduktiv: Addiert man also zwei unabhängige und χ^2-verteilte Zufallsvariablen, so ergibt sich wiederum eine χ^2-Verteilung, deren Freiheitsgrade der Summe der Freiheitsgrade der beiden Ursprungsverteilungen entsprechen.

4.3.1.1 Berechnung der Chi-Quadrat-Verteilung mit Excel

Mit Excel erfolgt die Berechnung der Wahrscheinlichkeitswerte, indem nach der Menüfolge *Formeln → Funktionen Einfügen* die Funktion *CHIQU.VERT* (vgl. Abb. 4.25) gewählt wird. Nach Eingabe des gewünschten Chi-Quadrat-Wertes, der Anzahl der Freiheitsgrade und der Setzung des Wertes Eins für den Parameter *kumuliert* wird das einseitige Intervall der kumulierten Wahrscheinlichkeit für $p = (1-\alpha)$ ausgegeben. Für einen gegebenen Chi-Quadrat-Wert von $\chi^2 = 5{,}991$ ergibt sich bei $n = 2$ Freiheitsgraden eine kumulierte Wahrscheinlichkeit von $p = (1-\alpha) \approx 0{,}95$. Die Berechnung mit Excel erfolgt durch die Funktion *CHIQU.VERT(5.991;2;1)*.

Umgekehrt kann über die Funktion CHIQU.*INV* (vgl. Abb. 4.25) für eine gegebene kumulierte Wahrscheinlichkeit und für gegebene Freiheitsgrade der entsprechende Chi-Quadrat-Wert eines einseitigen Intervalls berechnet werden. So ergibt für eine kumulierte Wahrscheinlichkeit von $p = (1-\alpha) = 0{,}9$ bei $n = 20$ Freiheitsgraden die Funktion CHIQU.*INV(0,9;20)* den Chi-Quadrat-Wert $\chi^2_{90\,\%;20} = 28{,}412$.

4.3.1.2 Berechnung der Chi-Quadrat-Verteilung mit Stata

In Abb. 4.26 sind die Berechnungen der Chi-Quadrat-Verteilung mit Hilfe der Stata-Syntax zusammengefasst. Mit Hilfe der Syntax *display invchi2tail(n,α)* erfolgt die Berechnung des Chi-Quadrat-Wertes eines einseitigen Intervalls unter der Annahme einer

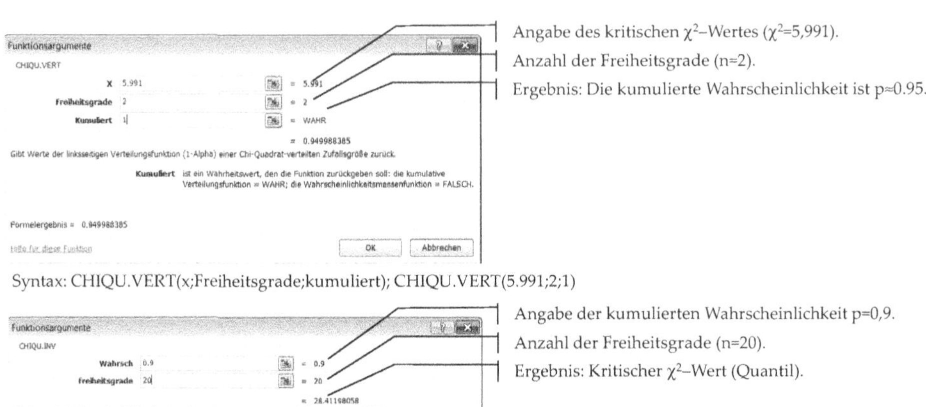

Syntax: CHIQU.VERT(x;Freiheitsgrade;kumuliert); CHIQU.VERT(5.991;2;1)

Syntax: CHIQU.INV(Wahrsch;Freiheitsgrade); CHIQU.INV(0,9;20)

Abb. 4.25 Berechnung der Chi-Quadrat-Verteilung mit Excel

Fall	Syntax
Berechnet die Wahrscheinlichkeit für α=(1-p) bei gegebenem χ^2-Wert und n Freiheitsgraden. Bsp.: Für x=5,991 ergibt sich bei n=2 Freiheitsgraden eine Wahrscheinlichkeit (1-p)=α≈0,05.	display chi2tail(n,x) display chi2tail(2,5.991) .05001162
Berechnet den χ^2-Wert eines einseitigen Intervalls unter der Annahme einer gegebenen Wahrscheinlichkeit (1-p)=α bei n Freiheitsgraden. Bsp.: Für p=0,9 ergibt sich bei n=20 Freiheitsgraden ein χ^2-Wert von $\chi^2_{90\%;20}$ ≈28,412.	display invchi2tail(n,α) display invchi2tail(20,0.1) 28.411981

Abb. 4.26 Berechnung der Chi-Quadrat-Verteilung mit Stata

gegebenen Wahrscheinlichkeit α bei n Freiheitsgraden. Im Gegensatz zu Excel ist für die Wahrscheinlichkeit also nicht der Wert für $p = (1 - \alpha)$, sondern der Wert für α einzugeben. Ist also der Chi-Quadrat-Wert für die kumulierte Wahrscheinlichkeit für $p = (1 - \alpha) = 0{,}9$ gesucht, muss der Wert $\alpha = 0{,}1$ eingegeben werden. So ergibt für $p = 0{,}9$ bei $n = 20$ Freiheitsgraden die Funktion *display invchi2tail(20,0.1)* den Chi-Quadrat-Wert $\chi^2_{90\,\%;20} \approx 28{,}412$.

Analog ermittelt *display chi2tail(n,x)* den Wert für die Wahrscheinlichkeit von α. Die Syntax *display chi2tail(2,5.991)* ergibt entsprechend den Wert $\alpha = 0{,}05$.

4.3.2 Die Student-t-Verteilung

Eine weitere – aus der Normal- und der Chi-Quadrat-Verteilung abgeleitete Verteilung – ist die sogenannte t-Verteilung. Sie wurde zu Beginn des zwanzigsten Jahrhunderts erstmals von William Sealy Gosset (1876–1937) – einem in der englischen Guinness-Brauerei tätigen Chemikers – beschrieben. Da ihm sein Arbeitgeber wissenschaftliche Publikationen untersagt hatte, veröffentlichte er seine Erkenntnisse unter dem Pseudonym „Student“, weshalb die t-Verteilung häufig auch als Student-Verteilung bezeichnet wird. Ziel seiner Forschungsarbeit war die Entwicklung von statistischen Verfahren, die auch mit sehr kleinen Stichproben auskommen. Ausgangspunkt war die Fragestellung, wie die Anzahl der Hefebakterien im Bier mit Hilfe kleiner Stichproben ermittelt werden kann.

Intuitiv hat man bei kleinen Stichprobengrößen eher Bedenken hinsichtlich der Repräsentativität von Ergebnissen, aber vielfach bleibt einem in der Praxis keine andere Wahl: Insbesondere wenn ein zerstörendes Prüfverfahren – also ein Prüfverfahren, bei dem zur Überprüfung der Produktqualität das Prüfobjekt selbst zerstört werden muss – für ein teures Produkt angewendet werden muss, ist der Wunsch nach besonders kleinen Stichproben groß. Auch bei der Überprüfung neuer Arzneien auf ihre Nebenwirkungen beim Menschen stehen selten große Stichproben zur Verfügung. Es ist insbesondere Sir Ronald A. Fisher (1890–1962) zu danken, die Ergebnisse Gossets in Hinblick auf die Testtheorie erweitert zu haben. Von Seiten der „dogmatischen“ Vertreter der Wahrscheinlichkeitstheorie wurde der Ansatz der kleinen Stichproben eher abfällig bewertet: Noch in den 50er-Jahren des letzten Jahrhunderts hielten viele Wahrscheinlichkeitstheoretiker die Möglichkeit, aus Stichproben mit zwei oder unwesentlich mehr Werten, Erkenntnisse über die Grundgesamtheit erlangen zu können, für ein unmögliches Unterfangen. Der Wahrscheinlichkeitstheoretiker Richard von Mises (1883–1953) kommentierte beispielsweise: „Diese Entwicklung führt durch eine Periode, in der die abwegige Idee verfolgt wurde, aus kleinen Beobachtungsfolgen statistische Schlüsse zu ziehen: die sogenannte ‚small sample theory‘.“ (Swoboda 1971, S. 205).

Wie man heute weiß, irrte Richard von Mises gewaltig: Viele auf die t-Verteilung und deren Grundidee fußende Testverfahren sind heute gängige Instrumente statistischer Auswertungsmethoden. Hierzu gehört beispielsweise der später noch zu beschreibende t-Test, der sogar seinen Namen aus der t-Verteilung bezieht, oder Verfahren wie die Regressionsanalyse, für deren Interpretation die t-Werte von Regressionskoeffizienten benötigt werden.

Wie sieht nun diese t-Verteilung aus? In Abb. 4.27 sind beispielhaft unterschiedliche t-Verteilungen abgebildet. Sie erinnern in ihrer eingipfligen und ihrer um den Nullpunkt verteilten[7] symmetrischen Form an die Normalverteilung. Und tatsächlich sind die Eigenschaften der t-Verteilung denen der Normalverteilung sehr ähnlich. Auch bei der Dichte

[7] Mit $\mathrm{E}(X) = 0$ und $\mathrm{Var}(X) = \sqrt{\frac{n}{n-2}}$.

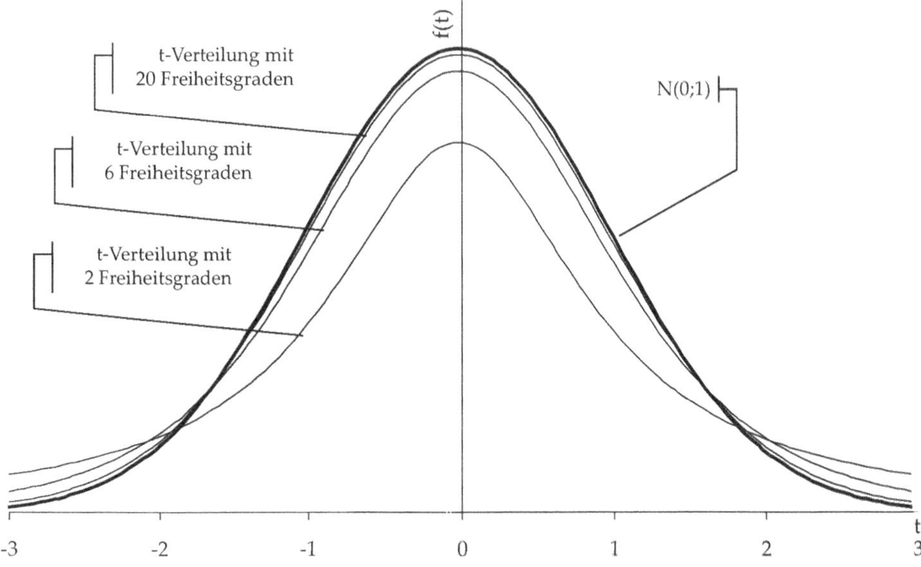

Abb. 4.27 t-Verteilung bei unterschiedlichen Freiheitsgraden

der t-Verteilung entspricht die Fläche zwischen der x-Achse und der t-Verteilungskurve unabhängig von der Form der Kurve immer dem Wert Eins (= 100 Prozent).

Wo findet die t-Verteilung nun ihre besondere Anwendung? Aus Abschn. 4.2.2 wissen wir, dass normalverteilte Werte in eine Standardnormalverteilung überführt werden können, indem folgende Formel angewendet wird:

$$z = \frac{\overline{x} - \mu}{\sigma_{\overline{x}}} = \frac{\overline{x} - \mu}{\frac{\sigma}{\sqrt{n}}} \sim N(0;1). \tag{4.52}$$

Beim Ziehen einer Stichprobe sind i. d. R. aber weder Mittelwert noch Standardabweichung der Grundgesamtheit bekannt. Diese werden mit Hilfe der Stichprobe durch μ bzw. S_{theor} geschätzt. Bei hinreichend großer Stichprobe ($n \geq 30$) ist dies unproblematisch, da – wie später gezeigt wird – der Mittelwert einer Stichprobe annähernd einer Normalverteilung folgt, auch wenn die Einzelwerte der Grundgesamtheit nicht normalverteilt sind. Ist die Stichprobe nun kleiner als $n = 30$, die Werte der Grundgesamtheit sind aber annähernd normalverteilt, erfolgt die Standardisierung der Werte wie folgt:

$$t = \frac{\overline{x} - \mu}{S_{\overline{x}}} = \frac{\overline{x} - \mu}{\frac{S_{\text{theor}}}{\sqrt{n}}} \tag{4.53}$$

Die Schätzwerte S_{theor} variieren dabei abhängig von der Stichprobengröße. Entsprechend ist der Verlauf einer t-Verteilung ebenfalls abhängig von der Größe der Stichprobe.

Nun wird man vergeblich den Begriff „Stichprobengröße“ im Zusammenhang mit der t-Verteilung finden. Vielmehr verwendet man den Begriff der Freiheitsgrade. Letztere berechnen sich aber aus der Stichprobengröße und spiegeln somit die Unsicherheit von kleineren Stichprobenergebnissen wider.[8]

Abb. 4.27 macht die unterschiedlichen Verläufe von t-Verteilungen mit verschiedenen Freiheitsgraden deutlich. Im Gegensatz zur Normalverteilung unterscheiden sie sich hinsichtlich ihrer Freiheitsgrade: Je kleiner die Stichprobe, umso schmalgipfliger ist die t-Verteilung und umso häufiger treten Beobachtungswerte bei den linken und rechten Ausläufern der t-Verteilung auf. Je größer die Stichprobe, umso „zentrierter“ werden i. d. R. die Schätzwerte. Entsprechend verteilen sich die Beobachtungswerte weniger in den linken und rechten Ausläufern, sondern eher dicht an der Symmetrieachse der t-Verteilung. Mit dieser Grundidee wird der größeren Unsicherheit bei kleinen Stichproben Rechnung getragen.

Je größer die Stichprobe nun wird, umso mehr nähert sich die t-Verteilung tendenziell dem Verlauf der Normalverteilung. Theoretisch kann bewiesen werden, dass die t-Verteilung für eine gegen unendlich strebende Stichprobengröße ($n \to \infty$) gegen die Normalverteilung konvergiert. Bereits ab einer Stichprobengröße von mehr als 30 Beobachtungen ist der Unterschied zwischen den Werten einer Normalverteilung und denen einer t-Verteilung kaum noch bedeutsam, weshalb i. d. R. bei mehr als 30 Beobachtungen wieder die Normalverteilung verwendet wird.

Die Wahrscheinlichkeitswerte einer t-Verteilung lassen sich aus der entsprechenden t-Tabelle bestimmen. Diese ist in Abschn. 8.3 für bestimmte Wahrscheinlichkeitswerte (in den Spalten) und für bestimmte Freiheitsgrade (in den Zeilen) dargestellt. Für einen Wahrscheinlichkeitswert von $p = 0{,}9$ und 30 Freiheitsgraden ergibt sich beispielsweise ein t-Wert von $t^{30}_{90\,\%} = 1{,}3104$.

4.3.2.1 Berechnung der t-Verteilung mit Excel

Mit Excel (vgl. Abb. 4.28) erfolgt die Berechnung der Wahrscheinlichkeitswerte, indem nach der Menüfolge *Formeln → Funktionen Einfügen* die Funktion *T.VERT* gewählt wird. Nach Eingabe des gewünschten (kritischen) t-Wertes, der Freiheitsgrade und der Setzung des Wertes Eins für den Parameter *Kumuliert* wird das einseitige Intervall der kumulierten Wahrscheinlichkeit für $p = (1 - \alpha)$ ausgegeben. Für einen gegebenen t-Wert von $t =$

[8] Letztlich steht der Begriff der Freiheitsgrade auch in Zusammenhang mit der theoretischen Ableitung der t-Verteilung. Eine t-Verteilung mit n Freiheitsgraden ist nämlich das Ergebnis aus dem Quotient einer standardnormalverteilten Zufallsvariablen ($N(0;1)$) und einer hiervon unabhängigen χ^2-verteilten Zufallsvariablen mit n Freiheitsgraden:

$$t^n = \frac{z}{\sqrt{\frac{\chi_n^2}{n}}}.$$

Die Freiheitsgrade der t-Verteilung sind also ein Ergebnis der entsprechenden Freiheitsgrade der χ^2-verteilten Zufallsvariablen (vgl. Bortz und Schuster (2010, S. 75)).

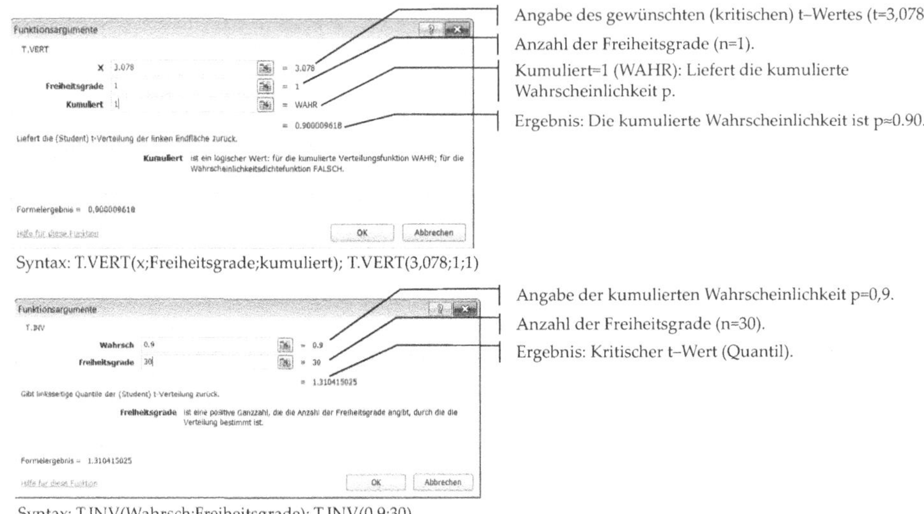

Abb. 4.28 Berechnung der t-Verteilung mit Excel

3,078 ergibt sich bei $n = 1$ Freiheitsgrad eine kumulierte Wahrscheinlichkeit von $p = 0{,}9$. Die Berechnung mit Excel erfolgt durch die Funktion *T.VERT(3,078;1;1)*.

Umgekehrt kann über die Funktion *T.INV* für eine gegebene Wahrscheinlichkeit und für gegebene Freiheitsgrade der entsprechende (kritische) t-Wert berechnet werden. So ergibt die Funktion *T.INV(0,9;10)* bei einer kumulierten Wahrscheinlichkeit von $p = (1 - \alpha) = 0{,}9$ und bei $n = 10$ Freiheitsgraden den t-Wert $t^{10}_{90\,\%} = 1{,}372$.

Liegt ein zweiseitiges Intervall vor und verteilt sich die Gesamtfläche für α gleichermaßen auf beiden Seiten der t-Verteilung, so ergibt sich für:

- die Obergrenze ein t-Wert von $t^n_{1-\frac{\alpha}{2}}$ und
- für die Untergrenze ein t-Wert von $t^n_{\frac{\alpha}{2}}$.

Für das obige Beispiel einer Wahrscheinlichkeit von $p = 0{,}9$ bei $n = 10$ Freiheitsgraden ergibt sich mit *T.INV(0,95;10)* ein t-Wert von $t^{10}_{95\,\%} = 1{,}812$ und mit *T.INV(0,05;10)* ein t-Wert von $t^{10}_{5\,\%} = -1{,}812$.

4.3.2.2 Berechnung der *t*-Verteilung mit Stata

In Abb. 4.29 sind die Berechnungen der t-Verteilung mit Hilfe der Stata-Syntax zusammengefasst. Mit Hilfe der Syntax *display invttail(n,α)* erfolgt die Berechnung des t-Wertes eines einseitigen Intervalls unter der Annahme einer gegebenen Wahrscheinlichkeit α bei n Freiheitsgraden. Im Gegensatz zu Excel ist für die Wahrscheinlichkeit also nicht der Wert für die kumulierte Wahrscheinlichkeit $p = (1 - \alpha)$, sondern der Wert für α einzugeben. Ist also der t-Wert für die kumulierte Wahrscheinlichkeit $p = (1 - \alpha) = 0{,}9$ gesucht, muss der Wert $\alpha = 0{,}1$ eingegeben werden. So ergibt für $p = 0{,}9$ bei $n = 30$

Fall	Syntax
Berechnet die Wahrscheinlichkeit (1-p)=α bei gegebenem t-Wert und n Freiheitsgraden. Bsp.: Für t=3,078 ergibt sich bei einem Freiheitsgrad eine Wahrscheinlichkeit (1-p)=α=0.09999028. Bsp.: Die kulminierte Wahrscheinlichkeit für t=3,078 und einem Freiheitsgrad beträgt p=(1-α)=0.9.	display ttail(n,t) display ttail(1,3.078) .09999028 display 1-ttail(1,3.078) .90000962
Berechnet den t-Wert eines einseitigen Intervalls unter der Annahme einer gegebenen Wahrscheinlichkeit (1-p)=α bei n Freiheitsgraden. Bsp.: Für α=0,1 (d.h. für p=0,9) ergibt sich bei n=30 Freiheitsgraden ein t-Wert von $t^{30}_{90\%}$ =1,3104.	display invttail(n,α) display invttail(30,0.1) 1.3104

Abb. 4.29 Berechnung der t-Verteilung mit Stata

Freiheitsgraden die Funktion *display invttail(30,0.1)* den t-Wert $t^{30}_{90\%} = 1{,}3104$. Analog ermittelt *display ttail(n,t)* den Wert für α. Die Syntax *display ttail(1,3.078)* ergibt den Wert $\alpha = 0.1$.[9]

4.3.3 F-Verteilung

Die F-Verteilung wurde nach dem britischen Biologen und Statistiker Roland Aylmer Fischer (1890–1962) benannt. Sie ist eng verwandt mit der t-Verteilung und der Chi-Quadrat-Verteilung und findet insbesondere Anwendung, wenn es darum geht, entweder die Varianzgleichheit zweier Stichproben oder den Mittelwertunterschied mehrerer Stichproben zu überprüfen. Die Überprüfung von Mittelwertunterschieden wird auch als Varianzanalyse (*engl.:* Analysis of Variance (ANOVA)) bezeichnet und wir werden dieses Verfahren im weiteren Verlauf des Buches kennenlernen (vgl. Abschn. 6.4.1).

Theoretisch entsteht eine F-Verteilung, wenn zwei unabhängige Zufallsvariablen – nennen wir sie U und V – jeweils einer χ^2–Verteilung folgen. Aus dem Abschn. 4.3.1 wissen wir, dass eine χ^2–Verteilung mit Freiheitsgraden verbunden ist. Angenommen, eine Zufallsvariable U folge nun einer χ^2–Verteilung mit m und die Zufallsvariable V einer χ^2–Verteilung mit n Freiheitsgraden. Es gilt also:

$$U \sim \chi^2_m \text{ und } V \sim \chi^2_n. \tag{4.54}$$

[9] Sehr gute Darstellungen über die Vorgehensweise bei Stata finden sich hier: https://www.youtube.com/watch?v=Es-Yyq_MgBY und hier: https://www.youtube.com/watch?v=YNMGbm4CBvA.

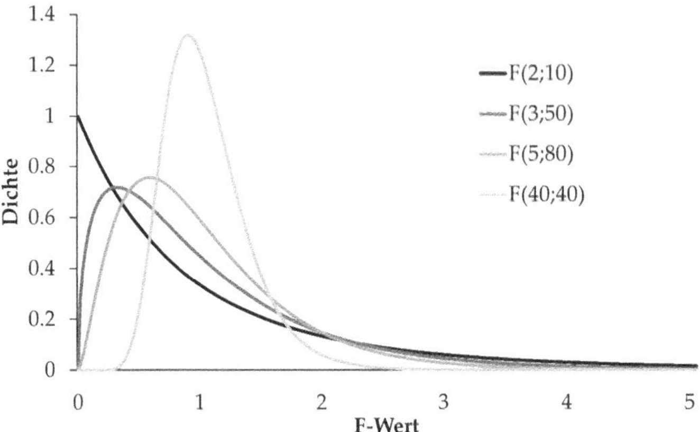

Abb. 4.30 F-Verteilungen

Der Quotient

$$F = \frac{\frac{U}{m}}{\frac{V}{n}} \sim F_{m;n} \tag{4.55}$$

ist dabei F-verteilt mit m Freiheitsgraden im Zähler und n Freiheitsgraden im Nenner. Es existiert – analog zu den anderen Testverteilungen – also eine ganze Familie von F-Verteilungen, deren Verläufe abhängig von der Kombination der beiden Freiheitsgraden im Zähler und im Nenner sind. Eine Auswahl von F-Verteilungen mit unterschiedlichen Kombinationen von Freiheitsgraden ist beispielhaft in Abb. 4.30 dargestellt. Es ist deutlich zu erkennen, dass F-Verteilungen mit ausschließlich positiven Werten rechtsschief und asymptotisch zur x-Achse verlaufen.

4.3.3.1 Berechnung der F-Verteilung mit Excel

Mit Excel erfolgt die Berechnung der Wahrscheinlichkeitswerte, indem nach der Menüfolge *Formeln* → *Funktionen Einfügen* die Funktion *F.VERT* gewählt wird (vgl. Abb. 4.31). Nach Eingabe des gewünschten (kritischen) F-Wertes, den Freiheitsgraden für m und n und der Setzung des Wertes Eins für den Parameter *kumuliert*, wird das einseitige Intervall der kumulierten Wahrscheinlichkeit für $p = (1 - \alpha)$ ausgegeben. Für einen gegebenen F-Wert von $F = 2{,}3640$ ergibt sich z. B. bei $m = 13$ und $n = 9$ Freiheitsgraden eine kumulierte Wahrscheinlichkeit von $p = (1 - \alpha) = 0{,}9$. Die Berechnung mit Excel erfolgt durch die Funktion *F.VERT(2,3640;13;9;1)*.

Bei der inversen Vorgehensweise kann über die Funktion *F.INV* (vgl. Abb. 4.31) für eine gegebene kumulierte Wahrscheinlichkeit $p = (1 - \alpha)$ und für gegebene Freiheitsgrade der entsprechende kritische F-Wert berechnet werden. So ergibt die Funktion *F.INV(0,9;13;9)* für eine kumulierte Wahrscheinlichkeit von $p = 0{,}9$ bei $m = 13$ und $n = 9$ Freiheitsgraden den F-Wert $F_{13;9;90\,\%} = 2{,}3640$.

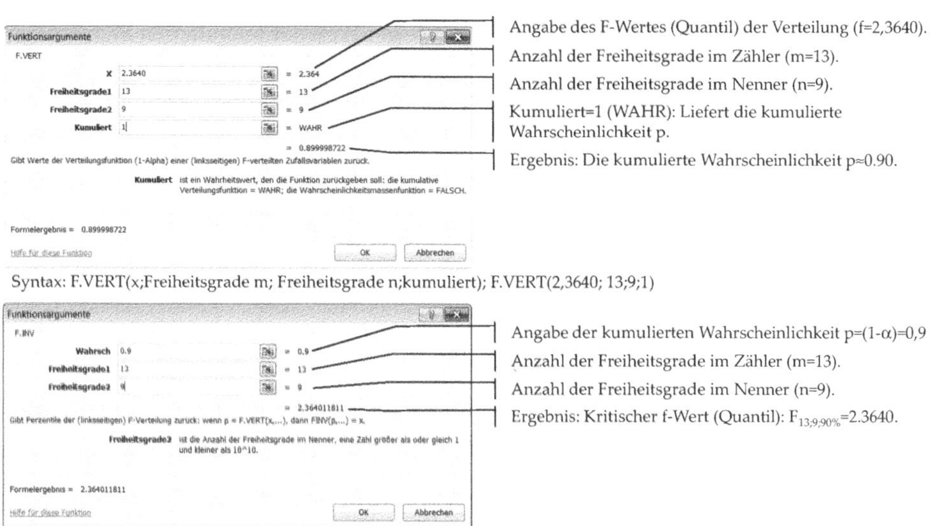

Syntax: F.INV(Wahrsch;Freiheitsgrade m; Freiheitsgrade n); F.INV(0,9;13;9)

Abb. 4.31 Berechnung der F-Verteilung mit Excel

4.3.3.2 Berechnung der F-Verteilung mit Stata

In Abb. 4.32 sind die Berechnungen der F-Verteilung mit Hilfe der Stata-Syntax zusammengefasst. Mit Hilfe der Syntax *display invF(m,n,p)* erfolgt die Berechnung des kritischen F-Wertes unter der Annahme einer gegebenen kumulierten Wahrscheinlichkeit $p = (1 - \alpha)$ bei m bzw. n Freiheitsgraden. So ergibt die Funktion *display invF(13,9,0.9)* für $p = 0{,}9$ bei $m = 13$ und $n = 9$ Freiheitsgraden den F-Wert $F_{13;9;90\,\%} = 2{,}3640$.

Fall	Syntax
Berechnet den Wert der kulminierten Wahrscheinlichkeit für p bei gegebenem (kritischen) F-Wert und m bzw. n Freiheitsgraden. Bsp.: Für F=2,364 ergibt sich bei m=13 und n=9 Freiheitsgraden eine kulminierte Wahrscheinlichkeit p=0.89999872.	display F(m,n,f) display F(13,9,2.364) .89999872
Berechnet den (kritischen) F-Wert unter der Annahme einer gegebenen kulminierten Wahrscheinlichkeit p bei m bzw. n Freiheitsgraden. Bsp.: Für p=0,9 ergibt sich bei m=30 und n=9 Freiheitsgraden ein F-Wert von $F_{13;9;90\%}$=2,3640.	display invF(m,n,p) display invF(13,9,0.9)) 2.3640118

Abb. 4.32 Berechnung der F-Verteilung mit Stata

Im umgekehrten Fall ermittelt *display F(m;n,f)* den Wert der kumulierten Wahrscheinlichkeit für $p = (1 - \alpha)$. So ergibt die Funktion *display F(13,9,2.364)* für den kritischen F-Wert $F = 2364$ bei $n = 30$ Freiheitsgraden die kumulierte Wahrscheinlichkeit von $p = (1 - \alpha) = 0.9$.

4.4 Übungsaufgaben zu Zufallsvariablen und Wahrscheinlichkeitsverteilungen

Aufgabe 13

An einem Bahnhof fährt die S-Bahn exakt alle 15 Minuten ab. Wie groß ist die Wahrscheinlichkeit, dass ein zufällig eintreffender Fahrgast mehr als 10 Minuten warten muss?

Aufgabe 14

Getreu der Just-in-Time-Devise, dass Zulieferer flexibel und kurzfristig reagieren sollen, hält ein Automobilzulieferer nur eine geringe Anzahl von Einspritzpumpen auf Lager. Bei Bedarf wird dem Zulieferer eine telefonische Order übermittelt. Spätestens a Stunden nach der Bestellung sind die Einspritzpumpen im PKW-Werk. Innerhalb dieser a Stunden schwankt die Lieferzeit x gemäß der Dichtefunktion:

$$f_{\bar{x}}(x) = \begin{cases} \frac{1}{5} - \frac{x}{50} & 0 \leq x \leq a \\ 0 & sonst \end{cases} \quad (4.56)$$

a. Wie groß ist a?
b. Zeichen Sie die Dichtefunktion!
c. Bestimmen Sie $P(2 < X < 4)$, $P(1 < X < 5)$, $P(X \geq 6)$, $P(X = 2)$ und $P(X \leq 4)$ mit Hilfe der Dichtefunktion!
d. Wie lautet die zugehörige Verteilungsfunktion?
e. Zeichnen Sie die Verteilungsfunktion!
f. Bestimmen Sie die Wahrscheinlichkeiten aus c) mit Hilfe der Verteilungsfunktion!
g. Zeigen Sie den Zusammenhang zwischen Dichte und Verteilungsfunktion mit Hilfe Ihrer Zeichnungen!
h. Bestimmen und interpretieren Sie die Perzentile $x_{0,25}$; $x_{0,5}$ und $x_{0,75}$ sowie den Quartilsabstand!
i. Wie können Sie diese Werte grafisch bestimmen?
j. Wie lauten Erwartungswert, Varianz und Standardabweichung der Lieferzeit?

Aufgabe 15

Der Student Erwin möchte sein Auto starten. Er weiß, dass die Batterie mit einer Wahrscheinlichkeit von 98 % in Ordnung ist und dass die vier Zündkerzen jeweils mit einer

Wahrscheinlichkeit von 95 % funktionieren. Ihm ist bekannt, dass sein Auto genau dann anspringt, wenn die Batterie und mindestens drei Zündkerzen funktionieren. Alle Ereignisse sind paarweise unabhängig. Wie groß ist die Wahrscheinlichkeit, dass sein Auto anspringt?

Aufgabe 16

Von allen Wirtschaftswissenschaftlern der FH Pforzheim waren 45 % schon einmal in Spanien (mit Balearen und Kanarischen Inseln), 23 % schon einmal in Portugal. 11 % waren bereits sowohl in Portugal als auch in Spanien.

1. Mit welcher Wahrscheinlichkeit war ein beliebig herausgegriffener Wirtschaftswissenschaftler bereits auf der Iberischen Halbinsel (bestehend aus Spanien und Portugal)?
2. Mit welcher Wahrscheinlichkeit waren von 5 beliebig herausgegriffenen Personen mindestens zwei schon in Spanien oder Portugal?

Aufgabe 17

Bei einer Lieferung von N Fernsehern sind M nur zweite Wahl. Um den Anteil der Fernseher zweiter Wahl zu schätzen, wird eine Stichprobe vom Umfang n gezogen. Welche Verteilung für die Anzahl der Fernseher zweiter Wahl ergibt sich, wenn

a. mit,
b. ohne Zurücklegen gezogen wird?
c. Wie groß ist beim Ziehen ohne Zurücklegen die Wahrscheinlichkeit, dass bei $N = 15$, $M = 5$ und $n = 3$ mehr als ein Fernseher zweite Wahl ist?

Aufgabe 18

Von den 25 Arbeitnehmern eines mittelgroßen Geschäftes sind fünf mit längeren Ladenöffnungszeiten einverstanden. Ein Journalist befragt für eine Dokumentation über die Einstellung zu einer Änderung der Öffnungszeiten sechs Angestellte, die er zufällig auswählt.

a. Wie groß ist die Wahrscheinlichkeit, dass sich keiner der Befragten für längere Öffnungszeiten ausspricht?
b. Wie groß wäre die Wahrscheinlichkeit, wenn die Arbeitnehmer „mit Zurücklegen" befragt worden wären?

Aufgabe 19

Bei der Herstellung eines Werkstückes beträgt der Ausschussanteil $\theta = 0{,}01$. Aus der laufenden Produktion wird nun zufällig eine Stichprobe vom Umfang $n = 100$ gezogen. Bestimmen Sie die Wahrscheinlichkeit dafür, dass sich in der Stichprobe höchstens ein defektes Stück befindet!

Aufgabe 20
Die pro Minute in einer Telefonzentrale ankommenden Anrufe sind Poisson-verteilt mit $\lambda = 2$. Bestimmen Sie die Wahrscheinlichkeiten dafür, dass in einer bestimmten Minute:

a. kein Anruf erfolgt;
b. höchstens zwei Anrufe erfolgen.

Aufgabe 21
Die Firma „Compsolutions" hat 40 Mitarbeiter. Von diesen sind 20 % in der Gewerkschaft und würden einen Streik im kommenden Arbeitskampf unterstützen. Die Marketingabteilung von Herrn Schaffig besteht aus 6 Mitarbeitern. Wie groß ist Herr Schaffigs Chance, dass seine gesamte Abteilung gegen den Streik ist und im Falle eines Streiks weiterarbeitet?

Aufgabe 22
In der Buchhaltung einer Firma erledigt ein Sachbearbeiter pro Tag 500 Buchungen. Die Wahrscheinlichkeit eines Fehlers bei einer Buchung betrage 0,004. Wie groß ist die Wahrscheinlichkeit für mehr als eine Fehlbuchung pro Tag?

Aufgabe 23
An einer Kreuzung wird an zwei Punkten eine Verkehrszählung durchgeführt. Die Anzahl der pro Minute passierenden Kraftfahrzeuge ist Poisson-verteilt mit $\lambda_1 = 1{,}2$ und $\lambda_2 = 0{,}8$. Wie groß ist die Wahrscheinlichkeit, dass innerhalb von 5 Minuten höchsten 6 Fahrzeuge den Beobachtungspunkt passieren?

Aufgabe 24
Die Firma „Hedonic" ist mit ausreichend Kaffeeautomaten ausgestattet. Der Kaffeeverbrauch der 100 Mitarbeiter ist normalverteilt mit einem Erwartungswert von 130 l/Woche und einer Standardabweichung von 5 l/Woche.

a. Mit welcher Wahrscheinlichkeit reichen 135 Liter Kaffee pro Woche aus?
b. Die Betriebsleitung möchte, dass die Kaffeemenge mit 95 % Wahrscheinlichkeit ausreicht. Wie viel Liter Kaffee muss sie dann pro Woche bereithalten?

Aufgabe 25
Die Masse von Küken gleichen Alters und Art beträgt durchschnittlich 105 g bei einer Standardabweichung von 2,5 g und ist normalverteilt. Wie groß ist die Wahrscheinlichkeit, dass die Masse der Küken

a. weniger als 100 g beträgt?
b. mehr als 101 g und weniger als 108 g beträgt?
c. Welche Masse unterschreiten 40 % der Küken?

Aufgabe 26

Eine Maschine füllt Kaffeepakete so, dass das Gewicht des eingefüllten Kaffees normalverteilt ist mit $\mu = 510\,\text{g}$ und $\sigma = 20\,\text{g}$. Die Pakete sind mit „Füllgewicht : 500 Gramm" beschriftet.

a. Wie viel Prozent der Pakete sind untergewichtig?
b. Wie viel Prozent der Pakete wiegen mehr als 550 g?
c. Wie groß müsste μ bei gleicher Standardabweichung sein, damit nur 1 % der Pakete untergewichtig wären?

Aufgabe 27

Das Unternehmen Autotrans hat sich auf den Transport von Fahrzeugen zwischen Produktion und Händler spezialisiert. Sehr selten kommt es beim Transport zu Beschädigungen an einem Fahrzeug. Pro Monat treten im Mittel Beschädigungen an 1,21 Fahrzeugen auf. Die Standardabweichung der Beschädigungen beträgt 1,1 Fahrzeuge.

a. Wie groß ist die Wahrscheinlichkeit, dass es in einem Monat zu drei Beschädigungen kommt? Geben Sie bitte an, welche Verteilungsannahme Sie warum zugrunde legen!
b. Wie groß ist die Wahrscheinlichkeit für 16 Beschädigungen in 12 Monaten?
c. Wie groß ist die Wahrscheinlichkeit für zehn bis 20 Beschädigungen in 12 Monaten? Begründen Sie, weshalb Sie nun eine andere Verteilungsannahme treffen können und sollten!

Aufgabe 28

Ein Händler möchte zu Silvester 25 Feuerwerkskörper aus dem letzten Jahr loswerden. Der Hersteller garantiert nach einem Jahr die Funktionsfähigkeit von 60 Prozent der Feuerwerkskörper (also 15 Stück). Wir wollen an dieser Stelle annehmen, dass die Funktionsfähigkeit der Feuerwerkskörper nicht unabhängig voneinander und damit hypergeometrisch verteilt ist. Ein Kunde kauft fünf der 25 Feuerwerkskörper.

a. Wie groß ist die Wahrscheinlichkeit, dass lediglich ein Feuerwerkskörper funktioniert?
b. Angenommen der Händler hätte nun noch 1000 Feuerwerkskörper auf Lager und ein Kunde würde davon 50 abnehmen. Die Funktionsfähigkeit würde wieder für 60 % der Feuerwerkskörper garantiert. Welche Verteilung würden Sie annehmen, um die Wahrscheinlichkeit zu bestimmen, dass eine bestimmte Anzahl von Feuerwerkskörpern funktioniert, wenn Ihr Taschenrechner bei der Berechnung der eigentlich angemessenen Verteilung versagen würde? Begründen Sie Ihre Aussage. Eine Berechnung braucht an dieser Stelle nicht zu erfolgen.

Aufgabe 29

Ein Großhandel beliefert täglich 50 Einzelhändler. Die Wahrscheinlichkeit einer Reklamation ist sehr selten und beträgt bei allen Einzelhändlern (unabhängig voneinander) 0,03.

a. Wie groß ist die Wahrscheinlichkeit, dass genau ein Einzelhändler eine Reklamation hat?
b. Wie groß wäre die approximative Wahrscheinlichkeit von genau 10 Reklamationen, wenn der Großhandel 300 Einzelhändler beliefern würde?

Aufgabe 30
Es liegt eine maschinelle Produktion vor.

a. Aus Erfahrung weiß man, dass die Wahrscheinlichkeit, dass während eines Tages kein Fehler auftritt 0,9048 beträgt. Welche Verteilung eignet sich zur Beschreibung der Zufallsvariablen X = Anzahl der Fehler, die während eines Tages auftreten? Bestimmen Sie den Wert des Parameters dieser Verteilung.
b. Wie groß ist die Wahrscheinlichkeit, dass bei vier (voneinander unabhängigen) Maschinen desselben Typus während eines Tages genau ein Fehler auftritt?

4.5 Lösungen der Übungsaufgaben

Lösung 13
Die Wartezeit ist gleichverteilt mit $f_{\bar{x}}(x) = \frac{1}{15} 0 \leq x \leq 15$.

Die Wahrscheinlichkeit, dass ein Zug in den nächsten 10 Minuten kommt, beträgt:

$$F(x) = \int_a^{x=10} \frac{1}{b-a} \mathrm{d}x = \frac{x-a}{b-a} = \frac{10-0}{15-0} = \frac{2}{3}.$$

Die Wahrscheinlichkeit, dass ein Zug in den nächsten 10 Minuten nicht kommt, beträgt:

$$1 - F(x) = 1 - \frac{2}{3} = \frac{1}{3}.$$

Lösung 14

a.

$$\int_0^a \left(\frac{1}{5} - \frac{x}{50}\right) \mathrm{d}x = 1 \Rightarrow \left(\frac{x}{5} - \frac{x^2}{100}\right)\Bigg|_0^a = 1 \quad \Rightarrow \frac{a}{5} - \frac{a^2}{100} = 1$$

$$\Rightarrow a^2 - 20a + 100 = 0 \Rightarrow a_{1|2} = 10 \pm \sqrt{100 - 100}$$

$$a = 10 - \sqrt{100 - 100} = 10$$

b.

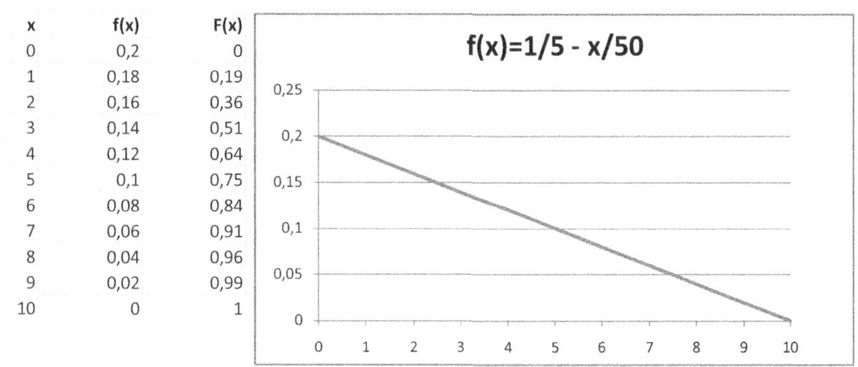

x	f(x)	F(x)
0	0,2	0
1	0,18	0,19
2	0,16	0,36
3	0,14	0,51
4	0,12	0,64
5	0,1	0,75
6	0,08	0,84
7	0,06	0,91
8	0,04	0,96
9	0,02	0,99
10	0	1

c.

$$P(2 < X < 4) = \int_2^4 \left(\frac{1}{5} - \frac{x}{50}\right) \mathrm{d}x = \left(\frac{x}{5} - \frac{x^2}{100}\right)\Big|_2^4 = \frac{4}{5} - \frac{16}{100} - \left(\frac{2}{5} - \frac{4}{100}\right)$$

$$= 0{,}28$$

$$P(1 < X < 5) = \int_1^5 \left(\frac{1}{5} - \frac{x}{50}\right) \mathrm{d}x = \left(\frac{x}{5} - \frac{x^2}{100}\right)\Big|_1^5 = 1 - \frac{25}{100} - \left(\frac{1}{5} - \frac{1}{100}\right)$$

$$= 0{,}56$$

$$P(X \geq 6) = \int_6^{10} \left(\frac{1}{5} - \frac{x}{50}\right) \mathrm{d}x = \left(\frac{x}{5} - \frac{x^2}{100}\right)\Big|_6^{10} = 2 - 1 - \left(\frac{6}{5} - \frac{36}{100}\right) = 0{,}16$$

$$P(X = 2) = \int_2^2 \left(\frac{1}{5} - \frac{x}{50}\right) \mathrm{d}x = 0$$

$$P(X \leq 4) = \int_0^4 \left(\frac{1}{5} - \frac{x}{50}\right) \mathrm{d}x = \left(\frac{x}{5} - \frac{x^2}{100}\right)\Big|_0^4 = \frac{4}{5} - \frac{16}{100} = 0{,}64$$

d.

$$F(x) = \begin{cases} 0 & x < 0 \\ \int_0^x \left(\frac{1}{5} - \frac{u}{50}\right) \mathrm{d}u = \left(\frac{u}{5} - \frac{u^2}{100}\right)\Big|_0^x = \frac{x}{5} - \frac{x^2}{100} & 0 \leq \mathrm{x} < 10 \\ 1 & x \geq 10 \end{cases}$$

e.

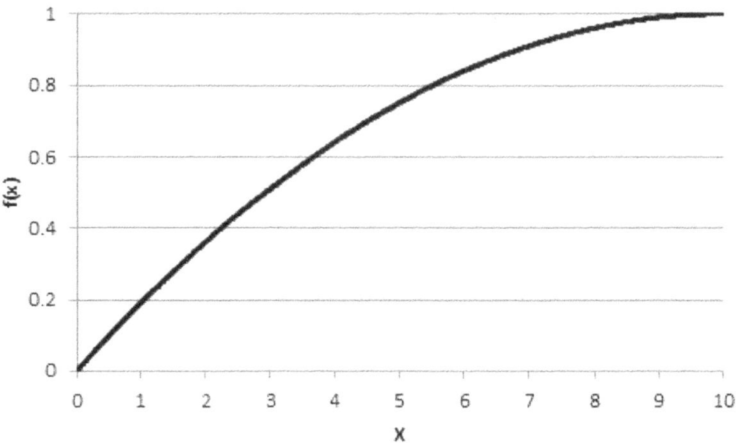

f. $P(2 < X < 4) = F(4) - F(2) = 0{,}64 - 0{,}36 = 0{,}28$; $P(1 < X < 5) = F(5) - F(1) = 0{,}75 - 0{,}19 = 0{,}56$; $P(X \geq 6) = 1 - F(6) = 1 - 0{,}84 = 0{,}16$; $P(X = 2) = F(2) - F(2) = 0$; $P(X \leq 4) = F(4) = 0{,}64$.

g. Die Verteilungsfunktion gibt die Fläche unter der Dichtefunktion bis zur Stelle x an. Die Dichtefunktion gibt die Steigung der Verteilungsfunktion an der Stelle x an. Daraus folgt: Durch Integrieren der Dichtefunktion erhält man die Verteilungsfunktion und durch Ableiten der Verteilungsfunktion erhält man die Dichtefunktion.

h.

$$P(X \leq x_p) = F(x) = p \Rightarrow \frac{x_p}{5} - \frac{x_p^2}{100} = p \Rightarrow x_p^2 - 20x_p + 100p = 0$$

$$\Rightarrow x_{1/2} = 10 \pm \sqrt{100 - 100p} \Rightarrow x_p = 10 - \sqrt{100 - 100p}$$

$$x_{0,25} = 10 - \sqrt{100 - 100 \cdot 0{,}25} = 1{,}34$$

$$x_{0,5} = 10 - \sqrt{100 - 100 \cdot 0{,}5} = 2{,}93$$

$$x_{0,75} = 10 - \sqrt{100 - 100 \cdot 0{,}75} = 5$$

$$QA = x_{0,75} - x_{0,25} = 5 - 1{,}34 = 3{,}66$$

i. Mit Hilfe der Umkehrfunktionen von $F(x)$.

j.

$$\mathrm{E}(X) = \int_0^{10} x \left(\frac{1}{5} - \frac{x}{50}\right) \mathrm{d}x = \left(\frac{x^2}{10} - \frac{x^3}{150}\right)\Bigg|_0^{10} = 10 - \frac{1000}{150} = \frac{10}{3}.$$

Berechnung der Varianz mit Hilfe des Verschiebungssatzes:

$$\mathrm{Var}(X) = \mathrm{E}\left[(X-\mathrm{E}(X))^2\right] = \mathrm{E}\left(X^2\right) - \mathrm{E}(X)^2.$$

$$\mathrm{E}\left(X^2\right) = \int_0^{10} x^2\left(\frac{1}{5}-\frac{x}{50}\right)\mathrm{d}x = \left(\frac{x^3}{15}-\frac{x^4}{200}\right)\Bigg|_0^{10} = \frac{1000}{15}-\frac{10.000}{200} = \frac{200}{3}-50$$
$$= \frac{50}{3}$$
$$\mathrm{Var}(X) = \frac{50}{3} - \left(\frac{10}{3}\right)^2 = \frac{150-100}{9} = \frac{50}{9} = 5{,}55 \Rightarrow \sigma_X = \sqrt{\mathrm{Var}(X)} = 2{,}36$$

Lösung 15

Ereignisse: B: Batterie funktioniert; Z: mindestens 3 Zündkerzen funktionieren; A: Auto springt an

Die Wahrscheinlichkeit, dass das Auto anspringt ist wegen der Unabhängigkeit der Ereignisse gegeben durch: $P(A) = P(Z \cap B) = P(B)P(Z) = 0{,}98P(Z)$

Für die Bestimmung von $P(Z)$ definiere die Zufallsvariable X = Anzahl der funktionierenden Zündkerzen. Damit ist $P(Z) = P(X = 3) + P(X = 4)$.

Die Zufallsvariable X ist wegen der Unabhängigkeit der Ereignisse binomialverteilt mit $n = 4$ und $p = 0{,}95$.

$$P(X=3) = \binom{4}{3}0{,}95^3 \cdot 0{,}05^1 = \frac{4!}{3!\cdot 1!}0{,}95^3 \cdot 0{,}05^1 = 4 \cdot 0{,}857 \cdot 0{,}05 = 0{,}171$$
$$P(X=4) = \binom{4}{4}0{,}95^4 \cdot 0{,}05^0 = 0{,}815.$$

$P(Z)$ ergibt sich damit als: $P(Z) = P(X = 3) + P(X = 4) = 0{,}171 + 0{,}815 = 0{,}986$. Die Wahrscheinlichkeit, dass das Auto anspringt, ist:

$$P(A) = P(Z \cap B) = P(B)P(Z) = 0{,}98 \cdot P(Z) = 0{,}98 \cdot 0{,}986 = 0{,}96628.$$

Lösung 16

1. Sei A das Ereignis „Student war bereits in Spanien", B das Ereignis „Student war bereits in Portugal". Dann bedeutet $P(A \cup B)$, dass der Student schon einmal in Spanien oder Portugal war. Nach dem Additionssatz gilt:

$$P(A \cup B) = P(A) + P(B) - P(A \cap B) = 0{,}45 + 0{,}23 - 0{,}11 = 0{,}57$$

2. X sei die Anzahl der Personen, die schon einmal in Spanien oder Portugal gewesen sind. Es liegt eine Binomialverteilung $X \sim B(5; 0{,}57)$ vor. Es gilt:

$$\begin{aligned} P(X \geq 2) &= P(X = 2) + P(X = 3) + P(X = 4) + P(X = 5) \\ &= 1 - P(X = 0) - P(X = 1) \\ P(X \geq 2) &= 1 - \binom{5}{0} 0{,}57^0 \cdot 0{,}43^5 - \binom{5}{1} 0{,}57^1 \cdot 0{,}43^4 = 1 - 0{,}0147 - 0{,}0974 \\ &= 0{,}8879 \end{aligned}$$

Lösung 17

a. Binomialverteilung;
b. Hypergeometrische Verteilung;
c.

$$P(X > 1) = 1 - P(X \leq 1) = 1 - F_X(1) = 1 - \left(\frac{120}{455} + \frac{5 \cdot 45}{455}\right) = 0{,}24175$$

Lösung 18
Definiere die Zufallsvariable X = Anzahl der Angestellten in der Stichprobe, die für längere Öffnungszeiten sind. Weiterhin seien: N: Anzahl aller Objekte = 25; M: Anzahl Objekte mit bestimmter Eigenschaft = 5; n: Anzahl der Ziehungen = 6; x: Anzahl Objekte mit bestimmter Eigenschaft in den Ziehungen = 0

a. Hypergeometrische Verteilung:

$$H(25, 5, 6, 0) = \frac{\binom{N-M}{n-x}\binom{M}{x}}{\binom{N}{n}} = \frac{\binom{20}{6}\binom{5}{0}}{\binom{25}{6}} = \frac{38{,}760}{177{,}100} = 0{,}219$$

b. Binomialverteilung:

$$P(X = 0) = \binom{6}{0}\left(\frac{5}{25}\right)^0\left(1 - \frac{5}{25}\right)^6 = 0{,}8^6 = 0{,}262$$

Lösung 19

$$\begin{aligned} P(X \leq 1) &= P(X = 0) + P(X = 1) = \binom{100}{0} \cdot 0{,}01^0 \cdot 0{,}99^{100} + \binom{100}{1} 0{,}01^1 \cdot 0{,}99^{99} \\ &= 0{,}3660 + 0{,}3697 = 0{,}7357 \end{aligned}$$

oder über Approximation mit der Poisson-Verteilung $\lambda = n \cdot \theta = 100 \cdot 0{,}01 = 1$

$$P(X \leq 1) = \frac{1^0 e^{-1}}{0!} + \frac{1^1 e^{-1}}{1!} = 0{,}3679 + 0{,}3679 = 0{,}7358$$

Lösung 20

a.

$$P(X=0)=\frac{2^0e^{-2}}{0!}=e^{-2}=0{,}1353$$

b.

$$P(X\leq 2)=P(X=0)+P(X=1)+P(X=2)=\frac{2^0e^{-2}}{0!}+\frac{2^1e^{-2}}{1!}+\frac{2^2e^{-2}}{2!}$$
$$=0{,}1353+0{,}2707+0{,}2707=0{,}6767$$

Lösung 21
Definiere die Zufallsvariable X = Anzahl der Mitarbeiter, die streiken würden.

Weiterhin seien N: Anzahl aller Objekte = 40; M: Anzahl Objekte mit bestimmter Eigenschaft = 8; n: Anzahl der Ziehungen = 6; x: Anzahl Objekte mit bestimmter Eigenschaft in den Ziehungen = 0.

Hypergeometrische Verteilung: $H(40,8,6,0)=\frac{\binom{N-M}{n-x}\binom{M}{x}}{\binom{N}{n}}=\frac{\binom{32}{6}\binom{8}{0}}{\binom{40}{6}}=0.236$

Lösung 22
Es handelt sich um eine seltenes Ereignis (P = 0,004). Es kann von einer Poisson-Verteilung ausgegangen werden. Definiere die Zufallsvariable X = Anzahl der Fehlbuchungen pro Tag.

Poisson-Verteilung: $P(X=x)=\frac{\lambda^x}{x!}e^{-\lambda}$

$$\lambda=\mathrm{E}(X)=n\cdot p=500\cdot 0{,}004=2$$

$$P(X>1)=1-P(X=0)-P(X=1)=1-\frac{2^0}{0!}e^{-2}-\frac{2^1}{1!}e^{-2}=59{,}4\,\%$$

Lösung 23
Reproduktivität $\lambda=\lambda_1+\lambda_2=1{,}2+0{,}8=2$ Fahrzeuge pro Minute und nochmalige Anwendung der Reproduktivität für jede Minute: $5\cdot 2=10$ Fahrzeuge pro 5 Minuten. Wie groß ist die Wahrscheinlichkeit, dass innerhalb von 5 Minuten höchsten 6 Fahrzeuge den Beobachtungspunkt passieren? Mit der Poisson-Verteilung entspricht dies den addierten Poisson-Wahrscheinlichkeiten für 0, 1, 2, 3, 4, 5 und 6 Fahrzeuge:

$$P(X\leq 6)=\sum_{i=0}^{6}\frac{\lambda^x}{x!}e^{-\lambda}=\frac{10^6}{6!}e^{-10}+\ldots+\ldots=0{,}13.$$

Über Normalverteilung, wenn $\lambda\geq 10$: $N(\mu;\mu^{0,5})=N(10;10^{0,5})$

$$P(x\leq 6{,}5)=Z\left(\frac{x-\lambda}{\sqrt{\lambda}}\right)=Z\left(\frac{6{,}5-10}{\sqrt{10}}\right)=Z(-1{,}11)=1-Z(1{,}11)$$
$$=1-0{,}8665=0{,}13.$$

An dieser Stelle wird der Wert 6,5 als Obergrenze gewählt, da in diesem Fall die diskrete Poisson-Verteilung durch eine stetige Normalverteilung approximiert wird. Das bedeutet, dass alle Werte der stetigen Verteilung zwischen 6 und 6,5 noch als diskreter Wert 6 aufgefasst werden. Dies nennt man „Stetigkeitskorrektur"!

Lösung 24
Definiere die Zufallsvariable X = Kaffeeverbrauch in l/Woche; $X \sim N(130, 5)$

a.

$$P(X \leq 135) = P\left(\frac{X-130}{5} \leq \frac{135-130}{5}\right) \Rightarrow P\left(Z \leq \frac{135-130}{5}\right)$$
$$\Rightarrow P(Z \leq 1) = \Phi(1) = 0{,}8413$$

b.

$$P(X \leq x) = 0{,}95 \Rightarrow P(Z \leq 1{,}65) = 0{,}95 \Rightarrow \frac{x-130}{5} = 1{,}65 \Rightarrow x = 138{,}25$$

Lösung 25
Es ist $P(X \leq 100\,\text{g})$ zu ermitteln. Dazu ist die Zufallsvariable X zuerst auf eine standardnormalverteilte Zufallsvariable Z zu transformieren. Es gilt:

a. 2,28 % der Küken wiegen weniger als 100 g:

$$P(X \leq 100) = P\left(\frac{X-105}{2{,}5} \leq \frac{100-105}{2{,}5}\right) = P\,(Z \leq -2) = 1 - P\,(Z \leq 2)$$
$$= 1 - 0{,}9772 = 0{,}0228 = 2{,}28\,\%$$

b.

$$\begin{aligned} P(101 \leq X \leq 108) &= P\left(\frac{X-101}{2{,}5} \leq Z \leq \frac{100-108}{2{,}5}\right) \\ &= P\,(Z \leq 1{,}2) - P\,(Z \leq -1{,}6) \\ &= P\,(Z \leq 1{,}2) - (1 - P\,(Z \leq 1{,}6)) = 0{,}8301 \end{aligned}$$

c. $P(X \leq c) = 0{,}4$.
Für die standardnormalverteilte Zufallsvariable Z gilt: $P(Z \leq \frac{c-105}{2{,}5}) = 0{,}4$
Da nur Werte größer-gleich 0,5 tabelliert sind, ist: $P(Z \leq -\frac{c-105}{2{,}5}) = 0{,}6$
Für das 60 %-Quantil liest man ungefähr 0,255 ab. Es gilt: $-\frac{c-105}{2{,}5} = 0{,}255$
Nach Umstellung ergibt sich: $c = 105 + 2{,}5 \cdot 0{,}255 = 104.3625$

Lösung 26

a. Es ist $P(X \leq 500\,\text{g})$ zu ermitteln. Dazu ist die Zufallsvariable X zuerst in eine standardnormalverteilte Zufallsvariable zu transformieren (z-Transformation):

$$z = \frac{X - 150\,\text{g}}{20\,\text{g}} \sim N(0, 1).$$

Damit erhält man: $P(X \leq 500\,\text{g}) = P(\frac{X-510\,\text{g}}{20\,\text{g}} \leq \frac{500-510\,\text{g}}{20\,\text{g}}) = F(-0{,}5) = 1 - F(0{,}5) = 1 - 0{,}6915 = 0{,}3085$.
D. h. 30,85 Prozent der Pakete sind untergewichtig.

b.

$$P(X \geq 550\,\text{g}) = P\left(\frac{X - 550\,\text{g}}{20\,\text{g}} \leq \frac{550 - 510\,\text{g}}{20\,\text{g}}\right) = 1{-}F(2) = 1{-}0{,}9772 = 0{,}0228$$

c. Es muss gelten:

$$P(X \leq 550\,\text{g}) = P\left(\frac{X-\mu}{20\,\text{g}} \leq \frac{500\,\text{g}-\mu}{20\,\text{g}}\right) = F\left(\frac{500\,\text{g}-\mu}{20\,\text{g}}\right) = 0{,}01.$$

Da nur Werte größer oder gleich 0,5 tabelliert sind, ist

$$1 - F\left(\frac{500\,\text{g}-\mu}{20\,\text{g}}\right) = 1 - 0{,}01 \Rightarrow F\left(-\frac{500\,\text{g}-\mu}{20\,\text{g}}\right) = 0{,}99.$$

Daher ergibt sich: $-\frac{500\,\text{g}-\mu}{20\,\text{g}} = 2{,}326$, da 2,326 das 99 %-Quantil der Standardnormalverteilung und damit $-2{,}326$ das 1 %-Quantil der Standardnormalverteilung darstellt. Umstellen ergibt $\mu = 546{,}52\,\text{g}$.

Lösung 27

a. Definiere die Zufallsvariable X = Beschädigungen pro Monat. Es handelt sich um ein seltenes Ereignis. Die Zufallsvariable X ist deswegen Poisson-verteilt:

$$P(X = x) = \frac{\lambda^x}{x!}e^{-\lambda} \text{ mit } \lambda = \mathrm{E}(X) = 1{,}21.$$
$$P(X = 3) = \frac{\lambda^x}{x!}e^{-\lambda} = \frac{1{,}21^3}{3!}e^{-1{,}21} = 8{,}80\,\%.$$

b. Definiere die Zufallsvariable Y = Beschädigungen pro Jahr. Aufgrund der Reproduktivität gilt:

$$\lambda = \mathrm{E}(Y) = 12 \cdot 1{,}21 = 14{,}52.$$

Die Wahrscheinlichkeit für 16 Beschädigungen in 12 Monaten beträgt

$$P(Y = 16) = \frac{\lambda^y}{y!}e^{-\lambda} = \frac{(14{,}52)^{16}}{16!}e^{-(14{,}52)} = 9{,}22\,\%.$$

c. Es müssten 11 Einzelwahrscheinlichkeiten berechnet werden. Approximation durch Normalverteilung ist einfacher und da $\mathrm{E}(Y) > 10$ auch möglich.

$$\begin{aligned}
\mathrm{E}(Y) = 14{,}52;\ \mathrm{Var}(Y) = 14{,}52;\ \sigma = 3{,}811;\ y_{\mathrm{u}} = 9{,}5;\ y_{\mathrm{o}} = 20{,}5 \\
P(9{,}5 \leq Y \leq 20{,}5) &= P(Y \leq 20{,}5) - P(Y \leq 9{,}5) \\
&= P\left(Z \leq \frac{20{,}5 - 14{,}52}{3{,}811}\right) - P\left(Z \leq \frac{9{,}5 - 14{,}52}{3{,}811}\right) \\
P(9{,}5 \leq Y \leq 20{,}5) &= P(Z \leq 1{,}569) - P(Z \leq -1{,}317) \\
P(9{,}5 \leq Y \leq 20{,}5) &= \Phi(1{,}569) - [1 - \Phi(1{,}317)] = 0{,}9418 - [1 - 0{,}9066] \\
&= 0{,}8484.
\end{aligned}$$

An dieser Stelle werden die Werte 9,5 bzw. 20,5 als Grenzen gewählt, da in diesem Fall die diskrete Poisson-Verteilung durch eine stetige Normalverteilung approximiert wird. Das bedeutet, dass alle Werte der stetigen Verteilung zwischen 9,5 und 20,5 noch als diskrete Werte zwischen 10 und 20 aufgefasst werden. Dies nennt man „Stetigkeitskorrektur"!

Lösung 28

a. Definiere die Zufallsvariable X = Anzahl der Feuerwerkskörper, die funktionieren. Weiterhin seien N: Anzahl aller Objekte = 25; M: Anzahl Objekte mit bestimmter Eigenschaft = 15; n: Anzahl der Ziehungen = 5; x: Anzahl Objekte mit bestimmter Eigenschaft in den Ziehungen = 1. Es liegt eine hypergeometrische Verteilung vor:

$$H(25, 15, 5, 1) = \frac{\binom{N-M}{n-x}\binom{M}{x}}{\binom{N}{n}} = \frac{\binom{10}{4}\binom{15}{1}}{\binom{25}{5}} = 5.93\,\%.$$

b. Approximation Normalverteilung da M/N zwischen 0,1 und 0,9 und $n > 30$:

$$N\left(n\frac{M}{N}; \sqrt{n\frac{M}{N}\left(1 - \frac{M}{N}\right)\left(\frac{N-n}{N-1}\right)}\right) = N\left(30; \sqrt{11{,}4}\right).$$

Lösung 29

a. Definiere die Zufallsvariable X als Anzahl der Reklamationen:

$$P(X = 1) = \binom{n}{k} p^k (1-p)^{n-k} = \binom{50}{1} 0{,}03^1 \cdot (1 - 0{,}03)^{50-1} = 33{,}72\,\%.$$

Berechnung auch über Approximation mit Hilfe der Poisson-Verteilung möglich, da $n \cdot p = 50 \cdot 0{,}03 < 10$ und $n < 1500 \cdot p = 1500 \cdot 0{,}03 = 45$:

$$P(X = 1) = \frac{\lambda^x}{x!} e^{-\lambda} = \frac{np^x}{x!} e^{-np} = \frac{1{,}5^1}{1!} e^{-1{,}5} = 33{,}47\,\%.$$

b. $\binom{300}{10} p^{10} \cdot (1-p)^{300-10} = 12{,}04\,\%$ (Rechnet der normale Taschenrechner in der Regel nicht.)

Da $n \cdot p = 300 \cdot 0{,}03 = 9 < 10$ und $1500 \cdot p = 1500 \cdot 0{,}03 = 45 < n = 300$ erfolgt eine Approximation durch die Poisson-Verteilung mit $\lambda = \mathrm{E}(X) = n \cdot p = 9$:

$$P(X = 10) = \frac{\lambda^x}{x!} e^{-\lambda} = \frac{9^{10}}{10!} e^{-9} = 11{,}85\,\%.$$

Lösung 30

a. Zufallsvariable X = Anzahl der Fehler pro Tag:

$$P(X = 0) = \frac{\lambda^x}{x!} e^{-\lambda} = \frac{\lambda^0}{0!} e^{-\lambda} = 0{,}9048 \Rightarrow \lambda = 0{,}1$$

b. Definiere Zufallsvariable Z = Anzahl der Fehler pro vier Maschinen pro Tag:

$$P(Z = 1) = \frac{(4 \cdot 0{,}1)^z}{z!} e^{-(4 \cdot 0{,}1)} = \frac{(0{,}4)^1}{1!} e^{-(0{,}4)} = 0{,}268 \text{ (Reproduktivität)}$$

Literatur

Bortz J, Schuster C (2010) Statistik für Sozialwissenschaftler, 7. vollständig überarbeitete und erweiterte Aufl. Springer, Berlin und Heidelberg

de Moivre A (1738) Doctrine of Chance, 2. Aufl. Woodfall, London

Swoboda H (1971) Exakte Geheimnisse: Knauers Buch der modernen Statistik. Knauer, München und Zürich

5 Parameterschätzung

Nachdem in den letzten Kapiteln die theoretischen Grundlagen der Wahrscheinlichkeitsrechnung gelegt worden sind, wollen wir uns an dieser Stelle daran zurückerinnern, wozu wir uns dieser Mühe unterzogen haben. Die wesentliche Aufgabe der Induktiven Statistik ist es, Methoden und Verfahren zu entwickeln, mit denen sich die Ergebnisse einer Stichprobe auf die Grundgesamtheit übertragen lassen. Durch ein statistisches Schätzverfahren soll mittels einer Stichprobe ein unbekannter Parameter der Grundgesamtheit – z. B. das mittlere Alter – geschätzt werden. Man unterscheidet dabei zwischen Punkt- und Intervallschätzungen.

Mit Punktschätzungen (*engl.:* point estimation) lassen sich beispielsweise Mittelwerte ($E(x)$ oder μ) oder Varianzen ($Var(x)$ oder σ) einer Grundgesamtheit durch die entsprechenden Stichprobenmittelwerte $\overline{x}$ oder S^2 schätzen. „Der durchschnittliche Preis eines Konkurrenzproduktes liegt bei 2,38 Euro“ wäre ein typisches Beispiel für eine Punktschätzung. Natürlich ist es auch hier wie immer im Leben: Je bestimmter man sich auf einen festen Wert festlegt, umso größer ist auch die Wahrscheinlichkeit, mit seiner Schätzung daneben zu liegen. Vielleicht liegt der Durchschnittspreis ja bei 2,39 Euro oder gar bei 2,40 Euro? Aus diesem Grund ist es nicht selten ratsam, Schätzungen in Form eines Intervalls anzugeben. Man spricht dann von sogenannten Intervallschätzungen (*engl.:* interval estimation). „Mit 99 %-iger Sicherheit liegt der Durchschnittspreis eines Konkurrenzproduktes zwischen 2,36 und 2,40 Euro“ gibt beispielsweise das Intervall an, in dem mit gegebener Sicherheit der wahre Preis der Grundgesamtheit liegt. Eine Intervallschätzung ist dabei letztlich nichts anderes als eine Punktschätzung, die um einen mehr oder weniger großen „Fehlerspielraum“ (*engl.:* margin of error) erweitert wird. Die Größe dieses Spielraumes hängt dabei u. a. von der gewünschten Sicherheit ab: Je sicherer ein Ergebnis sein soll, umso größer muss das Intervall gesetzt werden. Wir werden uns im Folgenden zunächst mit Punktschätzungen als Grundlage für eine Intervallschätzung befassen.

T. Cleff, *Angewandte Induktive Statistik und Statistische Testverfahren*,
https://doi.org/10.1007/978-3-8349-6973-6_5

5.1 Punktschätzung

Nehmen wir einmal an, dass wir eine einfache Zufallsstichprobe mit dem Umfang n ziehen und für die uns interessierende Variable (z. B. den Preis einer neuen Joghurtsorte) die durchschnittliche Ausprägung $\overline{x}$ ermitteln. Können wir nun davon ausgehen, dass der so ermittelte Durchschnittswert dem tatsächlichen Mittelwert der Grundgesamtheit μ entspricht? Sicherheitshalber könnten wir den gesamten Vorgang nochmals wiederholen und eine weitere Stichprobe ziehen. Sollten die Werte der beiden Stichprobenmittelwerte $\overline{x}_1$ und $\overline{x}_2$ dicht beieinander liegen, können wir tendenziell davon ausgehen, dass die Stichprobenmittelwerte gute Schätzungen für den tatsächlichen Mittelwert der Grundgesamtheit sind. Dennoch werden $\overline{x}_1$ und $\overline{x}_2$ nur selten tatsächlich einen identischen Wert annehmen und den genauen Wert von μ treffen. Um ganz sicher zu gehen, würden wir theoretisch unendliche viele Stichproben (mit Zurücklegen) ziehen. Diese Stichproben werden sich fast immer hinsichtlich ihres Stichprobenmittelwertes $\overline{x}$ unterscheiden. Alle Werte für $\overline{x}$ ergeben aber eine sogenannte Stichprobenverteilung (*engl.*: sampling distribution), deren Streuung Auskunft darüber gibt, wie gut ein einzelner Stichprobenmittelwert den unbekannten Mittelwert einer Grundgesamtheit μ schätzt: Je geringer die Streuung der Stichprobenverteilung, desto genauer ist die Schätzung durch den Stichprobenmittelwert $\overline{x}$. Die Genauigkeit unserer Schätzungen ist also aus der Stichprobenverteilung ableitbar. Sollte uns die Stichprobenverteilung also bekannt sein, könnten wir Aussagen über die Genauigkeit unserer Schätzung machen. Es macht deshalb Sinn, sich mit den Besonderheiten von Stichprobenverteilungen genauer zu beschäftigen.

Eine erste intuitive Idee könnte es sein, davon auszugehen, dass die Verteilung des Mittelwertes der Stichprobe auch der Verteilung der empirischen Grundgesamtheit der interessierenden Variablen entspricht. Wird also aus einer normalverteilten Grundgesamtheit eine Stichprobe gezogen und hieraus danach der Mittelwert berechnet, so würden wir erwarten, dass bei oftmaliger Wiederholung dieses Prozesses der Stichprobenmittelwert ebenfalls normalverteilt ist. Dies wollen wir anhand eines praktischen Beispiels überprüfen: Angenommen es liegt in einer gegebenen Grundgesamtheit eine normalverteilte Altersstruktur mit einem tatsächlichen Mittelwert von $\mu = 35$ Jahren und einer Standardabweichung von $\sigma = 10$ Jahren vor (vgl. Abbildungsteil 1 von Abb. 5.1).

Beginnen wir nun mit dem Ziehen von Zufallsstichproben: Für eine erste kleine Stichprobe von $n = 5$ erhalten wir beispielsweise die Werte 31,46; 28,16; 44,62; 42,76; 34,41 und damit einen Stichprobenmittelwert von $\overline{x}_1 = 36{,}28$ Jahren. Es wäre ein glücklicher Zufall gewesen, wenn der Mittelwert aus einer Stichprobe von lediglich $n = 5$ genau den Mittelwert der Grundgesamtheit angenommen hätte. Dennoch liegt das Stichprobenmittel nicht weit vom wahren Wert der Grundgesamtheit $\mu = 35$ Jahre entfernt. Ziehen wir nun mehrfach hintereinander eine Stichprobe der Größe $n = 5$ und berechnen jeweils den Stichprobenmittelwert, so würden wir erkennen, dass sich die Mittelwerte der Stichproben um den wahren Wert der Grundgesamtheit verteilen.

Der Einfachheit halber soll diese Aufgabe Excel für uns übernehmen: Sind in Excel mit dem Add-Ins-Manager die Module *Analyse-Funktionen* und *Analyse-Funktionen-VBA*

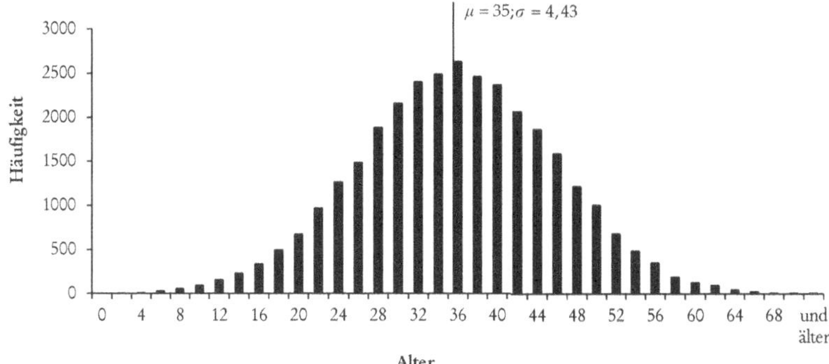

Abbildungsteil 1: Grundgesamtheit N(μ=35; σ=10)-verteilt

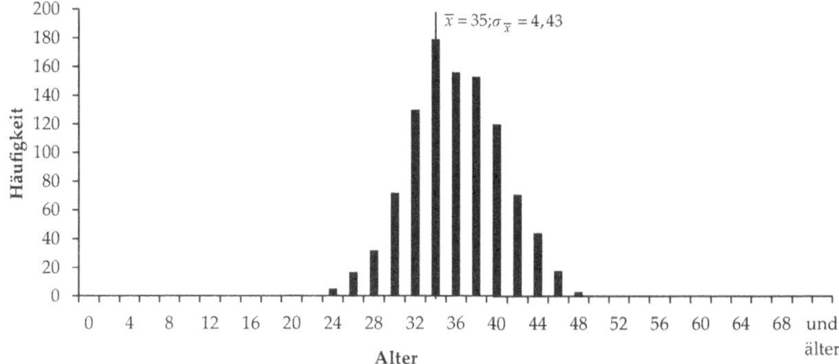

Abbildungsteil 2: Verteilung der Stichprobenmittelwerte aus 1000 Stichproben der Größe n=5.

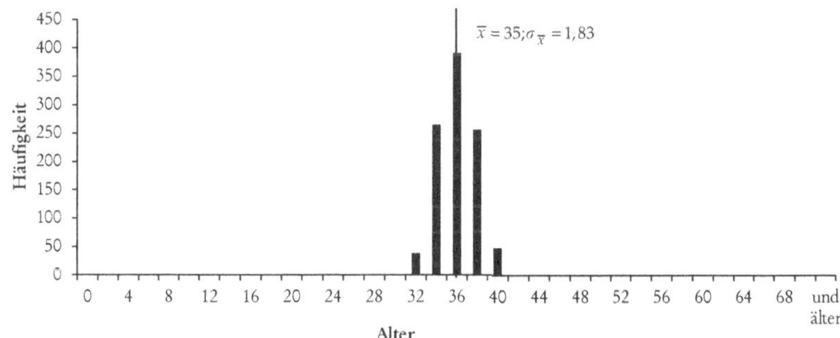

Abbildungsteil 3: Verteilung der Stichprobenmittelwerte aus 1000 Stichproben der Größe n=30.

Abb. 5.1 Stichprobenmittelwertverteilung bei normalverteilter Grundgesamtheit

dauerhaft aktiviert,[1] kann im Menüpunkt *Daten* die Schaltfläche *Datenanalyse* gewählt und die Funktion *Zufallszahlengenerierung* ausgewählt werden. Danach wollen wir 1000

[1] Für Excel 2010 ist dieser über die Schaltflächenkombination *Datei* → *Optionen* → *Add-ins* → *Gehe zu* erreichbar.

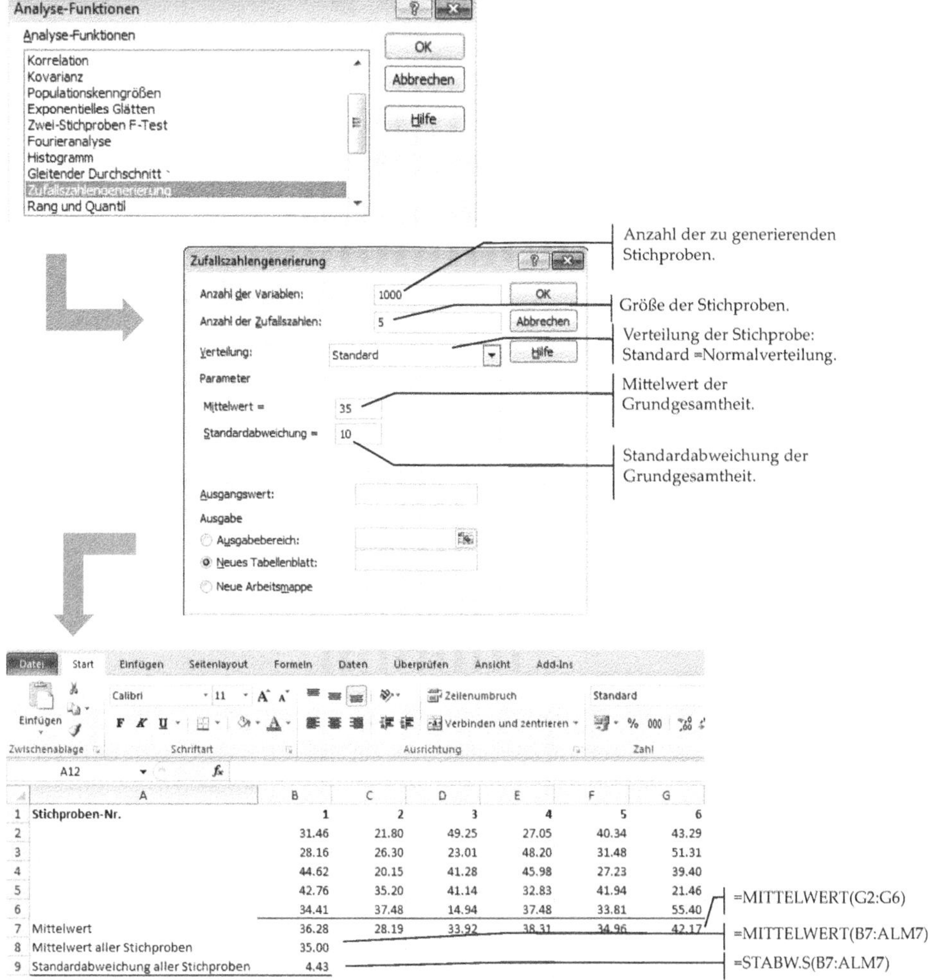

	A	B	C	D	E	F	G
1	Stichproben-Nr.	1	2	3	4	5	6
2		31.46	21.80	49.25	27.05	40.34	43.29
3		28.16	26.30	23.01	48.20	31.48	51.31
4		44.62	20.15	41.28	45.98	27.23	39.40
5		42.76	35.20	41.14	32.83	41.94	21.46
6		34.41	37.48	14.94	37.48	33.81	55.40
7	Mittelwert	36.28	28.19	33.92	38.31	34.96	42.17
8	Mittelwert aller Stichproben	35.00					
9	Standardabweichung aller Stichproben	4.43					

Abb. 5.2 Erzeugung von Stichproben mit Excel: Beispiel für 1000 Stichproben der Größe $n = 5$ aus einer $N(35; 10)$-verteilten Grundgesamtheit

Stichproben der Größe $n = 5$ aus der oben spezifizierten Grundgesamtheit mit $N(\mu = 35; \sigma = 10)$ ziehen. In Abb. 5.2 ist die Vorgehensweise beschrieben. Die oben genannte Stichprobe 1 ist dabei den Zellen B2 bis B6 der Excel Tabelle entnommen (vgl. unteren Teil von Abb. 5.2).

Insgesamt ergeben sich für die 1000 Stichproben (siehe Spalte B bis Spalte ALM der Excel-Tabelle) in Zeile 7 sehr viele Stichprobenmittelwerte in der Nähe des wahren Mittelwertes der Grundgesamtheit $\mu = 35$. Selten weichen die Stichprobenmittelwerte mit großen Ausschlägen nach oben oder nach unten ab. Dennoch kommen diese Fälle vor.

Erstellt man für die 1000 Mittelwerte nun ein Histogramm (vgl. Abbildungsteil 2 aus Abb. 5.1), so stellt man fest, dass die Stichprobenmittelwerte $\overline{x}$ um den wahren Mittelwert der Grundgesamtheit $\mu = 35$ normalverteilt sind. Auffällig ist allerdings auch, dass die Standardabweichung der Verteilung der Stichprobenmittelwerte kleiner ist als die der Grundgesamtheit. Im Durchschnitt ergibt sich eine Standardabweichung der Stichprobenmittelwerte von $\sigma_{\overline{x}} = 4{,}43$. Vergleicht man diesen Wert mit dem der Standardabweichung der Grundgesamtheit ($\sigma = 10$), lässt sich folgender Zusammenhang herausarbeiten: Die Streuung der Stichprobenmittelwerte ergibt sich aus dem Quotienten der Standardabweichung der Grundgesamtheit und der Wurzel der jeweiligen Stichprobengröße. Diesen Parameter $\sigma_{\overline{x}}$ nennt man den Standardfehler (*engl.:* standard error) der Stichprobe:

$$\sigma_{\overline{x}} = \frac{\sigma}{\sqrt{n}} = \frac{10}{\sqrt{5}} = 4{,}47 \approx 4{,}43. \tag{5.1}$$

Werden also Stichproben der Größe n aus einer normalverteilten Grundgesamtheit mit $N(\mu;\sigma)$ gezogen, sind die Mittelwerte der Stichproben mit

$$N\left(\mu;\frac{\sigma}{\sqrt{n}}\right) = N(\mu;\sigma_{\overline{x}}) \tag{5.2}$$

ebenfalls normalverteilt. Letztlich bedeutet dies aber auch, dass aus den beiden Stichprobenparametern $\overline{x}$ und $\sigma_{\overline{x}}$ auf den Mittelwert und die Standardabweichung der Grundgesamtheit geschlossen werden kann.

Es gilt dabei Folgendes: Je größer der Stichprobenumfang gewählt wird, umso schmaler verläuft die Normalverteilung der Stichprobenmittelwerte, was in Abbildungsteil 3 der Abb. 5.1 mit einer Stichprobengröße von $n = 30$ dargestellt ist: Es ergibt sich im Vergleich zur Stichprobengröße $n = 5$ ein geringerer Standardfehler von

$$\sigma_{\overline{x}} = \frac{\sigma}{\sqrt{n}} = \frac{10}{\sqrt{30}} = 1{,}83. \tag{5.3}$$

Der schmalere Verlauf lässt sich aber nicht nur durch den formalen Zusammenhang aufgrund des im Nenner stehenden Wurzelterms der Stichprobengröße n, sondern auch intuitiv begründen: Je größer eine Stichprobe wird, umso mehr Beobachtungen aus der Grundgesamtheit werden bei der Berechnung des Stichprobenmittelwertes berücksichtigt. Extreme Werte – also in unserem Beispiel: extreme Altersabweichungen vom Durchschnitt – werden innerhalb der Stichprobe häufiger durch entsprechende Abweichungen in die andere Richtung „kompensiert". Bei kleinen Stichproben ist dieser „kompensatorische" Effekt tendenziell geringer, sodass die Stichprobenmittelwerte stärker streuen.

Bisher sind wir bei unseren obenstehenden Überlegungen vom Sonderfall einer normalverteilten Grundgesamtheit ausgegangen. Letztlich können wir von der Normalverteilungsannahme aber nur dann wirklich ausgehen, wenn die Grundgesamtheit bekannt

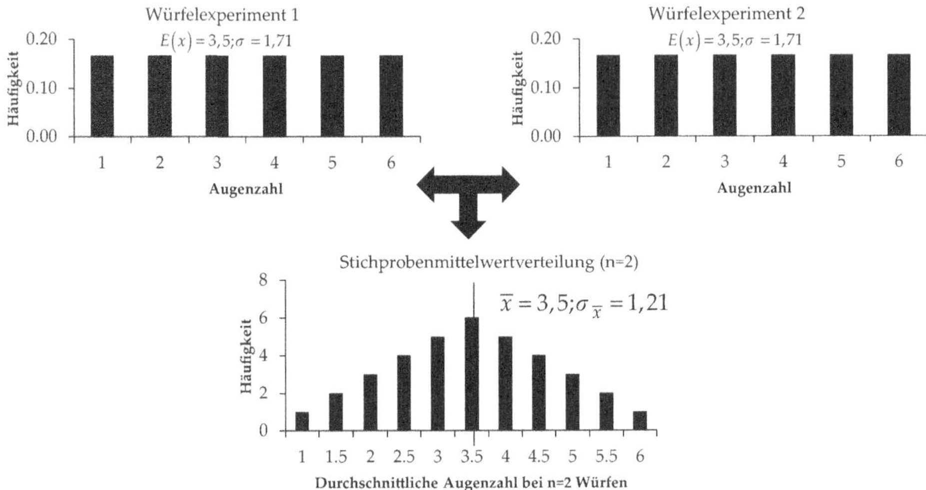

Abb. 5.3 Verteilung des Mittelwertes bei $n = 2$ Würfen mit einem fairen Würfel

wäre, was in der Regel aber nicht der Fall ist. Dies führt uns zwangsläufig zu der Frage über den Zusammenhang zwischen einer nicht-normalverteilten Grundgesamtheit und der dazugehörigen Verteilung der Stichprobenmittelwerte. Betrachten wir deshalb hierzu das Beispiel eines Würfelexperiments mit einem fairen Würfel, dessen Augenzahl mit einer gleichverteilten – also nicht normalverteilten – Wahrscheinlichkeit von $1/6$ eintritt. Der Mittelwert eines einzelnen Würfelexperiments entspricht demnach dem Wert $\mu = (1 + 2 + 3 + 4 + 5 + 6)/6 = 3{,}5$ mit einer Standardabweichung von $\sigma = 1{,}71$. Der Würfel soll jeweils zweimal geworfen und der Mittelwert dieser Stichprobe ($n = 2$) gebildet werden. Betrachtet man alle theoretisch möglichen Ergebnisse[2], so ergibt sich die Verteilung in Abb. 5.3. Obwohl die geworfene Augenzahl mit einem Würfel gleichverteilt ist, beginnt die Verteilung des Mittelwertes mit $n = 2$ Würfen bereits einer Normalverteilung zu ähneln, wenngleich hier zunächst eher noch eine diskrete Dreiecksverteilung vorliegt.

In Abb. 5.4 ist das gleiche Experiment mit jeweils vier Würfen durchgeführt worden. Tatsächlich ist die durchschnittliche Augenanzahl nun mit $\overline{x} = 3{,}5$ und $\sigma_{\overline{x}} = 0{,}85$ einer Normalverteilung sehr ähnlich. Auch hier entspricht der Mittelwert der Stichprobenverteilung $\overline{x} = 3{,}5$ dem Mittelwert der theoretischen Grundgesamtheit und der Standardfehler

[2] Die theoretisch möglichen Ergebnisse für den Mittelwert der Stichproben sind: $(1;1) \rightarrow 1$; $(1;2) \rightarrow 1{,}5$; $(1;3) \rightarrow 2$; $(1;4) \rightarrow 2{,}5$; $(1;5) \rightarrow 3$; $(1;6) \rightarrow 3{,}5$; $(2;1) \rightarrow 1{,}5$; $(2;2) \rightarrow 2$; $(2;3) \rightarrow 2{,}5$; $(2;4) \rightarrow 3$; $(2;5) \rightarrow 3{,}5$; $(2;6) \rightarrow 4$; $(3;1) \rightarrow 2$; $(3;2) \rightarrow 2{,}5$; $(3;3) \rightarrow 3$; $(3;4) \rightarrow 3{,}5$; $(3;5) \rightarrow 4$; $(3;6) \rightarrow 4{,}5$; $(4;1) \rightarrow 2{,}5$; $(4;2) \rightarrow 3$; $(4;3) \rightarrow 3{,}5$; $(4;4) \rightarrow 4$; $(4;5) \rightarrow 4{,}5$; $(4;6) \rightarrow 5$; $(5;1) \rightarrow 3$; $(5;2) \rightarrow 3{,}5$; $(5;3) \rightarrow 4$; $(5;4) \rightarrow 4{,}5$; $(5;5) \rightarrow 5$; $(5;6) \rightarrow 5{,}5$; $(6;1) \rightarrow 3{,}5$; $(6;2) \rightarrow 4$; $(6;3) \rightarrow 4{,}5$; $(6;4) \rightarrow 5$; $(6;5) \rightarrow 5{,}5$; $(6;6) \rightarrow 6$.

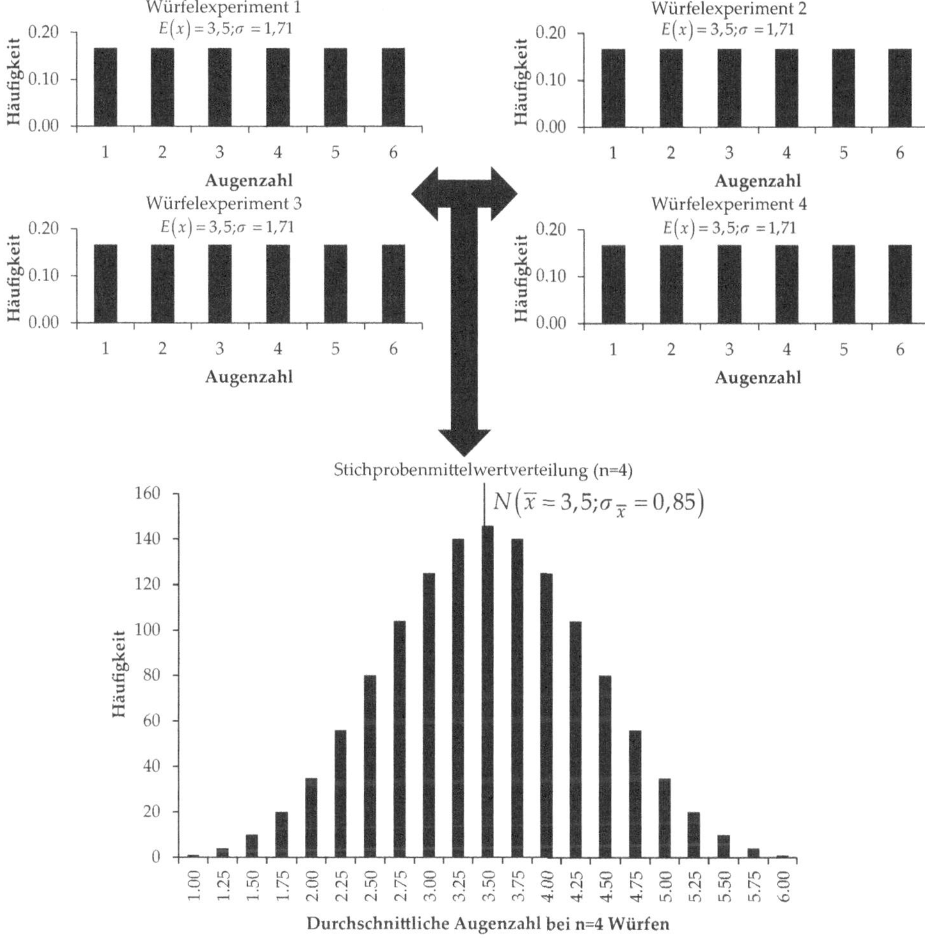

Abb. 5.4 Verteilung des Mittelwertes bei $n = 4$ Würfen mit einem fairen Würfel

der Stichprobenverteilung berechnet sich gemäß der oben bereits genannten Formel:

$$\sigma_{\overline{x}} = \frac{\sigma}{\sqrt{n}} = \frac{1{,}71}{\sqrt{4}} \approx 0{,}85. \tag{5.4}$$

Dass dies kein Zufall ist, besagt das Zentrale Grenzwerttheorem (*engl.:* central limit theorem): Gemäß dieses Theorems geht eine Verteilung von Mittelwerten aus Stichproben des Umfangs n,die aus derselben Grundgesamtheit mit einer beliebigen Verteilung gezogen werden, mit wachsendem Stichprobenumfang in eine Normalverteilung über. Betrachten wir zur Anschauung die in Abb. 5.5 dargestellten Verteilungen der Stichprobenmittelwer-

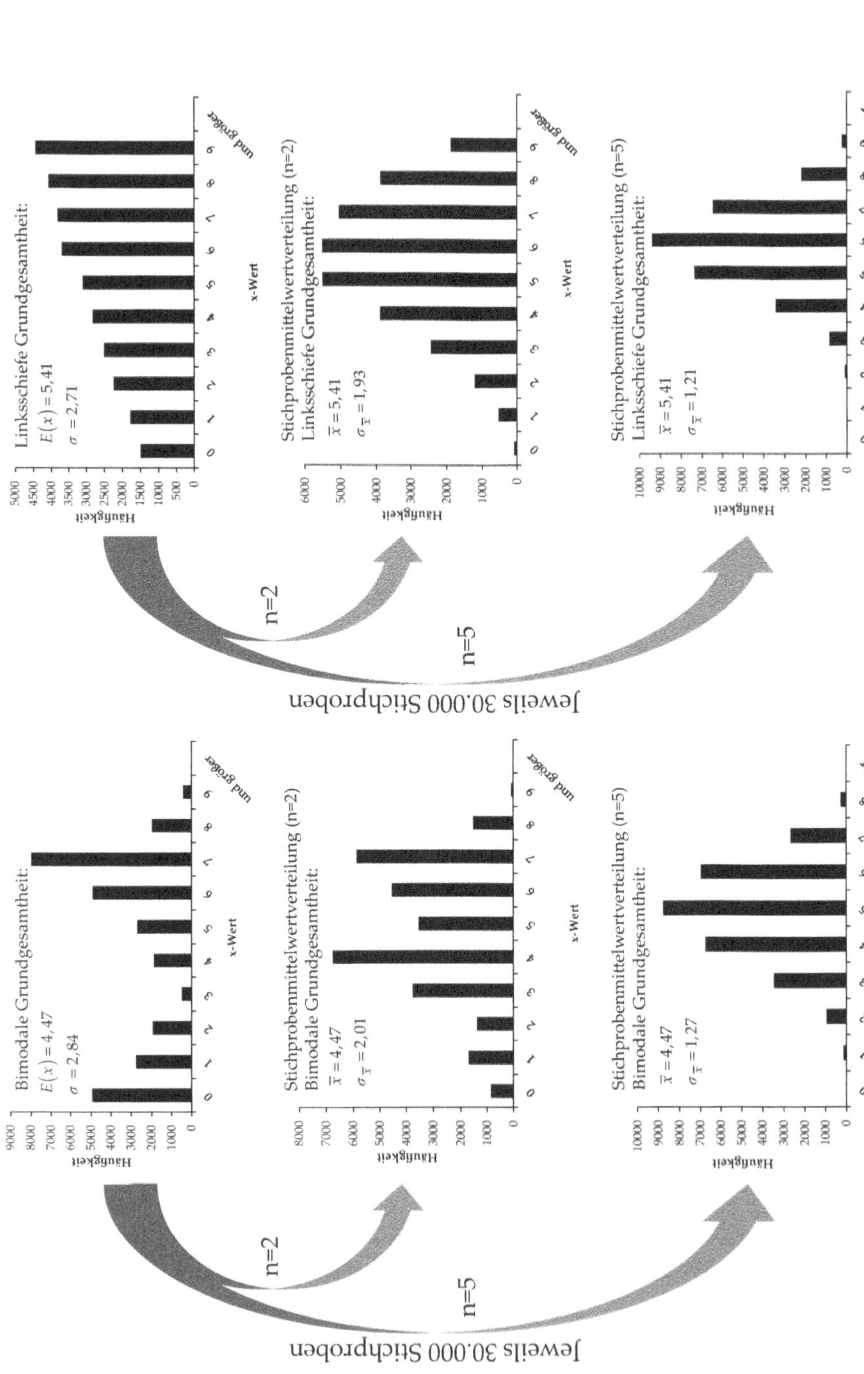

Abb. 5.5 Stichprobenmittelwertverteilung einer bimodalen und einer linksschiefen Grundgesamtheit für 30.000 Stichproben der Größen $n = 2$ und $n = 5$

te zweier nicht-normalverteilter Grundgesamtheiten: Auf der linken Seite der Abbildung sind aus einer bimodalen Grundgesamtheit (siehe Verteilung oben links) zunächst 30.000 Stichproben der Größe $n = 2$ gezogen worden. Es ist zu erkennen, dass die Mittelwerte dieser Stichproben noch nicht normalverteilt sind (siehe Verteilung in der Mitte links). Bereits bei einer Stichprobengröße von $n = 5$ (siehe Verteilung unten links) nähert sich die Stichprobenmittelwertverteilung aber der einer Normalverteilung. Ähnlich verhält es sich bei einer linksschiefen Grundgesamtheit auf der rechten Seite der Abbildung.

Zusammenfassend kann also gesagt werden, dass bei einer hinreichend großen Stichprobe die Stichprobenmittelwerte normalverteilt sind, auch wenn die ursprünglichen Werte in der Grundgesamtheit einer beliebigen anderen Verteilung folgen. Somit müssen wir die tatsächliche Verteilung der Werte in der Grundgesamtheit gar nicht kennen und können dennoch von einer Normalverteilung der Stichprobenmittelwerte der Form

$$N\left(\mu; \frac{\sigma}{\sqrt{n}}\right) \tag{5.5}$$

ausgehen. Was als hinreichend große Stichprobe gelten kann, darüber sind sich die Theoretiker und Praktiker nicht ganz einig: In den meisten Lehrbüchern wird aber von einer Stichprobengröße von $n \geq 30$ ausgegangen.

Ebenfalls machen die Beispiele deutlich, dass auch für nicht-normalverteilte Zufallsvariablen und hinreichend großer Stichprobe mit Hilfe des Stichprobenmittels $\overline{x}$ auf das Mittel der Grundgesamtheit μ geschlossen werden kann und der Standardfehler der Stichprobe tendenziell den Wert

$$\sigma_{\overline{x}} = \frac{\sigma}{\sqrt{n}} \tag{5.6}$$

annimmt. Um den Standardfehler zu bestimmen, müssten wir nun eigentlich die Standardabweichung der Grundgesamtheit σ kennen, was i. d. R. nicht der Fall sein dürfte. Allerdings kann gezeigt werden, dass die Standardabweichung der Grundgesamtheit sehr gut durch die theoretische Standardabweichung der Einzelwerte einer Stichprobe S_{theor} – nicht zu verwechseln mit der Standardabweichung der Mittelwerte (!) – geschätzt werden kann.[3] Dies machte es uns möglich, den Standardfehler auch ohne Kenntnis der Standardabweichung der Grundgesamtheit zu schätzen, denn es gilt dann: [4]

$$\hat{\sigma}_{\overline{x}} = \frac{S_{\text{theor}}}{\sqrt{n}} = \frac{S_{\text{emp}}}{\sqrt{n-1}}. \tag{5.7}$$

[3] Studierende haben häufig Schwierigkeiten dabei, die Standardabweichung der Stichprobe S_{theor} und den Standardfehler $\sigma_{\overline{x}}$ zu unterscheiden. Der Standardfehler $\sigma_{\overline{x}}$ ermittelt die Streuung der Mittelwerte von vielen hintereinander gezogenen Stichproben, während Standardabweichung der Stichprobe S_{theor} die Streuung der Einzelwerte einer Stichprobe beschreibt.

[4] In der Statistik werden Schätzparameter durch ein „Dachzeichen“ gekennzeichnet.

Die beiden Stichprobenparameter $\overline{x}$ und S_{theor} erfüllen dabei als Schätzwerte für die Parameter der Grundgesamtheit μ und σ folgende Eigenschaften:

- Die Schätzer sind konsistent (*engl.:* consistent estimator), da sich die Schätzwerte mit zunehmendem Stichprobenumfang dem Wert des zu schätzenden Parameters immer mehr nähern.
- Die Schätzer sind erwartungstreu (*engl.:* unbiased estimator), da der Erwartungswert der Stichprobenverteilung dem Parameter der Grundgesamtheit entspricht.

5.2 Intervallschätzung

5.2.1 Das Konfidenzintervall für den Erwartungswert

Im vorhergehenden Abschnitt haben wir erstens gelernt, dass wir mit Hilfe des Stichprobenmittelwertes $\overline{x}$ eine Punktschätzung für das Mittel der Grundgesamtheit μ durchführen können. Wir haben aber zweitens auch gelernt, dass sich diese Punktschätzungen von Stichprobe zu Stichprobe unterscheiden und somit selbst eine Zufallsvariable darstellen, deren Verteilung wir kennen müssen, um die Genauigkeit dieser Schätzung beurteilen zu können. Je größer die Standardabweichung der Verteilung der Stichprobenmittelwerte ist, umso ungenauer ist unsere Schätzung. Drittens haben wir gelernt, dass die Verteilung zunächst zwar nicht bekannt ist, allerdings unter bestimmten Umständen von einer normalverteilten Verteilung der Stichprobenmittelwerte ausgegangen werden kann, wenn entweder

a. die Grundgesamtheit selbst normalverteilt ist oder
b. die Stichprobe bei beliebiger Verteilung der Grundgesamtheit mit $n \geq 30$ hinreichend groß ist.

Wenn wir nun von einer Normalverteilung der Stichprobenmittelwerte ausgehen, so lässt sich für den Mittelwert der Grundgesamtheit μ ein sogenanntes Konfidenzintervall bestimmen. Es geht dabei nicht mehr darum, einen exakten Wert zu schätzen, sondern eine Intervalluntergrenze und eine Intervallobergrenze derart zu bestimmen, sodass das Intervall den wahren Wert mit einer gegebenen Sicherheit von $(1-\alpha)$ der Fälle überdeckt. Diese Sicherheit nennt man auch Konfidenzniveau (*engl.:* confidence level). Dabei stellt die Intervallschätzung nichts anderes als eine um einen „Fehlerspielraum" ergänzte Punktschätzung dar. Beim oben bereits beschriebenen Preisbeispiel – „Mit 99-prozentiger Sicherheit liegt der Durchschnittspreis eines Konkurrenzproduktes zwischen 2,36 und 2,40 Euro" – stellen die Grenzen 2,36 Euro und 2,40 Euro die untere Intervallgrenze (*engl.:* lower confidence limit) und die obere Intervallgrenze (*engl.:* upper confidence limit) dar. Das Konfidenzniveau $(1-\alpha)$ beträgt 99 %.

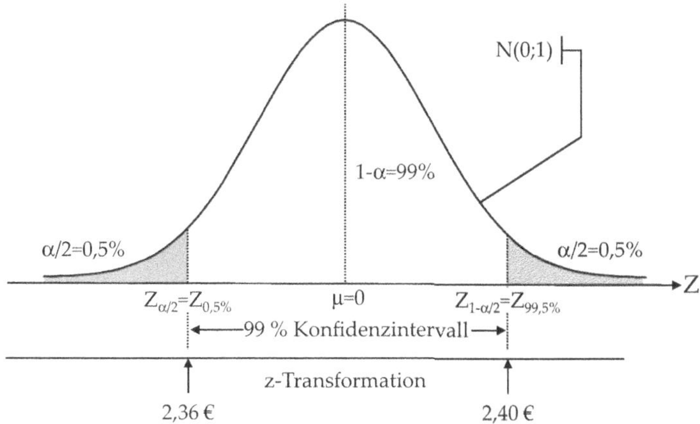

Abb. 5.6 Konfidenzintervall Preisbeispiel

Die Größe eines Konfidenzintervalls hängt u. a. von der vom Forscher festgelegten Sicherheit ab. Je sicherer der Forscher bei seinen Schätzungen sein möchte, umso größer muss er das Sicherheitsniveau $(1-\alpha)$ wählen. Mit steigender Sicherheit nimmt also die Länge des Konfidenzintervalls zwangsläufig zu.

Wie lässt sich nun ein derartiges Konfidenzintervall berechnen? Nun, wir wissen aus den Ausführungen zur Punktschätzung, dass die Stichprobenmittelwerte bei $n \geq 30$ normalverteilt sind. Es gilt also:

$$\overline{x} \sim N(\mu; \sigma_{\overline{x}}). \tag{5.8}$$

Unterzieht man die normalverteilte Stichprobenverteilung einer z-Transformation und überführt die normalverteilten Werte somit in eine Standardnormalverteilung, ergibt sich:

$$z = \frac{\overline{x} - \mu}{\sigma_{\overline{x}}} \sim N(0; 1). \tag{5.9}$$

Diesen Schritt vollziehen wir deshalb, weil nur für die Standardnormalverteilung $N(0; 1)$ tabellierte Werte vorliegen. Wir suchen somit nicht länger die Intervallober- und Intervalluntergrenze für $\overline{x}$, sondern die für die jeweiligen z-transformierten Werte. Die Grenzen werden mit einer Sicherheit von $(1-\alpha)$ bestimmt. D. h., die Fehlerwahrscheinlichkeit darf den Maximalwert α nicht überschreiten. Bei einem zweiseitigen Intervall geht man davon aus, dass sich die maximale Fehlerwahrscheinlichkeit auf beiden Seiten des Intervalls gleichmäßig verteilt – also zu $\alpha/2$ über der Intervallobergrenze und zu $\alpha/2$ unter der Intervalluntergrenze liegt.

Für unser oben genanntes Preisbeispiel ist dieser Zusammenhang in Abb. 5.6 schematisch dargestellt: Mit dem Konfidenzniveau von $(1-\alpha) = 99\,\%$ beträgt die maximale Fehlerwahrscheinlichkeit $\alpha = 1\,\%$. Da die Intervallgrenzen vor der z-Transformation den

Werten 2,36 und 2,40 Euro entsprechen, liegt auf Basis dieser Stichprobe der durchschnittliche Preis der Grundgesamtheit mit einer Wahrscheinlichkeit von $\alpha/2 = 0,5\,\%$ unter 2,36 Euro (linke grau markierte Fläche) und mit einer Wahrscheinlichkeit von ebenfalls $\alpha/2 = 0{,}5\,\%$ über 2,40 Euro (rechte grau markierte Fläche). Übertragen auf den z-Wert bedeutet dies, dass es sich bei diesen Fehlern um die Fälle handelt, bei denen die z-Werte kleiner als das $z_{\alpha/2}$-Perzentil oder größer als das $z_{(1-\alpha/2)}$-Perzentil der Standardnormalverteilung sind. Alle z-Werte, die zwischen dem $z_{0,5\,\%}$-Perzentil und dem $z_{(99,5\,\%)}$-Perzentil liegen, erfüllen also die Bedingung des Konfidenzniveaus von $(1-\alpha) = 99\,\%$.

Fasst man das Gesagte wieder in einer Formel zusammen, ergibt sich:

$$P\left(z_{\frac{\alpha}{2}} \leq z \leq z_{1-\frac{\alpha}{2}}\right) = 1-\alpha \Leftrightarrow P\left(z_{\frac{\alpha}{2}} \leq \frac{\overline{x}-\mu}{\sigma_{\overline{x}}} \leq z_{1-\frac{\alpha}{2}}\right) = 1-\alpha. \qquad (5.10)$$

Da $z_{\alpha/2} = (-z_{1-\alpha/2})$ ist, gilt:

$$\Leftrightarrow P\left(-z_{1-\frac{\alpha}{2}} \cdot \sigma_{\overline{x}} \leq \overline{x}-\mu \leq z_{1-\frac{\alpha}{2}} \cdot \sigma_{\overline{x}}\right) = 1-\alpha$$

$$\Leftrightarrow P\left(-\overline{x}-z_{1-\frac{\alpha}{2}} \cdot \sigma_{\overline{x}} \leq -\mu \leq -\overline{x}+z_{1-\frac{\alpha}{2}} \cdot \sigma_{\overline{x}}\right) = 1-\alpha. \qquad (5.11)$$

Hieraus ergibt sich durch Multiplikation mit Minus Eins die Formel für die Berechnung eines Konfidenzintervalls:

$$P\left(\overline{x}-z_{1-\frac{\alpha}{2}} \cdot \sigma_{\overline{x}} \leq \mu \leq \overline{x}+z_{1-\frac{\alpha}{2}} \cdot \sigma_{\overline{x}}\right) = 1-\alpha. \qquad (5.12)$$

Der Erwartungswert der Grundgesamtheit μ wird also mit einem Konfidenzniveau von $(1-\alpha)$ von einem Intervall überdeckt, dessen Intervallgrenzen sich aus dem Mittelwert der Stichprobe abzüglich und zuzüglich des mit $z_{(1-\alpha/2)}$ gewichteten Standardfehlers bestimmen. Die Größe des Standardfehlers $\sigma_{\overline{x}}$ ergibt sich in den seltensten Fällen direkt aus der Streuung der Grundgesamtheit σ, da letztere in der Regel unbekannt ist. Die Schätzung des Standardfehlers erfolgt, wie bei der Punktschätzung, mit Hilfe der Standardabweichung der Stichprobe:

$$\hat{\sigma}_{\overline{x}} = \frac{S_{\text{theor}}}{\sqrt{n}} = \frac{S_{\text{emp}}}{\sqrt{n-1}}. \qquad (5.13)$$

In Abb. 5.7 wird die Berechnung von Konfidenzintervallen unter verschiedenen Bedingungen als Flussdiagramm zusammenfassend dargestellt. Dabei wird nochmals genau unterschieden, ob die Standardabweichung der Grundgesamtheit von vornherein bekannt ist (vgl. linken Ast in Abb. 5.7) oder nicht (vgl. rechten Ast in Abb. 5.7) und ob es sich um Stichproben mit oder ohne Zurücklegen handelt (vgl. Abschn. 3.3). Anhand dieser Darstellung wollen wir mit Hilfe von zwei Beispielen die Größe von Konfidenzintervallen bestimmen.

Grundvoraussetzung: Die Werte der Grundgesamtheit sind normalverteilt oder die Stichprobe ist größer/gleich 30 (n≥30). Ansonsten ist die Berechnung aufgrund mangelnder Güte der Normalverteilungsapproximation nicht sinnvoll.

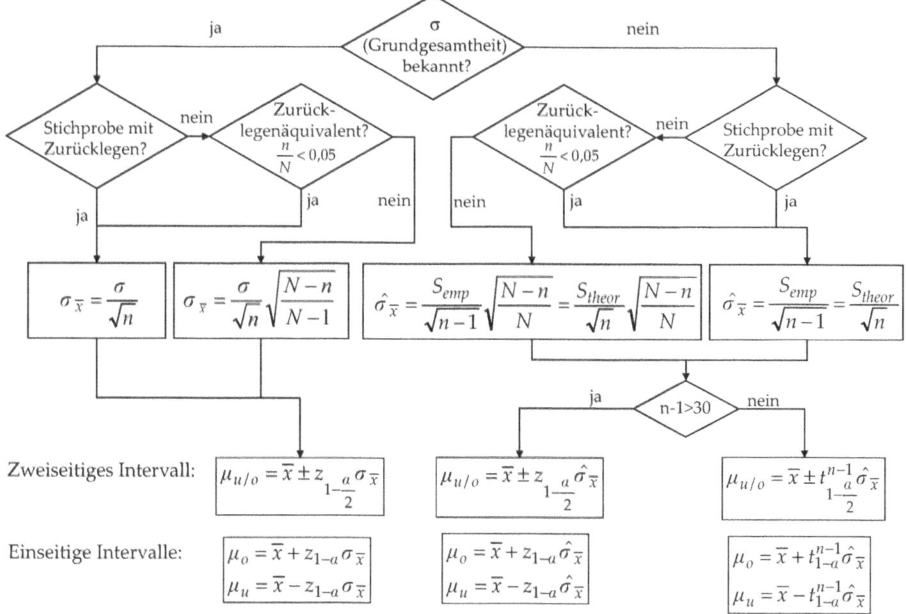

Lesehilfe:
Zweiseitige Intervalle: Bei zweiseitigen Intervallen bilden $\mu_{u/o}$ die Unter- und Obergrenzen des Konfidenzintervalls. Mit einer Irrtumswahrscheinlichkeit von α liegt der „wahre" Mittelwert der Grundgesamtheit innerhalb dieses Intervalls. **Einseitige Intervalle:** Ist danach gefragt, welchen Wert der Mittelwert der Grundgesamtheit mit einer Irrtumswahrscheinlichkeit von α (also mit einer Sicherheit von 1-α) **mindestens** annimmt (größer-gleich Bedingung), bildet sich das Konfidenzintervall gemäß der zu berechnenden Untergrenze μ_u und der Obergrenze Unendlich. Ist danach gefragt, welchen Wert der Mittelwert der Grundgesamtheit mit einer Irrtumswahrscheinlichkeit von α (also mit einer Sicherheit von 1-α) **höchstens** annimmt (kleiner-gleich Bedingung), bildet sich das Konfidenzintervall gemäß der Untergrenze minus Unendlich und der zu berechnenden Obergrenze μ_o.

Abb. 5.7 Berechnung von Konfidenzintervallen für den Mittelwert

Beispiel 1

Angenommen, aus einer Grundgesamtheit mit $N = 1000$ Produkten sei die Standardabweichung $\sigma = 0{,}6$ fehlerhafter Produkte bekannt. Zudem ziehen Sie eine Stichprobe von $n = 100$ Produkten und erhalten einen Mittelwert von sechs fehlerhaften Produkten. In welchem Konfidenzintervall liegt der Mittelwert der Grundgesamtheit mit 90 %-iger Sicherheit, wenn

a. die Stichprobe mit Zurücklegen gezogen wurde?
b. die Stichprobe ohne Zurücklegen gezogen wurde?

Dieses Beispiel beschreibt somit den in der Praxis eher selten auftretenden Fall einer bekannten Streuung der Grundgesamtheit (vgl. linken Ast in Abb. 5.7). Für den Aufgabenteil a. liegen folgende Informationen vor: Es handelt sich um eine Stichprobe mit Zurücklegen, der Standardfehler beträgt

$$\sigma_{\overline{x}} = \frac{\sigma}{\sqrt{n}} = \frac{0,6}{\sqrt{100}} = 0,06, \tag{5.14}$$

der Mittelwert der Stichprobe beträgt $\overline{x} = 6$ und die Irrtumswahrscheinlichkeit ist $\alpha = 10\,\%$. Für das gesuchte Konfidenzintervall ergibt sich entsprechend:

$$\mu_{\mathrm{u/o}} = \overline{x} \pm z_{1-\frac{\alpha}{2}} \sigma_{\overline{x}} = 6 \pm z_{1-\left(\frac{0,1}{2}\right)} \cdot 0,1 = 6 \pm 1,65 \cdot 0,06 \Rightarrow P(5,901 \leq \mu \leq 6,099) = 0,9. \tag{5.15}$$

Die Unter- und Obergrenze des Konfidenzintervalls liegen bei 5,901 bzw. 6,099.

Die Berechnung des Aufgabenteils b. erfolgt in ganz ähnlicher Form. Allerdings erfolgt die Ziehung der Stichprobe nun ohne Zurücklegen. Gleichzeitig handelt es sich um eine sogenannte finite – also eine endliche – Grundgesamtheit (*engl.:* finite population), deren Größe sich mit jedem weiteren Ziehungselement vermindert. In allen Fällen, in denen die Populationsgröße N bekannt und der Quotient $n/N \geq 0,05$ ist, wird deshalb die Streuung um den Faktor

$$\sqrt{\frac{N-n}{N-1}} \tag{5.16}$$

reduziert (vgl. Abb. 5.7). Die Folge ist die Verkleinerung des Konfidenzintervalls, denn je größer die Stichprobe im Verhältnis zur Grundgesamtheit ist, umso genauer ist die Schätzung. Entsprechend ergibt sich folgende Berechnung: (1) Es handelt sich um eine Stichprobe ohne Zurücklegen; (2) $n/N = 100/1000 = 0,1 \geq 0,05$ und (3)

$$\sigma_{\overline{x}} = \frac{\sigma}{\sqrt{n}} \cdot \sqrt{\frac{N-n}{N-1}} = \frac{0,6}{\sqrt{100}} \cdot \sqrt{\frac{1000-100}{1000-1}} = 0,06 \cdot 0,95 = 0,057;\ \overline{x} = 6;\ \alpha = 10\,\%. \tag{5.17}$$

Für das gesuchte Konfidenzintervall ergibt sich entsprechend

$$\mu_{\mathrm{u/o}} = \overline{x} \pm z_{1-\frac{\alpha}{2}} \sigma_{\overline{x}} = 6 \pm z_{1-\left(\frac{0,1}{2}\right)} \cdot 0,057 = 6 \pm 1,65 \cdot 0,057$$
$$\Rightarrow P(5,906 \leq \mu \leq 6,094) = 0,9 \tag{5.18}$$

Die Unter- und Obergrenze des Konfidenzintervalls sind nunmehr 5,906 bzw. 6,094.

Beispiel 2

Aus einer großen Lieferung abgepackter Zwiebeln werden 10 Zwiebelnetze entnommen und folgende Gewichte in kg ermittelt: 9,5; 10,5; 10,0; 10,0; 10,2; 10,0; 10,4; 9,6; 9,8; 10,0. Das Gewicht der Zwiebelnetze sei näherungsweise normalverteilt.

a. Bestimmen Sie ein 95 %-Konfidenzintervall für das durchschnittliche Gewicht der gelieferten Zwiebelnetze!
b. Wie schwer sind die gelieferten Zwiebelnetze im Durchschnitt mindestens? Bestimmen Sie hierzu das entsprechende einseitige 95 %-Konfidenzintervall!
c. Wie schwer sind die gelieferten Zwiebelnetze im Durchschnitt höchstens? Bestimmen Sie hierzu das entsprechende einseitige 95 %-Konfidenzintervall!
d. Wie würde das Ergebnis aus a. ceteris paribus lauten, wenn es sich bei der Stichprobengröße um 41 Zwiebelnetze gehandelt hätte?

In diesem Fall ist die Streuung der Grundgesamtheit nicht bekannt (vgl. rechten Ast in Abb. 5.7). Es liegen folgende Informationen vor: (1) Die Größe der Grundgesamtheit N wird als infinit angenommen, sodass $n/N < 0{,}05$ gilt. (2) Der Stichprobenumfang ist mit $n-1 = 10-1 = 9$ kleiner als 30, sodass das Konfidenzintervall mit Hilfe der t-Verteilung berechnet wird. (3) Es lassen sich folgende Größen ermitteln: $\overline{x} = 10$; $S_{\text{emp}} = 0{,}3$; $\alpha = 5\,\%$ und (4)

$$\hat{\sigma}_{\overline{x}} = \frac{S_{\text{emp}}}{\sqrt{n-1}} = \frac{0{,}3}{\sqrt{10-1}} = 0{,}1. \tag{5.19}$$

Für das zweiseitige Konfidenzintervall aus Aufgabenteil a. ergibt sich entsprechend:

$$\mu_{\text{u/o}} = \overline{x} \pm t^{n-1}_{1-\frac{\alpha}{2}} \cdot \hat{\sigma}_{\overline{x}} = 10 \pm t^{10-1}_{1-\frac{0{,}05}{2}} \cdot 0{,}1 = 10 \pm 2{,}262 \cdot 0{,}1$$
$$\Rightarrow P(9{,}774 \leq \mu \leq 10{,}226) = 0{,}95. \tag{5.20}$$

Für das einseitige Konfidenzintervall aus Aufgabenteil b. ergibt sich entsprechend:

$$\mu_{\text{u}} = \overline{x} - t^{n-1}_{1-\alpha} \cdot \hat{\sigma}_{\overline{x}} = 10 - t^{10-1}_{1-0{,}05} \cdot 0{,}1 = 10 - 1{,}812 \cdot 0{,}1 \Rightarrow P(9{,}819 \leq \mu) = 0{,}95. \tag{5.21}$$

Für das einseitige Konfidenzintervall aus Aufgabenteil c. ergibt sich entsprechend:

$$\mu_{\text{o}} = \overline{x} + t^{n-1}_{1-\alpha} \cdot \hat{\sigma}_{\overline{x}} = 10 + t^{10-1}_{1-0{,}05} \cdot 0{,}1 = 10 + 1{,}812 \cdot 0{,}1 \Rightarrow P(\mu \leq 10{,}181) = 0{,}95. \tag{5.22}$$

Für den Aufgabenteil d. könnte man nun aufgrund von $n - 1 = 41 - 1 = 40 > 30$ von der Verwendung der t-Verteilung zugunsten der Normalverteilung absehen. Es ergibt sich

$$\mu_{\text{u/o}} = \overline{x} \pm z_{1-\frac{\alpha}{2}} \cdot \hat{\sigma}_{\overline{x}} = \overline{x} \pm z_{1-\frac{\alpha}{2}} \frac{S_{\text{emp}}}{\sqrt{n-1}} = 10 \pm 1{,}96 \cdot \frac{0{,}3}{\sqrt{40}}$$
$$\Rightarrow P(9{,}907 \leq \mu \leq 10{,}093) = 0{,}95. \tag{5.23}$$

Dass die Approximation der t-Verteilung durch die Normalverteilung vertretbar ist, zeigt das Ergebnis, welches im Vergleich zu einer Berechnung mit Hilfe der t-Verteilung berechnet worden wäre: In diesem Fall liegt der Tabellenwert der t-Verteilung mit 40 Freiheitsgraden bei 2,021. Das entsprechende Konfidenzintervall wäre lediglich um 6 Gramm länger und würde lauten:

$$P(9{,}904 \leq \mu \leq 10{,}096) = 0{,}95. \tag{5.24}$$

5.2.2 Planung der Stichprobengröße für Mittelwertschätzungen

Der empirisch arbeitende Praktiker und Wissenschaftler hat neben der Frage nach dem statistischen Auswahlverfahren (vgl. Abb. 2.1) vor allem die Größe der Stichprobe festzulegen. Hierbei ist die Bruttostichprobe von der Nettostichprobe zu unterscheiden: Erstere umfasst alle kontaktierten Personen einer zuvor definierten Zielgruppe. Aufgrund von „Irrläufern“ und falschen Ausgangsdaten kann sich im Nachhinein herausstellen, dass eine kontaktierte Person nicht zur Zielgruppe gehört. Bei der Bestimmung der Nettostichprobe werden sowohl diese als auch die nicht zurückerhaltenen Fragebögen herausgerechnet. Es wird somit um die „falsch Adressierten“ (*engl.:* incidence rate) und die Rücklaufquote (*engl.:* response rate) korrigiert. Für die Berechnung statistischer Ergebnisse ist letztlich die Größe der Nettostichprobe relevant, denn nur die zur Verfügung stehenden Datensätze können letztlich auch statistisch ausgewertet werden. Wir beschränken uns im Folgenden deshalb auf die Bestimmung der sinnvollen Größe von Nettostichproben.

Aus unseren bisher gewonnen Erkenntnissen wissen wir, dass die Genauigkeit einer Schätzung mit zunehmender Stichprobengröße zunimmt. Auf der einen Seite müssten wir also bestrebt sein, die Stichprobe möglichst groß zu wählen. Auf der anderen Seite steigen mit jeder zusätzlichen Beobachtung auch die Kosten und die aufzuwendende Zeit der Datenerhebung. Wie lässt sich vor dem Hintergrund dieser divergierenden Interessen eine angemessene Stichprobengröße bestimmen? Schlägt man einschlägige Lehrbücher auf, so finden sich hierzu viele unterschiedliche Vorschläge:

So betonen Fowler (2002) und Oppenheim (1992), dass wichtige Subgruppen in einer Befragung – also z. B. Männer oder Frauen – zumindest jeweils 100 und unwichtigere Subgruppen zwischen 20 und 50 Beobachtungen aufweisen sollten. Lewin (2005) schlägt mindestens 30 zu Befragende pro Gruppe vor. Dabei sollte in der praktischen Anwendung immer bedacht werden, dass es sich bei diesen Werten um die Beobachtungsanzahl der Nettostichprobe handelt. Natürlich sind solche pauschalen Angaben von empirisch erfahrenen Wissenschaftlern hilfreich. Dennoch ist es bei der Bestimmung der angemessenen Stichprobe immer auch nützlich, Aspekte wie die Besonderheit der zu untersuchenden Population, die Anzahl der zu erhebenden Variablen, die geplanten Methoden der Auswertung, die Stichprobengröße ähnlicher Studien in der Vergangenheit, etc. zu berücksichtigen. Letztlich hängt die anzustrebende Größe der Stichprobe von mehreren Faktoren ab, sodass die Frage nach der richtigen Stichprobengröße nicht immer mit einer allgemeingültigen Zahl beantwortet werden kann. Was wir seit der Berechnung von Konfidenzintervallen in jedem Fall wissen, ist die Tatsache, dass bei gegebener Schätzpräzision die Stichprobengröße zum einen von der Streuung der Grundgesamtheit abhängt. Grundgesamtheiten können in ihren Ausprägungen sehr homogen sein. Die damit verbundene geringere Streuung erfordert geringere Stichprobenumfänge, während bei heterogenen Grundgesamtheiten die Stichprobe tendenziell größer ausfallen muss, um die gleiche Sicherheit bei Schätzungen zu erreichen. Zum anderen ist der Stichprobenumfang auch von

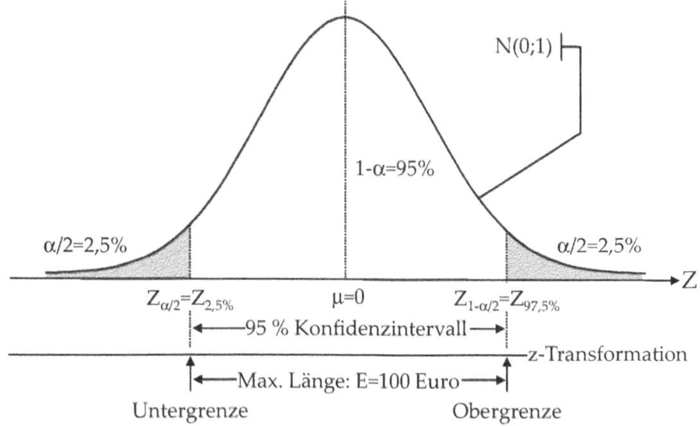

Abb. 5.8 Länge eines zweiseitigen Konfidenzintervalls für den Mittelwert

der vom Forscher gewünschten Genauigkeit der Schätzung geprägt. Je genauer der Forscher bei gegebenem Konfidenzniveau schätzen möchte, umso größer muss die Stichprobe sein. Die Zusammenhänge der Konfidenzintervalle lassen sich nun nutzen, um eine aus Sicht des Forschers sinnvolle Stichprobengröße zu berechnen. Folgendes Beispiel soll dies veranschaulichen:

Eine Marktforschungsagentur führt eine Befragung zum Durchschnittseinkommen von Familien durch. Ziel der Analyse ist es, für das Durchschnittseinkommen ein zweiseitiges Konfidenzintervall mit einem Konfidenzniveau von 95 % zu schätzen, dessen Länge höchstens 100 Euro beträgt (vgl. Abb. 5.8). In einer Vorstudie ergab sich eine Standardabweichung von $S_{\text{emp}} = 500$ Euro.

Die Länge des Konfidenzintervalls entspricht der Abweichung vom Mittelwert zur oberen Intervallgrenze zuzüglich der gleichlangen Abweichung zur unteren Intervallgrenze. Die beiden Abweichungen entsprechen bei infiniten Stichproben mit $n \geq 30$ jeweils dem mit $z_{(1-\alpha/2)}$ gewichteten Standardfehler $\hat{\sigma}_{\overline{x}}$. Es ergibt sich somit für die Länge des Intervalls (vgl. Abb. 5.8):

$$\text{E} = 2 \cdot z_{1-\frac{\alpha}{2}} \cdot \hat{\sigma}_{\overline{x}} = 2 \cdot z_{1-\frac{\alpha}{2}} \frac{S_{\text{theor}}}{\sqrt{n}} = 2 \cdot z_{1-\frac{\alpha}{2}} \frac{S_{\text{emp}}}{\sqrt{n-1}} \Leftrightarrow \text{E} = 100 \text{ Euro.} \quad (5.25)$$

Dies nach n aufgelöst ergibt die allgemeine Formel für die zu planende Größe einer Nettostichprobe:

$$n = \frac{2^2 \cdot z^2_{1-\frac{\alpha}{2}} \cdot S^2_{\text{theor}}}{E^2} = \frac{2^2 \cdot z^2_{1-\frac{\alpha}{2}} \cdot S^2_{\text{emp}}}{E^2} + 1. \quad (5.26)$$

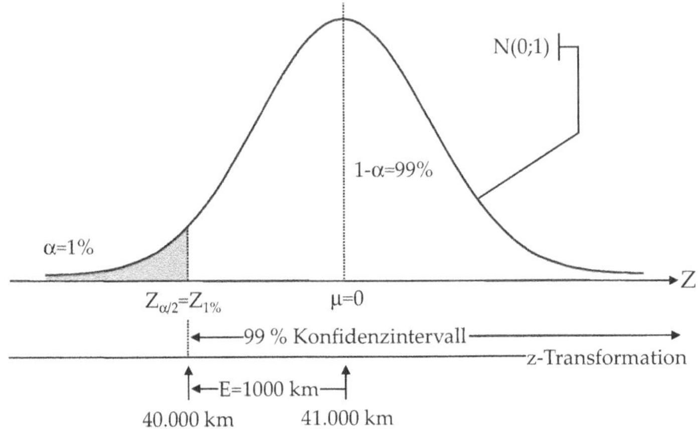

Abb. 5.9 Länge eines einseitigen Konfidenzintervalls bis zur beschränkten Intervallgrenze

Nach Einsetzen in diese Formel erhält man für das Beispiel eine anzustrebende Nettostichprobengröße von 386 Beobachtungen:

$$n = \frac{4 \cdot 1{,}96^2 \cdot 500^2}{100^2} + 1 = 385{,}15 \to 386. \tag{5.27}$$

Auch für einseitige Konfidenzintervalle ergeben sich praxisrelevante Fragestellungen hinsichtlich der Planung der Stichprobengröße: Nehmen wir einmal an, ein Reifenhersteller weiß aus einer Vorstudie, dass seine Reifen eine durchschnittliche Laufleistung von 41.000 km bei einer Standardabweichung von $S_{\text{theor}} = 8000$ km aufweisen. Der Hersteller möchte seinen Kunden nun mit 99 %-iger Sicherheit eine Laufleistung von mindestens 40.000 km zusichern. Wie groß muss die Stichprobe gewählt werden, damit mit 99 %-iger Sicherheit davon ausgegangen werden kann, dass die Laufleistung tatsächlich mindestens 40.000 km beträgt? Abb. 5.9 verdeutlicht die Fragestellung grafisch.

Die Berechnung erfolgt durch Einsetzen der Intervalluntergrenze von $\mu_{\text{u}} = 40.000$ km, dem Mittelwert der Stichprobe $\overline{x} = 41.000$ km und der Standardabweichung der Stichprobe $S_{\text{theor}} = 8000$ km in die folgende Formel:

$$\mu_{\text{u}} = \overline{x} - z_{1-\alpha} \cdot \hat{\sigma}_{\overline{x}} = \overline{x} - z_{1-\alpha} \frac{S_{\text{theor}}}{\sqrt{n}} \Rightarrow \frac{\mu_{\text{u}} - \overline{x}}{z_{1-\alpha}} = -\frac{S_{\text{theor}}}{\sqrt{n}} \Rightarrow n = \left(-\frac{S_{\text{theor}}}{\frac{\mu_{\text{u}} - \overline{x}}{z_{1-\alpha}}} \right)^2. \tag{5.28}$$

Nach Einsetzen der Zahlen ergibt sich, dass die Nettostichprobe in jedem Fall 348 Beobachtungen enthalten sollte:

$$n = \left(-\frac{8000}{\frac{41.000-40.000}{2{,}33}} \right)^2 = 347{,}4 \to 348. \tag{5.29}$$

5.2.3 Das Konfidenzintervall für Anteilswerte

In der empirischen Praxis geht es nicht selten um den Sonderfall, dass ein Konfidenzintervall für einen Prozentwert zu bestimmen ist. So ist es an Wahlsonntagen für kleine Parteien in den ersten Hochrechnungen wichtig, dass die Untergrenze eines aus der Stichprobe repräsentativer Wahlkreise ermittelten, einseitigen Konfidenzintervalls mit großer Sicherheit über der Fünfprozenthürde liegt. Nur dann kann die Partei mit relativer Sicherheit davon ausgehen, im Parlament vertreten zu sein.

Aber auch in der wirtschaftswissenschaftlichen Analyse sind durchschnittliche Prozentanteile häufig Untersuchungsgegenstand: Wie groß sind Marktanteile einzelner Produkte oder Produktlinien in der Grundgesamtheit eines Marktsegments? Die Beantwortung dieser und vieler anderer Fragen basiert also auf Datensätzen, in denen die zu untersuchende Variable dichotom ist. Bezogen auf das erste obige Beispiele nimmt die Variable *ParteiX* den Wert Eins an, wenn ein Wähler die Partei X gewählt hat. Ansonsten erhält die Variable den Wert gleich Null. Im zweiten Beispiel erhält die Variable *ProduktX* den Wert Eins, wenn sich ein Kunde für das definierte Produkt X entschieden hat, ansonsten erhält die Variable den Wert gleich Null. Werden für derartige Variablen nun Durchschnitte gebildet, so liegen diese definitionsgemäß nur im begrenzten Definitionsbereich zwischen Null ($= 0\,\%$) und Eins ($= 100\,\%$).

Betrachten wir folgendes Beispiel hierzu etwas genauer: Ein Unternehmen der Nahrungsmittelindustrie stellt sich die Frage, wie groß mit 95 %-iger Sicherheit der wahre Marktanteil eines Joghurts einer neuen Geschmackssorte ist. Hierzu wird eine Stichprobe in $n = 300$ Märkten gezogen, in denen sich durchschnittlich $\overline{p} = 30\,\%$ der Kunden für diesen Joghurt entschieden haben. Gesucht werden also die Intervalluntergrenze und die Intervallobergrenze, sodass bei einem Konfidenzniveau von $(1 - \alpha)$ der wahre durchschnittliche Marktanteil π in der Grundgesamtheit vom Konfidenzintervall überdeckt wird.

Analog zum Konfidenzintervall für den Mittelwert müssen wir uns zunächst fragen, wie sich die durchschnittlichen Prozentsätze $\overline{p}$ verteilen würden, wenn man viele Stichproben hintereinander ziehen würde. Hierzu wollen wir uns zwei Erkenntnisse aus vorangegangenen Kapiteln zunutze machen:

- Aus Abschn. 4.1.1 wissen wir, dass Binomialverteilungen approximativ einer Normalverteilung folgen, wenn die Bedingung $n \cdot p \cdot (1 - p) > 9$ erfüllt ist.
- Außerdem haben wir in Abschn. 5.1 festgestellt, dass eine normalverteilte Grundgesamtheit immer eine normalverteilte Stichprobenverteilung der Mittelwerte ergibt.

Das bedeutet, dass – unter der Bedingung $n \cdot p \cdot (1 - p) > 9$ – die durchschnittlichen Prozentsätze $\overline{p}$ der Stichproben mit $N(\pi; \frac{\sigma}{\sqrt{n}}) = N(\pi; \sigma_{\overline{p}})$ normalverteilt sind.

Analog zu den Erkenntnissen aus Abschn. 5.2.1 entspricht der durchschnittliche Anteil $\overline{p}$ dem (asymptotischen und erwartungstreuen) Schätzer für den durchschnittlichen Anteil π in der Grundgesamtheit. Entsprechend gilt auch $(1 - \overline{p})$ als Schätzer für $(1 - \pi)$, sodass

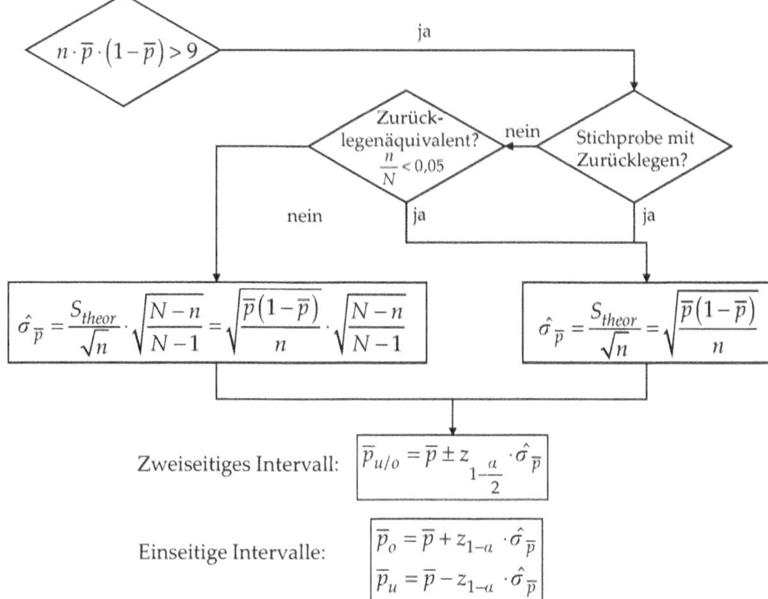

Lesehilfe:
Zweiseitige Intervalle: Bei zweiseitigen Intervallen bilden $\mu_{u/o}$ die Unter- und Obergrenzen des Konfidenzintervalls. Mit einer Irrtumswahrscheinlichkeit von α liegt der „wahre" durchschnittliche Anteilswert der Grundgesamtheit innerhalb dieses Intervalls. **Einseitige Intervalle:** Ist danach gefragt, welchen Wert der durchschnittliche Anteilswert der Grundgesamtheit mit einer Irrtumswahrscheinlichkeit von α (also mit einer Sicherheit von 1-α) **mindestens** annimmt (größer-gleich Bedingung), bildet sich das Konfidenzintervall gemäß der zu berechnenden Untergrenze μ_u und der Obergrenze Unendlich. Ist danach gefragt, welchen Wert der durchschnittliche Anteilswert der Grundgesamtheit mit einer Irrtumswahrscheinlichkeit von α (also mit einer Sicherheit von 1-α) **höchstens** annimmt (kleiner-gleich Bedingung), bildet sich das Konfidenzintervall gemäß der Untergrenze minus Unendlich und der zu berechnenden Obergrenze μ_o.

Abb. 5.10 Berechnung von Konfidenzintervallen für den Anteilswert

sich die Standardabweichung einer Grundgesamtheit σ durch die theoretische Standardabweichung der Stichprobe $S_{\text{theor}} = \sqrt{\overline{p} \cdot (1 - \overline{p})}$ schätzen lässt. Letztere nutzen wir zur Bestimmung des Standardfehlers der Stichprobe:

$$\hat{\sigma}_{\overline{p}} = \frac{S_{\text{theor}}}{\sqrt{n}} = \sqrt{\frac{\overline{p}\,(1 - \overline{p})}{n}} \text{ oder} \qquad (5.30)$$

$$\hat{\sigma}_{\overline{p}} = \frac{S_{\text{theor}}}{\sqrt{n}} \cdot \sqrt{\frac{N - n}{N - 1}} = \sqrt{\frac{\overline{p}\,(1 - \overline{p})}{n}} \cdot \sqrt{\frac{N - n}{N - 1}}, \text{ wenn } n/N \geq 0{,}05 \text{ ist.} \qquad (5.31)$$

In Abb. 5.10 ist die Bestimmung von Konfidenzintervallen für den Anteilswert mit Hilfe eines Flussdiagramms dargestellt. Für das obige Beispiel des Joghurtherstellers ergibt sich hieraus folgende Berechnung des zweiseitigen Konfidenzintervalls:

$$\mu_{u/o} = \overline{p} \pm z_{1-\frac{\alpha}{2}} \cdot \hat{\sigma}_{\overline{p}} = 0{,}3 \pm 1{,}96 \cdot \sqrt{\frac{0{,}3 \cdot (1-0{,}3)}{300}}. \tag{5.32}$$

Der durchschnittliche Anteilswert in der Grundgesamtheit liegt mit 95 %-iger Sicherheit zwischen 24,81 und 35,19 %.

5.2.4 Planung der Stichprobengröße für Anteilswerte

In Abschn. 5.2.2 wurde bereits die Idee der statistischen Bestimmung einer angemessenen Stichprobengröße diskutiert und eine entsprechende Formel auf Basis von Mittelwertschätzungen metrischer Variablen abgeleitet. Handelt es sich bei der zu schätzenden Variablen nun um einen Anteilswert, kann diese Formel angepasst gleichermaßen verwendet werden.

$$n = \frac{2^2 \cdot z^2_{1-\frac{\alpha}{2}} \cdot S^2_{\text{theor}}}{\mathrm{E}^2} = \frac{2^2 \cdot z^2_{1-\frac{\alpha}{2}} \cdot \overline{p} \cdot (1-\overline{p})}{\mathrm{E}^2} \tag{5.33}$$

E entspricht wiederum der angestrebten Länge des Konfidenzintervalls und es muss ebenfalls mit angenommenen Werten für $\overline{p}$ aus Vorstudien gearbeitet werden.

Angenommen, der Joghurthersteller aus vorherigem Abschnitt möchte bei 95 %-iger Sicherheit ein zweiseitiges Konfidenzintervall mit einer Abweichung von höchstens 2,5 %-Punkten in beide Richtungen erhalten. Aus einer Vorstudie kennt er den durchschnittlichen Anteilswert für $\overline{p} = 30\,\%$.

Gesucht wird also ein Konfidenzintervall der Länge E $= 2 \cdot 2{,}5$ %-Punkte $= 5$ %-Punkte (vgl. Abb. 5.11). Die dafür nötige Stichprobengröße ergibt sich aus folgender Berechnung:

$$n = \frac{2^2 \cdot z^2_{1-\frac{0{,}05}{2}} \cdot 0{,}3 \cdot (1-0{,}3)}{0{,}05^2} = \frac{4 \cdot 1{,}96^2 \cdot 0{,}21}{0{,}0025} = 1290{,}76 \to 1291. \tag{5.34}$$

5.2.5 Das Konfidenzintervall für die Varianz

In der empirischen Forschung geht es in den meisten Fällen darum, Konfidenzintervalle für Mittel- oder Anteilswerte zu bestimmen. Eher selten steht die Ermittlung entsprechender Intervalle für die Varianz der Grundgesamtheit im Vordergrund. Aus diesem Grund

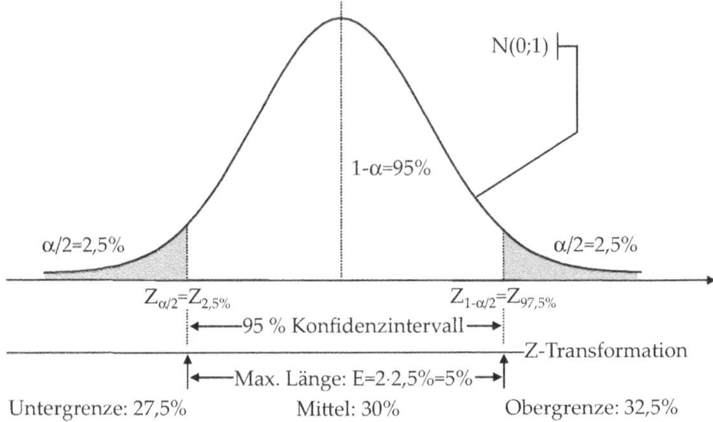

Abb. 5.11 Länge eines zweiseitigen Konfidenzintervalls für den Anteilswert

soll das Thema an dieser Stelle nur kurz mit Hilfe der entsprechend anzuwendenden Formeln ausgeführt werden.

Für eine näherungsweise normalverteilte Grundgesamtheit gilt für …

1. … das zweiseitige Konfidenzintervall der Varianz:

$$P\left(\frac{(n-1)\cdot S_{\text{theor}}^2}{\chi^2_{1-\frac{\alpha}{2};n-1}} \le \sigma^2 \le \frac{(n-1)\cdot S_{\text{theor}}^2}{\chi^2_{\frac{\alpha}{2};n-1}}\right) = P\left(\frac{n\cdot S_{\text{emp}}^2}{\chi^2_{1-\frac{\alpha}{2};n-1}} \le \sigma^2 \le \frac{n\cdot S_{\text{emp}}^2}{\chi^2_{\frac{\alpha}{2};n-1}}\right) = 1-\alpha. \tag{5.35}$$

2. … für die Untergrenze eines einseitigen Konfidenzintervalls der Varianz:

$$P\left(\frac{(n-1)\cdot S_{\text{theor}}^2}{\chi^2_{1-\alpha;n-1}} = \frac{n\cdot S_{\text{emp}}^2}{\chi^2_{1-\alpha;n-1}} \le \sigma^2\right) = 1-\alpha. \tag{5.36}$$

3. … für die Obergrenze eines einseitigen Konfidenzintervalls der Varianz:

$$P\left(\sigma^2 \le \frac{(n-1)\cdot S_{\text{theor}}^2}{\chi^2_{\alpha;n-1}} = \frac{n\cdot S_{\text{emp}}^2}{\chi^2_{\alpha;n-1}}\right) = 1-\alpha. \tag{5.37}$$

In allen drei Fällen wird zur Berechnung lediglich die Stichprobengröße n,die empirische oder theoretische Varianz der gezogenen Stichprobe sowie die entsprechenden Werte aus der Chi-Quadrat-Tabelle (vgl. Abschn. 8.2) für eine gegebene Irrtumswahrscheinlichkeit und eine gegebene Anzahl von Freiheitsgraden ($\chi^2_{\alpha;i}$) benötigt.

Die Anwendung dieser Formeln soll anhand eines Beispiels kurz erläutert werden: Aus einer normalverteilten Grundgesamtheit wird eine Stichprobe vom Umfang $n = 20$ gezogen. Man ermittelt eine theoretische Varianz von $S_{\text{theor}}^2 = 8$.

a. Ermitteln Sie ein zweiseitiges Konfidenzintervall für die Varianz der Grundgesamtheit mit einem Konfidenzniveau von 95 %!
b. Wie groß ist die Varianz höchstens, wenn ein Konfidenzniveau von 95 % angenommen wird?

Für den Aufgabenteil a. ist die Formel für das zweiseitige Intervall der Varianz anzuwenden:

$$P\left(\frac{(n-1)\cdot S_{\text{theor}}^2}{\chi^2_{1-\frac{\alpha}{2};n-1}} \leq \sigma^2 \leq \frac{(n-1)\cdot S_{\text{theor}}^2}{\chi^2_{\frac{\alpha}{2};n-1}}\right) = 1-\alpha$$

$$\Rightarrow P\left(\frac{19\cdot 8}{\chi^2_{0,975;19}} \leq \sigma^2 \leq \frac{19\cdot 8}{\chi^2_{0,025;19}}\right) = 0{,}95. \tag{5.38}$$

Schlägt man die Werte in der Chi-Quadrat-Tabelle nach, so ergibt sich:

$$P\left(\frac{152}{32{,}852} \leq \sigma^2 \leq \frac{152}{8{,}907}\right) = 0{,}95 \Rightarrow P\left(4{,}63 \leq \sigma^2 \leq 17{,}07\right) = 0{,}95. \tag{5.39}$$

Auf Basis der Stichprobe kann also gefolgert werden, dass die Varianz der Grundgesamtheit mit 95 %-iger Sicherheit zwischen den Werten 4,63 und 17,07 liegt.

Für den Aufgabenteil b. erfolgt die Berechnung folgendermaßen:

$$P\left(\sigma^2 \leq \frac{(n-1)\cdot S_{\text{theor}}^2}{\chi^2_{\alpha;n-1}}\right) = 1-\alpha \Rightarrow P\left(\sigma^2 \leq \frac{19\cdot 8}{\chi^2_{0,05;19}}\right) = 0{,}95. \tag{5.40}$$

Daraus ergibt sich:

$$P\left(\sigma^2 \leq \frac{152}{10{,}117}\right) = 0{,}95 \Rightarrow P\left(\sigma^2 \leq 15{,}02\right) = 0{,}95. \tag{5.41}$$

Mit 95 %-iger Sicherheit ist die Varianz nicht größer als 15,02.

5.2.6 Berechnung von Konfidenzintervallen mit dem Computer

5.2.6.1 Berechnung von Konfidenzintervallen mit Excel

Für die Berechnung von Konfidenzintervallen stehen in Excel zwei vorprogrammierte Funktionen zur Verfügung: *KONFIDENZ.NORM(Alpha;Standabwn;Umfang)* und *KONFIDENZ.T(Alpha;Standabwn;Umfang)* ermöglichen die Berechnung eines Konfidenzintervalls für den Erwartungswert unter Verwendung der Normal- bzw. der t-Verteilung. Unter Angabe der Irrtumswahrscheinlichkeit α, der Standardabweichung der Stichprobe und des Stichprobenumfangs berechnet Excel die Länge des halben Konfidenzbandes im Umfang von

$$z_{1-\frac{\alpha}{2}}\cdot\hat{\sigma}_{\overline{X}}. \tag{5.42}$$

Ober- und Untergrenzen des Konfidenzintervalls erhält man, indem man bei der Untergrenze diesen Wert vom Mittelwert der Stichprobe abzieht bzw. bei der Obergrenze hinzuaddiert.

Auf der Homepage des Verlags[5] ist durch den Autor dieses Buches zudem ein Template zur Berechnung von einseitigen und zweiseitigen Konfidenzintervallen hinterlegt. Dabei erfolgt die Berechnung – im Gegensatz zu den integrierten Routinen von SPSS und Stata – bei kleineren Stichproben (< 30) automatisiert auf Basis der t-Verteilung. Ebenfalls automatisiert erfolgt die Korrektur der Stichprobenvarianz, falls die Populationsgröße N bekannt und der Faktor $n/N \geq 0{,}05$ ist. Neben den Konfidenzintervallen für Mittelwerte, durchschnittliche Anteilswerte und die Varianz lassen sich ebenfalls angemessene Stichprobenumfänge für Mittelwert- und Anteilswertschätzungen bestimmen.

Zunächst wollen wir uns ein Beispiel zur Bestimmung eines Konfidenzintervalls für den Mittelwert genauer ansehen. Hierzu ist im Template zunächst das Tabellenblatt „Konfidenzintervall Mittelwert" zu öffnen: In alle grau markierten Zellen können Werte eingegeben werden. Die Stichprobengröße, der Mittelwert der Stichprobe, die Irrtumswahrscheinlichkeit α und die Streuung (entweder die Standardabweichung der Grundgesamtheit oder die Standardabweichung der Stichprobe) müssen in jedem Fall angegeben werden. Alle anderen Angaben sind optional.

Angewendet auf die Preisvariable in der Beispieldatei *salatoel.xls* werden zunächst der Mittelwert (=MITTELWERT(A2:A157)) und die Standardabweichung der Stichprobe (=STABWA(A2:A157)) berechnet und in das Template mit der Irrtumswahrscheinlichkeit von $\alpha = 0{,}05$ eingegeben (vgl. Abb. 5.12). Im unteren Teil des Templates werden die Ergebnisse der einseitigen und zweiseitigen Konfidenzintervalle automatisiert berechnet: Der Standardfehler beträgt 0,021 Euro. Auf Basis der Stichprobe liegt der wahre Mittelwert des Preises in der Grundgesamtheit mit 95 %-iger Sicherheit zwischen 1,967 Euro und 2,050 Euro. Die Länge des zweiseitigen Konfidenzintervalls beträgt 0,083 Euro. Für die im oberen Teil des Templates angegebene gewünschte Höchstlänge des zweiseitigen Intervalls von 0,2 Euro muss die Stichprobe ceteris paribus $n > 27{,}713$ Beobachtungen groß sein.

Für eine gleichbleibende Irrtumswahrscheinlichkeit von $\alpha = 0{,}05$ ergibt sich für die einseitigen Intervalle:

1. Mit 95 %-iger Sicherheit liegt der wahre Mittelwert der Grundgesamtheit bei mindestens 1,97 Euro.
2. Mit 95 %-iger Sicherheit liegt der wahre Mittelwert der Grundgesamtheit bei höchstens 2,04 Euro.

Soll bei einseitigen Intervallen die beschränkte Intervallgrenze den im oberen Teil des Templates angegebenen Abstand zwischen Mittelwert und Mindest-/Höchstgrenze von 0,1 Euro nicht überschreiten, muss die Stichprobe ceteris paribus einen Mindestumfang von $n > 19{,}814$ Beobachtungen haben.

[5] Siehe springer.com/9783834907530.

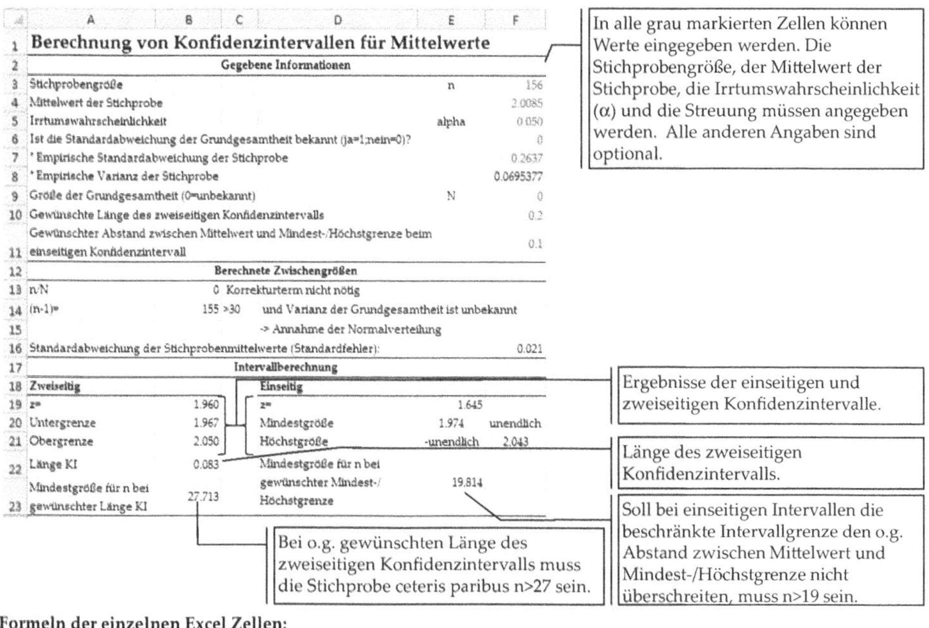

Formeln der einzelnen Excel Zellen:
Zelle B13: =WENN($F$9=0;0;F3/F9); Zelle B14: =F3-1; Zelle C14: =WENN(F3-1>30;">30";"<=30"); Zelle F16: =WENN(B13<0.05;(F7/((F3-(1-F6))^0.5));(F7/((F3-(1-F6))^0.5))*(((F9-F3)/F9)^0.5)); Zelle B19: =WENN(($F$3-1)+(30*F6)>30;NORMINV(1-($F5)/2;0;1);TINV(F5;F3-1)); Zelle B20: =F4-B19*F16; Zelle B21: =F4+B19*F16; Zelle B22: =B21-B20; Zelle B23: =(2*NORMINV(1-($F5)/2;0;1)*F7/F10)^2+(1-F6); Zelle E19: =WENN(($F$3-1)+(30*F6)>30;NORMINV(1-($F5)/1;0;1);TINV(F5*2;F3-1)); Zelle E20: =F4-E19*F16; Zelle F21: =F4+E19*F16; Zelle: E22: =(NORMINV(1-($F5);0;1)*F7/F11)^2+(1-F6)

Abb. 5.12 Berechnung einseitiger und zweiseitiger Konfidenzintervalle für Mittelwerte mit Excel

Für die Bestimmung der Konfidenzintervalle von Anteilswerten muss im Template das Tabellenblatt „Konfidenzintervall Anteilswert" geöffnet werden: Wiederum sind in die grau markierten Zellen Werte einzugeben. Für das Beispiel des Nahrungsmittelherstellers aus Abschn. 5.2.3 und Abschn. 5.2.4 sind die Ergebnisse in Abb. 5.13 dargestellt.

Last but not least kann für die Bestimmung eines Konfidenzintervalls einer Varianz im Template das Tabellenblatt „Konfidenzintervall Varianz" geöffnet werden: Es müssen lediglich die Stichprobengröße, die Irrtumswahrscheinlichkeit α sowie die theoretische Standardabweichung der Stichprobe angegeben werden. Für das Beispiel aus Abschn. 5.2.5 sind die Ergebnisse in Abb. 5.14 dargestellt.

5.2.6.2 Berechnung von Konfidenzintervallen mit SPSS

In SPSS lassen sich einseitige oder zweiseitige Konfidenzintervalle menügesteuert nur für den Mittelwert berechnen. Hierzu wird durch die Befehlsfolge *Analyze → Descriptive Statistics → Explore* das *Explore*-Fenster geöffnet.[6] Die Variablen, für die ein

[6] In der deutschsprachigen SPSS Version ist die Befehlsfolge *Analysieren → Deskriptive Statistiken → Explorative Datenanalyse …*

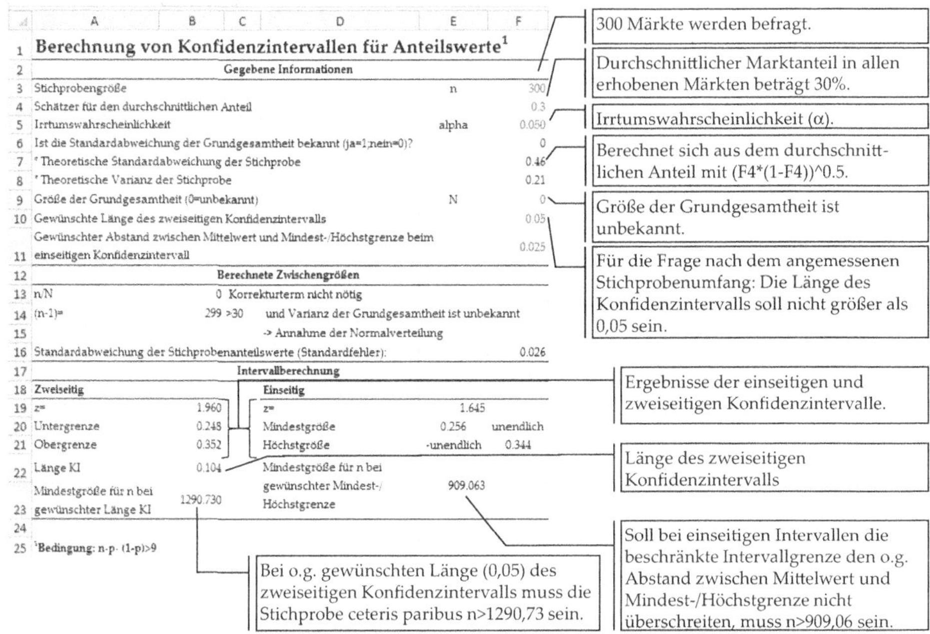

Formeln der einzelnen Excel Zellen:
Zelle B13: =WENN($F$9=0;0;F3/F9); Zelle B14: =F3-1; Zelle C14: =WENN(F3-1>30;">30";"<=30"); Zelle F16: =WENN(B13<0.05;(F7/((F3-(0-F6))^0.5));(F7/((F3-(0-F6))^0.5))*(((F9-F3)/F9)^0.5)); Zelle B19: =WENN(($F$3-1)+(30*F6)>30;NORMINV(1-($F5)/1;0;1);TINV(F5*2;F3-1)); Zelle B20 =F4-B19*F16; Zelle B21: =F4+B19*F16; Zelle B22: =B21-B20; Zelle B23: =(2*NORMINV(1-($F5)/2;0;1)*F7/F10)^2+(0-F6); Zelle E19: =WENN(($F$3-1)+(30*F6)>30;NORMINV(1-($F5)/1;0;1);TINV(F5*2;F3-1)); Zelle E20: =F4-E19*F16; Zelle F21: =F4+E19*F16; Zelle: E22: =(NORMINV(1-($F5);0;1)*F7/F11)^2+(0-F6)

Abb. 5.13 Berechnung einseitiger und zweiseitiger Konfidenzintervalle für Anteilswerte mit Excel

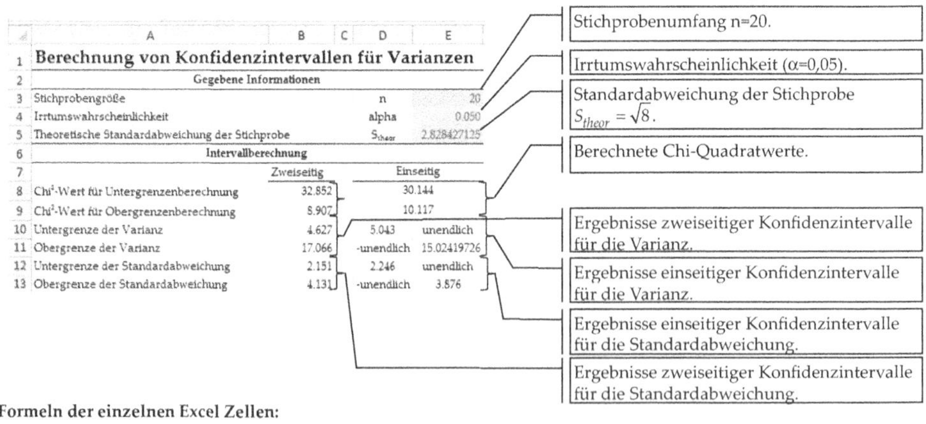

Formeln der einzelnen Excel Zellen:
Zelle B8: =CHIINV((E4/2);E3-1); Zelle B9: =CHIINV(1-(E4/2);E3-1); Zelle B10: =(E3-1)*(E5^2)/B8; Zelle B11: =(E3-1)*(E5^2)/B9; Zelle B12: =B10^0.5; Zelle B13: =B11^0.5; Zelle D8: =CHIINV((E4);E3-1); Zelle D9: =CHIINV(1-(E4);E3-1); Zelle D10: =(E3-1)*(E5^2)/D8; Zelle E11: =(E3-1)*(E5^2)/D9; Zelle D12: =D10^0.5; Zelle E13: =E11^0.5

Abb. 5.14 Berechnung einseitiger und zweiseitiger Konfidenzintervalle für die Varianz mit Excel

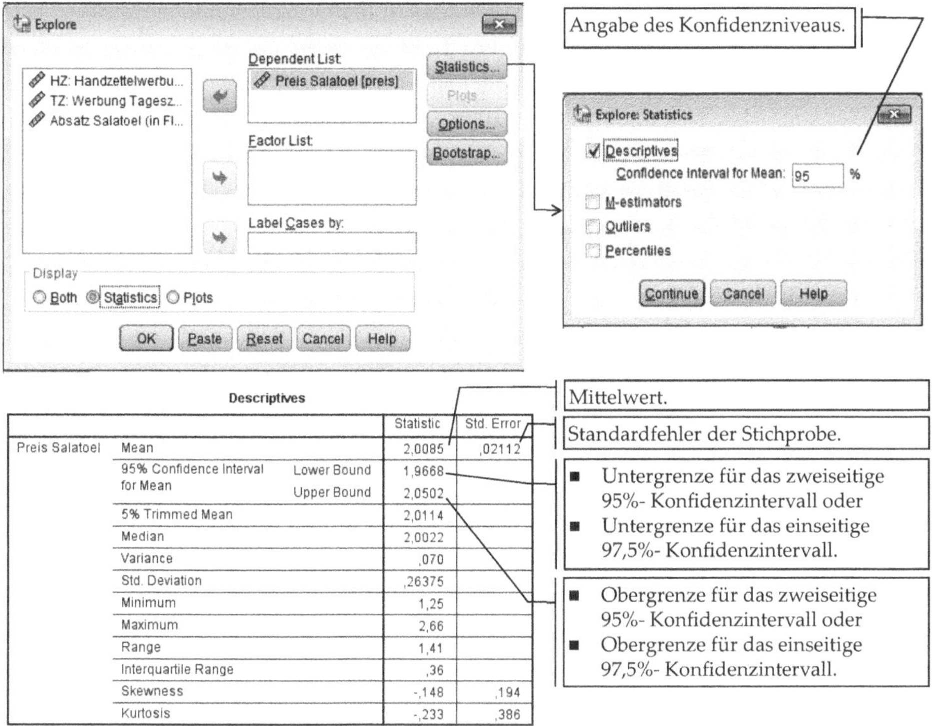

Descriptives

			Statistic	Std. Error
Preis Salatoel	Mean		2,0085	,02112
	95% Confidence Interval for Mean	Lower Bound	1,9668	
		Upper Bound	2,0502	
	5% Trimmed Mean		2,0114	
	Median		2,0022	
	Variance		,070	
	Std. Deviation		,26375	
	Minimum		1,25	
	Maximum		2,66	
	Range		1,41	
	Interquartile Range		,36	
	Skewness		-,148	,194
	Kurtosis		-,233	,386

Abb. 5.15 Berechnung einseitiger und zweiseitiger Konfidenzintervalle mit SPSS

Konfidenzintervall berechnet werden soll, sind danach zu markieren und durch Klicken auf den mittleren Pfeil in das Feld *Dependent Lists:* zu verschieben. Danach ist durch Auswählen der Schaltfläche *Statistics ...* das Fenster *Explore:Statistics* zu öffnen, das Feld *Descriptives* auszuwählen und unter *Confidence Interval for Mean* das gewünschte Konfidenzniveau $(1 - \alpha)$ anzugeben. Möchte man beispielsweise die Berechnung eines zweiseitigen 95 %-Konfidenzintervalls berechnen, muss hier der Wert 95 angegeben werden. Sollen hingegen die beiden einseitigen 95 %-Konfidenzintervalle berechnet werden, muss der Wert 90 angegeben werden. Der Grund hierfür ist folgender: Bei einem einseitigen Intervall entsteht die maximale Fehlerwahrscheinlichkeit nur auf einer Seite der Verteilung. Da SPSS aber ausschließlich zweiseitige Intervalle berechnet, muss – damit die vollen $\alpha = 5\,\%$ auf der beschränkten Seite eines einseitigen Intervalls zur Berechnung kommen – der Wert für α verdoppelt werden. Generell erfolgt bei einseitigen Konfidenzintervallen mit einem Konfidenzniveau von $(1 - \alpha)$ immer die Eingabe des Wertes für $(1 - 2 \cdot \alpha)$. Mit Bestätigung durch *Continue* kann das Fenster wieder geschlossen werden. Durch *OK* erfolgt die gewünschte Berechnung.

Aus der Datei *Salatoel.sav* wurde in Abb. 5.15 die Variable Preis beispielhaft zur Berechnung eines zweiseitigen 95 %-Konfidenzintervalls herangezogen: Auf Basis der

Stichprobe liegt der wahre Mittelwert des Preises in der Grundgesamtheit mit 95 %-iger Sicherheit zwischen 1,97 Euro und 2,05 Euro. Der Standardfehler beträgt 0,02 Euro. Aber auch die beiden einseitigen 97,5 %-Konfidenzintervalle können mit verändertem Konfidenzniveau der Abb. 5.15 entnommen werden:

1. Mit 97,5 %-iger Sicherheit liegt der wahre Mittelwert der Grundgesamtheit bei mindestens 1,97 Euro.
2. Mit 97,5 %-iger Sicherheit liegt der wahre Mittelwert der Grundgesamtheit bei höchstens 2,05 Euro.

5.2.6.3 Berechnung von Konfidenzintervallen mit Stata

In Stata gibt es zwei Möglichkeiten, Konfidenzintervalle für Mittel- und Anteilswerte zu berechnen. Im einen Fall wird davon ausgegangen, dass die entscheidenden Parameter wie die Stichprobengröße, der Mittel- bzw. der Anteilswert sowie die Standardabweichung der Stichprobe bereits berechnet vorliegen. Durch die Befehlsfolge *Statistics → Summaries, tables, and tests → Summary and* descriptive *statistics → Normal CI Calculator* wird das Befehlsfenster zur Berechnung eines Konfidenzintervalls für einen Mittelwert (vgl. oberes Befehlsfenster in Abb. 5.16 für den Beispielfall aus der Datei *salatoel.dta)* geöffnet. Durch die Befehlsfolge *Statistics → Summaries, tables, and tests → Summary and descriptive statistics → Binomial CI Calculator* wird das Befehlsfenster zur Berechnung eines Konfidenzintervalls für einen Anteilswert aufgerufen (vgl. unteres Befehlsfenster in Abb. 5.16 für das Beispiel des Nahrungsmittelherstellers aus Abschn. 5.2.3). Durch Bestätigung durch *OK* erfolgt die gewünschte Berechnung.

In den seltensten Fällen liegen die Parameter aber vorab in berechneter Form vor, sodass der zweite Fall der Konfidenzintervallberechnung direkt aus einem Rohdatensatz die übliche Berechnungsart sein dürfte. Auch hier wollen wir den Datensatz *salatoel.dta* als Beispiel verwenden: Durch die Befehlsfolge *Statistics → Summaries, tables, and tests → Summary and descriptive statistics → Confidence intervals* öffnet sich das entsprechende Befehlsfenster. Unter *Variables: (leave empty for all variables)* sind die Variablen anzugeben, für die ein Konfidenzintervall berechnet werden soll (vgl.Abb. 5.17). Das ist in unserem Fall zunächst die metrische Variable Preis. Im gleichen Fenster ist unter *Confidence Level* das gewünschte Konfidenzniveau $(1-\alpha)$ für einseitige 95 %-Konfidenzintervalle einzutragen. Sollen einseitige Intervalle berechnet werden, ist hier der Wert für $(1-2\cdot\alpha)$ anzugeben (siehe Begründung im Abschn. 5.2.6.2). Mit Auswahl der *Continue* Schaltfläche kann das Fenster wieder geschlossen werden. Mit Bestätigung durch *OK* erfolgt die gewünschte Berechnung.

Die Interpretation der Ergebnisse erfolgt wiederum analog zu den mit SPSS ermittelten Ergebnissen:

1. Auf Basis der Stichprobe liegt bei zweiseitigen Konfidenzintervallen der wahre Mittelwert des Preises in der Grundgesamtheit mit 95 %-iger Sicherheit zwischen 1,97 Euro und 2,05 Euro. Der Standardfehler beträgt 0,02 Euro.

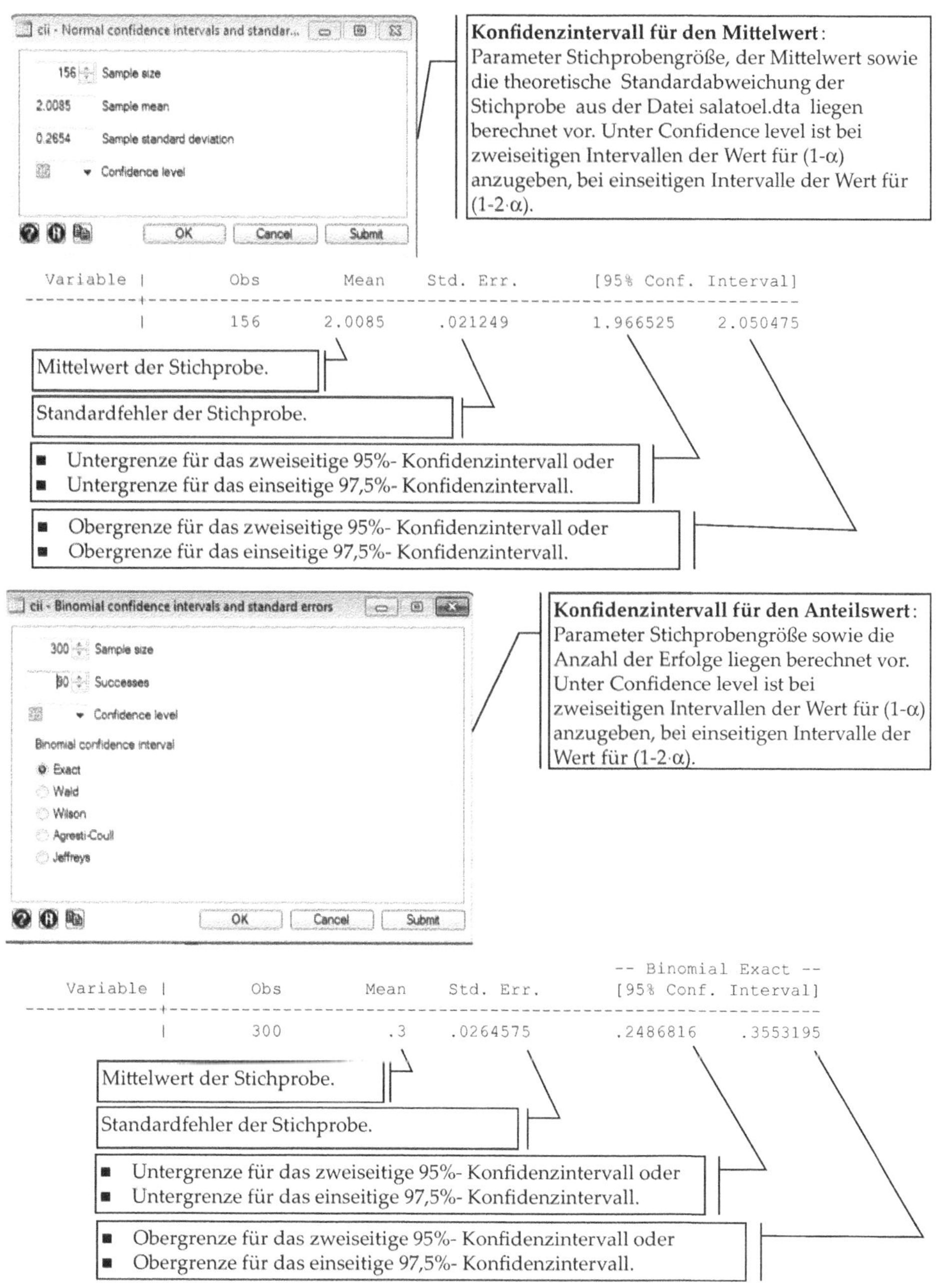

Abb. 5.16 Konfidenzintervallberechnung mit dem CI Calculator von Stata

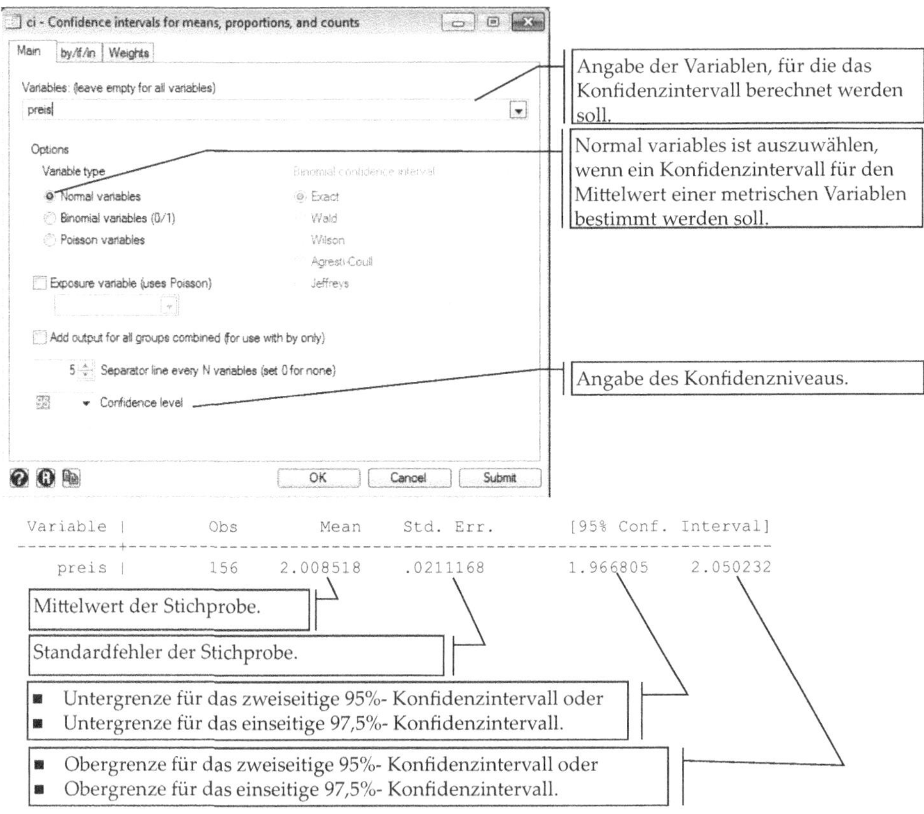

Abb. 5.17 Berechnung einseitiger und zweiseitiger Konfidenzintervalle für den Mittelwert mit Stata

2. Mit 97,5 %-iger Sicherheit liegt der wahre Mittelwert der Grundgesamtheit bei einem – auf der linken Seite beschränkten – einseitigen Konfidenzintervall bei mindestens 1,97 Euro.
3. Mit 97,5 %-iger Sicherheit liegt der wahre Mittelwert der Grundgesamtheit bei einem – auf der rechten Seite beschränkten – einseitigen Konfidenzintervall bei höchstens 2,05 Euro.

Hätte es sich bei der zu untersuchenden Variablen nun nicht um die metrische Variable Preis, sondern um die binäre Variable *tz* („Wurde das Produkt in der Woche X in der Tageszeitung beworben?" Ja = 1; Nein = 0) gehandelt, wäre die Vorgehensweise ähnlich gewesen: Im Befehlsfenster hätte lediglich die Option *Binomial variables (0/1)* gewählt werden müssen (vgl. Abb. 5.18). Mit 95 %-iger Sicherheit liegt der Anteil der Wochen mit Werbung für das Produkt in einer Tageszeitung zwischen 3,12 und 11,47 %.

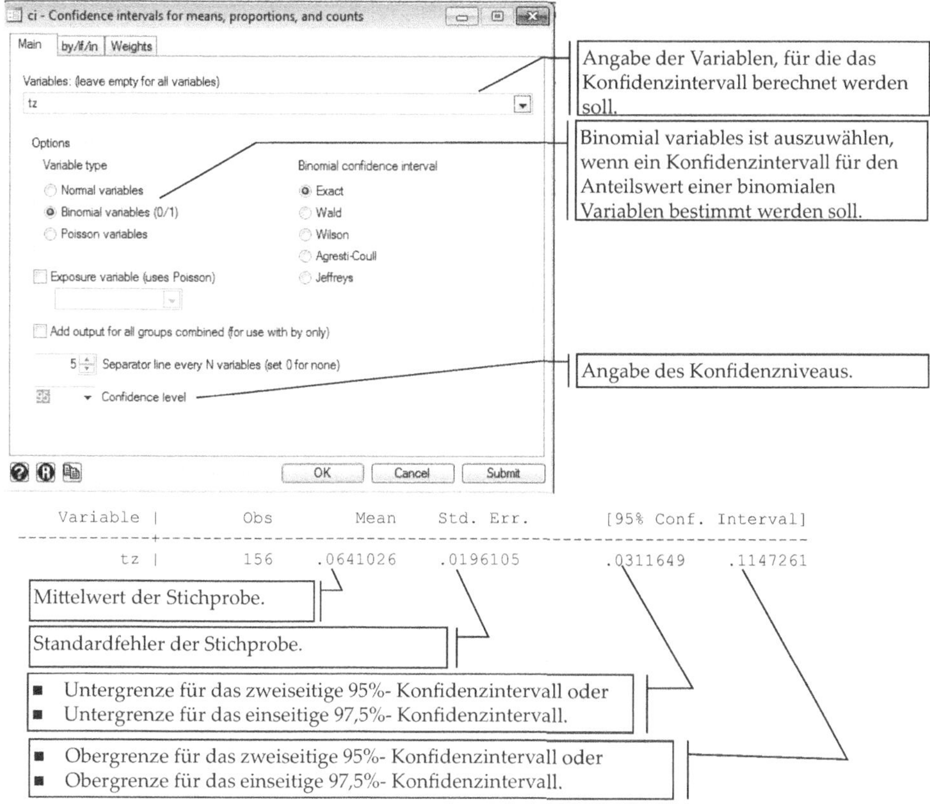

Abb. 5.18 Berechnung einseitiger und zweiseitiger Konfidenzintervalle für einen Anteilswert mit Stata

5.3 Übungsaufgaben zur Parameterschätzung

Aufgabe 31

Ein schwierig zu justierendes Metallschneidegerät schneidet von einem durchlaufenden Metallband Stücke ab, die eine bestimmte Länge μ haben sollen. Auch bei fest gewählter Einstellung kann es zu zufälligen Schwankungen in der Länge des Metallbandes kommen, wobei die Länge als normalverteilt anzunehmen ist.

a. Sie ziehen eine Stichprobe von 17 Bändern und ermitteln einen durchschnittlichen Wert von 150 cm bei einer empirischen Varianz von $S^2 = 5{,}76\,\text{cm}^2$. Bestimmen Sie ein 80 %-Konfidenzintervall für die durchschnittliche Bandlänge.

b. Wie groß müsste die Stichprobe mindestens sein, damit ein zweiseitiges 90 %-Konfidenzintervall der Durchschnittslänge der Metallbänder höchstens eine Länge von 1,2 cm hat?
c. Wie groß ist die anzunehmende Varianz mindestens, wenn ein Konfidenzniveau von 90 % angenommen wird?

Aufgabe 32

a. Wie kann man den Schätzfehler beim Schätzen eines Parameters einer Grundgesamtheit mittels einer Stichprobe reduzieren?
b. Wie kann man die Genauigkeit einer Schätzung von μ mittels einer Stichprobe verbessern?

Aufgabe 33
Pro Tag besuchen mehr als 10.000 Kunden Ihr Geschäft. Eine aus einer normalverteilten Grundgesamtheit gezogene Stichprobe von $n = 20$ aus Ihrem Geschäft ergibt eine empirische Varianz für die Verweildauer der Kunden von $S^2 = 10^2$ Minuten^2.

a. Bestimmen Sie das 99 %-Konfidenzintervall für die empirische Varianz!
b. Ermitteln Sie für das gleiche Geschäft das zweiseitige 95 %-Konfidenzintervall für die mittlere Verweildauer der Kunden! Die Stichprobe mit dem Umfang $n = 20$ ergibt eine mittlere Verweildauer von 55 Minuten.
c. Wie groß müsste die Stichprobe sein, damit das zweiseitige 95 %-Konfidenzintervall der durchschnittlichen Verweildauer höchstens eine Länge von 4 Minuten hat?

Aufgabe 34
Ihr Unternehmen „Leckermarkt" möchte seine Schokoladenmischung in neuer Verpackung auf den Markt bringen. Die Unternehmensführung ist sich allerdings noch über die Farbe der Verpackung unsicher. Bisher wurden die Pralinen in Gelb verpackt. In der Diskussion steht aber nun ebenfalls eine blaue Verpackung.

a. Im Rahmen einer Marktforschungsstudie in 25 der 200 deutschen Leckermärkte sollen Sie die Wirkung der Verpackungsfarben auf den wöchentlichen (normalverteilten) Absatz der deutschen Märkte untersuchen. Für die Pralinen in blauer Verpackung wird ein durchschnittlicher Wochenabsatz von 9982 Packungen bei einer empirischen Standardabweichung von 410 Packungen ermittelt. Bestimmen Sie ein 90 %-Konfidenzintervall für den erwarteten Absatz!
b. Wie ändert sich das Konfidenzintervall, wenn Sie eine höhere Vertrauens- bzw. Sicherheitswahrscheinlichkeit wählen? Begründen Sie Ihre Aussage!
c. Wie groß ist die wahre empirische Standardabweichung mit einer Wahrscheinlichkeit von 99,5 % mindestens?

Aufgabe 35

Ein Automobilhändler möchte wissen, wie viel Prozent seiner 1500 Kunden, die vor fünf Jahren ein Kfz bei ihm erworben haben, mit 95 %-iger Sicherheit weiterhin dieses Fahrzeug fahren. In einer Zufallsstichprobe von 250 Kunden fahren 207 Kunden heute ein anderes Fahrzeug.

a. Bestimmen Sie das entsprechende Konfidenzintervall!
b. Wie sähe das Konfidenzintervall bei gleicher Schätzung für den Anteilswert aus, wenn die Grundgesamtheit 10.000 Kunden betragen hätte?
c. Wie groß müsste die Stichprobe aus Aufgabenteil b) mindestens sein, damit die Länge des Konfidenzintervalls höchstens 6 Prozentpunkte beträgt?
d. Wie viele Kunden sind es mit 95 %-iger Sicherheit höchstens?
e. Wie viele Kunden sind es mit 95 %-iger Sicherheit mindestens, wenn von 60 Befragten noch 10 Kunden das Kfz des Händlers fahren würden?

5.4 Lösungen der Übungsaufgaben

Lösung 31

a. Die Grenzen des Konfidenzintervalls bei unbekannter Varianz berechnen sich durch:

$$\mu_{u/o} = \overline{x} \pm t_{1-\frac{\alpha}{2}}^{n-1} \hat{\sigma}_{\overline{x}}.$$

Da der Korrekturterm nicht nötig ist und bei Annahme der t-Verteilung (da $n < 30$) gilt:

$$\mu_{u/o} = \overline{x} \pm t_{1-\frac{\alpha}{2}}^{n-1} \hat{\sigma}_{\overline{x}} = \overline{x} \pm t_{1-\frac{0,2}{2}}^{17-1} \hat{\sigma}_{\overline{x}} = 150 \pm 1{,}337 \cdot 0{,}6 \rightarrow \mu_u = 149{,}1978; \mu_o = 150{,}8022.$$

b. Zur Bestimmung der Stichprobengröße kann die t-Verteilung nicht herangezogen werden, da die t-Werte selbst von der Stichprobengröße abhängen. Approximativ kann die Normalverteilung angenommen werden, wenn die errechnete Stichprobengröße den Wert 30 überschreitet. Für die Länge des Konfidenzintervalls mit unbekannter Varianz der Grundgesamtheit gilt somit:

$$e = 2 \cdot z_{1-\frac{\alpha}{2}} \sigma_{\overline{x}} = 2 \cdot z_{1-\frac{\alpha}{2}} \frac{S_{\text{emp}}}{\sqrt{n-1}} = 2 \cdot 1{,}65 \cdot \frac{2{,}4}{\sqrt{n-1}} = 1{,}2 \Rightarrow \sqrt{n-1}^2$$

$$= \left(\frac{2 \cdot 1{,}65 \cdot 2{,}4}{1{,}2}\right)^2$$

$$\Rightarrow n = \left(\frac{2 \cdot 1{,}65 \cdot 2{,}4}{1{,}2}\right)^2 + 1 = 44{,}56 \approx 45.$$

Da die Stichprobengröße weit über dem Wert 30 liegt, ist die Verwendung der Normalverteilung zulässig.

c. Das einseitige Konfidenzintervall (Untergrenze) berechnet sich durch:

$$P\left(\frac{nS^2}{\chi^2_{1-\alpha}} \leq \sigma^2\right) = 1-\alpha \Rightarrow P\left(\frac{17\cdot 2{,}4^2}{\chi^2_{1-0{,}1}} \leq \sigma^2\right) = 1-0{,}1$$

$$\Rightarrow P\left(\frac{17\cdot 2{,}4^2}{23{,}542} \leq \sigma^2\right) = 0{,}9 \Rightarrow P\left(4{,}16 \leq \sigma^2\right) = 0{,}9$$

Lösung 32

a. Durch Erhöhung des Stichprobenumfanges (n vergrößern).
b. Durch Erhöhung des Stichprobenumfanges (n vergrößern).

Lösung 33

a. Das zweiseitige Konfidenzintervall der Varianz berechnet sich durch:

$$P\left(\frac{nS^2}{\chi^2_{1-\frac{\alpha}{2};n-1}} \leq \sigma^2 \leq \frac{nS^2}{\chi^2_{\frac{\alpha}{2};n-1}}\right) = 1-\alpha$$

$$\Rightarrow P\left(\frac{20\cdot 10^2}{\chi^2_{1-\frac{0{,}01}{2};20-1}} \leq \sigma^2 \leq \frac{20\cdot 10^2}{\chi^2_{\frac{0{,}01}{2};20-1}}\right) = 1-0{,}01$$

$$\Rightarrow P\left(\frac{2000}{38{,}582} \leq \sigma^2 \leq \frac{2000}{6{,}844}\right) = 0{,}99 \Rightarrow P\left(51{,}837 \leq \sigma^2 \leq 292{,}228\right) = 0{,}99.$$

b. Die Grenzen des Konfidenzintervalls bei unbekannter Varianz berechnen sich durch: $\mu_{u/o} = \overline{x} \pm t^{n-1}_{1-\frac{\alpha}{2}}\hat{\sigma}_{\overline{X}}$. Da der Korrekturterm nicht nötig ist und bei Annahme der t-Verteilung (da $n < 30$) gilt:

$$\mu_{u/o} = \overline{x} \pm t^{n-1}_{1-\frac{\alpha}{2}}\hat{\sigma}_{\overline{X}} = \overline{x} \pm t^{20-1}_{1-\frac{0{,}05}{2}}\hat{\sigma}_{\overline{X}} = 55 \pm 2{,}093\cdot 2{,}2942 \rightarrow \mu_u = 50{,}198;\ \mu_o = 59{,}802$$

c. Zur Bestimmung der Stichprobengröße kann die t-Verteilung nicht herangezogen werden, da die t-Werte selbst von der Stichprobengröße abhängen. Approximativ kann die Normalverteilung angenommen werden, wenn die errechnete Stichprobengröße den Wert 30 überschreitet. Für die Länge des Konfidenzintervalls mit unbekannter Varianz der Grundgesamtheit gilt somit:

$$e = 2\cdot z_{1-\frac{\alpha}{2}}\sigma_{\overline{X}} = 2\cdot z_{1-\frac{\alpha}{2}}\cdot\frac{S_{\text{emp}}}{\sqrt{n-1}} = 4 \Rightarrow \sqrt{n-1}^2 = \left(\frac{2\cdot 1{,}96\cdot 10}{4}\right)^2$$

$$\Rightarrow n = \left(\frac{2\cdot 1{,}96\cdot 10}{4}\right)^2 + 1 = 97{,}04 \approx 98.$$

Da die Stichprobengröße weit über dem Wert 30 liegt, ist die Verwendung der Normalverteilung zulässig.

Lösung 34

a. Die Grenzen des Konfidenzintervalls bei unbekannter Varianz der Grundgesamtheit und bei $(n-1) \leq 30$ sowie $n/N > 0{,}05$ berechnen sich durch:

$$\mu_{\mathrm{u/o}} = \overline{x} \pm t_{1-\frac{\alpha}{2}}^{n-1} \hat{\sigma}_{\overline{x}} \cdot \sqrt{\frac{N-n}{N}} = \overline{x} \pm t_{1-\frac{\alpha}{2}}^{n-1} \frac{S_{\mathrm{emp}}}{\sqrt{n-1}} \cdot \sqrt{\frac{N-n}{N}}$$
$$= 9982 \pm 1{,}711 \frac{410}{\sqrt{25-1}} \cdot \sqrt{\frac{200-25}{200}}$$

$\rightarrow \mu_{\mathrm{u}} = 9848{,}06$; $\mu_{\mathrm{o}} = 10.115{,}94$ (durch Rundungen kann es zu leichten Abweichungen kommen).

b. Intervall wird länger. Grund: T-Wert steigt und größere Sicherheit erfordert größeres „Aktionsfeld“.

c. Die Untergrenze des einseitigen Konfidenzintervalls der empirischen Varianz berechnet sich durch:

$$P\left(\frac{n S_{\mathrm{emp}}^2}{\chi_{1-\alpha;n-1}^2} \leq \sigma^2\right) = 1 - \alpha \rightarrow P\left(\frac{25 \cdot 410^2}{\chi_{99{,}5\,\%;n-1}^2} \leq \sigma^2\right) = 99{,}5\,\%$$
$$\rightarrow P\left(92.244{,}014 \leq \sigma^2\right) = 99{,}5\,\%.$$

Für die Standardabweichung ergibt sich entsprechend: $P(\sqrt{92.244{,}014} \leq \sqrt{\sigma^2}) = P(303{,}717494 \leq \sigma) = 99{,}5\,\%$.

Lösung 35

Der Anteil der Kfz-Halter, die nach wie vor das Fahrzeug fahren, ist: $\overline{p} = 1 - \frac{207}{250} = 0{,}172$

a. Da $n/N = 0{,}167 > 0{,}05$, ermittelt sich das Konfidenzintervall wie folgt:

$$\mu_{\mathrm{u/o}} = \overline{p} \pm z_{1-\frac{\alpha}{2}} \cdot \hat{\sigma}_{\overline{p}} \cdot \sqrt{\frac{N-n}{N}} = 0{,}172 \pm 1{,}96 \cdot \sqrt{\frac{0{,}172 \cdot (1-0{,}172)}{250}} \cdot \sqrt{\frac{1500 \quad 250}{1500-1}}.$$

Der durchschnittliche Anteilswert in der Grundgesamtheit liegt mit 95 %-iger Sicherheit zwischen 12,9 und 21,5 %.

b. Das Konfidenzintervall ermittelt sich ohne Korrekturterm entsprechend wie folgt:

$$\mu_{\mathrm{u/o}} = \overline{p} \pm z_{1-\frac{\alpha}{2}} \cdot \hat{\sigma}_{\overline{p}} = 0{,}172 \pm 1{,}96 \cdot \sqrt{\frac{0{,}172 \cdot (1-0{,}172)}{250}}.$$

Der durchschnittliche Anteilswert in der Grundgesamtheit liegt mit 95 %-iger Sicherheit zwischen 12,5 und 21,9 %.

c. Der Mindestumfang der Stichprobe müsste $n = 608$ sein:

$$n = \frac{2^2 \cdot z^2_{1-\frac{\alpha}{2}} \cdot \overline{p} \cdot (1 - \overline{p})}{E^2} = \frac{2^2 \cdot 1{,}96^2 \cdot 0{,}172 \cdot (1 - 0{,}172)}{0{,}06^2} = 607{,}9 \rightarrow 608.$$

d. Es sind höchsten 21,1 % der Kunden:

$$\mu_o = \overline{p} + z_{1-\alpha} \cdot \hat{\sigma}_{\overline{p}} = 0{,}172 + 1{,}96 \cdot \sqrt{\frac{0{,}172 \cdot (1 - 0{,}172)}{250}} = 21{,}1\,\%.$$

e. Da die Bedingung $n \cdot \overline{p} \cdot (1 - \overline{p}) > 9$ nicht erfüllt ist, kann die Berechnung des Konfidenzintervalls auf Basis der Approximation durch die Normalverteilung nicht erfolgen.

Literatur

Fowler FJ (2002) Survey Research Methods, 3. Aufl. SAGE, London

Lewin C (2005) Elementary Quantitative Methods. In: Somekh B, Lewin C (Hrsg) Research Methods in the Social Sciences. SAGE, London, S 215–225

Oppenheim AN (1992) Questionnaire Design, Interviewing and Attitude Measurement. Continuum, London

Testverfahren

6

Zu den wichtigsten Techniken in der Statistik gehören die sogenannten Hypothesentests. Nimmt man den Begriff der Hypothese zunächst wörtlich (*lat.:* Unterstellung), dann geht es bei einer Hypothese um die Annahme über einen bestimmten Sachverhalt. Hypothesen sind Vermutungen, die in der empirischen Forschung nicht einer plötzlichen Eingebung oder einer „fixen Idee" entspringen, sondern sich aus theoretischen Vorüberlegungen ableiten sollten. Befindet man sich auf dem Weg der Wahrheitssuche, wird man versuchen, die Hypothesen kritisch zu prüfen und sie durch Zusammentragen empirischen Materials zu bestätigen (verifizieren) oder sie zu verwerfen (falsifizieren).

Zunächst könnte man der Auffassung sein, dass das Verifizieren einer Hypothese doch der direkte Weg zum Erkenntnisgewinn sein müsste. Karl Popper (1934) konnte in seinem Buch zur Logik in der Forschung mit einem schönen Beispiel aber belegen, dass im Rahmen empirischer Forschung ein Erkenntnisgewinn nur über die Falsifikation einer Hypothese erreicht werden kann: Er stellte sich die Frage, wie die Hypothese, es gäbe nur weiße Schwäne, empirisch belegbar sei. Beobachtet man in einer Feldforschung nun ausschließlich weiße Schwäne, so ist dies kein 100 %-iger Beleg für die Nichtexistenz eines schwarzen Schwanes. Die aufgestellte Hypothese wäre also nicht bewiesen. Beobachtet man hingegen einen schwarzen Schwan, so ist die Ausgangshypothese – alle Schwäne sind weiß – sofort und mit 100-iger Sicherheit widerlegt. Erst durch Falsifikation der Hypothese kann sich also ein Erkenntnisgewinn einstellen.

Auch bei statistischen Hypothesentests besitzt die Falsifikation der Ausgangshypothese eine besondere Bedeutung. Die hierzu von Neyman und Pearson (1928a, 1928b; 1937) entwickelte Technik des Hypothesentestens geht von der Existenz einer Nullhypothese H_0 und einer Gegenhypothese H_1 aus. Anhand einer Stichprobe wird – bei festgelegter maximaler Irrtumswahrscheinlichkeit α – die Nullhypothese H_0 statistisch getestet, um Auskunft über die Grundgesamtheit zu erlangen. Die festgelegte und maximale Irrtumswahrscheinlichkeit α wird auch als Signifikanzniveau bezeichnet.

T. Cleff, *Angewandte Induktive Statistik und Statistische Testverfahren*,
https://doi.org/10.1007/978-3-8349-6973-6_6

Bei der Technik des Hypothesentestens kann es zwei mögliche Ergebnisse geben:

1. Die Nullhypothese H_0 wird falsifiziert. Wir finden also sinnbildlich einen schwarzen Schwan in unserer Stichprobe. Durch Falsifikation können wir also mit einer maximalen Fehlerwahrscheinlichkeit von α davon ausgehen, dass H_1 gilt. I. d. R. werden in der H_1-Hypothese deshalb genau die Sachverhalte wie „es besteht ein Zusammenhang" oder „es bestehen Gruppenunterschiede" etc. formuliert, denn gerade diese sind in der empirischen Forschung von Interesse.
2. Die Nullhypothese H_0 kann nicht verworfen werden – man findet also keinen schwarzen Schwan, sondern nur weiße Schwäne in der Stichprobe. Wie wir wissen, ist dies kein ausreichender Beweis für die Gültigkeit der Nullhypothese H_0. Die einzig zulässige Schlussfolgerung ist, dass H_0 nicht verworfen werden kann, was nicht gleichbedeutend mit deren Beweis ist!

Im Unterschied zu Poppers Schwänen liegt die Besonderheit des statistischen Testens nun darin, dass die Entscheidung für die Hypothese H_1 immer mit einer vom Forscher festgelegten maximalen Fehlerwahrscheinlichkeit α einhergeht. Während die Existenz eines schwarzen Schwanes mit 100 %-iger Sicherheit die ausschließliche Existenz weißer Schwäne – also H_0 – widerlegt, erfolgt beim statistischen Testen die Annahme von H_1 nur mit einer festgelegten Sicherheit von $(1 - \alpha)$, die i. d. R. zwar nahe bei 100 %, aber eben doch darunter liegt. Diese Sicherheit wird als Sicherheitswahrscheinlichkeit (*engl.:* confidence level) bezeichnet. In der empirischen Forschung sollte man deshalb strenggenommen nie von einem statistischen Beweis, sondern nur von „Hypothesenunterstützung" oder vom „Verwerfen der Nullhypothese H_0" sprechen. Die A-priori-Festlegung und offene Kommunikation von Entscheidungsregeln, z. B. welche Sicherheit $(1 - \alpha)$ mindestens verlangt werden soll, ist deshalb von besonderer Bedeutung.

Dies bringt uns zum Thema des Entscheidungsrisikos. Zunächst könnte es so aussehen, als würde man das Risiko einer Fehlentscheidung mit der Festlegung einer maximal zulässigen Fehlerwahrscheinlichkeit α, also einer Fehlerwahrscheinlichkeit von nahe null, vollständig in den Griff bekommen. Dies ist aber nicht der Fall, denn der α-Fehler – der häufig auch als Fehler erster Art (*engl.:* Type I Error) bezeichnet wird – setzt zwar der fälschlichen Ablehnung von H_0 eine Höchstgrenze. Dieser Fehler kann aber nur dann begangen werden, wenn man sich auch für H_1 entscheidet. Entscheidet man sich hingegen dazu, H_0 nicht zu verwerfen, so kann dies entweder richtiger- oder fälschlicherweise geschehen. Das Risiko, H_0 irrtümlicherweise beizubehalten, bezeichnet man als Fehler zweiter Art (*engl.:* Type II Error) oder auch als β-Fehler. Beide Handlungsalternativen bergen somit unterschiedliche Risiken: Entschließt man sich für die Ablehnung von H_0, ist diese Entscheidung mit einer maximalen Wahrscheinlichkeit von α falsch. Entschließt man sich für die Beibehaltung von H_0, geschieht dies mit einem Risiko in Höhe des β-Fehlers. Der Zusammenhang zwischen Testentscheidung einerseits und Realität andererseits kann Abb. 6.1 entnommen werden. Die Wahrscheinlichkeit für die korrekte

		Tatbestand in der Realität	
		H_0 trifft zu: Patient hat AIDS	H_1 trifft zu: Patient hat kein AIDS
Entscheidung aufgrund eines Tests	H_0 wird beibehalten: Diagnose: AIDS	Kein Fehler Sicherheitswahrscheinlichkeit (1-α) *[Entdeckt 99,99% der Kranken richtig]*	**β-Fehler** **Fehler 2. Art** *[Entdeckt mit Wahrscheinlichkeit β Gesunde falsch]*
	H_0 wird verworfen (entspricht Annahme von H_1): Diagnose kein AIDS	**α-Fehler** **Fehler 1. Art** *[Entdeckt 0,01% der Kranken nicht]*	Kein Fehler Teststärke (1-β) *[Entdeckt mit Wahrscheinlichkeit (1-β) Gesunde richtig]*

Abb. 6.1 Fehlerwahrscheinlichkeiten bei Hypothesentests

Ablehnung von H_0 in der Höhe von $(1-\beta)$, bezeichnet man übrigens als Teststärke (*engl.:* power).

Der Unterschied des Fehlers erster und zweiter Art soll anhand eines Aids-Tests genauer erklärt werden: Der Student Müller muss im Rahmen seines Auslandsstudiums für sein Visa einen Aidstest vorlegen. Diesen lässt er von seinem Hausarzt durchführen. Nach drei Wochen erfährt er, dass sein Aidstest positiv ausgefallen ist. Auf die Frage, mit welcher Sicherheit er nun wirklich Aids habe, blättert sein – statistisch leider nicht so geschult – Hausarzt im Beipackzettel und sagt, der Test habe bei der Erkennung von kranken Patienten eine Genauigkeit von $(1-\alpha) = 99{,}99\,\%$. Das sei dann wohl auch die Wahrscheinlichkeit für eine Aidserkrankung des Studenten Müller.

Völlig aufgebracht sucht Student Müller deshalb eine Aidsberatung auf, bei dem ihm zunächst einmal folgendes erklärt wird: Der Test definiert den schwerwiegendsten α-Fehler als die Diagnose „H_1: Der Patient ist gesund", obwohl in Wirklichkeit „H_0: Patient ist an AIDS erkrankt" gilt:

$$\alpha = P(H_1 \text{ angenommen} | H_0 \text{ trifft zu}) = 0{,}01\,\%. \tag{6.1}$$

Da aber Student Müller die Entscheidung „H_0: Der Patient ist erkrankt" mitgeteilt worden ist, kann der α-Fehler gar nicht mehr eintreten, sondern nur noch der β-Fehler. Dessen Größe ist dem Beipackzettel nicht entnehmbar. Er liegt übrigens bei Tests, die Kranke und Gesunde mit einer Wahrscheinlichkeit von 99,99 % richtig diagnostizieren bei $\beta = 50\,\%$! Erst jetzt wird dem Studenten Müller die Bedeutung der zwei Fehlerarten klar, von denen sein Statistikprofessor immer gesprochen hat. Erst ein weiterer Aidstest würde die Unsicherheit stark reduzieren, denn die Wahrscheinlichkeit einer HIV-Infektion liegt bei zwei aufeinanderfolgenden positiven Tests bei rund 99,8 Prozent.

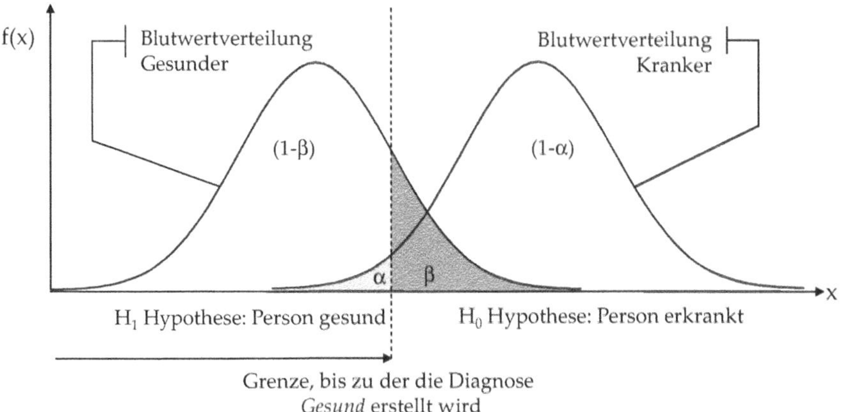

Abb. 6.2 Darstellung von Fehlerwahrscheinlichkeiten (Bsp.: Krankheitsdiagnose)

Wie verhalten sich α-Fehler und β-Fehler nun zueinander? Die Größe des α-Fehlers gibt keine direkte Auskunft über den Fehler der fälschlichen Beibehaltung von H_0. Dennoch wird durch das Setzen des α-Fehlers automatisch die Größe des β-Fehlers festgelegt: In Abb. 6.2 sind beispielhaft die Blutwertverteilungen von gesunden und kranken Patienten dargestellt. Es ist zu erkennen, dass die Blutwerte kranker Patienten tendenziell nach rechts verschoben sind. Aber auch gesunde Patienten können erhöhte Blutwerte aufweisen, weshalb sich die beiden Kurven überlappen. Legt man nun eine Grenze fest, ab der eine Krankheit diagnostiziert wird, geschieht dies für einen Teil der Gesunden zu Unrecht (β-Fehler). Ein Teil der Erkrankten wird hingegen fälschlicherweise nicht erkannt (α-Fehler). Möchte man nun den α-Fehler verkleinern, indem man die Grenze, ab der man eine Krankheit diagnostiziert, nach links verschiebt, erhöht sich automatisch der β-Fehler. Je kleiner der α-Fehler gewählt wird, umso größer wird also tendenziell der β-Fehler und vice versa. Somit lassen sich nicht alle Entscheidungsrisiken eines Tests einfach reduzieren.[1]

Kommen wir nun zu der Frage, welches statistische Testverfahren in welcher Situation anzuwenden ist. Letztlich ist diese Entscheidung abhängig vom Forschungsziel: Steht die Entdeckung signifikanter Zusammenhänge zweier Variablen im Vordergrund der Untersuchung, so spricht man vom Testen von Zusammenhangshypothesen. Besteht beispielsweise ein Zusammenhang zwischen den Variablen Geschlecht und Einkommen? Geprüft wird also:

H_0: Es besteht kein Zusammenhang zwischen Geschlecht und Einkommen.
H_1: Es besteht ein Zusammenhang zwischen Geschlecht und Einkommen.

[1] Eine mögliche Maßnahme stellt in der Praxis die Erhöhung des Stichprobenumfanges dar. Hierdurch erhöht sich die Schätzgenauigkeit, sodass der Überlappungsbereich der beiden Verteilungen kleiner wird.

Abhängige (Gepaarte) Stichprobe

Person	Präferenz vor der Werbemaßnahme	Präferenz nach der Werbemaßnahme
1	3	4
2	2	5
3	4	4
4	5	4
5	3	5

Messreihen über die Person miteinander Verbunden, also „abhängig voneinander".

Unabhängige Stichprobe

Geschlecht (Gruppierungsvariable)	Präferenz für eine Werbemaßnahme
M	3
M	2
W	4
W	5
W	3

Stichprobe lässt sich mit Hilfe der Gruppierungsvariablen in zwei unabhängige Teilstichproben (M/W) zerlegen.

Abb. 6.3 Datenstruktur unabhängiger und abhängiger Stichproben

Statistikpakete liefern für Zusammenhangsmaße sogenannte p-Werte (*engl.:* p-values), welche Auskunft darüber geben, mit welcher Wahrscheinlichkeit man sich irrt, wenn man von einem Zusammenhang der Variablen ausgeht.

In der Praxis besitzen aber Unterschiedshypothesen weitaus mehr Bedeutung, weshalb wir uns im weiteren Verlauf auf diese konzentrieren werden. Dabei wird zwischen Tests für abhängige Stichproben (*engl.:* dependent samples) und Tests für unabhängige Stichproben (*engl.:* independent samples) unterschieden. Erstere Tests beantworten die Frage, ob sich die Messwerte mindestens zweier Messreihen unterscheiden. Die einzelnen Werte der Messreihen sind jeweils einer Person oder einem Objekt zugeordnet. Handelt es sich um genau zwei Messreihen spricht man deshalb auch von gepaarten Stichproben (*engl.:* paired sample). Ein typisches Beispiel ist die Präferenzmessung vor und nach einer Werbemaßnahme (Messwiederholung). Es liegen für jede Person – also für jede Zeile im Datensatz – zwei (gepaarte) Werte vor und es interessiert die Frage, ob sich die Durchschnittswerte der beiden Messreihen signifikant voneinander unterscheiden (vgl. linke Grafik in Abb. 6.3). Geprüft wird in diesem Fall:

H_0: Die Präferenzen der Zielgruppe unterscheiden sich vor und nach der Werbemaßnahme nicht.

H_1: Die Präferenzen der Zielgruppe unterscheiden sich vor und nach der Werbemaßnahme.

Ein Test für unabhängige Stichproben beantwortet z. B. die Frage, ob sich der Mittelwert von Gruppen unterscheidet. Es liegt also eine Variable vor, die den Datensatz in mindestens zwei (nicht unbedingt gleich große) Gruppen unterteilt. Für eine weitere Variable werden die gruppenspezifischen Mittelwerte gebildet und überprüft, ob sie sich signifikant voneinander unterscheiden. Diese Testverfahren werden unabhängig genannt, weil die Gesamtstichprobe mit Hilfe der Gruppierungsvariablen in unabhängige Unterstichproben

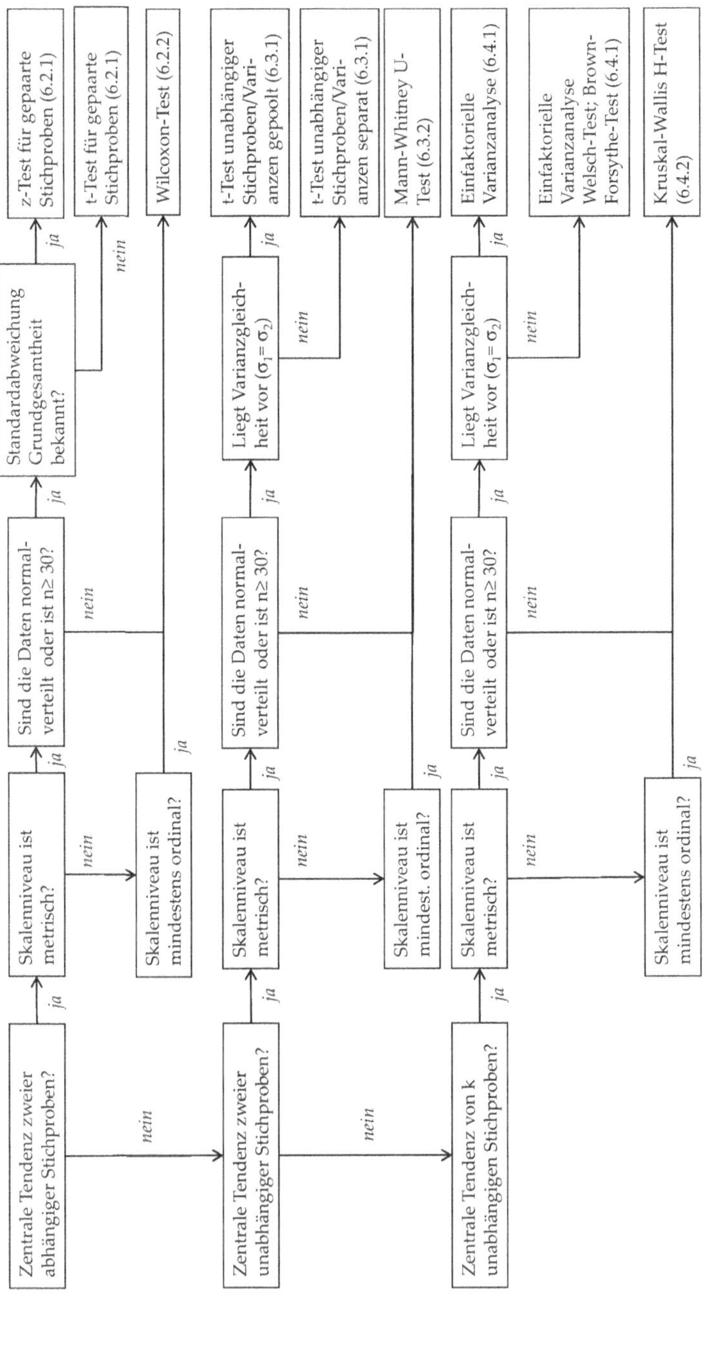

Abb. 6.4 Testverfahren zum Vergleich von Parametern zur zentralen Tendenz

aufgeteilt werden kann. Ein Beispiel wäre die Fragestellung, ob sich die Präferenzen für eine Werbemaßnahme zwischen Männern und Frauen unterscheiden (vgl. rechte Grafik in Abb. 6.3). Geprüft wird:

H_0: Die Präferenzen zwischen Männern und Frauen für die Werbemaßnahme unterscheiden sich nicht.
H_1: Die Präferenzen zwischen Männern und Frauen für die Werbemaßnahme unterscheiden sich.

Erfüllen die Daten bestimmte Verteilungsannahmen – i. d. R. die der Normalverteilung – spricht man von parametrischen Testverfahren (*engl.:* parametric tests), ansonsten von nicht-parametrischen Testverfahren (*engl.:* nonparametric tests). Liegen nominal- oder ordinalskalierte Daten vor, eignen sich i. d. R. nur nicht-parametrische Testverfahren.

Zusammenfassend lässt sich somit feststellen, dass es bei der Frage, welcher Test angewendet werden sollte, keine allgemein gültige Antwort gibt. Das anzuwendende Verfahren ist abhängig vom Forschungsziel, vom Skalenniveau und von der Verteilung der verwendeten Daten. Die wichtigsten Testverfahren untersuchen den Tatbestand, ob sich Parameter zur Bestimmung der zentralen Tendenz voneinander unterscheiden. Die wichtigsten Kennwerte zur Beschreibung der zentralen Tendenz sind das arithmetische Mittel, der Modalwert und der Median. Wann welches Verfahren dabei zur Anwendung kommt, ist in Abb. 6.4 wiedergegeben. Die Verfahren werden im Einzelnen in den Abschn. 6.1 bis Abschn. 6.4 vorgestellt.

6.1 Tests für eine Stichprobe

6.1.1 Einstichproben-Gauß-Test (σ bekannt)

Anhand des Einstichproben-Gauß-Tests (z-Tests) und des Einstichproben-t-Tests wollen wir die durchzuführenden Schritte eines Hypothesentests genauer beleuchten. Betrachten wir zunächst folgendes Beispiel: Ein Reifenhersteller hat die Mischung eines seiner Reifen verändert. Vom alten Modell kannte man aus Erfahrung die durchschnittliche Laufleistung $\mu_0 = 40.000\,\text{km}$ bei einer Standardabweichung von $\sigma_0 = 2000\,\text{km}$. Die Frage ist: Hat sich durch die neue Reifenmischung die durchschnittliche Laufleistung signifikant verändert?

1. Schritt: Formulierung der Hypothesen
In einem ersten Schritt ist somit festzulegen, ob es sich bei der Fragestellung um einen zweiseitigen (*engl.:* two-tailed test) oder um einen einseitigen Hypothesentest (*engl.:* one-tailed test) handelt. Da die Laufleistung sowohl gestiegen als auch gesunken sein kann, handelt es sich um einen zweiseitigen Hypothesentest. Die Hypothesen lauten dann wie folgt:

H_0: $\mu = \mu_0 = 40.000\,\text{km}$
H_1: $\mu \neq \mu_0 = 40.000\,\text{km}$

Wäre die Fragestellung gewesen, ob sich die Laufleistung signifikant erhöht hat, wäre es nur um eine Wirkungsrichtung gegangen, also um einen einseitigen Hypothesentest. Die Hypothesen dafür wären:

H_0: $\mu \leq \mu_0 = 40.000\,\text{km}$
H_1: $\mu > \mu_0 = 40.000\,\text{km}$

Der Idee Poppers folgend, ist die zu beweisende Annahme, dass die Laufleistung steigt, in der Alternativhypothese H_1 formuliert. Im umgekehrten Fall, also bei der Frage, ob die Laufleistung zurückgegangen ist, hätten die Hypothesen wie folgt ausgesehen:

H_0: $\mu \geq \mu_0 = 40.000\,\text{km}$
H_1: $\mu < \mu_0 = 40.000\,\text{km}$

2. Schritt: Festlegung des Signifikanzniveaus α
Im nächsten Schritt erfolgt die Festlegung des Signifikanzniveaus α, also der maximal zulässigen Wahrscheinlichkeit, bei der H_0 irrtümlicherweise abgelehnt wird, obwohl die Hypothese zutrifft. Die Festlegung der Größe von α obliegt dem Forscher selbst. In der Regel wird α bei den Schwellenwerten 1 %, 5 % oder 10 % festgelegt, wobei die 5 %-Schwelle die gängigste Größe für α ist. Der maximal zulässige α-Fehler wird an dieser Stelle auf $\alpha = 0{,}05$ festgelegt.

3. Schritt: Ziehung der Stichprobe
Zur Überprüfung der Hypothese wird nun eine Stichprobe vom Umfang $n = 100$ gezogen. Die durchschnittliche – und als normalverteilt angenommene – Laufleistung in dieser Stichprobe liegt bei $\overline{x} = 40.200\,\text{km}$.

4. Schritt: Überprüfung der Testvoraussetzungen

Metrisches oder annähernd metrisches Skalenniveau	✓
Es liegt eine Zufallsstichprobe vor	✓
Variable ist in der Grundgesamtheit annähernd normalverteilt oder die Stichprobe ist groß genug ($n \geq 30$)	✓
Varianz der Grundgesamtheit ist bekannt	✓

5. Schritt: Bestimmung der kritischen Testwerte
Kommen wir an dieser Stelle zur zweiseitigen Fragestellung zurück. Sollte die Annahme, dass H_0: $\mu = \mu_0 = 40.000$ gilt, zutreffen, dann müsste mit gegebener Sicherheitswahrscheinlichkeit $(1-\alpha)$ der Mittelwert der Stichprobe in einem Wahrscheinlichkeitsintervall mit gegebener Unter- und Obergrenze liegen (vgl. Abb. 6.5):

$$P(c_\text{u} \leq \overline{x} \leq c_\text{o}) = 1 - \alpha. \tag{6.2}$$

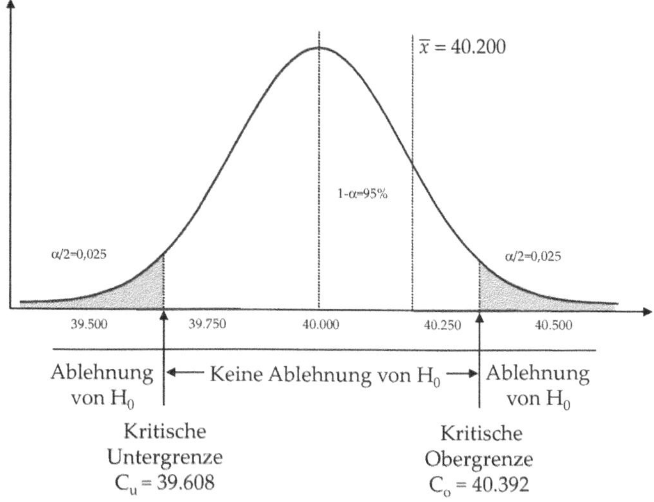

Abb. 6.5 Ablehnungsbereiche für die Nullhypothese

In Abb. 6.5 entsprechen diese Grenzen den kritischen Werten an den Rändern der Normalverteilung. Standardisieren wir nun die Verteilung, stellen die Quantile $-z_{(1-\alpha/2)}$ und $+z_{(1-\alpha/2)}$ die Unter- bzw. Obergrenze des jeweils transformierten z-Wertes dar:

$$P\left(-z_{1-\frac{\alpha}{2}} \leq \frac{\overline{x}-\mu_0}{\sigma_{\overline{x}}} \leq +z_{1-\frac{\alpha}{2}}\right) = 1-\alpha. \tag{6.3}$$

Durch einfache Umformung ergibt sich:

$$P(\mu_0 - z_{1-\frac{\alpha}{2}}\sigma_{\overline{x}} \leq \overline{x} \leq \mu_0 + z_{1-\frac{\alpha}{2}}\sigma_{\overline{x}}) = 1-\alpha. \tag{6.4}$$

Wir können nun die aus der Hypothese und aus der Stichprobe bekannten Werte einsetzen. Dabei entspricht:

- μ_0 dem in H_0 angenommenen hypothetischen Wert von $\mu_0 = 40.000\,\text{km}$;
- $\sigma_{\overline{x}}$ dem Standardfehler, der sich entweder aus einer bekannten Standardabweichung der Grundgesamtheit mit

$$\sigma_{\overline{x}} = \frac{\sigma}{\sqrt{n}} \tag{6.5}$$

  ergibt oder sich als Schätzwert durch die Standardabweichung der Stichprobe mit

$$\hat{\sigma}_{\overline{x}} = \frac{S_{\text{theor}}}{\sqrt{n}} \tag{6.6}$$

  ermitteln lässt (siehe zu letzterem Abschn. 6.1.2);

- α dem Wert für die Fehlerwahrscheinlichkeit. Dieser Wert wurde von uns auf $\alpha = 5\,\%$ festgelegt. Da es sich um einen zweiseitigen Test handelt, verteilt sich die Irrtumswahrscheinlichkeit jeweils hälftig auf die rechte und linke Seite der Verteilung, sodass folgendes gilt:

$$P\left(40.000 - z_{0,975}\frac{2000}{\sqrt{100}} \leq \overline{x} \leq 40.000 + z_{0,975}\frac{2000}{\sqrt{100}}\right) = 0,95 \quad (6.7)$$

$$P\left(40.000 - 1,96\frac{2000}{\sqrt{100}} \leq \overline{x} \leq 40.000 + 1,96\frac{2000}{\sqrt{100}}\right) = 0,95 \quad (6.8)$$

$$P(39.608 \leq \overline{x} \leq 40.392) = 0,95. \quad (6.9)$$

6. Schritt: Bestimmung des empirischen Testwerts
Die durchschnittliche Laufleistung aus der Stichprobe beträgt 40.200 km.

7. Schritt: Testentscheidung
Unter der Annahme von H_0, dass der Mittelwert der Verteilung bei $\mu_0 = 40.000$ liegt, ergibt sich in 95 % der Fälle ein Stichprobenmittel, das zwischen den kritischen Grenzen 39.608 und 40.392 liegt. Analog sind die Ablehnungsbereiche für H_0 die Intervalle $[-\infty; 39.608[$ und $]40.392; \infty]$. Der durch die Stichprobe ermittelte Wert $\overline{x} = 40.200$ fällt nicht in den Ablehnungsbereich von H_0, weshalb H_0 nicht verworfen werden kann.

In Abb. 6.6 wird die Berechnung von Einstichproben-Tests unter verschiedenen Bedingungen als Flussdiagramm zusammenfassend dargestellt. Dabei wird nochmals genau unterschieden, ob die Standardabweichung der Grundgesamtheit von vornherein bekannt ist (vgl. linken Ast in Abb. 6.6) oder nicht (vgl. rechten Ast in Abb. 6.6). Im ersten Fall spricht man von einem z-Test, im zweiten Fall von einem t-Test. Der oben durchgeführte Test entspricht somit dem des z-Tests.

6.1.2 Einstichproben-t-Test (σ unbekannt)

Auch den t-Test wollen wir mit Hilfe eines Beispiels erarbeiten: Ein Forscherteam hat eine neue Antriebstechnik für Lkws entwickelt, die angeblich weniger Dieselkraftstoff benötigt als die alte Antriebstechnologie. Im Rahmen einer Versuchsreihe mit 20 Testfahrzeugen ergibt sich ein Verbrauch von durchschnittlich 15 Litern bei einer theoretischen Varianz von 25 Litern^2. Im Gegensatz zum Beispiel aus Abschn. 6.1.1 ist hier zwar die Varianz der Stichprobe, aber nicht die Varianz der Grundgesamtheit bekannt, weshalb später auch der t-Test und nicht der Gauß-Test zur Anwendung kommt. Der Treibstoffverbrauch kann als normalverteilt angenommen werden. Die Geschäftsleitung möchte die neue Technologie nur dann einführen, wenn sie mit 99,5 %-iger Sicherheit davon ausgehen kann, dass der Treibstoffverbrauch tatsächlich geringer als mit der alten Antriebstechnologie ist. Die alte Antriebstechnologie hatte einen Durchschnittsverbrauch von 17,5 Litern. Es soll statis-

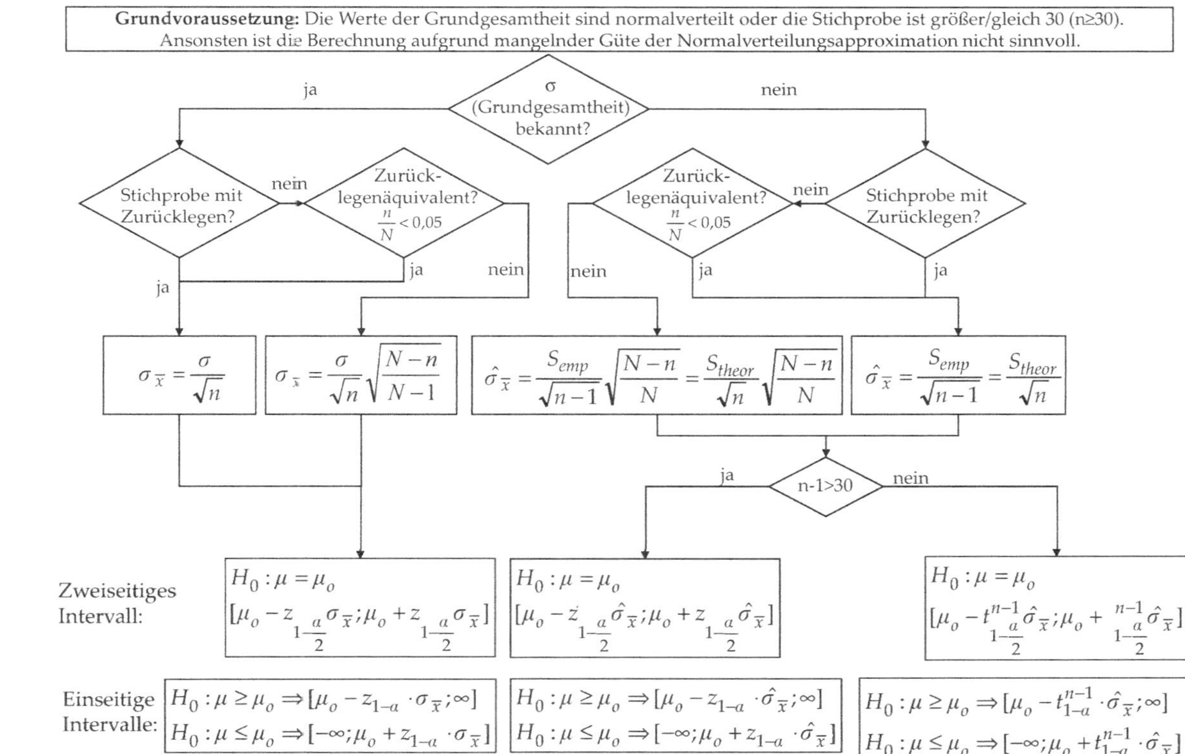

Lesehilfe:
Liegt der durch eine Stichprobe ermittelte Mittelwert innerhalb des angegebenen Intervalls, kann die H_0-Hypothese nicht verworfen werden. Die Größe des β-Fehlers (fälschliche Beibehaltung von H_0) ist unbekannt. Liegt der Wert außerhalb des angegebenen Intervalls, wird die H_0-Hypothese mit einer Irrtumswahrscheinlichkeit von α (also mit einer Sicherheit von 1-α) verworfen. Der wahre Mittelwert der Grundgesamtheit unterscheidet sich signifikant vom angenommenen Wert μ_0.

Abb. 6.6 Berechnungen des Einstichproben-Gauß-Tests und des Einstichproben-*t*-Tests

tisch untersucht werden, ob die Forderung der Geschäftsführung gehalten werden kann. Analog zum z-Test sind folgende Schritte zu durchlaufen:

1. Schritt: Formulierung der Hypothesen
Es handelt sich bei der vorliegenden Fragestellung um einen einseitigen Hypothesentest, denn die Geschäftsführung will die neue Technologie einführen, wenn diese nachweislich weniger verbraucht. Die H_1-Hypothese muss nun so formuliert werden, dass der α-Fehler den schwerwiegenden Fehler im Entscheidungsprozess darstellt. Mögliche Hypothesenkombinationen aus Sicht der Geschäftsführung sind:

H_0: $\mu < \mu_0 = 17{,}5$ Liter versus H_1: $\mu \geq \mu_0 = 17{,}5$ Liter

In diesem Fall entspräche der α-Fehler der Beibehaltung der alten Technologie (H_1: $\mu \geq \mu_0 = 17{,}5$ Liter), obwohl die neue effizienter wäre (H_0: $\mu < \mu_0 = 17{,}5$).

H_0: $\mu \geq \mu_0 = 17{,}5$ Liter versus H_1: $\mu < \mu_0 = 17{,}5$ Liter

Hier entspräche der α-Fehler dem der Entscheidung für die neue Technologie (H_1: $\mu < \mu_0 = 17{,}5$ Liter), obwohl sie nicht effizienter ist (H_0: $\mu \geq \mu_0 = 17{,}5$).

Der zweite Fall ist aus Sicht der Geschäftsführung der „schwerwiegendere Fehler“ (α-Fehler), da auf eine bestenfalls gleich gute Technologie gesetzt wird. Die Geschäftsführung wird deshalb diesen Fehler kontrollieren wollen und dessen Wahrscheinlichkeit mit α festlegen. Entsprechend ist folgendes zu prüfen:

H_0: $\mu \geq \mu_0 = 17{,}5$ Liter versus H_1: $\mu < \mu_0 = 17{,}5$ Liter

2. Schritt: Festlegung des Signifikanzniveaus α
Der maximal zulässige α-Fehler ist von der Geschäftsleitung auf $\alpha = 0{,}5\,\%$ festgelegt.

3. Schritt: Ziehung der Stichprobe
Es wurde eine Stichprobe im Umfang von n=20 gezogen. Die Daten sind annähernd normalverteilt.

4. Schritt: Überprüfung der Testvoraussetzungen

Metrisches oder annähernd metrisches Skalenniveau	✓
Es liegt eine Zufallsstichprobe vor	✓
Variable ist in der Grundgesamtheit annähernd normalverteilt oder die Stichprobe ist groß genug ($n \geq 30$)	✓
Varianz der Grundgesamtheit ist unbekannt	✓

5. Schritt: Bestimmung der kritischen Testwerte
Auf Basis von Abb. 6.6 erfolgen nun die Berechnungen des Einstichproben-t-Tests: Die Varianz der Grundgesamtheit ist unbekannt und die Daten gelten als annähernd normalverteilt. Es handelt sich um eine Stichprobe ohne Zurücklegen, allerdings kann die Größe der Grundgesamtheit N als sehr groß angenommen werden, sodass sich aufgrund von $\frac{n}{N} < 0{,}05$ der Standardfehler wie folgt berechnet:

$$\hat{\sigma}_{\overline{x}} = \frac{S_{\text{theor}}}{\sqrt{n}} = \frac{5}{\sqrt{20}} = 1{,}118. \tag{6.10}$$

Da $(n-1)$ nicht größer als 30 ist, kann H_0 nicht verworfen werden, wenn $\overline{x}$ im Intervall $[\mu_0 - t_{1-\alpha}^{n-1}\hat{\sigma}_{\overline{x}}; \infty]$ liegt. Nach Einsetzen und Berechnung ergibt sich:

$$\left[17{,}5 - t_{99{,}5}^{19} \cdot 1{,}118; \infty\right] \tag{6.11}$$

$$= [17{,}5 - 2{,}861 \cdot 1{,}118; \infty] \tag{6.12}$$

$$= [14{,}3; \infty]\,. \tag{6.13}$$

6. Schritt: Bestimmung des empirischen Testwerts
Die Stichprobe ergibt einen Durchschnittsverbrauch von $\overline{x} = 15$ Litern (Testgröße) bei einer theoretischen Varianz von $S_{\text{theor}}^2 = 25$ Litern^2.

7. Schritt: Testentscheidung
Bei gegebenem Signifikanzniveau von $\alpha = 0{,}5\,\%$, wird H_0: $\mu \geq \mu_0 = 17{,}5$ Liter nicht abgelehnt, da der Mittelwert der Stichprobe $\overline{x} = 15$ Liter in den Bereich fällt, der eine Ablehnung von H_0 nicht erlaubt. Es ist statistisch somit nicht bewiesen, dass der neue Antrieb weniger als 17,5 Liter benötigt.

6.1.3 Überschreitungswahrscheinlichkeit p

An dieser Stelle kann man sich die Frage stellen, wie groß die Wahrscheinlichkeit einer irrtümlichen Annahme von H_1 tatsächlich ist. Diese wird auch als Überschreitungswahrscheinlichkeit oder p-Wert (*engl.*: p-value) bezeichnet und gibt an, wie wahrscheinlich die empirische Prüfgröße – in unserem Fall $\overline{x}$ – unter der Annahme der Nullhypothese ist. Diese p-Werte berechnen sich bei zweiseitigem Hypothesentest mit

$$p = 2 \cdot \left(1 - P\left(t^{n-1} \leq t_{\text{kritisch}} = \left|\frac{\overline{x} - \mu_0}{\sigma_{\overline{x}}}\right|\right)\right) \tag{6.14}$$

und bei einseitigen Hypothesentests mit

$$p_{\text{links}} = P\left(t^{n-1} \leq t_{\text{kritisch}} = \frac{\overline{x} - \mu_0}{\sigma_{\overline{x}}}\right) \text{ für } H_1\colon \mu < \mu_0 \quad (6.15)$$

$$p_{\text{rechts}} = \left(1 - P\left(t^{n-1} \leq t_{\text{kritisch}} = \frac{\overline{x} - \mu_0}{\sigma_{\overline{x}}}\right)\right) \text{ für } H_1\colon \mu > \mu_0. \quad (6.16)$$

Für unser einseitiges Beispiel bedeutet dies:

$$p_{\text{links}} = P\left(t^{19} \leq t_{\text{kritisch}} = \frac{15 - 17{,}5}{1{,}118}\right) \quad (6.17)$$

$$p_{\text{links}} = P\left(t^{19} \leq t_{\text{kritisch}} = -2{,}236\right) \quad (6.18)$$

Aus der t-Tabelle ergibt sich bei $n = 19$ Freiheitsgraden für den Wert $t_{\text{kritisch}} = (-2{,}236)$ ein p-Wert für einen einseitigen Test, der zwischen $(1-0{,}975) = 2{,}5\,\%$ und $(1-0{,}99) = 1\,\%$ liegt. Mit Excel kann dieser Wert mit dem Befehl *=(T.VERT(-2.236;19;1))* mit 1,88 % genau bestimmt werden. Für den p-Wert des linksseitigen Tests ergibt sich entsprechend:

$$p_{\text{links}} = P\left(t^{19} \leq t_{\text{kritisch}} = -2{,}236\right) = 1{,}88\,\%. \quad (6.19)$$

Das bedeutet, dass man sich in $p = 1{,}88\,\%$ der Fälle irrt, wenn man auf Basis der Stichprobe davon ausgeht, dass die neue Antriebstechnologie effizienter ist, also H_1: $\mu < \mu_0 = 17{,}5$ Liter angenommen wird. Alle Statistikpakete weisen gemeinsam mit der Teststatistik den p-Wert aus, sodass die Testentscheidung auch auf dieser Basis getroffen werden kann: Ist der p-Wert kleiner als das vorab festgelegte α, wird H_0 verworfen und vice versa.

6.1.4 Einstichproben-*t*-Test mit SPSS, Stata und Excel

Ein Marktforscher möchte mit 95 %-iger Sicherheit entscheiden, ob sich die wöchentlichen Absatzzahlen von drei unterschiedlichen Firmen signifikant vom Wert 40.000 verkaufter Produkte unterscheiden. Hierzu erhebt er über 20 Wochen die Absätze der jeweiligen Produkte. Die Daten liegen als SPSS-Datei *(t_test.sav)*, als Stata-Datei *(t_test.dta)* und als Excel-Datei *(t_test.xls)* vor und sind im rechten Teil in Abb. 6.7 dargestellt.

Die Befehlsfolge in SPSS lautet *Analyze* → *Compare Means* → *One-Sample T Test* …[2] Es öffnet sich das in Abb. 6.7 links dargestellte Fenster. Der zu testende Vergleichswert – in unserem Fall 40.000 – ist unter *Test Value* anzugeben. Unter *Test Variables List* erfolgt die Angabe der zu testenden Variablen – in unserem Fall sind das die Absatzzahlen der drei Firmen.

[2] In der deutschsprachigen SPSS Version ist die Befehlsfolge *Analysieren* → *Mittelwerte Vergleichen* → *t-Test bei einer Stichprobe* …

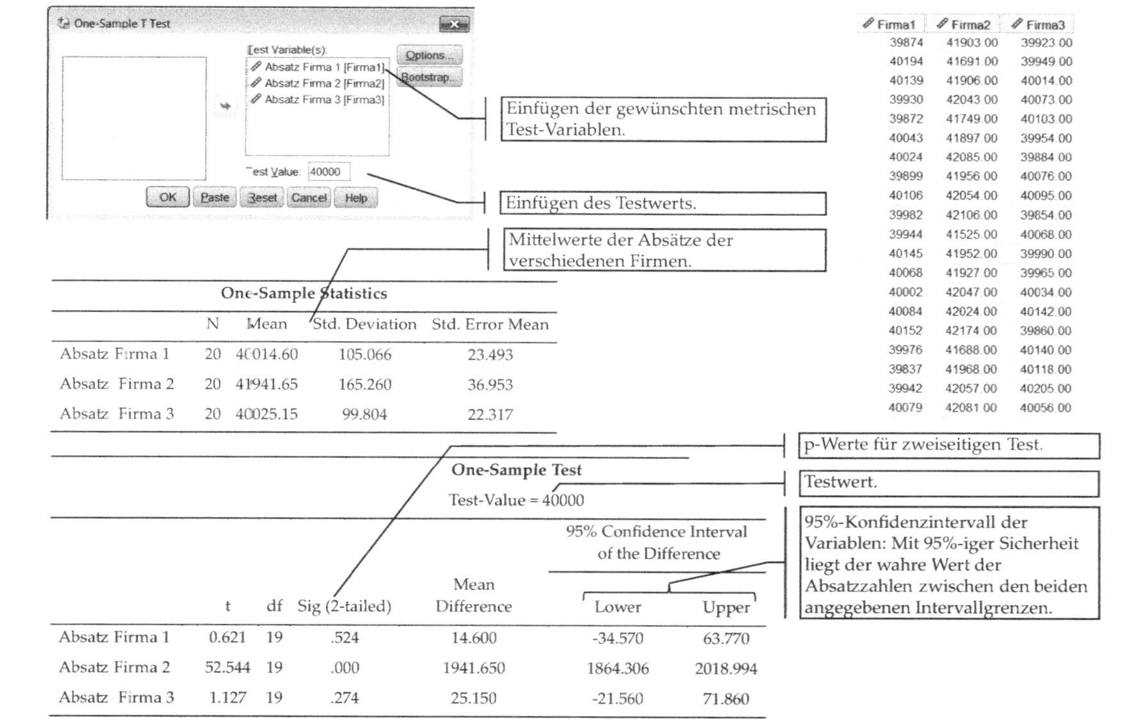

Firma1	Firma2	Firma3
39874	41903.00	39923.00
40194	41691.00	39949.00
40139	41906.00	40014.00
39930	42043.00	40073.00
39872	41749.00	40103.00
40043	41897.00	39954.00
40024	42085.00	39884.00
39899	41956.00	40076.00
40106	42054.00	40095.00
39982	42106.00	39854.00
39944	41525.00	40068.00
40145	41952.00	39990.00
40068	41927.00	39965.00
40002	42047.00	40034.00
40084	42024.00	40142.00
40152	42174.00	39860.00
39976	41688.00	40140.00
39837	41968.00	40118.00
39942	42057.00	40205.00
40079	42081.00	40056.00

One-Sample Statistics

	N	Mean	Std. Deviation	Std. Error Mean
Absatz Firma 1	20	40014.60	105.066	23.493
Absatz Firma 2	20	41941.65	165.260	36.953
Absatz Firma 3	20	40025.15	99.804	22.317

One-Sample Test

Test-Value = 40000

	t	df	Sig (2-tailed)	Mean Difference	95% Confidence Interval of the Difference: Lower	Upper
Absatz Firma 1	0.621	19	.524	14.600	-34.570	63.770
Absatz Firma 2	52.544	19	.000	1941.650	1864.306	2018.994
Absatz Firma 3	1.127	19	.274	25.150	-21.560	71.860

Abb. 6.7 Berechnung des Einstichproben-t-Tests mit SPSS

Mit Stata bestehen zwei Möglichkeiten, den Einstichproben-t-Test durchzuführen. Sind die Parameter μ_0, $\overline{x}$ und α bereits berechnet, können über die Befehlsfolge *Statistics → Summaries, tables, and tests → Classical tests of hypotheses → One-Sample mean comparison calculator* die p-Werte des einseitigen und der beiden zweiseitigen Tests berechnet werden (vgl. linkes Fenster in Abb. 6.8). Sollen die Parameter aus einem Datensatz berechnet und danach der Test durchgeführt werden, lautet die Befehlsfolge: *Statistics → Summaries, tables, and tests → Classical tests of hypotheses → One-Sample mean comparison test* (vgl. rechtes Fenster in Abb. 6.8). Die entstehenden Outputs sind bei beiden Vorgehensweisen identisch (vgl. Abb. 6.8 unten).

Sind in Excel mit dem Add-Ins-Manager die Module *Analyse-Funktionen* und *Analyse-Funktionen-VBA* dauerhaft aktiviert,[3] kann im Menüpunkt *Daten* die Schaltfläche *Datenanalyse* gewählt und die Funktion Zweistichproben *t-Test bei abhängigen Stichproben* ausgewählt werden.

Diese Auswahl erfolgt, obwohl wir eigentlich einen Einstichproben-t-Test durchführen wollen. Excel selbst bietet keine gesonderte Prozedur zur Berechnung eines Einstichproben-t-Tests an, sodass wir uns eines kleinen Tricks bedienen müssen: In das Feld *Bereich Variable A* wird der Datenbereich der Testvariablen – also z. B. die Absätze der Firma 1 – angegeben. Für jeden der Testwerte wird in einer anderen beliebigen Spalte nun der zu prüfende Testwert μ_0 eingegeben und im Feld *Bereich Variable B* angegeben. In unserem Beispiel befinden sich alle Werte für $\mu_0 = 40.000$ in der Spalte D (vgl. Abb. 6.9).

Die Mittelwerte der drei Firmen liegen bei 40.114.6, 41.941,65 und 40.025,15. In 52,4 % der Fälle irrt man sich, wenn man davon ausgeht, dass sich der Absatz der Firma 1 vom Wert 40.000 unterscheidet. Bei Firma 3 liegt der p-Wert bei 27,4 %. Beide Werte liegen somit über dem Grenzwert von $\alpha = 0{,}05$, sodass H_0 nicht verworfen werden kann. Weder die Absatzzahlen von Firma 1 noch die von Firma 3 unterscheiden sich statistisch signifikant von 40.000. Der Absatz von Firma 2 unterscheidet sich allerdings statistisch signifikant von 40.000, denn die zweiseitige Signifikanz liegt bei 0.000, sodass der p-Wert kleiner als $p = 0{,}5\,\%$ sein muss. Wäre der p-Wert größer als 0,5 %, hätte die Software einen Wert von mindestens 0,001 ausgegeben.

Die Signifikanz des einseitigen Tests ist in SPSS nicht angegeben. Ist $\overline{x} < \mu_0$ und soll $H_1\colon \mu < \mu_0$ getestet werden, ist die zweiseitige Signifikanz zu halbieren. Stellt man sich beispielsweise die Frage, ob der Absatz von Firma 2 kleiner als 42.000 ist, ergibt sich zunächst ein zweiseitiger p-Wert von $p = 13.1\,\%$. Mit $\overline{x} = 41.941{,}6 < \mu_0 = 42.000$ irrt man sich in 6.55 % der Fälle, wenn man davon ausgeht, dass der Absatz kleiner als 42.000 ist. Der einseitige Test ($H_1\colon \mu < \mu_0 = 40.000$) wäre auf dem Niveau $\alpha = 5\,\%$ wiederum nicht statistisch signifikant. Analog kann bei $H_1\colon \mu > \mu_0$ und $\overline{x} > \mu_0$ vorgegangen werden.

[3] Für Excel 2010 ist dieser über die Schaltflächenkombination *Datei → Optionen → Add-ins → Gehe zu* erreichbar.

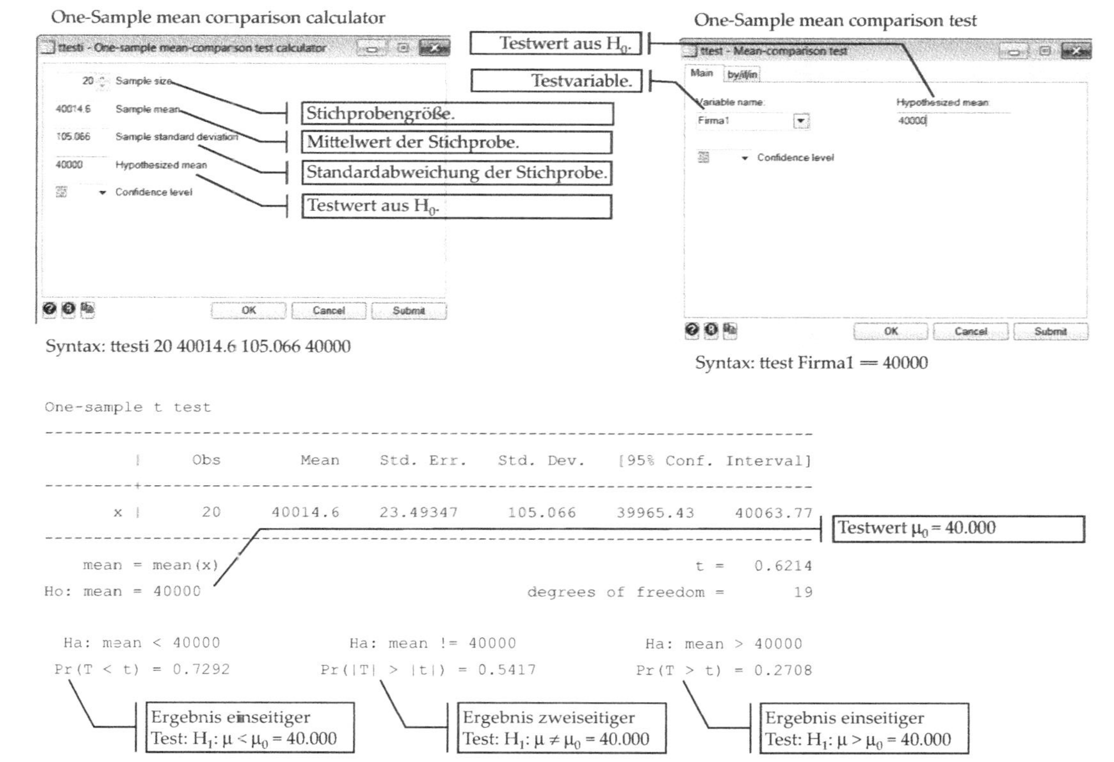

Abb. 6.8 Berechnung des Einstichproben-t-Tests mit Stata

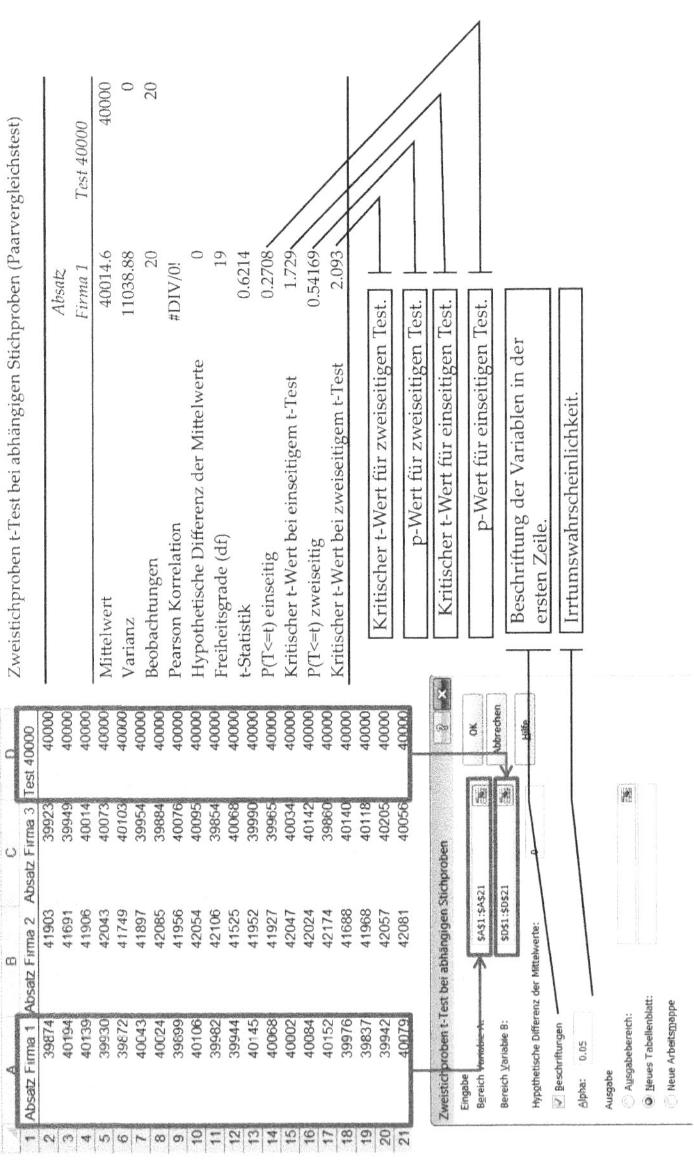

	A	B	C	D
1	Absatz Firma 1	Absatz Firma 2	Absatz Firma 3	Test 40000
2	39874	41903	39923	40000
3	40194	41691	39949	40000
4	40139	41906	40014	40000
5	39930	42043	40073	40000
6	39872	41749	40103	40000
7	40043	41897	39954	40000
8	40024	42085	39884	40000
9	39699	41956	40076	40000
10	40106	42054	40095	40000
11	39982	42106	39854	40000
12	39944	41525	40068	40000
13	40145	41952	39990	40000
14	40068	41927	39965	40000
15	40002	42047	40034	40000
16	40084	42024	40142	40000
17	40152	42174	39860	40000
18	39976	41688	40140	40000
19	39837	41968	40118	40000
20	39942	42057	40205	40000
21	40079	42081	40056	40000

Zweistichproben t-Test bei abhängigen Stichproben (Paarvergleichstest)

	Absatz Firma 1	*Test 40000*
Mittelwert	40014.6	40000
Varianz	11038.88	0
Beobachtungen	20	20
Pearson Korrelation	#DIV/0!	
Hypothetische Differenz der Mittelwerte	0	
Freiheitsgrade (df)	19	
t-Statistik	0.6214	
P(T<=t) einseitig	0.2708	
Kritischer t-Wert bei einseitigem t-Test	1.729	
P(T<=t) zweiseitig	0.54169	
Kritischer t-Wert bei zweiseitigem t-Test	2.093	

Abb. 6.9 Berechnung des Einstichproben-t-Tests mit Excel

6.2 Tests für zwei abhängige Stichproben

6.2.1 t-Test für gepaarte/abhängige Stichproben

Im vorangegangen Abschnitt ging es um die Fragestellung, ob sich der Erwartungswert einer Grundgesamtheit μ signifikant von einem hypothetisch festgelegten Wert μ_0 unterscheidet. Die damit verbundenen Hypothesen lauteten H_0: $\mu = \mu_0$ versus H_1: $\mu \neq \mu_0$. In der empirischen Praxis begegnen wir häufig aber auch Fragestellungen, bei denen Mittelwerte zwischen zwei Messreihen verglichen werden. Wenn es dabei um abhängige Stichproben geht, handelt es sich nicht selten um „Vorher-Nachher" Analysen, also um Fragestellungen mit Messwiederholungen. Hierzu zwei Beispiele:

- Die Präferenz von einzelnen Kunden für ein bestimmtes Produkt wird vor und nach einer Werbemaßnahme gemessen. Unterscheidet sich die durchschnittliche Präferenz vor (μ_1) und nach (μ_2) der Werbemaßnahme, hat die Werbemaßnahme also eine signifikante Wirkung?
- Handwerker werden gebeten, einen bestimmten Arbeitsschritt mit zwei unterschiedlichen Maschinen durchzuführen. Unterscheiden sich die durchschnittlichen Dauern der Arbeit an den beiden Maschinen ($\mu_1 \neq \mu_2$)?

Manchmal werden aber auch zwei Gruppen miteinander verglichen, deren Subjekte oder Objekte paarweise miteinander verbunden sind. So kann sich beispielsweise die Frage stellen, ob sich bei Paaren die durchschnittliche Körpergröße unterscheidet. Die Werte der beiden Messreihen gehören auch hier zu einer Beobachtungseinheit (nämlich dem Paar) und sie sind deshalb paarweise – also im Datensatz nebeneinander – angeordnet.

Letztlich geht es aber immer um die Überprüfung der Hypothese, ob sich der Mittelwert einer beobachteten Variablenreihe vom Mittelwert einer anderen Variablenreihe signifikant unterscheidet. Betrachten wir hierzu folgendes Beispiel: Es soll untersucht werden, ob sich in 32 ausgesuchten Testmärkten die Verkaufspreise zweier Kaffeesorten im Durchschnitt signifikant voneinander unterscheiden. Die Datenlage ist in Abb. 6.10 wiedergegeben.

Zur Lösung sind die nachfolgenden Schritte zu durchlaufen:

1. Schritt: Formulierung der Hypothesen

Es handelt sich bei der vorliegenden Fragestellung um einen zweiseitigen Hypothesentest, bei dem der Unterschied der beiden Mittelwerte untersucht werden soll. Die Hypothesen lauten in diesem Fall:

H_0: $\mu_1 = \mu_2 \rightarrow H_0$: $\mu_1 - \mu_2 = 0$
H_1: $\mu_1 \neq \mu_2 \rightarrow H_1$: $\mu_1 - \mu_2 \neq 0$

Verkaufsstelle	Preis Sorte 1	Preis Sorte 2	Preisdifferenz (d_i) (Produkt 1 - Produkt 2)
1	3.22	3.01	0.21
2	3.09	3.16	-0.07
3	3.09	2.99	0.10
4	3.40	3.39	0.01
5	3.09	3.23	-0.14
6	3.19	3.05	0.14
7	2.99	2.88	0.11
8	2.65	2.57	0.08
9	3.09	2.99	0.10
10	3.09	3.21	-0.12
11	3.19	3.05	0.14
12	3.09	3.06	0.03
13	2.89	2.81	0.08
14	2.99	2.96	0.03
15	2.99	2.88	0.11
16	2.97	2.94	0.03
17	2.97	2.94	0.03
18	3.09	3.20	-0.11
19	2.59	2.73	-0.14
20	2.99	2.87	0.12
21	2.89	2.89	0.00
22	3.09	3.13	-0.04
23	2.59	2.59	0.00
24	2.89	2.93	-0.04
25	2.79	2.80	-0.01
26	2.99	2.96	0.03
27	2.99	3.07	-0.08
28	2.79	2.80	-0.01
29	2.91	2.90	0.01
30	3.04	3.02	0.02
31	2.69	2.57	0.12
32	2.72	2.50	0.22
Mittelwert	2.9700	2.9400	0.0300
Standardabweichung	0.1872	0.2040	0.0940

Abb. 6.10 Beispiel für Preise zweier Kaffeesorten in 32 Testmärkten

Würde die Fragestellung lauten, ob Produkt 1 im Durchschnitt signifikant teurer ist, würde es sich um einen einseitigen Hypothesentest handeln und die Hypothesen müssten wie folgt formuliert werden:

H_0: $\mu_1 \leq \mu_2$: Produktpreis 1 ist kleiner oder gleich dem Produktpreis 2 versus
H_1: $\mu_1 > \mu_2$: Produktpreis 1 ist größer als der Produktpreis 2

Der zu beweisende Tatbestand würde somit wiederum in der H_1-Hypothese festgelegt.

2. Schritt: Festlegung des Signifikanzniveaus α

Im nächsten Schritt erfolgt die Festlegung des Signifikanzniveaus α, also der maximal zulässigen Wahrscheinlichkeit, bei der H_0 irrtümlicherweise abgelehnt wird, obwohl die Hypothese zutrifft. Die Festlegung der Größe von α obliegt dem Forscher selbst. In der Regel wird α bei den Schwellenwerten 1 %, 5 % oder 10 % festgelegt, wobei die 5 %-Schwelle die gängigste Größe für α ist. Der maximal zulässige α-Fehler wird an dieser Stelle auf $\alpha = 0{,}05$ festgelegt.

3. Schritt: Ziehung der Stichprobe

Es wurde eine Zufallsstichprobe im Umfang von $n = 32$ gezogen. Wie beim Einstichproben-t-Test muss auch beim gepaarten t-Test von einer Normalverteilung der Differenzmittelwerte der Preise in der Grundgesamtheit ausgegangen werden können. Auf diese Annahme kann nur verzichtet werden, wenn die Stichprobe mit $n \geq 30$ groß genug ist. Sollten keine der beiden Bedingungen erfüllt sein, muss auf den Wilcoxon-Vorzeichen-Rang-Test zurückgegriffen werden (vgl. Abschn. 6.2.2). In unserem Beispiel ist die Stichprobe mit $n = 32$ Beobachtungen groß genug, um den t-Test anwenden zu können.

4. Schritt: Überprüfung der Testvoraussetzungen

Metrisches oder annähernd metrisches Skalenniveau für beide Variablen	✓
Es liegt eine Zufallsstichprobe vor	✓
Variablen und Differenzwerte der beiden Variablen sind in der Grundgesamtheit annähernd normalverteilt oder die Stichprobe ist groß genug ($n \geq 30$)	✓

5. Schritt: Bestimmung des kritischen Testwerts

Wird der zweiseitige Test von Hand berechnet, ist zunächst der theoretische t-Wert bei gegebenem Signifikanzniveau α zu bestimmen. Bei $(n-1) = 31$ Freiheitsgraden ergibt sich für einen zweiseitigen Test – also $\alpha/2$ auf jeder Seite der Verteilung – konservativ gerechnet ein theoretischer t-Wert von $t^{31}_{0.025} \approx 2{,}042$ (vgl. Abschn. 8.3). Eine genauere Tabelle hätte den Wert von $t^{31}_{0.025} = 2{,}0395$ ergeben.

6. Schritt: Bestimmung des empirischen Testwerts

Die Differenz der beiden Mittelwerte folgt einer t-Verteilung mit $n - 1$ Freiheitsgraden. Zur Bestimmung des empirischen t-Wertes der Stichprobe gilt deshalb folgende Berechnungsformel:

$$t^{n-1} = \frac{\left(\overline{d} - \mu_d\right)}{\frac{s_d}{\sqrt{n}}}. \tag{6.20}$$

Der Wert für μ_d entspricht dabei dem des erwarteten Preisunterschieds. Soll überprüft werden, ob beide Mittelwerte gleich groß sind, ist der erwartete Unterschied zwischen beiden Mittelwerten gleich Null ($\mu_d = 0$). Die Berechnung des empirischen t-Wertes vereinfacht sich dann wie folgt:

$$t^{n-1} = \frac{\overline{d}}{\frac{S_d}{\sqrt{n}}}. \tag{6.21}$$

Die Stichprobe aus Abb. 6.10 ergibt eine durchschnittliche Preisdifferenz von 0,03 Geldeinheiten (GE):

$$\overline{d} = \frac{\sum_{i=1}^{n} d_i}{n} = \frac{0{,}96}{30} = 0{,}03\,\text{GE}. \tag{6.22}$$

Das gleiche Ergebnis ergibt sich übrigens auch durch einfache Differenzbildung beider Mittelwerte. Es gilt also auch:

$$\overline{d} = \overline{x}_1 - \overline{x}_2 = 0{,}03\,\text{GE}. \tag{6.23}$$

Die Standardabweichung der Preisdifferenz beträgt 0,09 GE:

$$S_d = \sqrt{\frac{\sum_{i=1}^{n}\left(d_i - \overline{d}\right)^2}{n-1}} = \sqrt{\frac{0{,}2742}{31}} = 0{,}0940\,\text{GE}. \tag{6.24}$$

Mit diesen Werten ergibt sich dann folgender empirischer t-Wert:

$$t^{31} = \frac{\left(\overline{d} - \mu_d\right)}{\frac{S_d}{\sqrt{n}}} = \frac{(0{,}03 - 0)}{\frac{0{,}0940}{\sqrt{32}}} = 1{,}804. \tag{6.25}$$

7. Schritt: Testentscheidung

Liegt der kritische t-Wert über dem aus dem Datensatz ermittelten empirischen t-Wert im Betrag, wird H_0 nicht verworfen, ansonsten doch. In unserem Fall kann H_0 nicht verworfen werden, da der Betrag des empirischen t-Werts mit $t^{31} = |+1{,}804|$ kleiner als der theoretisch geforderte Mindestwert $t^{31}_{0.025} = 2{,}0395$ ist. Der Preisunterschied gilt bei gegebener Irrtumswahrscheinlichkeit von $\alpha \leq 0{,}05$ somit als statistisch nicht signifikant.

Erfolgt die Berechnung des gepaarten t-Tests nicht von Hand, sondern mit Hilfe einer Statistiksoftware, so wird der p-Wert der empirischen Daten direkt angegeben. Dieser gibt an, wie wahrscheinlich der empirische t-Wert unter Annahme der Nullhypothese H_0 ist, mit welcher Wahrscheinlichkeit man sich irrt, wenn man von einem Preisunterschied der beiden Produkte ausgeht. Liegt der p-Wert unter dem festgelegten Signifikanzniveau α, wird H_0 verworfen. Diese Vorgehensweise wird in den folgenden Abschnitten gezeigt.

6.2.1.1 Berechnung des gepaarten *t*-Tests mit SPSS

Anhand der Beispieldatei *Kaffee.sav* wollen wir den gepaarten *t*-Test durch die Befehlsfolge *Analyze → Compare Means → PairedSamples T Test ....* berechnen.[4] Es öffnet sich die Dialogbox aus Abb. 6.11, in der die beiden zu vergleichenden Variablen Preis_1 und Preis_2 per „drag and drop" in das Feld für Variable1 und Variable2 gezogen werden. Nach Bestätigung durch OK ergeben sich die Tabellen in Abb. 6.11. Die erste Tabelle gibt die deskriptiven Parameter der beiden Variablen wieder, so auch deren Mittelwerte $\overline{x}_1 = 2{,}97$ und $\overline{x}_2 = 2{,}94$. Die Größe des Preisunterschieds lässt sich mit 0,03 der zweiten Tabelle entnehmen. Dort ist auch der empirische *t*-Wert mit 1,804 ausgewiesen. Mit einer 95 %-igen Sicherheit liegt der wahre Preisunterschied in der Grundgesamtheit zwischen −0,00391 und 0,06391. Das entscheidende Ergebnis ist in der Spalte „Sig. (2-tailed)" wiedergegeben, in der für einen zweiseitigen Test ein *p*-Wert von $p = 0{,}081$ ausgewiesen ist. Man irrt somit in 8,1 % der Fälle, wenn man auf Basis der Stichprobe im Durchschnitt von einem Preisunterschied ausgeht. Dieser Wert ist größer als die festgelegten $\alpha = 5\,\%$.

Wären die Hypothesen gerichtet formuliert gewesen, nämlich

H_0: $\mu_1 \leq \mu_2$: Produktpreis 1 ist kleiner oder gleich dem Produktpreis 2 versus
H_1: $\mu_1 > \mu_2$: Produktpreis 1 ist größer als der Produktpreis 2

müsste der ausgewiesene *p*-Wert durch 2 geteilt werden. In diesem Fall käme man zu dem Ergebnis, dass man sich in nur rund 4 % der Fälle irrt, wenn man davon ausgeht, dass Produkt 1 im Durchschnitt teurer ist. In diesem Fall wäre das Ergebnis statistisch signifikant.[5]

6.2.1.2 Berechnung des gepaarten *t*-Tests mit Stata

Anhand der Beispieldatei *Kaffee.dta* wollen wir den gepaarten *t*-Test durch die Befehlsfolge *Statistics → Summaries, tables, and tests → Classical tests of hypotheses → Mean-comparison test, paired data* mit Stata berechnen. Es öffnet sich die Dialogbox aus Abb. 6.12, in der die beiden zu vergleichenden Variablen Preis_1 und Preis_2 in das Feld für Variable1 und Variable2 gezogen werden. Nach Bestätigung durch OK ergeben sich die Tabellen in Abb. 6.12. Die Interpretation der Ergebnisse entspricht der des Abschn. 6.2.1.1.[6]

---

[4] In der deutschsprachigen SPSS Version ist die Befehlsfolge *Analysieren → Mittelwerte Vergleichen → t-test bei verbundenen Stichproben ...*

[5] Eine sehr gute Darstellung über die Vorgehensweise in SPSS findet sich hier: https://www.youtube.com/watch?v=MJGk2sg4EZU.

[6] Eine sehr gute Darstellung über die Vorgehensweise in Stata findet sich hier: https://www.youtube.com/watch?v=ajzMeANAMzI.

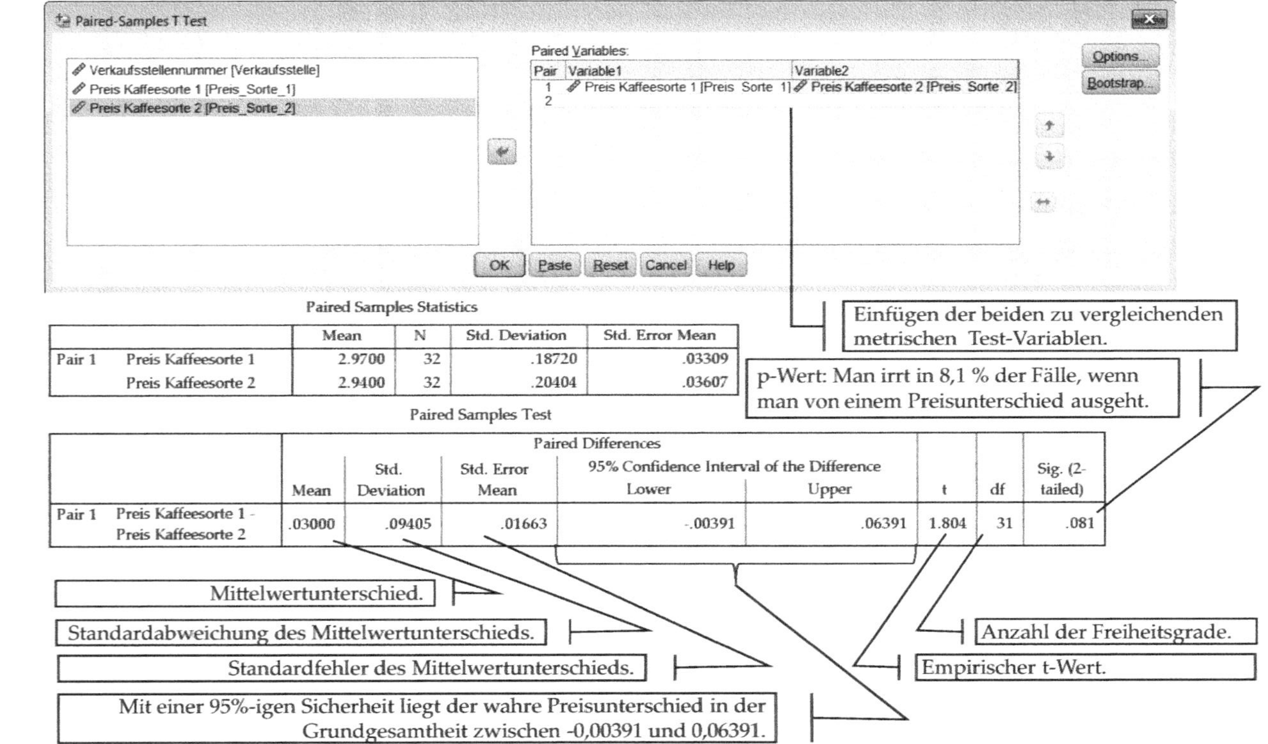

Paired Samples Statistics

		Mean	N	Std. Deviation	Std. Error Mean
Pair 1	Preis Kaffeesorte 1	2.9700	32	.18720	.03309
	Preis Kaffeesorte 2	2.9400	32	.20404	.03607

Paired Samples Test

		Paired Differences					t	df	Sig. (2-tailed)
		Mean	Std. Deviation	Std. Error Mean	95% Confidence Interval of the Difference Lower	Upper			
Pair 1	Preis Kaffeesorte 1 - Preis Kaffeesorte 2	.03000	.09405	.01663	-.00391	.06391	1.804	31	.081

Abb. 6.11 Gepaarter t-Test mit SPSS

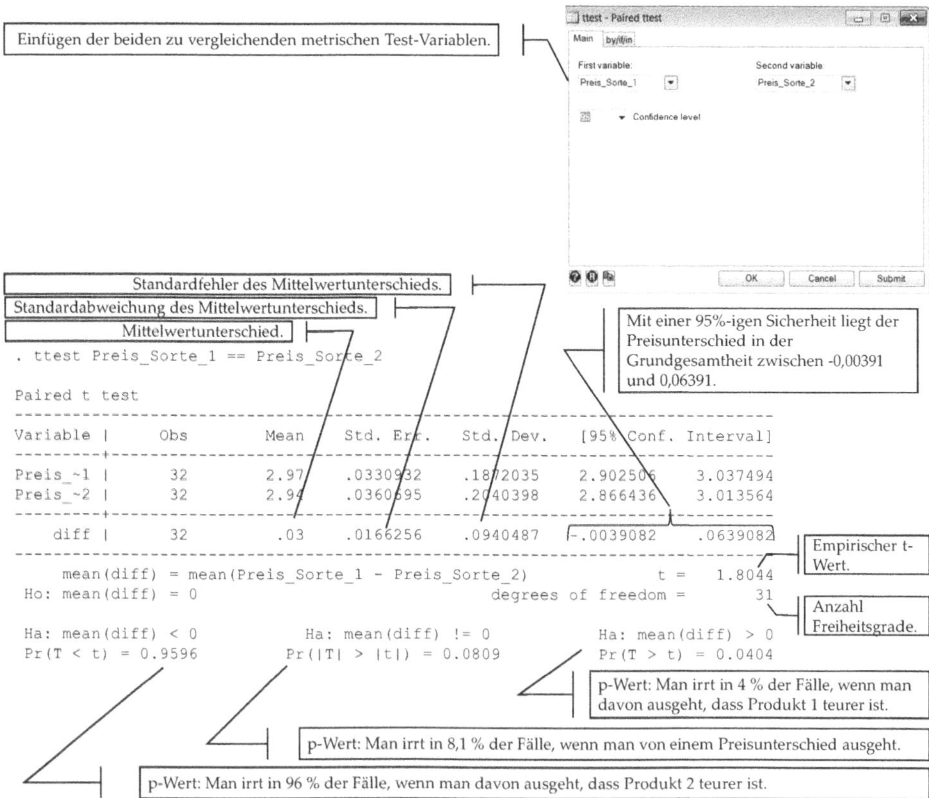

Abb. 6.12 Gepaarter *t*-Test mit Stata

6.2.1.3 Berechnung des gepaarten *t*-Tests mit Excel

Mit Hilfe von Excel kann über den Menüpunkt *Daten* die Schaltfläche *Datenanalyse* und danach die Funktion *Zweistichproben t-Test bei abhängigen Stichproben* ausgewählt werden. Für die Beispieldatei *Kaffee.xls* öffnet sich die Dialogbox aus Abb. 6.13, in der unter *Bereich Variable A* und *Bereich Variable B* zunächst die Bereiche der beiden Preisvariablen eingegeben werden. Sind Spaltenüberschriften in den definierten Bereichen der beiden Variablen eingeschlossen, muss unter dem Menüpunkt *Beschriftung* angeklickt werden. Soll auf Gleichheit der Mittelwerte der beiden Variablen getestet werden, ist unter *Hypothetische Differenz der Mittelwerte* der Wert Null einzutragen. Nach Bestätigung durch OK ergibt sich die Ergebnistabelle aus Abb. 6.13.[7]

[7] Eine sehr gute Darstellung über die Vorgehensweise in Excel findet sich hier: https://www.youtube.com/watch?v=wy8GVt7Ityk.

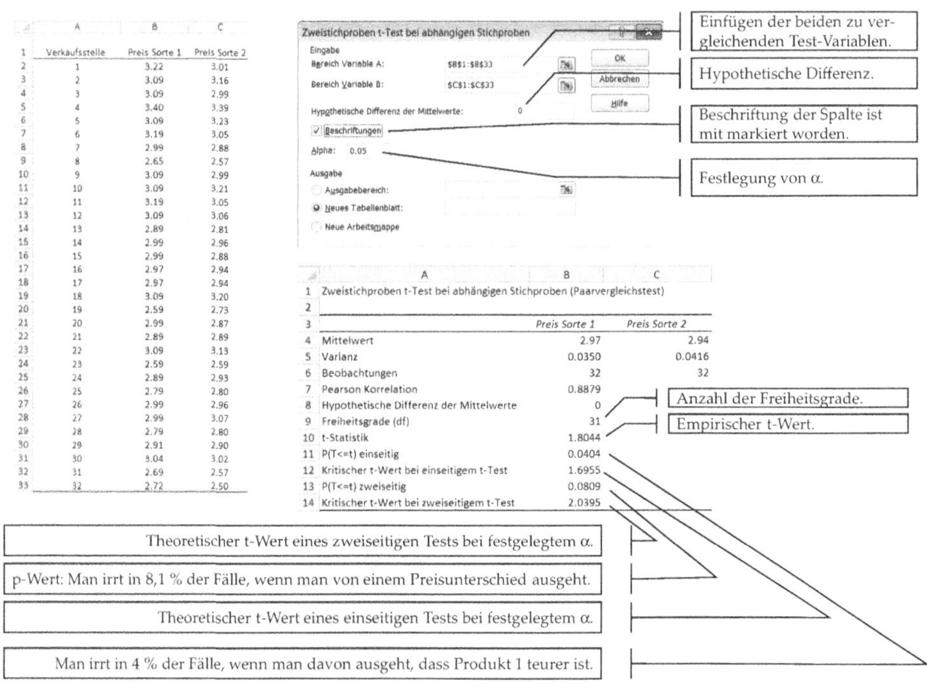

	A	B	C
1	Verkaufsstelle	Preis Sorte 1	Preis Sorte 2
2	1	3.22	3.01
3	2	3.09	3.16
4	3	3.09	2.99
5	4	3.40	3.39
6	5	3.09	3.23
7	6	3.19	3.05
8	7	2.99	2.88
9	8	2.65	2.57
10	9	3.09	2.99
11	10	3.09	3.21
12	11	3.19	3.05
13	12	3.09	3.06
14	13	2.89	2.81
15	14	2.99	2.96
16	15	2.99	2.88
17	16	2.97	2.94
18	17	2.97	2.94
19	18	3.09	3.20
20	19	2.59	2.73
21	20	2.99	2.87
22	21	2.89	2.89
23	22	3.09	3.13
24	23	2.59	2.59
25	24	2.89	2.93
26	25	2.79	2.80
27	26	2.99	2.96
28	27	2.99	3.07
29	28	2.79	2.80
30	29	2.91	2.90
31	30	3.04	3.02
32	31	2.69	2.57
33	32	2.72	2.50

	A	B	C
1	Zweistichproben t-Test bei abhängigen Stichproben (Paarvergleichstest)		
2			
3		*Preis Sorte 1*	*Preis Sorte 2*
4	Mittelwert	2.97	2.94
5	Varianz	0.0350	0.0416
6	Beobachtungen	32	32
7	Pearson Korrelation	0.8879	
8	Hypothetische Differenz der Mittelwerte	0	
9	Freiheitsgrade (df)	31	
10	t-Statistik	1.8044	
11	P(T<=t) einseitig	0.0404	
12	Kritischer t-Wert bei einseitigem t-Test	1.6955	
13	P(T<=t) zweiseitig	0.0809	
14	Kritischer t-Wert bei zweiseitigem t-Test	2.0395	

Abb. 6.13 Gepaarter t-Test mit Excel

6.2.2 Wilcoxon-Vorzeichen-Rang-Test

Der Wilcoxon-Vorzeichen-Rang-Test (*engl.:* Wilcoxon signed-rank test) ermöglicht die Untersuchung zweier gepaarter und mindestens ordinalskalierter Zufallsvariablen auf Gleichheit der zentralen Tendenz. Da dieser Test keine Verteilungsannahmen benötigt, gilt er als nicht-parametrische Alternative zum gepaarten t-Test. Er wird primär bei Rangdaten genutzt, sollte aber immer auch dann zum Einsatz kommen, wenn die Voraussetzungen des oben beschriebenen t-Tests für gepaarte Stichproben nicht erfüllt sind. Selbst in den Fällen, in denen die Voraussetzungen eines parametrischen Testverfahrens erfüllt sind, werden dem Wilcoxon-Vorzeichen-Rang-Test sehr effiziente Testeigenschaften zugeschrieben.

Bei der Konstruktion seines Tests griff Wilcoxon (1945, 1947) letztlich die Grundidee von Charles Edward Spearman (1904) auf, der sich bei der Berechnung des nach ihm benannten Rangkorrelationskoeffizienten an die Rechenmethode der Pearson-Korrelation anlehnte, aber als Datengrundlage anstelle der metrischen Originaldaten die Rangdaten verwendete. Wilcoxon ging von der Berechnungsmethode des gepaarten t-Tests aus, verwendete aber anstelle der metrischen Ausgangsdaten nun seinerseits die transformierten Rangdaten als Datengrundlage.

(1) Verkaufs-stelle	(2) Preis Sorte 1	(3) Preis Sorte 2	(4) Preisdifferenz (d_i) (Produkt 1 - Produkt 2)	(5) Ränge der Differenzen	(6) "Positive Ränge"	(7) "Negative Ränge"	(8) Null-differenz
1	3.22	3.01	0.21	29	29		
2	3.09	3.16	-0.07	13		13	
3	3.09	2.99	0.10	17.5	17.5		
4	3.40	3.39	0.01	2.5	2.5		
5	3.09	3.23	-0.14	26.5		26.5	
6	3.19	3.05	0.14	26.5	26.5		
7	2.99	2.88	0.11	20	20		
8	2.65	2.57	0.08	15	15		
9	3.09	2.99	0.10	17.5	17.5		
10	3.09	3.21	-0.12	23		23	
11	3.19	3.05	0.14	26.5	26.5		
12	3.09	3.06	0.03	8	8		
13	2.89	2.81	0.08	15	15		
14	2.99	2.96	0.03	8	8		
15	2.99	2.88	0.11	20	20		
16	2.97	2.94	0.03	8	8		
17	2.97	2.94	0.03	8	8		
18	3.09	3.20	-0.11	20		20	
19	2.59	2.73	-0.14	26.5		26.5	
20	2.99	2.87	0.12	23	23		
21	2.89	2.89	0.00				X
22	3.09	3.13	-0.04	11.5		11.5	
23	2.59	2.59	0.00				X
24	2.89	2.93	-0.04	11.5		11.5	
25	2.79	2.80	-0.01	2.5		2.5	
26	2.99	2.96	0.03	8	8		
27	2.99	3.07	-0.08	15		15	
28	2.79	2.80	-0.01	2.5		2.5	
29	2.91	2.90	0.01	2.5	2.5		
30	3.04	3.02	0.02	5	5		
31	2.69	2.57	0.12	23	23		
32	2.72	2.50	0.22	30	30		
				465	313	152	

Abb. 6.14 Daten für den Wilcoxon-Vorzeichen-Rang-Test

Wir wollen uns die Vorgehensweise wieder anhand des oben bereits kennengelernten Datensatzes der Kaffeesorten aufzeigen und überprüfen, ob sich die Preise der beiden Kaffeesorten in ihrer zentralen Tendenz (M) – also im Mittel – unterscheiden (vgl. Abb. 6.14).

1. Schritt: Formulierung der Hypothesen

Es handelt sich bei der vorliegenden Fragestellung um einen zweiseitigen Hypothesentest. Die Hypothesen lauten in diesem Fall:

H_0: $M_1 - M_2 = 0$

H_1: $M_1 - M_2 \neq 0$

Würde die Fragestellung lauten, ob Produkt 1 im Durchschnitt signifikant teurer ist, hätte der einseitige Hypothesentest wie folgt formuliert werden müssen:

H_0: $\mu_1 \leq \mu_2$: Produktpreis 1 ist kleiner oder gleich dem Produktpreis 2 versus
H_1: $\mu_1 > \mu_2$: Produktpreis 1 ist größer als der Produktpreis 2

Der zu beweisende Tatbestand würde somit wiederum in der H_1-Hypothese festgelegt.

2. Schritt: Festlegung des Signifikanzniveaus α
Im nächsten Schritt erfolgt die Festlegung des Signifikanzniveaus α, also der maximal zulässigen Wahrscheinlichkeit, bei der H_0 irrtümlicherweise abgelehnt wird, obwohl die Hypothese zutrifft. Die Festlegung der Größe von α obliegt dem Forscher selbst. In der Regel wird α bei den Schwellenwerten 1 %, 5 % oder 10 % festgelegt, wobei die 5 %-Schwelle die gängigste Größe für α ist. Der α-Fehler wird auf $\alpha = 0{,}05$ festgelegt.

3. Schritt: Ziehung der Stichprobe
Es wurde eine Zufallsstichprobe im Umfang von $n = 32$ gezogen.

4. Schritt: Überprüfung der Testvoraussetzungen

Metrisches oder ordinales Skalenniveau für beide Variablen	✓
Es liegt eine Zufallsstichprobe vor	✓
Beide Variablen sollten annähernd die gleiche Form der Verteilung besitzen	✓

5. Schritt: Bestimmung des kritischen Testwerts
Rechentechnisch wird für jeden Testmarkt zunächst die Preisdifferenz (Preis 1-Preis 2) gebildet (vgl. Spalte (4) in Abb. 6.14). Alle Beobachtungen, bei denen keine Preisdifferenzen bestehen, werden im weiteren Verlauf der Berechnungen nicht mehr berücksichtigt. Die neue Stichprobengröße beträgt dann $n^* = 30$.[8]

Ungeachtet des Vorzeichens werden die Differenzen ihrer Größe nach geordnet in eine Rangreihe gebracht (vgl. Spalte (5) in Abb. 6.14). Je größer die absolute Preisdifferenz ist, umso höher ist der Rangplatz. Für gleich große Preisdifferenzen – also bei Vorliegen von Rangbindungen – werden die durchschnittlichen Ränge berechnet. Danach werden alle 20 „positiven Rangplätze“, also alle Rangzahlen, die im ursprünglichen Datensatz mit einer positiven Preisdifferenz verbunden sind, aufaddiert (vgl. Spalte (6) in Abb. 6.14).

$$W^+ = \sum_{i=1}^{n} \textit{positive Rangdaten} = 313. \tag{6.26}$$

[8] Dieser Schritt wird in Statistikpaketen i. d. R. automatisch vollzogen.

Gleiches erfolgt für die zehn „negativen Rangplätze“ (vgl. Spalte (7) in Abb. 6.14):

$$W^{-} = \sum_{i=1}^{n} \textit{negative Rangdaten} = 152. \tag{6.27}$$

Es ist nun auffällig, dass die Summe der positiven Ränge sehr viel größer als die Summe der negativen Ränge ist. Offenbar ist Produkt 1 häufiger teurer als Produkt 2, denn bei Preisgleichheit müsste tendenziell eine Hälfte der gesamten Rangsumme auf positive und die andere Hälfte auf negative Differenzen fallen. In beiden Fällen würden wir eine Rangsumme von 232,5 erwarten:

$$\mathrm{E}(W^{+}) = \mathrm{E}(W^{-}) = \frac{n^{*} \cdot (n^{*} + 1)}{4} = \frac{30 \cdot (30 + 1)}{4} = 232{,}5 \tag{6.28}$$

Dies ist nun aber nicht der Fall: Je mehr sich W^{+} und W^{-} voneinander unterscheiden, umso wahrscheinlicher ist ein Unterschied zwischen beiden Rangreihen. Oder anders ausgedrückt: Je mehr sich W^{+} und W^{-} voneinander unterscheiden, umso unwahrscheinlicher ist die Beibehaltung von H_0, dass die beiden ordinalen Messreihen keinen Unterschied hinsichtlich ihrer zentralen Tendenz aufweisen. Ist dieser Zusammenhang nun aber statistisch signifikant?

Um diese Frage beantworten zu können, wird in der weiteren Vorgehensweise zwischen kleinen und großen Stichproben unterschieden. Für kleine Stichproben mit bis zu 25 Beobachtungen ($n^{*} \leq 25$) liegen die in Abschn. 8.4 wiedergegebenen kritischen Werte in Form einer Tabelle vor. Für unser Beispiel ergibt sich bei einer zweiseitigen Hypothese und einem festgelegten α von 0,05 ein kritischer Testwert von $W_c = 137$.

6. Schritt: Bestimmung des empirischen Testwerts

Dieser Wert ist mit dem empirischen Testwert W zu vergleichen. Hierzu ist das Minimum aus den beiden Rangsummen W^{+} und W^{-} zu bestimmen:

$$W = \min\left(W^{+}; W^{-}\right) = \min(313; 152) = 152. \tag{6.29}$$

7. Schritt: Testentscheidung

Ist dieses Minimum W größer als der kritische Wert, wird H_0 nicht abgelehnt, ansonsten verworfen. Im Vergleich zu den anderen Testverfahren ist die Testlogik hier also genau entgegengesetzt, nämlich H_0 wird verworfen, wenn der empirische Testwert W kleiner als der kritische Tabellenwert ist. Die Logik dahinter besteht darin, dass das Minimum aus W^{+} und W^{-} umso kleiner ist, je größer der Preisunterschied ist.

In unserem Beispiel ist W mit einem Wert von 152 größer als der kritische Tabellenwert $W_c = 137$, sodass H_0 nicht verworfen wird und der Preisunterschied bei einem α von 0,05 als statistisch nicht signifikant angenommen wird.

$$W = \min\left(W^{+}; W^{-}\right) = \min(313; 152) = 152 > 137 = W_c(0.05; n^{*} = 30). \tag{6.30}$$

Das soeben beschriebene Verfahren beschreibt den exakten Wilcoxon-Vorzeichen-Rang-Test. Er basiert auf den in Abschn. 8.4 bis zu einer Stichprobengröße von 50 dargestellten Tabellenwerten für W_c. In Fällen größerer Stichproben kommt der asymptotische Wilcoxon-Vorzeichen-Rang-Test zur Anwendung. Bei Stichproben größer als 25 ($n^* > 25$) und keinen Rangbindungen ist die folgende Größe Z asymptotisch standardnormalverteilt. Diese wirkt auf den ersten Blick kompliziert, beinhaltet aber lediglich die Parameter W und n^*:

$$Z = \frac{W - \left(\frac{n^* \cdot (n^*+1)}{4}\right)}{\sqrt{\frac{n^* \cdot (n^*+1) \cdot (2 \cdot n^*+1)}{24}}} \sim N(0; 1). \qquad (6.31)$$

Liegen Rangbindungen vor, erfolgt die Berechnung durch folgende – etwas komplexere – Formel, bei der k der Anzahl der Rangbindungen und t_i der Länge der i-ten Rangbindung entspricht:

$$Z = \frac{W - \left(\frac{n^* \cdot (n^*+1)}{4}\right)}{\sqrt{\frac{n^* \cdot (n^*+1) \cdot (2 \cdot n^*+1) - \sum_i^k \frac{t_i^3 - t_i}{2}}{24}}} \sim N(0; 1). \qquad (6.32)$$

In unserem Beispiel liegen eine Rangbindung der Länge 2 (Rang: 17,5), 5 Rangbindungen der Länge 3 (Rang: 2,5; 5; 8; 15; 20) und 2 der Länge vier (Rang: 23; 26) vor. Es ergibt sich ein empirischer Z-Wert von:

$$Z = \frac{152 - \left(\frac{30 \cdot (30+1)}{4}\right)}{\sqrt{\frac{30 \cdot (30+1) \cdot (2 \cdot 30+1) - \left(\left(\frac{2^3-2}{2}\right) + 5 \cdot \left(\frac{3^3-3}{2}\right) + 2 \cdot \left(\frac{4^3-4}{2}\right)\right)}{24}}} = (-1{,}658). \qquad (6.33)$$

Die Formel soll an dieser Stelle nicht erschrecken, denn in der Praxis wird die Berechnung des z-Wertes dem Computer überlassen, der i. d. R. auch den dazugehörigen p-Wert mit ausweist. Hierzu erfahren wir in den nächsten Abschnitten mehr.

Sollte ausnahmsweise dennoch der Test von Hand berechnet werden, ist zu überprüfen, ob der empirisch ermittelte Z-Wert in den H_0-Ablehnungsbereich der Normalverteilung fällt oder nicht (vgl. Abb. 6.15). Für eine zweiseitige Fragestellung und ein festgelegtes α von 0,05 ergeben sich aus der Normalverteilungstabelle für den Bereich der Beibehaltung von H_0 die Grenzen

$$Z_{1-\frac{\alpha}{2};\frac{\alpha}{2}} = (\pm 1{,}96). \qquad (6.34)$$

Der empirische z-Wert liegt mit 1,658 in diesem Bereich, sodass H_0 nicht verworfen werden kann.

6.2.2.1 Berechnung des Wilcoxon-Vorzeichen-Rang-Tests mit SPSS

Anhand der Beispieldatei *Kaffee.sav* wollen wir den Wilcoxon-Vorzeichen-Rang-Test durch die Befehlsfolge *Analyze → Nonparametric Tests → Legacy Dialogs → 2 Related*

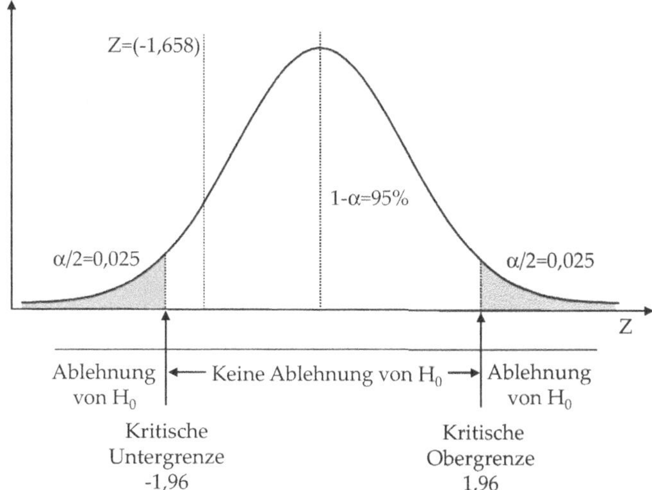

Abb. 6.15 Ablehnungsbereich beim Wilcoxon-Vorzeichen-Rang-Test

Samples ....[9] in SPSS berechnen. Es öffnet sich die Dialogbox aus Abb. 6.16, in der die beiden zu vergleichenden Variablen Preis_1 und Preis_2 per „drag and drop" in das Feld für Variable1 und Variable2 gezogen werden. Durch die Auswahl der Schaltfläche Exact... kann ein exakter oder asymptotischer Wilcoxon-Vorzeichen-Rang-Test angefordert werden. Ein exakter Test sollte insbesondere bei kleinen Stichproben verwendet werden. Nach Bestätigung durch OK ergeben sich die Tabellen in Abb. 6.16. Die linke Tabelle weist neben den Rangsummen W^+ und W^- auch die absoluten Häufigkeiten positiver und negativer Ränge sowie die Anzahl preisgleicher Beobachtungen aus. In der rechten Tabelle sind die p-Werte für einseitige und zweiseitige Hypothesentests wiedergegeben. Man irrt in 9,9 % der Fälle, wenn man von einem (Preis-)Unterschied ausgeht. Dieser Wert liegt über dem festgelegten Wert für $\alpha = 5\,\%$. Der Unterschied ist somit nicht signifikant.

Bei einem einseitigen Hypothesentest würde man sich in 4,9 % der Fälle irren, wenn man davon ausgeht, dass Produkt 2 in der zentralen Tendenz billiger ist. Dieses Ergebnis wäre statistisch signifikant.[10]

6.2.2.2 Berechnung des Wilcoxon-Vorzeichen-Rang-Tests mit Stata

Anhand der Beispieldatei *Kaffee.dta* wollen wir den Wilcoxon-Vorzeichen-Rang-Test durch die Befehlsfolge *Statistics → Summaries, tables, and tests → Nonparametric tests*

[9] In der deutschsprachigen SPSS Version ist die Befehlsfolge *Analysieren → Nicht parametrische Tests → Alte Dialogfelder → Zwei verbundene Stichproben ...*

[10] Eine sehr gute Darstellung über die Vorgehensweise in SPSS findet sich hier: https://www.youtube.com/watch?v=dkobjvhxTro.

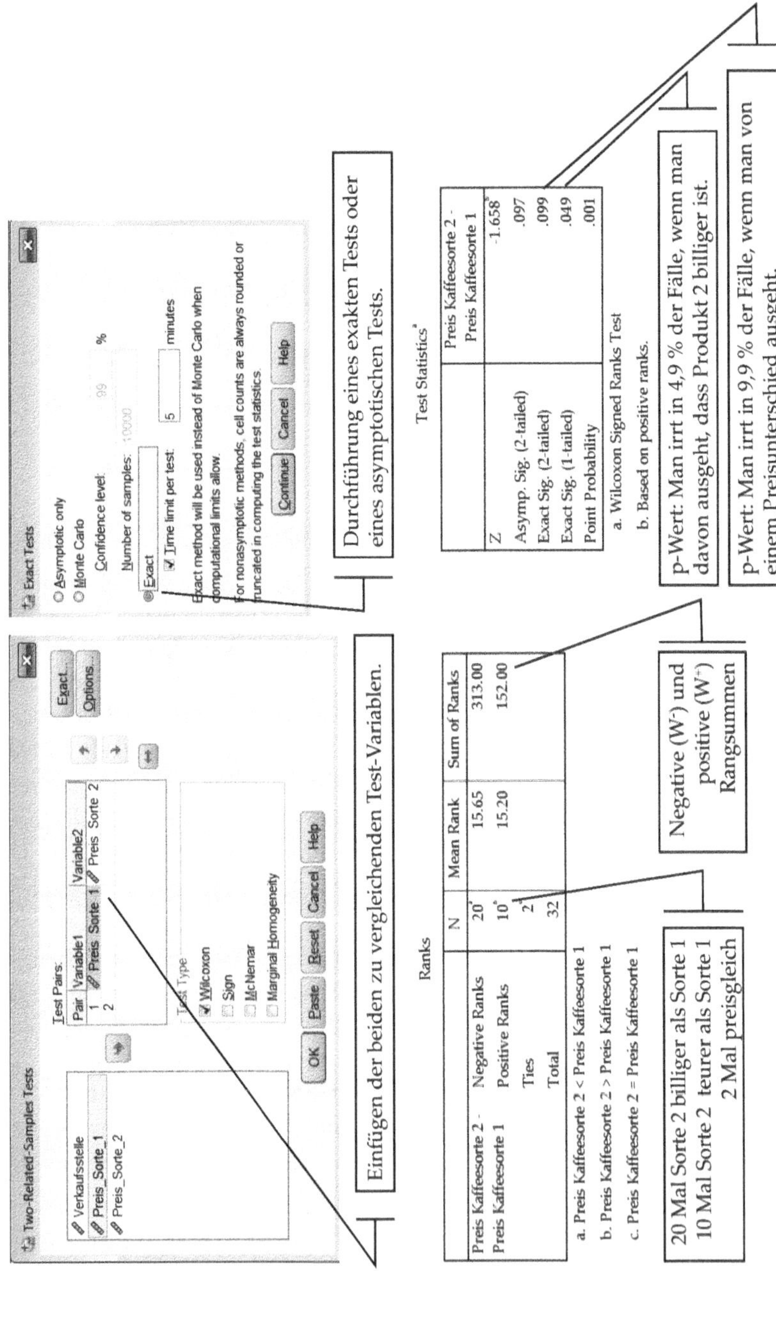

Ranks

		N	Mean Rank	Sum of Ranks
Preis Kaffeesorte 2 - Preis Kaffeesorte 1	Negative Ranks	20[a]	15.65	313.00
	Positive Ranks	10[b]	15.20	152.00
	Ties	2[c]		
	Total	32		

a. Preis Kaffeesorte 2 < Preis Kaffeesorte 1
b. Preis Kaffeesorte 2 > Preis Kaffeesorte 1
c. Preis Kaffeesorte 2 = Preis Kaffeesorte 1

Test Statistics[a]

	Preis Kaffeesorte 2 - Preis Kaffeesorte 1
Z	-1.658[b]
Asymp. Sig. (2-tailed)	.097
Exact Sig. (2-tailed)	.099
Exact Sig. (1-tailed)	.049
Point Probability	.001

a. Wilcoxon Signed Ranks Test
b. Based on positive ranks.

Abb. 6.16 Wilcoxon-Vorzeichen-Rang-Test mit SPSS

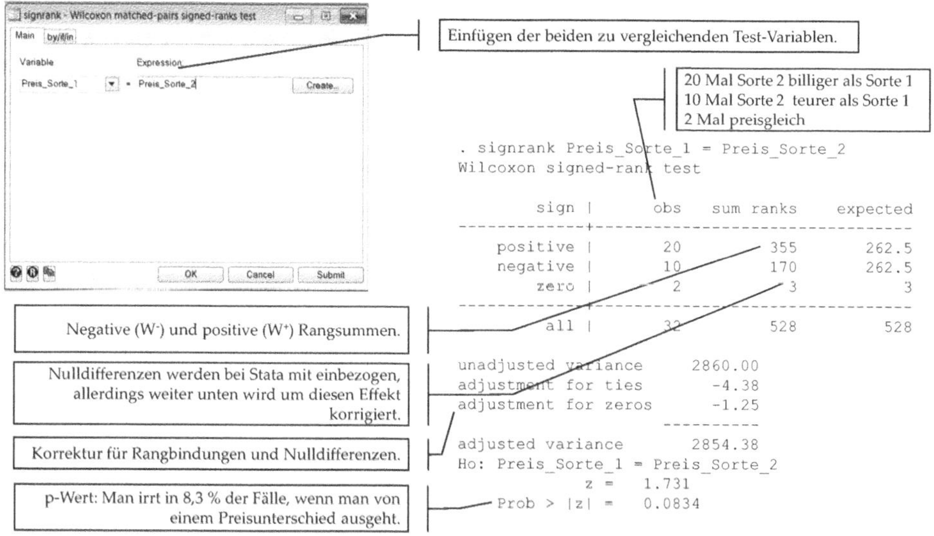

Abb. 6.17 Wilcoxon-Vorzeichen-Rang-Test mit Stata

of hypotheses → *Wilcoxon paired-matched signed rank test* in Stata berechnen. Es öffnet sich die Dialogbox aus Abb. 6.17, in der die beiden zu vergleichenden Variablen Preis_1 und Preis_2 in die entsprechenden Felder eingetragen werden. Nach Bestätigung durch OK ergeben sich die Tabellen in Abb. 6.17. Die Tabelle weist neben den Rangsummen W^+ und W^- auch die absoluten Häufigkeiten positiver und negativer Ränge sowie die Anzahl (preis-)gleicher Beobachtungen aus. Unten ist der p-Wert für den zweiseitigen Hypothesentest wiedergegeben. Man irrt in 8,3 % der Fälle, wenn man von einem (Preis-) Unterschied ausgeht.[11]

6.2.2.3 Berechnung des Wilcoxon-Vorzeichen-Rang-Test mit Excel

Der Wilcoxon-Vorzeichen-Rang-Test ist nicht als gesonderte Funktion in Excel implementiert. Auf Basis unserer Beispieldatei *Kaffee.xls* wird in Abb. 6.18 aber gezeigt, wie der asymptotische p-Wert berechnet werden kann. Zu beachten ist dabei, dass bei kleineren Stichproben ($n \leq 25$) mit Hilfe der Wilcoxon-Tabelle (vgl. Abschn. 8.4) gearbeitet werden sollte. Auch wird bei dieser Vorgehensweise nicht um den Effekt von möglichen Rangbindungen korrigiert.[12]

[11] Sehr gute Darstellungen über die Vorgehensweise in Stata findet sich hier: https://www.youtube.com/watch?v=2oJxerMCwIE und hier: https://www.youtube.com/watch?v=NIwtaZqNFs8.

[12] Sehr gute Darstellungen über die Vorgehensweise in Excel findet sich hier: https://www.youtube.com/watch?v=xIgeta9FivI und hier: https://www.youtube.com/watch?v=mJtbhGETU88.

	A (1)	B (2)	C (3)	D (4)	E	F (5)	G (6)	H (7)	I (8)
1	Verkaufsstelle	Preis Sorte 1	Preis Sorte 2	Preisdifferenz (d_i)		Ränge der Differenzen	"Positive Ränge"	"Negative Ränge"	Null-differenz
2	1	3.22	3.01	0.21		29	29		
3	2	3.09	3.16	-0.07		13		13	
4	3	3.09	2.99	0.10		17.5	17.5		
5	4	3.40	3.39	0.01		2.5	2.5		
6	5	3.09	3.23	-0.14		26.5		26.5	
7	6	3.19	3.05	0.14		26.5	26.5		
8	7	2.99	2.88	0.11		20	20		
9	8	2.65	2.57	0.08		15	15		
10	9	3.09	2.99	0.10		17.5	17.5		
11	10	3.09	3.21	-0.12		23		23	
12	11	3.19	3.05	0.14		26.5	26.5		
13	12	3.09	3.06	0.03		8	8		
14	13	2.89	2.81	0.08		15	15		
15	14	2.99	2.96	0.03		8	8		
16	15	2.99	2.88	0.11		20	20		
17	16	2.97	2.94	0.03		8	8		
18	17	2.97	2.94	0.03		8	8		
19	18	3.09	3.20	-0.11		20		20	
20	19	2.59	2.73	-0.14		26.5		26.5	
21	20	2.99	2.87	0.12		23	23		
22	21	2.89	2.89	0.00					X
23	22	3.09	3.13	-0.04		11.5		11.5	
24	23	2.59	2.59	0.00					X
25	24	2.89	2.93	-0.04		11.5		11.5	
26	25	2.79	2.80	-0.01		2.5		2.5	
27	26	2.99	2.96	0.03		8	8		
28	27	2.99	3.07	-0.08		15		15	
29	28	2.79	2.80	-0.01		2.5		2.5	
30	29	2.91	2.90	0.01		2.5	2.5		
31	30	3.04	3.02	0.02		5	5		
32	31	2.69	2.57	0.12		23	23		
33	32	2.72	2.50	0.22		30	30		
34						465	313	152	

K	L	M
Zweiseitiger Test		
Positive Ränge:	313	=G34
Negative Ränge:	152	=H34
W	152	=MIN(L2;L3)
a	0.05	
n*	30	=ZÄHLENWENN(F2:F33;">0.0")
Z	-1.65575	=(G39-((G41*(G41+1)/4)))/((G41*(G41+1)*(2*G41+1)/24)^0.5)
p-Wert	0.098	=NORM.S.VERT(L7;1)
Ho wird beibehalten		=WENN(L16>L19; "H0 wird verworfen"; "Ho wird beibehalten")
Einseitiger Test		
Positive Ränge:	313	=G34
Negative Ränge:	152	=H34
W	152	=MIN(L13;L14)
a	0.05	
n*	30	=ZÄHLENWENN(F2:F33;">0.0")
Z	-1.65575	=(L15-((L17*(L17+1)/4)))/((L17*(L17+1)*(2*L17+1)/24)^0.5)
p-Wert	0.049	=NORM.S.VERT(L18;1)
Ho wird verworfen		=WENN(L16>L19; "Ho wird verworfen"; "Ho wird beibehalten")

Abb. 6.18 Wilcoxon-Vorzeichen-Rang-Test mit Excel

6.3 Tests für zwei unabhängige Stichproben

6.3.1 t-Test zweier unabhängiger Stichproben

Der t-Test zweier unabhängiger Stichproben beantwortet die Frage, ob sich der Mittelwert zweier Gruppen unterscheidet. Die Stichprobe lässt sich also mit Hilfe einer Gruppierungsvariablen in zwei getrennte Stichproben zerlegen. Für die beiden Gruppen besteht für die Grundgesamtheit die Annahme, dass sich deren Erwartungswerte hinsichtlich einer metrischen Variablen im Umfang von Δ unterscheiden:

1. Schritt: Formulierung der Hypothesen

H_0: $\mu_1 - \mu_2 = \Delta$.

Die am häufigsten getroffene Annahme für den Unterschied ist dabei $\Delta = 0$, also dass kein Unterschied zwischen μ_1 und μ_2 besteht. Die entsprechenden Hypothesen eines zweiseitigen Tests lauten dann:

H_0: $\mu_1 = \mu_2$ und H_1: $\mu_1 \neq \mu_2$

2. Schritt: Festlegung des Signifikanzniveaus α

Im nächsten Schritt erfolgt die Festlegung des Signifikanzniveaus α, also der maximal zulässigen Wahrscheinlichkeit, bei der H_0 irrtümlicherweise abgelehnt wird, obwohl die

Hypothese zutrifft. Die Festlegung der Größe von α obliegt dem Forscher selbst. In der Regel wird α bei den Schwellenwerten 1 %, 5 % oder 10 % festgelegt, wobei die 5 %-Schwelle die gängigste Größe für α ist. Der maximal zulässige α-Fehler wird an dieser Stelle auf $\alpha = 0{,}05$ festgelegt.

3. Schritt: Ziehung der Stichprobe

In der Grundgesamtheit liegt für die Population 1 ein μ_1 bei einer Streuung von σ_1 vor. Gleiches gilt für die Population 2 mit μ_2 und σ_2. Nun wird aus der Population 1 eine Stichprobe der Größe n_1 und aus der Population 2 eine Stichprobe der Größe n_2 gezogen. Für beide Stichproben bestimmen wir die Mittelwerte ($\overline{x}_1$ und $\overline{x}_2$) und die theoretischen Standardabweichungen ($\hat{\sigma}_1$ und $\hat{\sigma}_2$).

4. Schritt: Überprüfung der Testvoraussetzungen

Metrisches oder annähernd metrisches Skalenniveau der Testvariablen	✓
Es liegt eine Zufallsstichprobe vor	✓
Die beiden Stichproben sind unabhängig voneinander	✓
Testvariable ist in der Grundgesamtheit annähernd normalverteilt oder die Stichprobe ist groß genug ($n \geq 30$)	✓

5. Schritt: Bestimmung des kritischen Testwerts

Wie beim Einstichproben-t-Test folgt auch die Differenz der Mittelwerte der beiden Stichproben einer t-Verteilung mit $(n_1 + n_2 - 2)$ Freiheitsgraden. Der kritische t-Wert eines zweiseitigen Tests ist dabei wie folgt definiert:

$$t^{\text{kritisch}}_{1-\frac{\alpha}{2};n_1+n_2-2}. \tag{6.35}$$

Für den einseitigen Test gilt:

$$t^{\text{kritisch}}_{1-\alpha;n_1+n_2-2}. \tag{6.36}$$

6. Schritt: Bestimmung des empirischen Testwerts

Aus den Stichproben lassen sich nun die Werte für $\overline{x}_1$, $\overline{x}_2$, n_1, n_2, $\hat{\sigma}$ berechnen und der empirische t-Wert bestimmen.

$$t^{\text{df}} = \frac{\overline{x}_1 - \overline{x}_2}{\sqrt{\frac{\hat{\sigma}_1^2}{n_1} + \frac{\hat{\sigma}_2^2}{n_2}}}. \tag{6.37}$$

Um den Wert genau berechnen zu können, müssen wir vorab die Annahme überprüfen, ob die Varianzen der beiden Stichproben gleich oder ungleich sind. Im ersten Fall spricht man von homoskedastischen, im zweiten Fall von heteroskedastischen Varianzen. Wenn die Varianzen homoskedastisch sind, gilt in der Grundgesamtheit $\sigma_1 = \sigma_2$ und damit für die Stichprobe:

$$\hat{\sigma} = \hat{\sigma}_1 = \hat{\sigma}_2 = \frac{(n_1 - 1) \cdot \hat{\sigma} + (n_2 - 1) \cdot \hat{\sigma}}{n_1 + n_2 - 2}. \tag{6.38}$$

Oben stehender t-Wert kann dann wie folgt umgeformt werden:

$$t^{n_1+n_2-2} = \frac{\overline{x}_1 - \overline{x}_2}{\sqrt{\left(\frac{1}{n_1} + \frac{1}{n_2}\right) \cdot \frac{(n_1-1)\cdot\hat{\sigma}+(n_2-1)\cdot\hat{\sigma}}{n_1+n_2-2}}}. \tag{6.39}$$

7. Schritt: Testentscheidung

Liegt der der Betrag des empirischen Testwertes über dem kritischen Testwert, ist H_0 zu verwerfen, ansonsten nicht.

$$t^{\text{kritisch}}_{1-\frac{\alpha}{2};n_1+n_2-2} < \left|t^{n_1+n_2-2}\right| = \frac{|\overline{x}_1 - \overline{x}_2|}{\sqrt{\left(\frac{1}{n_1} + \frac{1}{n_2}\right) \cdot \frac{(n_1-1)\cdot\hat{\sigma}+(n_2-1)\cdot\hat{\sigma}}{n_1+n_2-2}}} \rightarrow \textit{Ablehnung } H_0. \tag{6.40}$$

Danach kann überprüft werden, wie wahrscheinlich dieser t-Wert bei $(n_1 + n_2 - 2)$ Freiheitsgraden unter der Annahme der Gültigkeit der Nullhypothese ist. Liegt der p-Wert unter dem festgelegten Signifikanzniveau α, wird H_0 verworfen (vgl. die Berechnungen mit dem Computer in den folgenden Abschnitten).

Ob die Annahme gleicher Varianzen glaubhaft unterstellt werden kann, überprüft der F-Test oder der Levene-Test. Auf beide Tests gehen wir im Rahmen der Softwareanwendungen später nochmals genauer ein. Kann die Varianzgleichheit nicht unterstellt werden, kommen abgewandelte Berechnungen des t-Werts zum Einsatz. Zwei Vorschläge zur Bestimmung des kritischen t-Wertes im heteroskedastischen Fall $\sigma_1 \neq \sigma_2$ kommen von Welch (1947) und Satterthwaite (1946). In vielen Fällen gestaltet sich die Berechnung der Teststatistik komplex, sodass wir diese Aufgabe später dem Computer überlassen werden.

Der t-Test verhält sich allerdings sehr robust gegenüber Verletzungen seiner Anwendungsvoraussetzungen, wenn die Stichproben annähernd gleich groß sind. Dies gilt insbesondere für eingipflige Verteilungen. Sind die Stichprobengrößen hingegen deutlich unterschiedlich, ist die Präzision des t-Tests solange kaum beeinträchtigt, wie die Varianzen annähernd gleich groß sind. Sind Stichprobengröße als auch Varianzen der beiden Teilgesamtheiten nicht annähernd identisch, muss davon ausgegangen werden, dass die Testergebnisse verzerrt sind. In diesem Fall sollte der nicht-parametrische U-Test (vgl.Abschn. 6.3.2) verwendet werden.

Die Vorgehensweise zur Berechnung eines t-Tests für zwei unabhängige Stichproben mit Excel, SPSS oder Stata soll anhand des folgenden Beispiels gezeigt werden: Ein Unternehmen möchte eine neue Pralinensorte auf den Markt bringen. Die Unternehmensführung ist sich allerdings noch über die Verpackungsfarbe uneinig. Zur Diskussion stehen *blaue* oder *gelbe* Verpackungen. Im Rahmen einer Marktforschungsstudie in 240 gleichwertigen Testmärkten soll die Wirkung der Farbe auf den Absatz untersucht werden. Unterscheiden sich die Absätze für die beiden Verpackungsfarben auf dem 5 %-Niveau signifikant voneinander?

6.3.1.1 t-Test zweier unabhängiger Stichproben mit SPSS

Anhand der Beispieldatei *schokopraline_farbe_name_preis.sav* wollen wir den t-Test für zwei unabhängige Stichproben durch die Befehlsfolge *Analyze → Compare Means → Independent-Samples T Test ...*.[13] berechnen. Es öffnet sich die Dialogbox aus Abb. 6.19, in der die abhängige Variable (absatz) und der nominale Faktor *(farbe)* eingegeben werden. Unter *Define Groups* sind die beiden zu vergleichenden Gruppennummern festzulegen. In unserem Fall sind das die 1 für die blaue und die 2 für die gelbe Verpackungsfarbe. Nach Bestätigung durch OK ergeben sich die Tabellen in Abb. 6.19.

Die beiden Mittelwerte $\overline{x}_{\text{blau}} = 9982{,}37$ für die blaue Verpackung und $\overline{x}_{\text{gelb}} = 9606{,}10$ für die gelbe Verpackung deuten auf einen Unterschied in den Verkaufszahlen, je nach Verpackungsfarbe. Zunächst muss überprüft werden, ob die Voraussetzung der Varianzgleichheit erfüllt ist. Der Levene-Test weist einen p-Wert von $p = 0.000$ aus, sodass der p-Wert kleiner als $p = 5\,\%$ ist, wenn man von der Annahme der Varianzungleichheit ausgeht. SPSS weist in der zweiten Zeile für den heteroskedastischen Fall *(Equal Variances not assumed)* die Ergebnisse des t-Tests mit Welch-Approximation aus. Dem dort in der Spalte *Sig. (2-tailed)* angegebenen p-Wert von $p = 0.000$ ist zu entnehmen, dass sich auch die Mittelwerte der Absätze der beiden Verpackungsfarben signifikant voneinander unterscheiden. Die Absatzdifferenz zwischen gelber und blauer Verpackung liegt mit 95 %-iger Sicherheit zwischen den Werten 264,146 und 488,454.

Zwar ergeben sich für die beiden Verpackungsfarben signifikante Abweichungen von der Normalverteilung,[14] allerdings stellt die Stichprobe mit 240 Beobachtungen nicht nur eine sehr große Stichprobengröße dar, sondern die beiden Einzelstichproben sind zudem gleich groß und annähernd eingipflig, weshalb kaum mit einer Verzerrung der Ergebnisse zu rechnen ist.

6.3.1.2 t-Test zweier unabhängiger Stichproben mit Stata

Mit Hilfe der Daten in der Datei *schokopraline_farbe_name_preis.dta* wollen wir den t-Test mit zwei unabhängigen Stichproben mit Stata berechnen. Zunächst müssen die Anwendungsvoraussetzungen des t-Tests überprüft werden. Mit Hilfe der Befehlsfolge *Statistics → Summaries, tables, and tests → Classical tests of hypotheses → Robust equal variance test* erfolgt die Überprüfung der Annahme der Varianzgleichheit durch den Levene-Test. Unter *Variable:* ist die Variable *absatz* und unter *Variable defining comparison groups:* die Gruppierungsvariable *farbe* einzutragen. Nach Bestätigung durch *OK* werden drei verschiedene Statistiken zur Überprüfung von Varianzgleichheit ausgegeben, nämlich die Levene-Statistik (W0) sowie zwei Varianten der Brown und Forsythe's F-

[13] In der deutschsprachigen SPSS Version ist die Befehlsfolge *Analysieren → Mittelwerte vergleichen → t-Test bei unabhängigen Stichproben ...*

[14] Die Ergebnisse des Kolmogorov-Smirnov-Tests und des Shapiro-Wilk Tests (vgl. Abschn. 6.5.2) führen zum Verwerfen der Hypothese einer Normalverteilung.

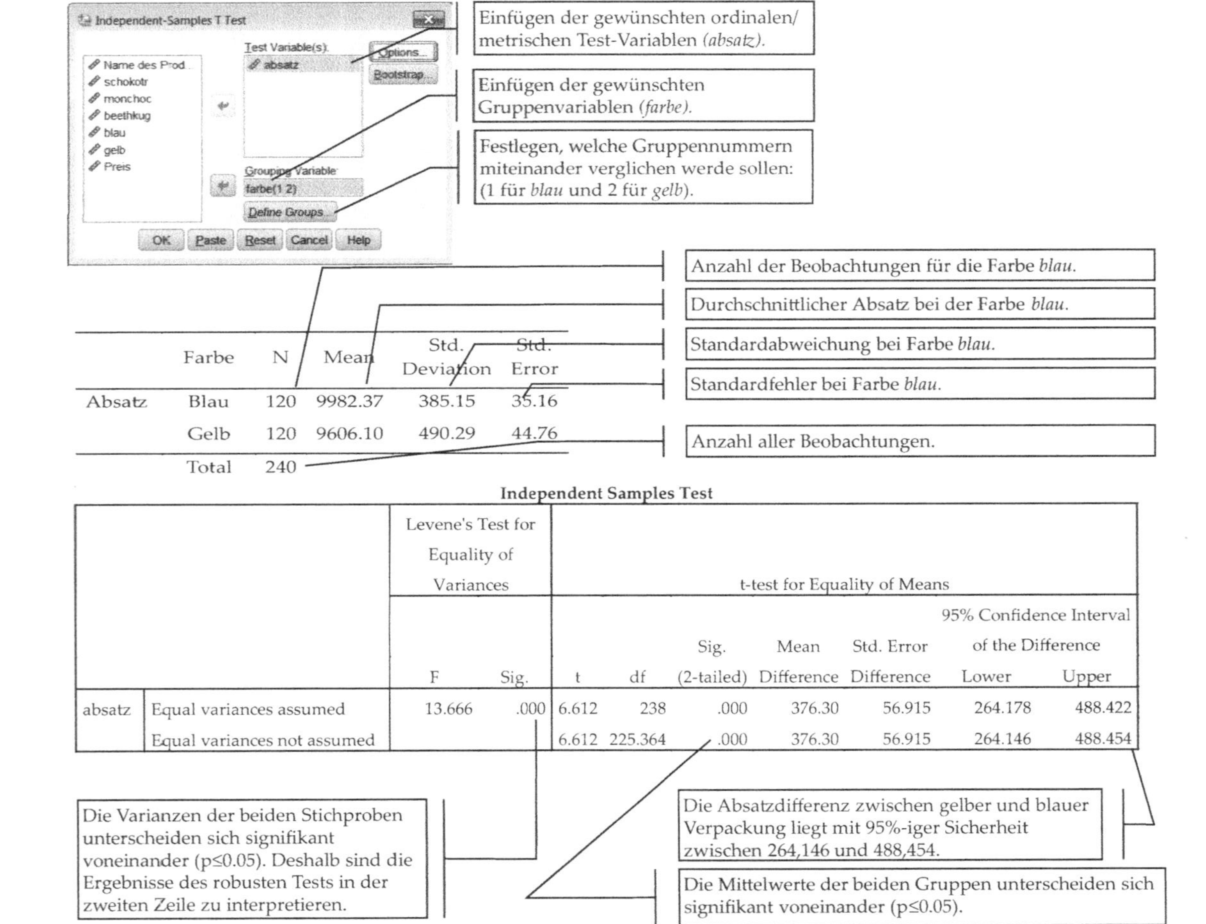

	Farbe	N	Mean	Std. Deviation	Std. Error
Absatz	Blau	120	9982.37	385.15	35.16
	Gelb	120	9606.10	490.29	44.76
	Total	240			

Independent Samples Test

		Levene's Test for Equality of Variances		t-test for Equality of Means						
									95% Confidence Interval of the Difference	
		F	Sig.	t	df	Sig. (2-tailed)	Mean Difference	Std. Error Difference	Lower	Upper
absatz	Equal variances assumed	13.666	.000	6.612	238	.000	376.30	56.915	264.178	488.422
	Equal variances not assumed			6.612	225.364	.000	376.30	56.915	264.146	488.454

Abb. 6.19 *t*-Test für zwei unabhängige Stichproben mit SPSS

Statistik (W50 und W10):

$$\begin{array}{lll} \text{W0} = 13.666002 & \text{df}(1, 238) & \text{Pr} > \text{F} = 0.00027109 \\ \text{W50} = 9.140792 & \text{df}(1, 238) & \text{Pr} > \text{F} = 0.00277339 \\ \text{W10} = 13.408026 & \text{df}(1, 238) & \text{Pr} > \text{F} = 0.00030872. \end{array}$$

Alle p-Werte – in diesem Fall als Pr $>$ F ausgewiesen – liegen unter der üblichen Schwelle des Signifikanzniveaus von $\alpha = 5\,\%$, weshalb nicht von einer Varianzgleichheit ausgegangen werden kann. Zwar ergeben sich für beide Verpackungsfarben signifikante Abweichungen von der Normalverteilung,[15] allerdings stellt die Stichprobe mit 240 Beobachtungen nicht nur eine sehr große Stichprobengröße dar, sondern die Einzelstichproben sind zudem beide gleich groß und annähernd eingipflig, weshalb kaum mit einer Verzerrung der Ergebnisse zu rechnen ist.

Die Berechnung des t-Tests für zwei unabhängige Stichproben erfolgt dann durch die Befehlsfolge *Statistics → Summaries, tables, and tests → Classical tests of hypotheses → Two-group mean-comparison test.* Es öffnet sich die Dialogbox aus Abb. 6.20, in der die abhängige Variable *(absatz)* und die binomiale Gruppierungsvariable *(farbe)* festgelegt werden. Liegt Varianzungleichheit vor, so ist *Unequal Variances* zu wählen. In diesem Fall wird der t-Test nach Satterthwaite (1946) berechnet. Wird zudem *Welch's approximation* gewählt, erfolgt die Berechnung des t-Tests auf Basis von Welch (1947). Beide unterscheiden sich in der Approximierung ihrer Freiheitsgrade.

Für die beiden Mittelwerte ergeben sich $\overline{x}_{\text{blau}} = 9982{,}37$ für die blaue Verpackung und $\overline{x}_{\text{gelb}} = 9606{,}10$ für die gelbe Verpackung. Der Unterschied zwischen diesen beiden Werten ist statistisch signifikant, da der p-Wert mit $\Pr(|T| > |t|) = 0.0000$ unter der üblichen Schwelle des Signifikanzniveaus von $\alpha = 5\,\%$ liegt. Die Absatzdifferenz zwischen gelber und blauer Verpackung liegt mit 95 %-iger Sicherheit zwischen den Werten 264,146 und 488,454.

6.3.1.3 t-Test zweier unabhängiger Stichproben mit Excel

Um die Testprozedur mit Excel sinnvoll durchführen zu können, müssen die Daten hinsichtlich ihrer Gruppierungsvariablen in zusammenhängenden Datenblöcken angeordnet werden. Dies geschieht am einfachsten, indem der gesamte Datensatz (*Chocopraline_colour_name_price.xls*) markiert und danach durch die Befehlsfolge *Daten → Sortieren* nach der Gruppierungsvariablen auf- oder absteigend sortiert wird. Durch diese Sortierung werden die zu vergleichenden Gruppen im Datensatz nacheinander angeordnet.

Sind in Excel mit dem Add-Ins-Manager die Module *Analyse-Funktionen* und *Analyse-Funktionen-VBA* dauerhaft aktiviert,[16] kann im Menüpunkt *Daten* die Schaltfläche *Da-*

[15] Die Ergebnisse des Kolmogorov-Smirnov-Tests und des Shapiro-Wilk Tests (vgl. Abschn. 6.5.2) führen zum Verwerfen der Hypothese einer Normalverteilung.

[16] Für Excel 2010 ist dieser über die Schaltflächenkombination *Datei → Optionen → Add-ins → Gehe zu* erreichbar.

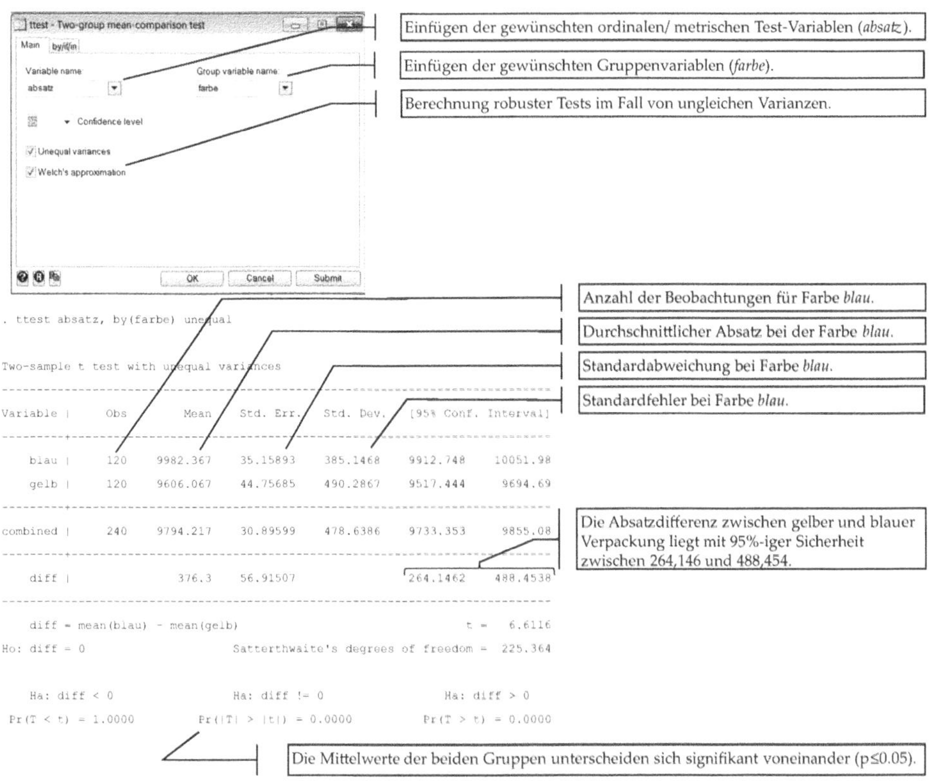

Abb. 6.20 t-Test für zwei unabhängige Stichproben mit Stata

tenanalyse gewählt und die Funktion *Zweistichproben F-Test* ausgewählt werden, um die Annahme der Varianzgleichheit zu überprüfen.[17] Im geöffneten Fenster wird unter *Bereich Variable A:* der Bereich der Testvariablen der ersten Gruppe und unter *Bereich Variable B:* der Bereich der Testvariablen der zweiten Gruppe eingetragen. Dabei ist unbedingt zu beachten, dass Excel nur dann korrekte Werte ausweist, wenn die Variable mit der größeren Varianz unter *Bereich Variable A:* und die Variable mit der kleineren Varianz unter *Bereich Variable B:* eingetragen wird! Unter Alpha ist das gewünschte Signifikanzniveau (i. d. R. liegt das bei $\alpha = 0{,}05$) anzugeben. Den Ergebnissen aus Abb. 6.21 ist zu entnehmen, dass die Prüfgröße F größer als der – auf Basis von α berechnete – kritische F-Wert ist, sodass die Annahme der Varianzgleichheit (H_0) verworfen wird. Der p-Wert liegt mit $p = 0{,}004$ unter der üblichen Schwelle von $\alpha = 5\,\%$, weshalb nicht von einer Varianzgleichheit ausgegangen werden kann.

[17] Sehr gute Darstellungen über die Vorgehensweise bei Excel finden sich hier: https://www.youtube.com/watch?v=qI_RmXU1tOY und hier: https://www.youtube.com/watch?v=2lAPRrnUBRk.

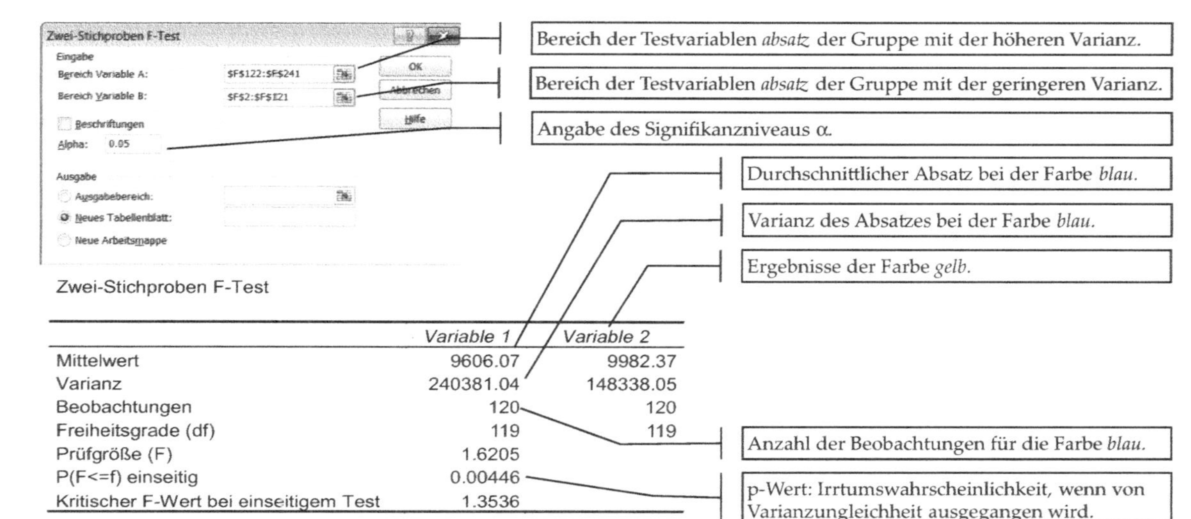

Zwei-Stichproben F-Test

	Variable 1	*Variable 2*
Mittelwert	9606.07	9982.37
Varianz	240381.04	148338.05
Beobachtungen	120	120
Freiheitsgrade (df)	119	119
Prüfgröße (F)	1.6205	
P(F<=f) einseitig	0.00446	
Kritischer F-Wert bei einseitigem Test	1.3536	

Abb. 6.21 Test auf Varianzgleichheit mit Excel

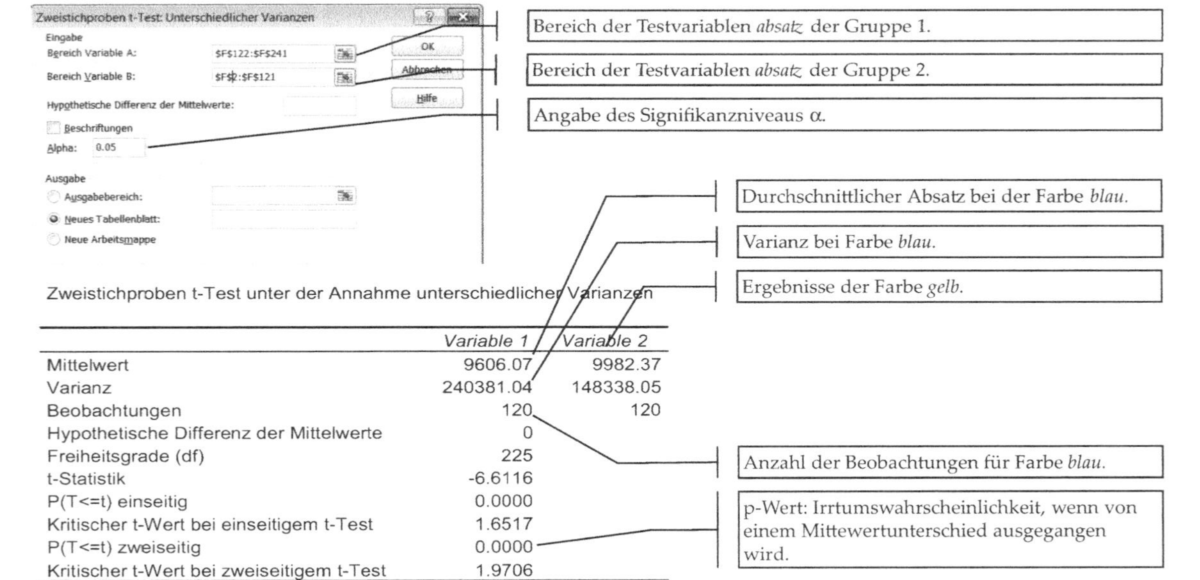

Zweistichproben t-Test unter der Annahme unterschiedlicher Varianzen

	Variable 1	*Variable 2*
Mittelwert	9606.07	9982.37
Varianz	240381.04	148338.05
Beobachtungen	120	120
Hypothetische Differenz der Mittelwerte	0	
Freiheitsgrade (df)	225	
t-Statistik	-6.6116	
P(T<=t) einseitig	0.0000	
Kritischer t-Wert bei einseitigem t-Test	1.6517	
P(T<=t) zweiseitig	0.0000	
Kritischer t-Wert bei zweiseitigem t-Test	1.9706	

Abb. 6.22 t-Test für zwei unabhängige Stichproben mit Excel

Die Berechnung des t-Tests für zwei unabhängige Stichproben mit nichtgleichen Varianzen erfolgt dann durch die Befehlsfolge *Daten → Datenanalyse → Zweistichproben T-Test: Unterschiedlicher Varianzen*. Im Fall gleicher Varianzen wäre *Zweistichproben T-Test: Gleicher Varianzen* zu wählen gewesen.[18]

In der geöffneten Dialogbox (vgl. Abb. 6.22) wird wiederum unter *Bereich Variable A:* der Bereich der Testvariablen der ersten Gruppe und unter *Bereich Variable B:* der Bereich der Testvariablen der zweiten Gruppe eingetragen. In der Kategorie *Hypothetische Differenz der Mittelwerte* wird nichts eingetragen.

Für die beiden Mittelwerte ergeben sich $\overline{x}_{\text{blau}} = 9982{,}37$ für die blaue Verpackung und $\overline{x}_{\text{gelb}} = 9606{,}07$ für die gelbe Verpackung. Der Unterschied zwischen diesen beiden Werten ist statistisch signifikant, da der p-Wert mit $P(T \leq t)$ zweiseitig $= 0.0000$ unter der üblichen Schwelle für das Signifikanzniveau von $\alpha = 5\,\%$ liegt.

6.3.2 Mann-Whitney-U-Test (Wilcoxon Rank-Sum Test)

Einen nicht-parametrischen Test zur Überprüfung von Unterschieden zweier unabhängiger Stichproben (oder Gruppen) hinsichtlich ihrer zentralen Tendenz einer ordinalen oder metrischen Variablen stellt der sogenannte U-Test von Mann-Whitney (1947) dar. Dieser Test, der häufig auch als Wilcoxon-Rangsummen-Test (*engl.:* Wilcoxon rank-sum test) bezeichnet wird (Wilcoxon 1945), besitzt keine strengen Anwendungsvoraussetzungen: Beide Vergleichsgruppen sollten hinsichtlich der zu betrachtenden Testvariablen lediglich eine ähnliche Verteilungsform aufweisen. Der U-Test sollte somit dann angewendet werden, wenn der t-Test für zwei unabhängige Stichproben (vgl. Abschn. 6.3.1) aufgrund von Voraussetzungsverletzungen ($n < 30$ und Grundgesamtheit nicht normalverteilt) der zu untersuchenden stetigen Testvariablen nicht verwendet werden kann. Des Weiteren eignet sich der Mann-Whitney-U-Test zum Vergleich zweier Gruppen für eine ordinale – also nicht metrische – Testvariable.

Um die Funktionsweise des Mann-Whitney-U-Tests zu verdeutlichen, betrachten wir die Zahlungsbereitschaft von 12 Männern und 13 Frauen für eine bestimmte Weinsorte in Abb. 6.23. Die Zahlungsbereitschaft ist ordinal-skaliert auf einer fünfstufigen Skala ($1 = 0 - 5$ €; $2 = 5{,}01 - 10$ €; $3 = 10{,}01 - 15$ €; $4 = 15{,}01 - 20$ €; $5 = 20{,}01 - 25$ €).

1. Schritt: Formulierung der Hypothesen

Die Frage ist, ob sich Männer und Frauen hinsichtlich ihrer Zahlungsbereitschaft unterscheiden. Geprüft wird die Nullhypothese, dass sich die durchschnittlichen Ränge der beiden Gruppen (männlich/weiblich) nicht unterscheiden gegen die Alternativhypothese, dass sie sich unterscheiden:

[18] Sehr gute Darstellungen über die Vorgehensweise bei Excel finden sich hier: https://www.youtube.com/watch?v=BlS11D2VL_U und hier: https://www.youtube.com/watch?v=X14z9r8FUKY.

Zahlungsbereitschaft	Geschlecht
[0-5] €	weiblich
[0-5] €	weiblich
[0-5] €	weiblich
[0-5] €	weiblich
]5-10] €	weiblich
]5-10] €	weiblich
]5-10] €	weiblich
]10-15] €	weiblich
]10-15] €	männlich
]10-15] €	weiblich
]10-15] €	männlich
]10-15] €	männlich
]10-15] €	männlich
]10-15] €	weiblich
]10-15] €	weiblich
]15-20] €	weiblich
]15-20] €	männlich
]15-20] €	männlich
]15-20] €	weiblich
]15-20] €	männlich
]15-20] €	männlich
]15-20] €	männlich
]15-20] €	männlich
]15-20] €	männlich
]20-25] €	männlich

Schritt 1: Vergabe von Rangplätzen

Rang Zahlungsbereitschaft
2,5
2,5
2,5
2,5
6
6
6
11,5
11,5
11,5
11,5
11,5
11,5
11,5
11,5
20
20
20
20
20
20
20
20
20
25

Schritt 2: Nach Gruppen ordnen

männlich	weiblich
11,5	2,5
11,5	2,5
11,5	2,5
11,5	2,5
20	6
20	6
20	6
20	11,5
20	11,5
20	11,5
20	11,5
25	20
	20
211	114

Schritt 3: Berechnung

	Geschlecht	N	Mean Rank	Sum of Ranks
Klasse der Zahlungsbereitschaft	maennlich	12	17.58	211
	weiblich	13	8.77	114
	Total	25		

Test Statistics[a]

	Klasse der Zahlungsbereitschaft
Mann-Whitney U	23.000
Wilcoxon W	114.000
Z	-3.126
Asymp. Sig. (2-tailed)	.002
Exact Sig. [2*(1-tailed Sig.)]	.002[b]

a Grouping Variable: Geschlecht
b Not corrected for ties.

Abb. 6.23 Mann-Whitney-U-Test

H_0: $\mathrm{E}(\overline{R}_1) = \mathrm{E}(\overline{R}_2)$
H_1: $\mathrm{E}(\overline{R}_1) \neq \mathrm{E}(\overline{R}_2)$

2. Schritt: Festlegung des Signifikanzniveaus α

Im nächsten Schritt erfolgt die Festlegung des Signifikanzniveaus α, also der maximal zulässigen Wahrscheinlichkeit, bei der H_0 irrtümlicherweise abgelehnt wird, obwohl die Hypothese zutrifft. Die Festlegung der Größe von α obliegt dem Forscher selbst. In der Regel wird α bei den Schwellenwerten 1 %, 5 % oder 10 % festgelegt, wobei die 5 %-Schwelle die gängigste Größe für α ist. Der maximal zulässige α-Fehler wird an dieser Stelle auf $\alpha = 0{,}05$ festgelegt.

3. Schritt: Ziehung der Stichprobe

In unserem Beispiel wird eine Stichprobe im Umfang von $n = 25$ gezogen. Die beiden Teilstichproben umfassen dabei $n_1 = 12$ männliche und $n_2 = 13$ Umfrageteilnehmer.

4. Schritt: Überprüfung der Testvoraussetzungen

Metrisches oder ordinales Skalenniveau der Testvariable	✓
Es liegt eine Zufallsstichprobe vor	✓
Die beiden Stichproben sind unabhängig voneinander	✓
Testvariable sollte in den Gruppen annähernd die gleiche Verteilungsform aufweisen	✓

5. Schritt: Bestimmung des empirischen Testwerts

Um die Hypothesen testen zu können, erfolgt zunächst die Vergabe von Rangplätzen, wobei wiederum die Existenz von Rangbindungen beachtet werden muss: Es wurde vier Mal die niedrigste Zahlungspräferenz ausgewählt, sodass sich für alle diese Personen eine

$$\text{Rangzahl von } \frac{1+2+3+4}{4} = 2{,}5 \tag{6.41}$$

ergibt (vgl. Schritt 1 in Abb. 6.23). Alle vier (weiblichen) Personen bekommen die Rangzahl 2,5 zugeordnet. Auch die zweitniedrigste Zahlungsbereitschaft wurde von drei Frauen gewählt. Auch diese drei Aussagen werden durchschnittliche Ränge mit einem

$$\text{Rangplatz } 6 = \frac{5+6+7}{3} \text{ zugeordnet.} \tag{6.42}$$

Die drittgrößte Zahlungsbereitschaft haben vier Männer und vier Frauen ausgewählt. Es ergibt sich ein durchschnittlicher

$$\text{Rangplatz von } 11{,}5 = \frac{8+9+10+11+12+13+14+15}{8}, \tag{6.43}$$

der jeweils vier Mal der Gruppe der Männer und der Frauen zugeordnet wird. Gleichermaßen wird mit den restlichen Zahlungsbereitschaften verfahren. Danach werden die ermittelten Ränge jeweils geschlechtsspezifisch – also ihrer Gruppenzugehörigkeit nach – zugeordnet und der Größe nach geordnet (vgl. Schritt 2 in Abb. 6.23).

Addiert man danach alle Rangplätze, ergibt sich für die Männer eine Rangsumme von 211 und für die Frauen eine Rangsumme von 114. Danach wird der durchschnittliche Rangplatz berechnet. Damit wird berücksichtigt, dass die Gruppen eine unterschiedliche Anzahl an Beobachtungen aufweisen können, was in diesem Beispiel auch tatsächlich der Fall ist. Im Durchschnitt belegen die Männer den 17,6-sten ($= 221/12$) und die Frauen den 8,8-ten ($= 114/13$) Rang. Sollten Männer und Frauen die gleiche Zahlungsbereitschaft aufweisen, so müssten die durchschnittlichen Ränge beider Gruppen annähernd gleich groß sein. Augenscheinlich ist dies nicht der Fall, aber auch hier muss überprüft werden, ob der Unterschied zwischen den beiden durchschnittlichen Rängen groß genug ist, um als statistisch signifikant zu gelten.

Hierzu wird zunächst eine Prüfgröße U bestimmt – deshalb auch der Name Mann-Whitney-U-Test. Hierzu wird berechnet, wie häufig ein Rangplatz in einer Gruppe kleiner ist als die Rangplätze in der anderen Gruppe. Gleich große Rangplätze werden zur Hälfte gezählt.

So wird der erste Wert der männlichen Rangreihe der Größe 11,5 mit allen 13 weiblichen Rangplätzen verglichen: Insgesamt ist dieser Wert 7 Mal größer, 4 Mal gleich groß und zwei Mal kleiner als die weiblichen Rangplätze: Insgesamt entsteht ein Teilwert zur Berechnung von U in Höhe von $2 + 4/2 = 4$. Entsprechend wird mit allen weiteren Werten der männlichen im Vergleich mit den weiblichen Probanden verfahren. Es ergibt sich ein Gesamtwert für U von:

$$U = 4 + 4 + 4 + 4 + 1 + 1 + 1 + 1 + 1 + 1 + 1 + 0 = 23. \qquad (6.44)$$

In $U = 23$ von 156 ($= n_1 \cdot n_2 = 12 \cdot 13$) möglichen Vergleichen sind die männlichen Rangplätze kleiner und in $U' = 133$ ($= 156 - 23$) Vergleichen sind die männlichen Rangplätze größer als die weiblichen. Die Werte für U und U' lassen sich verkürzt folgendermaßen berechnen:

$$\begin{aligned}\text{Männlich: } U &= n_1 \cdot n_2 + \frac{n_1 \cdot (n_1 + 1)}{2} - Rangsumme_{\mathrm{M}} \\ &= 12 \cdot 13 + \frac{12 \cdot (12 + 1)}{2} - 211 = 23, \end{aligned} \qquad (6.45)$$

$$\begin{aligned}\text{Weiblich: } U' &= n_1 \cdot n_2 + \frac{n_2 \cdot (n_2 + 1)}{2} - Rangsumme_{\mathrm{W}} \\ &= 12 \cdot 13 + \frac{13 \cdot (13 + 1)}{2} - 114 = 133. \end{aligned} \qquad (6.46)$$

6. Schritt: Bestimmung des kritischen Testwerts

Würde kein Unterschied zwischen Männern und Frauen bestehen, so würde es bei den Vergleichsfällen ebenso viele kleinere wie größere Rangplätze geben und die Werte für U und U' würden (annähernd) übereinstimmen. Es ergibt sich dann ein Erwartungswert für U von $\mathrm{E}(U) = 156/2 = 78$.

Auf Basis dieser Berechnungen ließe sich nun ein exakter Mann-Whitney-U-Test durchführen. In der Praxis berechnen Softwareprogramme diesen exakten Test i. d. R. nur in Fällen kleiner Stichproben. Sind die Stichprobenumfänge der beiden Gruppen jeweils größer als 20, kann nach Conover (1980) auf die Normalverteilungsapproximation der U-Werte um den Erwartungswert $\mathrm{E}(U)$ zurückgegriffen wird.[19]

7. Schritt: Testentscheidung

Bei unserem Beispiel handelt es sich tatsächlich um eine kleine Stichprobe, sodass sowohl die Ergebnisse des exakten U-Tests als auch die asymptotische Signifikanz der Approximation in Abb. 6.23 angegeben sind. In beiden Fällen irrt man sich in $p = 0{,}2\,\%$ der Fälle,

[19] Zur genauen Berechnung des approximierten U-Tests wird an dieser Stelle auf Bortz, Lienert, Boehnke (2000) verwiesen.

wenn man von einer unterschiedlichen Zahlungsbereitschaft bei Männern und Frauen ausgeht. Die Nullhypothese einer gleichen Zahlungsbereitschaft bei Männern und Frauen kann somit verworfen werden, denn der p-Wert liegt unterhalb der üblicherweise festgelegten Grenzen für α (1 %, 5 % oder 10 %).

Hätten wir an dieser Stelle den t-Test für unabhängige Stichproben verwendet, wäre das Ergebnis mit $p = 0{,}01\,\%$ annähernd das Gleiche gewesen, obwohl eine Normalverteilung nicht angenommen werden kann.[20] Der Grund hierfür liegt vor allem in der Tatsache, dass der unabhängige t-Test robust gegenüber dem Fehlen der Voraussetzung der Normalverteilung reagiert. Dies wirft generell die Frage auf, wann der U-Test und wann ein t-Test durchzuführen ist? Bei dieser Entscheidung können folgende Informationen hilfreich sein:

- Verlaufen die Verteilungen der zu vergleichenden Gruppen ähnlich, drücken die Ergebnisse des U-Tests vornehmlich Unterschiede in der zentralen Tendenz der Verteilung aus. Je stärker die Verteilungen der beiden Gruppen voneinander abweichen, umso mehr werden neben den Unterschieden bei der zentralen Tendenz auch Unterschiede im Verlauf ausgedrückt.
- Liegt eine normalverteilte Population vor, gilt der U-Test als vergleichsweise ineffizient. Er ist asymptotisch zu 95 % effizient (Dixon 1954), d. h. anstelle einer Stichprobe von 38 für einen unabhängigen t-Test benötigt der U-Test eine Stichprobengröße von 40.
- Liegt keine Normalverteilung vor, gilt der U-Test im Vergleich zu einem unrechtmäßig eingesetzten t-Test immer als effizienter (Witting 1960).

Da die Berechnung beider Testverfahren mit dem Computer heute kein Problem mehr darstellt, empfiehlt der Autor im Zweifel die Durchführung beider Testverfahren. Beide Verfahren bilden gute „Backups" für Schlussfolgerungen, wenn die Verfahren zu ähnlichen Ergebnissen führen. Führen die Tests zu unterschiedlichen Schlussfolgerungen sollten sich Überlegungen anschließen, warum dies der Fall ist.

6.3.2.1 Der Mann-Whitney-U-Test mit SPSS

Anhand der Beispieldatei *Rang (Flaschendesign).sav* wollen wir in SPSS den U-Test durch die Befehlsfolge *Analyze → Nonparametric Tests → Legacy Dialogs → 2 Independent Samples ...*[21] berechnen. Es öffnet sich das in Abb. 6.24 links dargestellte Fenster. Die Gruppierungsvariable – in unserem Fall Geschlecht – ist in das Feld *Grouping Variable* zu verschieben und unter *Define Groups* sind die zu vergleichenden Gruppennummern – in unserem Fall sind das die Gruppen 0 und 1 – anzugeben. Unter *Test Variables List* erfolgt die Angabe der zu testenden Variable – in unserem Fall ist das die Klasse der

[20] Die Ergebnisse des Kolmogorov-Smirnov-Tests und des Shapiro-Wilk Tests (vgl. Abschn. 6.5.2) führen zum Verwerfen der Hypothese einer Normalverteilung.

[21] In der deutschsprachigen SPSS Version ist die Befehlsfolge *Analysieren → Nicht parametrische Tests → Alte Dialogfelder → 2 unabhängige Stichproben ...*

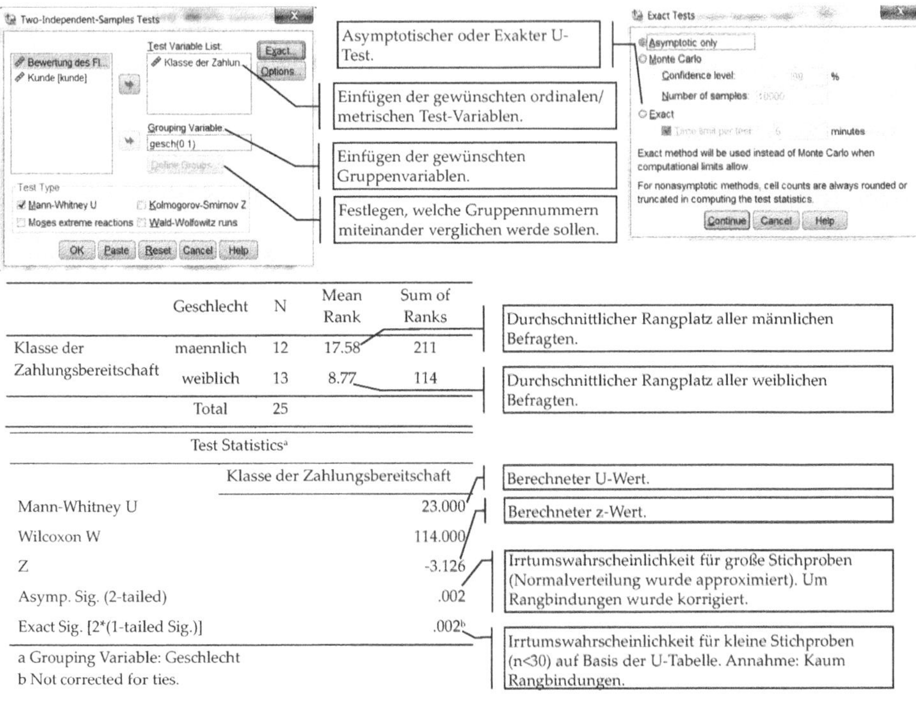

	Geschlecht	N	Mean Rank	Sum of Ranks
Klasse der Zahlungsbereitschaft	maennlich	12	17.58	211
	weiblich	13	8.77	114
	Total	25		

Test Statistics[a]

	Klasse der Zahlungsbereitschaft
Mann-Whitney U	23.000
Wilcoxon W	114.000
Z	-3.126
Asymp. Sig. (2-tailed)	.002
Exact Sig. [2*(1-tailed Sig.)]	.002[b]

a Grouping Variable: Geschlecht
b Not corrected for ties.

Abb. 6.24 Mann-Whitney-U-Test mit SPSS

Zahlungsbereitschaft. Unter *Exact* … kann die Berechnung eines exakten oder asymptotischen U-Tests angefordert werden. Bei kleinen Stichproben erfolgt automatisch die Angabe beider Testergebnisse.

In beiden Fällen irrt man sich in $p = 0{,}2\,\%$ der Fälle, wenn man von einer unterschiedlichen Zahlungsbereitschaft bei Männern und Frauen ausgeht. Frauen belegen mit einem durchschnittlichen Rangplatz von 8,77 eine niedrigere Zahlungsbereitschaft als Männer mit einem Durchschnittsrang von 17,58.

6.3.2.2 Der Mann-Whitney-U-Test mit Stata

Die Durchführung des U-Tests mit Hilfe der Beispieldatei *Rang (Flaschendesign).dta* erfolgt in Stata durch die Befehlsfolge *Statistics* → *Nonparametric analysis* → *Tests of hypotheses* → *Wilcoxon rank-sum test*. Es öffnet sich das in Abb. 6.25 dargestellte Fenster. Die Gruppierungsvariable – in unserem Fall Geschlecht – ist in das Feld *Grouping Variable* einzutragen. Dabei dürfen nur Variablen mit höchstens zwei Ausprägungen verwendet werden. Unter *Variable* erfolgt die Angabe der zu testenden Variable – in unserem Fall die Klasse der Zahlungsbereitschaft.

Man irrt sich in $p = 0{,}18\,\%$ der Fälle, wenn man von einer unterschiedlichen Zahlungsbereitschaft bei Männern und Frauen ausgeht. Bei den Frauen ist die unter der

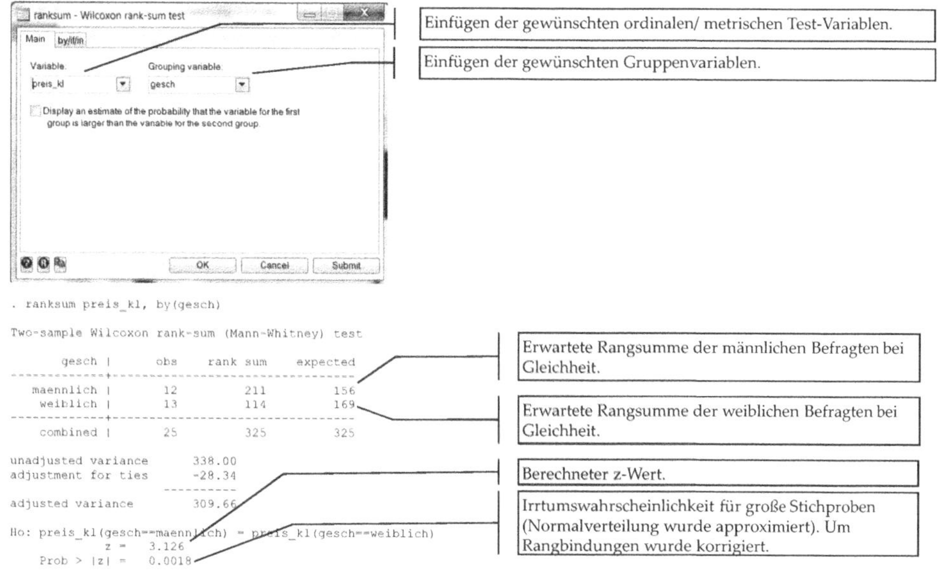

Abb. 6.25 Mann-Whitney-U-Test mit Stata

Annahme von Gleichheit erwartete Rangsumme mit 169 höher als die tatsächlich realisierte Rangsumme (114). Weibliche Befragte haben somit eine signifikant geringere Zahlungsbereitschaft.

6.4 Tests für *K* unabhängige Stichproben

6.4.1 Varianzanalyse (ANOVA)

Wie wir bereits aus Abschn. 6.3.1 wissen, besteht mit dem t-Test für zwei unabhängige Stichproben die Möglichkeit, den Unterschied der Mittelwerte zweier Gruppen auf Signifikanz zu überprüfen. Liegt also z. B. ein Datensatz vor, indem sowohl das Geschlecht als auch die Einkaufssummen eines Jahres erfasst worden sind, lässt sich mit Hilfe des t-Tests für unabhängige Stichproben ermitteln, ob der Wert der eingekauften Produkte für Männer und Frauen signifikant unterschiedlich ist. Es gibt aber auch Situationen, in denen man untersuchen möchte, ob sich die Mittelwerte hinsichtlich einer bestimmten Variable zwischen mehr als zwei Gruppen statistisch signifikant unterscheiden. Wie würde man in diesem Fall vorgehen? Wie kann man beispielsweise untersuchen, ob sich drei verschiedene Produktvarianten hinsichtlich ihrer durchschnittlichen Verkäufe in mehreren Supermärkten unterscheiden?

Die erste naheliegende Antwort wäre die Durchführung von mehreren t-Tests für unabhängige Stichproben. Für ein einfaches (einfaktorielles) Beispiel mit drei Gruppen wür-

<table>
<tr><td colspan="2" rowspan="2"></td><td colspan="2">Anzahl der Faktoren (qualitativ)</td><td rowspan="2"></td></tr>
<tr><td>=1</td><td>>1</td></tr>
<tr><td rowspan="2">Anzahl der abhängigen Variablen (metrisch)</td><td>=1</td><td>einfaktorielle univariate Varianzanalyse[1)]</td><td>mehrfaktorielle univariate Varianzanalyse[2)]</td><td>univariate Varianzanalyse (ANOVA)</td></tr>
<tr><td>>1</td><td>einfaktorielle multivariate Varianzanalyse[3)]</td><td>mehrfaktorielle multivariate Varianzanalyse[4)]</td><td>multivariate Varianzanalyse (MANOVA)</td></tr>
<tr><td colspan="2"></td><td>einfaktorielle Varianzanalyse</td><td>mehrfaktorielle Varianzanalyse</td><td></td></tr>
</table>

Beispiele: Welche Auswirkungen haben unterschiedliche Produktvarianten (Faktor 1) ....
1)... auf die Höhe des Umsatzes (abhängige Variable 1)?
2)... und unterschiedliche Standorte (Faktor 2) auf die Höhe des Umsatzes (abh. Variable 1)?
3)... auf die Höhe des Umsatzes (abhängige Variable 1) und die Anzahl verkaufter Waren (abhängige Variable 2)?
4)... und unterschiedliche Standorte (Faktor 2) auf die Höhe des Umsatzes (abh. Variable 1) und die Anzahl der verkauften Einheiten (abh. Variable 2)?

Abb. 6.26 Systematik der Varianzanalyse

den sich jedoch bereits $\binom{3}{2} = 3$ durchzuführende t-Tests ergeben, bei vier Gruppen $\binom{4}{2} = 6$ und bei fünf schon $\binom{5}{2} = 12$ etc.

Es wird deutlich, dass bei einer größeren Anzahl von zu vergleichenden Gruppen die Anzahl der durchzuführenden t-Tests ziemlich groß würde. Zudem steigt mit der Anzahl der durchzuführenden t-Tests auch die Wahrscheinlichkeit, dass einer dieser Tests zufälligerweise signifikant wird.

Aus diesem Grund werden Gruppenvergleiche mit mehr als zwei Gruppen mit Hilfe der sogenannten Varianzanalyse (*engl.:* Analysis of Variance (ANOVA)) gelöst, wobei es nicht eine Form der Varianzanalyse gibt, sondern man – je nach Fragestellung – verschiedene Formen unterscheidet (vgl. Abb. 6.26). Unterschieden wird dabei insbesondere hinsichtlich der Anzahl der Gruppierungsvariablen. Liegt lediglich eine Gruppierungsvariable (z. B. Geschlecht) vor, spricht man von einer einfaktoriellen Varianzanalyse. Also von einer Varianzanalyse mit einem unabhängigen Faktor, der eine unterschiedliche Anzahl von Faktorstufen aufweisen kann. Beim Beispiel Geschlecht sind es im traditionellen Fall die zwei Faktorstufen männlich und weiblich. Liegen zwei und mehr Gruppierungsvariablen bzw. Faktoren vor, spricht man von einer mehrfaktoriellen Varianzanalyse (z. B. Augenfarbe und Haarfarbe). Auch hier können die Faktoren unterschiedliche Anzahlen von Ausprägungen aufweisen.

6.4.1.1 Die einfaktorielle Varianzanalyse

Versuchen wir dem einfachsten Fall der Varianzanalyse – dem der einfaktoriellen ANOVA – durch ein Beispiel näher zu kommen: Ein Unternehmen möchte eine neue Pralinensorte

Name des Produkts	Mittelwert (Absatz)	Standardabweichung (Absatz)	N
Schoko-Traum	9.757,2	593,5	80
Mon Choco	9.753,4	425,1	80
Beethoven-Kugel	9.872,0	388,4	80
Gesamt	9.794,2	478,6	240

Abb. 6.27 Deskriptive Statistiken (Beispiel Schokopralinen)

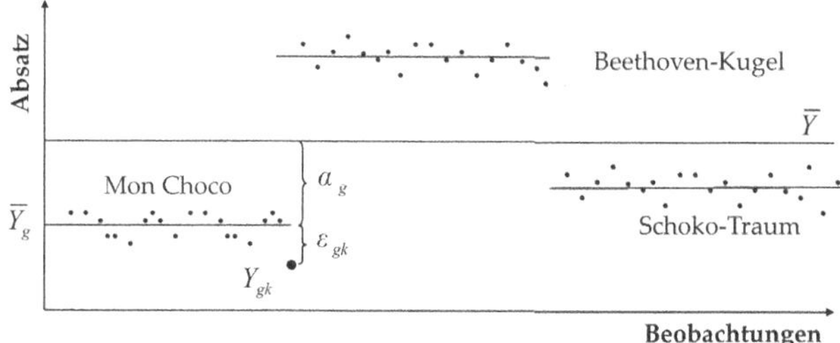

Abb. 6.28 Grafische Veranschaulichung der ANOVA (Beispiel Schokopralinen)

auf den Markt bringen. Die Unternehmensführung ist sich allerdings noch über den Namen uneinig. In der Diskussion stehen *Schoko-Traum*, *Mon Choco* oder *Beethoven-Kugel*. Im Rahmen einer Marktforschungsstudie in 240 gleichwertigen Testmärkten soll die Wirkung des Namens auf den Absatz untersucht werden.

Zunächst werden für die einzelnen Namen sowie für alle Beobachtungen die Mittelwerte der Absätze berechnet (vgl. Abb. 6.27). Insgesamt wurden alle Produkte im Durchschnitt 9794 Mal pro Markt verkauft. Der Name *Beethoven-Kugel* war mit 9872 Verkäufen überdurchschnittlich, die beiden anderen (9757 für *Schoko-Traum* und 9753 für *Mon Choco*) unterdurchschnittlich erfolgreich.

Stellt man die einzelnen Absatzzahlen, die den Mittelwerten aus Abb. 6.27 zugrunde liegen, grafisch dar (vgl. Abb. 6.28), so wird deutlich, dass sich jeder Punkt als Linearkombination aus dem Gesamtmittelwert ($\overline{Y}$), der durchschnittlichen gruppenspezifischen Abweichung der k unterschiedlichen Namen (α_g) vom Gesamtmittelwert und einer punktspezifischen Abweichung (ε_{gk}) von der gruppenspezifischen Abweichung darstellen lässt:

$$Y_{gk} = \overline{Y} + \alpha_g + \varepsilon_{gk}. \tag{6.47}$$

Die gesamte Varianz des Absatzes (Y) lässt sich also zerlegen in einen durch die Faktorstufen des Produktnamens erklärten Varianzanteil (S_X^2) und einen nicht erklärten Varianzanteil (S_e^2), sodass gilt: $S_y^2 = S_x^2 + S_e^2$. Hieraus folgt gemäß Backhaus et al. (2016, S. 182) für G Faktorstufen und K Beobachtungswerte innerhalb einer Faktorstufe:

$$\frac{\sum_{g=1}^{G}\sum_{k=1}^{K}\left(Y_{gk}-\overline{Y}\right)^2}{G\cdot K-1} = \frac{K\sum_{g=1}^{G}\left(\overline{Y}_g-\overline{Y}\right)^2}{G-1} + \frac{\sum_{g=1}^{G}\sum_{k=1}^{K}\left(Y_{gk}-\overline{Y}_g\right)^2}{G\cdot(K-1)}. \tag{6.48}$$

Quelle	Quadratsumme vom Typ III	df	Mittel der Quadrate	F	Signifikanz
Korrigiertes Modell	726.592,1(a)	2	363.296,1	1,6	,205
Konstanter Term	23.022.403.227,3	1	23.022.403.227,1	100.992	,000
name	726.592,1	2	363.296,1	1,6	,205
Fehler	54.027.080,6	237	227.962,4		
Gesamt	23.077.156.900,0	240			
Korrigierte Gesamtvariation	54.753.672,7	239			

a R-Quadrat = ,013 (korrigiertes R-Quadrat = ,005)

Abb. 6.29 ANOVA-Test der Zwischensubjekteffekte (Beispiel Schokopralinen)

Die ANOVA versucht nun die Frage zu beantworten, ob mindestens ein α_g existiert, das sich signifikant von Null unterscheidet. Nur dann gäbe es einen Produktnamen, der dazu führt, dass sich der Absatz unter diesem Namen signifikant vom gesamten mittleren Absatz unterscheidet. Es wird also folgende Hypothese geprüft:

H_0: $\alpha_1 = \alpha_2 = \alpha_3 = \ldots = \alpha_G = 0$ versus H_1: Es existiert mindestens ein $\alpha_g \neq 0$.[22]

Je größer die durch die Faktorstufen erklärte Varianz (S_X^2) im Vergleich zur nicht erklärten Varianz (S_e^2) ist, umso eher können wir von einem Gruppenunterschied ausgehen. Der Quotient der zwei Varianzen ist dabei F-verteilt:[23]

$$F_{\text{emp}} = \frac{S_X^2}{S_e^2} = \frac{\frac{SS_X}{G-1}}{\frac{SS_e}{G(K-1)}}. \tag{6.49}$$

Je größer dieser F-Wert tendenziell ist, desto größer ist – in Abhängigkeit von den Freiheitsgraden (df) – auch der Einfluss des Faktors (Produktname) auf die abhängige Variable (Absatz).

Die Ergebnisse aus Abb. 6.29 ergeben, dass das „Korrigierte Modell" insignifikant ist. Das heißt, dass die Variablen des Modells – bisher beinhaltet das Modell nur die Variable *name* (Produktname) – keinen Einfluss auf den Absatz ausüben. Der p-Wert der Variablen *name* von $p = 0{,}205$ macht dies deutlich: Man würde sich in 20,5 Prozent der Fälle irren, wenn man davon ausgeht, dass der Produktname einen Einfluss auf den Absatz ausübt. Die oben ermittelten Unterschiede bei den Durchschnittswerten sind zwar vorhanden,

[22] Das Ergebnis der einfaktoriellen univariaten Varianzanalyse für einen Faktor mit zwei Faktorausprägungen entspricht somit den Ergebnissen des t-Tests für unabhängige Stichproben.

[23] Es gilt: $SS_Y = SS_x + SS_\varepsilon$; $SS_Y = \sum_{g=1}^{G}\sum_{k=1}^{K}\left(Y_{gk} - \overline{Y}\right)^2 = K\sum_{g=1}^{G}\left(\overline{Y}_g - \overline{Y}\right)^2 + \sum_{g=1}^{G}\sum_{k=1}^{K}\left(Y_{gk} - \overline{Y}_g\right)^2$. Es wird davon ausgegangen, dass alle Gruppen den Stichprobenumfang n besitzen. Entsprechende Beweise für Faktorstufen mit unterschiedlichen Umfängen finden sich bei Bortz (1999, S. 249ff.).

aber nicht groß genug, um als statistisch signifikant gelten zu können. Die Mittelwertunterschiede können auch rein zufällig entstanden sein.

Mit Statistikpaketen wie SPSS oder Stata lassen sich ohne großen Aufwand Varianzanalysen durchführen. Dennoch müssen vor der Durchführung folgende wichtige Voraussetzungen überprüft werden:

- Die schwerwiegendste Annahmeverletzung der ANOVA ist die Abhängigkeit der Beobachtungswerte. Dies kann u. a. entstehen, wenn sich im Rahmen von Gruppendiskussionen (-interviews) für einen bestimmten Personenkreis durch besondere Bedingungen im Raum (Lärm, unklare Anweisungen und Fragestellungen, etc.) korrelierende oder abhängige Reaktionen und Antworten ergeben (Hair et al. 1998, S. 348).
- Es sollte Varianzhomogenität (Homoskedastizität) vorliegen. Diese lässt sich mit Hilfe des Levene-Tests oder des Bartlett-Tests überprüfen.[24] Ist der Test insignifikant, unterscheiden sich die Varianzen der einzelnen Gruppen (z. B. Produktnamen) nicht signifikant voneinander. Liegt keine Varianzhomogenität vor, aber sind die betrachteten Gruppen etwa gleich groß, spielt die Verletzung der Annahme der Varianzhomogenität keine ausschlaggebende Rolle (Bortz 1999, S. 276). Nur bei fehlender Varianzhomogenität und gleichzeitig ungleichen Gruppengrößen sollte die ANOVA nicht angewendet werden. In diesem Fall muss entweder auf den nicht-parametrischen Kruskal-Wallis-Test (vgl. Abschn. 6.4.2) oder auf die robusten Varianten der ANOVA nach Brown-Forsythe (1974) oder Welch (1947) zurückgegriffen werden.
- Streng genommen muss die abhängige Variable einer sogenannten multivariaten Normalverteilung folgen. Nicht selten wird für jede betrachtete Gruppe einzeln die Bedingung der Normalverteilung der abhängigen Variable überprüft. Obwohl dies keinesfalls die Existenz einer multivariaten Normalverteilung garantiert, so bleibt ein Verstoß gegen diese Annahme häufig ohne größere Konsequenzen. Mit zunehmender Stichprobengröße spielt diese Anwendungsvoraussetzung keine gewichtige Rolle (Hair et al. 1998, S. 349).
- Die Stichproben sollten repräsentativ und ausreichend groß sein.

Führt man den Levene-Test oder den Bartlett-Test für das obige Beispiel durch, so ergibt sich ein signifikanter Unterschied bei der Streuung der Absätze der einzelnen Produktnamen. Dieser Verstoß gegen die Voraussetzung der Varianzgleichheit führt dazu, dass die Ergebnisse nicht ohne Weiteres interpretiert werden dürfen. Da die Gruppen allerdings alle gleich groß sind, wirkt diese Annahmeverletzung i. d. R. nicht allzu stark auf die Ergebnisse. Ähnliches gilt für die Verletzung der Annahme der Normalverteilung: Zwar ergeben

[24] Zum Teil wird der Bartlett-Test zur Überprüfung der Varianzgleichheit herangezogen. Dieser Test reagiert allerdings sehr sensitiv bei Abweichungen von der Normalverteilung. Deshalb wird der robustere Levene-Test vorgezogen. SPSS berechnet den Levene-Test auf Varianzgleichheit automatisch bei Berechnung der ANOVA. Stata bestimmt mit der Oneway-ANOVA zunächst „Bartlett's test for equal variances". Eine Berechnung des Levene-Tests (w_0) ist unter der Rubrik der Hypothesentests allerdings ebenfalls möglich.

sich für alle Produktnamen signifikante Abweichungen von der Normalverteilung,[25] allerdings ist die Stichprobe mit 240 Beobachtungen so groß, dass über den Verstoß gegen die Normalverteilung an dieser Stelle hinweg gesehen werden kann. Dennoch ist es ratsam, in einem solchen Fall die Ergebnisse nochmals mit dem Kruskal-Wallis-Test (vgl. Abschn. 6.4.2) zu überprüfen. Auch dieser bestätigt die fehlende Signifikanz des Produktnamens auf den Absatz.

6.4.1.2 Die mehrfaktorielle Varianzanalyse

Wie oben bereits angemerkt, sind es in der Praxis selten einzelne, sondern eher Bündel von Effekten, die einen Einfluss auf einen Sachverhalt ausüben. Obiges Beispiel soll deshalb um Informationen über die Verpackungsfarbe erweitert werden. Obwohl der Produktname zunächst keinen signifikanten Einfluss ausübt, entscheidet sich das Unternehmen aufgrund langjähriger Erfahrung für den Produktnamen *Beethoven-Kugel*. Um zu überprüfen, welche Verpackungsfarbe sinnvoll ist, wird eine mehrfaktorielle ANOVA durchgeführt (vgl. Abb. 6.30).

In diesem Fall ergibt sich für den Levene-Test ein insignifikantes Ergebnis ($\alpha = 0{,}476$), sodass bei diesem zweifaktoriellen Modell nicht gegen die Voraussetzung der Varianzhomogenität verstoßen wird.

Im zweifaktoriellen Modell lassen sich die einzelnen Beobachtungen als Linearkombination aus dem Gesamtmittelwert ($\overline{Y}$), der durchschnittlichen namensspezifischen Abweichung (α_g), der durchschnittlichen farbspezifischen Abweichung der Verpackung (β_h) und einer punktspezifischen Abweichung (ε_{gk}) darstellen:

$$Y_{gk} = \overline{Y} + \alpha_g + \beta_h + \varepsilon_{gk}. \tag{6.50}$$

Allerdings gibt es noch einen weiteren Effekt, nämlich den sogenannten Interaktionseffekt zwischen Produktname und Produktfarbe, sodass die Linearkombination schließlich folgende Form aufweist:[26]

$$Y_{gk} = \overline{Y} + \alpha_g + \beta_h + \alpha\beta_{gh} + \varepsilon_{gk}. \tag{6.51}$$

---

[25] Die Ergebnisse des Kolmogorov-Smirnov-Tests und des Shapiro-Wilk Tests (vgl. Abschn. 6.5.2) führen zum Verwerfen der Hypothese einer Normalverteilung.

[26] Es gilt wiederum folgende Zerlegung:

$$SS_Y = SS_{X_1} + SS_{X_2} + SS_{X_1X_2} + SS_e;$$

$$SS_Y = H \cdot K \cdot \left(\sum_{g=1}^{G} \left(\overline{Y}_g - \overline{Y}\right)^2 \right) + G \cdot K \cdot \left(\sum_{h=1}^{H} \left(\overline{Y}_h - \overline{Y}\right)^2 \right)$$
$$+ K \cdot \left(\sum_{g=1}^{G} \sum_{h=1}^{H} \left(\overline{Y}_{gh} - \left(\overline{Y} - \overline{Y}_g - \overline{Y}_h\right)\right)^2 \right).$$

Es wird davon ausgegangen, dass alle Gruppen den Stichprobenumfang n besitzen. Entsprechende Beweise für Faktorstufen mit unterschiedlichen Umfängen finden sich bei Bortz (1999, S. 249ff.).

Name des Produktes	Farbe der Verpackung Produktes	Mittelwert	Standardabweichung	N
Schoko-Traum	blau	10.305,8	223,9	40
	gelb	9.208,6	214,7	40
	Gesamt	9.757,2	593,5	80
Mon Choco	blau	10.118,7	165,3	40
	gelb	9.388,2	255,2	40
	Gesamt	9.753,4	425,1	80
Beethoven-Kuge	blau	9.522,6	178,9	40
	gelb	10.221,4	152,3	40
	Gesamt	9.872,0	388,4	80
Gesamt	blau	9.982,4	385,1	120
	gelb	9.606,1	490,3	120
	Gesamt	9.794,2	478,6	240

Quelle	Quadratsumme vom Typ III	df	Mittel der Quadrate	F	Signifikanz
Korrigiertes Modell	45.242.582,7(a)	5	9.048.517	222,6	,000
Konstanter Term	23.022.403.227,3	1	23.022.403.227	566.416,9	,000
name	726.592,1	2	363.296	8,9	,000
farbe	8.496.101,4	1	8.496.101	209,0	,000
name * farbe	36.019.889,2	2	18.009.945	443,1	,000
Fehler	9.511.090,0	234	40.646		
Gesamt	23.077.156.900,0	240			
Korrigierte Gesamtvariation	54.753.672,7	239			

a R-Quadrat = ,826 (korrigiertes R-Quadrat = ,823)

Abb. 6.30 ANOVA Test der Zwischensubjekteffekte und deskriptive Statistik

Die Ergebnisse aus Abb. 6.30 ergeben, dass das „Korrigierte Modell" nun signifikant ist, sodass mindestens eine der unabhängigen Variablen einen Einfluss auf den Absatz ausübt. Der p-Wert der Variable *farbe* liegt bei 0,000, sodass man sich in weniger als $p \leq 0{,}5\,\%$ der Fälle irrt, wenn von einem Einfluss der Verpackungsfarbe auf den Absatz ausgegangen wird. Ansonsten hätte der p-Wert $p = 0{,}001$ sein müssen. Insgesamt ist die Farbe Blau mit durchschnittlichen 9982 verkauften Produkten erfolgreicher als die Farbe Gelb mit 9606 Produkten. Auch der Produktname ist in diesem zweifaktoriellen Modell nun signifikant. Insgesamt wird der Name *Beethoven-Kugel* mit durchschnittlich 9872 Verkäufen am besten vom Kunden angenommen. Die Kombination aus der durchschnittlich besten Farbe und dem durchschnittlich besten Produktnamen ergibt im voreiligen Schluss eine scheinbar optimale Produktkonfiguration einer blau eingepackten *Beethoven-Kugel*, würden da nicht die oben bereits erwähnten Interaktionseffekte wirken.

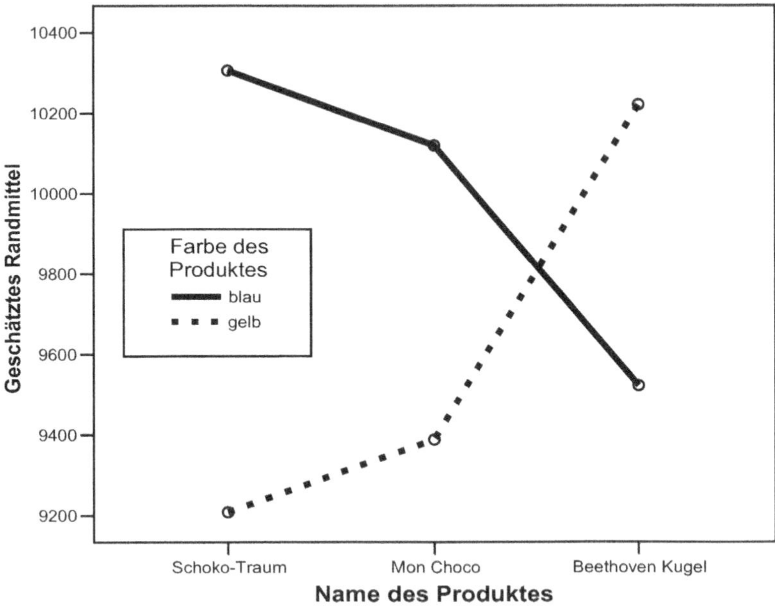

Abb. 6.31 Randmittel des Absatzes (Beispiel Schokopralinen)

Bei mehrfaktoriellen Varianzanalysen sollten diese immer berücksichtigt werden. Bei zweifaktoriellen Modellen ergibt sich ein potentieller Interaktionseffekt, bei dreifaktoriellen Modellen ergeben sich drei Interaktionseffekte, bei vierfaktoriellen Modell sechs etc. Ob diese auch signifikant sein werden, entscheidet sich durch die ANOVA. Was genau bedeutet nun dieser Interaktionseffekt? Am besten lässt sich dies durch die grafische Darstellung der Randmittel – also der Mittelwerte der unterschiedlichen Produktkonfigurationen – veranschaulichen (vgl. Abb. 6.31).

Es läge kein Interaktionseffekt vor, wenn die Kurven der Randmittel (nahezu) parallel verlaufen würden. Dann würde die Kurve der Farbe mit dem größten Durchschnittswert – im Beispiel ist das Blau – immer im gleichen Abstand über der Kurve der Farbe Gelb liegen. Der Abstand zwischen den beiden parallel verlaufenden Farbkurven entspräche immer dem Unterschied zwischen den durchschnittlichen Wirkungen der beiden Farben. Mögliche Niveauunterschiede kämen ausschließlich aufgrund der verschiedenen Wirkungen der Produktnamen zustande. Die Wirkung der Farbe und die Wirkung des Produktnamen auf den Absatz wären dann unabhängig voneinander. Der Unterschied zwischen einer blau und einer gelb eingepackten *Beethoven-Kugel* wäre der gleiche wie der Unterschied zwischen einer blau oder gelb verpackten *Schoko-Traum*-Praline.

Besteht – wie in unserem Beispiel – nun aber ein signifikanter Interaktionseffekt, dann weichen die beiden Linien in einem bestimmten Umfang von der Parallelität ab. Die Far-

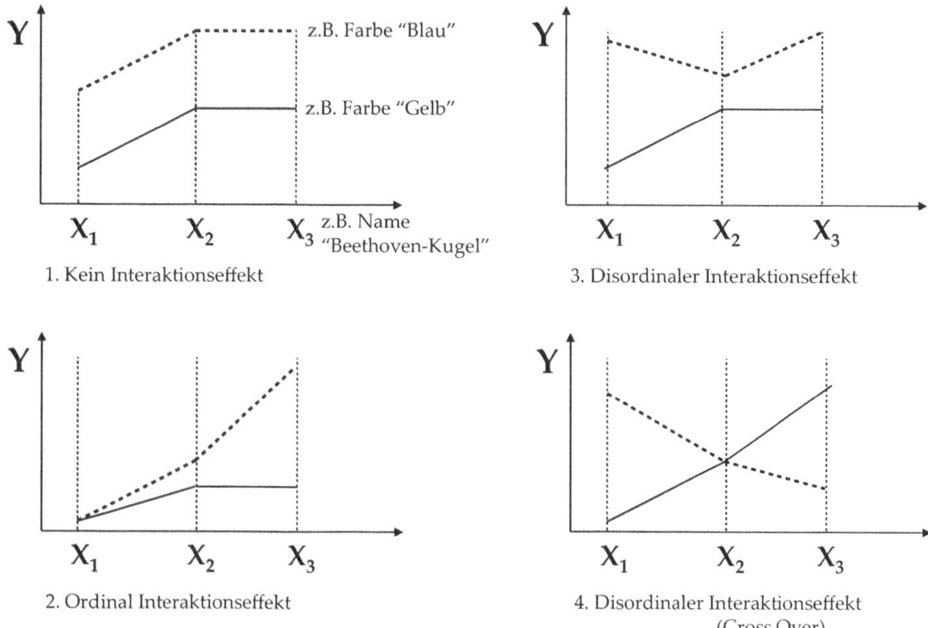

Abb. 6.32 Interaktionseffekte bei zweifaktorieller ANOVA

ben wirken nicht bei allen Produktnamen gleichmäßig stark, sondern sie wirken je nach Produktname unterschiedlich. Auf unser Beispiel bezogen sieht man deutlich, dass die Farbe Blau für *Schoko-Traum* und *Mon Choco* bessere Wirkungen erzielt als Gelb. Aber bereits bei diesen beiden unterscheidet sich die Wirkung, denn die blaue Farbe wirkt bei *Schoko-Traum* stärker als bei *Mon Choco*. Bei der *Beethoven-Kugel* hingegen ist die Wirkung der blauen Farbe sogar negativ, sodass man sich an dieser Stelle für eine gelbe Verpackung entscheiden sollte und somit zu einer anderen Konfiguration von Farbe und Name gelangt, als aufgrund der ersten voreiligen Betrachtung der Gesamtmittelwerte. Hier hätte man sich fälschlicherweise für eine blau verpackte *Beethoven Kugel* entschieden. Es ist bei signifikanten Interaktionseffekten also entscheidend, nicht ausschließlich die Gesamtmittelwerte, sondern ebenfalls die Randmittel in die Interpretation mit einzubeziehen.

Das Zusammenspiel zwischen Farbe und Name oder, generell gesagt, das Zusammenspiel zwischen zwei Faktoren wird also durch den Interaktionseffekt zum Ausdruck gebracht. Mögliche Verläufe von Interaktionseffekten sind in Abb. 6.32 dargestellt.

Wenn sich die einzelnen Faktorstufen hinsichtlich der Kundenpräferenz signifikant unterscheiden, stellt sich die Frage, welche Faktorstufen eine höhere Kundenpräferenz erzeugen, welche eine niedrigere und welche Faktorstufen sich nicht unterscheiden. Hierfür nun wiederum einzelne *t*-Test-Kombinationen durchzuführen, würde – wie bereits

(I) Name des Produktes	(J) Name des Produktes	Mittlere Differenz (I-J)	Standardfehler	Sig.	95% Konfidenzintervall	
					U-Grenze	O-Grenze
Schoko-Traum	Mon Choco	3,8	31,9	,993	-74,779	82,279
	Beethoven-Kugel	-114,8(*)	31,9	,002	-193,33	-36,271
Mon Choco	Schoko-Traum	-3,8	31,9	,993	-82,279	74,779
	Beethoven-Kugel	-118,6(*)	31,9	,001	-197,079	-40,021
Beethoven-Kugel	Schoko-Traum	114,8(*)	31,9	,002	36,271	193,329
	Mon Choco	118,6(*)	31,9	,001	40,021	197,079

* Die mittlere Differenz ist auf der Stufe ,05 signifikant.

Abb. 6.33 Mehrfachvergleiche Scheffé-Test (Beispiel Schokopralinen)

geschildert – die Wahrscheinlichkeit einer irrtümlichen Annahme von Unterschieden, also das Auftreten des Fehlers erster Art, erhöhen. Es stehen allerdings Verfahren zur Verfügung, die versuchen, diesen Fehler zu kontrollieren. Diese *Multiple Comparison Procedures* werden in der Literatur häufig auch als *Post-hoc-Methoden* oder *Mehrfachvergleichsverfahren* bezeichnet. In Abb. 6.33 ist für das gegebene Beispiel der sogenannte Scheffé-Test durchgeführt worden: Der Produktname *Beethoven-Kugel* unterscheidet sich – da mit einem * gekennzeichnet – auf dem 5-Prozent-Niveau von den beiden anderen Namen. Die beiden anderen Namen unterscheiden sich nicht voneinander, sodass sich die Signifikanz des Faktors Produktname vor allem aus der signifikanten Abweichung des Namens *Beethoven-Kugel* erklärt.

Die Besonderheit des Scheffé-Tests ist es, dass es tatsächlich nur dann zu Einzelunterschieden kommen kann, wenn sich auch der entsprechende Faktor als insgesamt signifikant herausgestellt hat. Außerdem versucht dieser Test in besonders starkem Maß das Auftreten des Fehlers erster Art gering zu halten. Dies kann im Zweifel auch zu einem Nichterkennen von tatsächlich vorhandenen Unterschieden führen (Scheffé 1953, S. 87ff.). Der Scheffé-Test gilt diesbezüglich als einer der konservativsten Post-hoc-Tests. Je größer die Stichprobe allerdings ist und je weniger Gruppen zu vergleichen sind, desto eher werden bestehende Unterschiede tatsächlich auch aufgedeckt (Hair et al. 1998, S. 356). Untersuchungen haben festgestellt, dass die folgenden Mehrvergleichsverfahren in genannter Reihenfolge an „Konservativismus" abnehmen: (1) Scheffé, (2) Tukey HSD, (3) Tukey LSD, (4) Newman-Kuels und (5) Ducan (Stevens 1972).

6.4.1.3 Die Kovarianzanalyse (ANCOVA)

Nicht alle Einflussvariablen besitzen ein nominales – also klassierendes – Skalenniveau. Für viele Fragestellungen ist die gleichzeitige Berücksichtigung metrischer Skalen von Interesse. So lässt sich obiges Beispiel durch die Einbeziehung des jeweiligen Abverkaufspreises ergänzen und der gemeinsame Einfluss des Preises als sogenannte Kovariable – manchmal auch als Kovariate (*engl.:* covariate) bezeichnet – und der Gruppierungsfaktoren Farbe und Produktname mit Hilfe der Kovarianzanalyse (ANCOVA) berechnen.

Es ergibt sich eine Erweiterung des zweifaktoriellen Modells dahingehend, dass jede Beobachtung neben den durchschnittlichen namens- und farbspezifischen Abweichungen (α_g, β_h) auch durch den Steigungskoeffizient der Kovariable *Preis (x)* erklärt werden kann:

$$Y_{gk} = \overline{Y} + \alpha_g + \beta_h + \alpha\beta_{gh} + \delta x + \varepsilon_{gk}. \tag{6.52}$$

Mit δ ergibt sich gewissermaßen eine auf regressionsanalytischem Wege ermittelte Stärke der Wirkung der unabhängigen Variable *Preis (x)* auf die abhängige Variable *Absatz* über alle Gruppen. Es wird also davon ausgegangen, dass die Kovariable über alle Faktoren (Gruppen) den gleichen Einfluss auf die abhängige Variable ausübt.

Es stellt sich somit folgende Frage: Bleiben in unserem Beispiel nun die namens- und farbspezifischen Abweichungen signifikant, auch wenn der Verkaufspreis mit berücksichtigt oder methodisch formuliert: der Preiseffekt vorher herausgerechnet wird?

Die in Abb. 6.34 dargestellten Ergebnisse der ANCOVA[27] stellen die vorherigen Ergebnisse quasi auf den Kopf. Während die Nichtberücksichtigung des Preises im vorherigen Abschnitt den Eindruck erwecken, dass Name und Farbe des Produktes eine Rolle für den Absatz spielen, kommt hier eine völlig neue Erkenntnis zutage: Es ist letztlich nur der Verkaufspreis der Produkte für die Höhe des Absatzes entscheidend. Rechnet man diesen Preiseffekt heraus, führen die weiteren Variablen – hier die Faktoren *Farbe* und *Name* – zu keinem weiteren Erklärungswert, sie erweisen sich als insignifikant. Der p-Wert für den Faktor *Farbe* ist $p = 0{,}924$ und für den Faktor *Produktname* $p = 0{,}537$. Vergleicht man die Randmittel nach Herausrechnung der Verkaufspreise in Abb. 6.35 mit der nicht herausgerechneten Variante in Abb. 6.31, so führt die Insignifikanz der Faktoren zu einem fehlenden Abstand zwischen den Randmitteln.

An dieser Stelle sei angemerkt, dass

1. die für einen Signifikanztest zur Verfügung stehende Anzahl der Freiheitsgrade mit jeder neu hinzu genommenen Kovariablen sinkt. Es müsste im Gegenzug die Stichprobe erhöht werden, um den Rückgang zu kompensieren. Es sollten deswegen so wenig wie möglich – aber alle erklärungskräftigen – Kovariablen berücksichtigt werden. Als Faustregel für die maximale Anzahl an Kovariablen gilt: Anzahl der Kovariablen = $(0{,}1 \cdot \text{Stichprobenumfang}) - (\text{Anzahl der Gruppen} - 1)$;
2. bei der Kovarianzanalyse davon ausgegangen wird, dass die Kovariable über alle Faktoren (Gruppen) den gleichen Einfluss auf die abhängige Variable ausübt.

[27] Die Voraussetzungen zur Durchführung der ANCOVA gelten analog zur ANOVA. Weder die Varianzhomogenität kann aufgrund des Signifikanzniveaus des Levene-Tests ($p = 0{,}462$) verworfen, noch kann die Normalverteilung für vier von sechs Kombinationen aus Produktfarbe und -name aus Sicht des Kolmogorov-Smirnov-Tests verworfen werden. Die untersuchte Einheit ist zudem mit 240 Beobachtungen ausreichend groß.

Quelle	Quadratsumme vom Typ III	df	Mittel der Quadrate	F	Signifikanz
Korrigiertes Modell	54.659.399,1(a)	6	9.109.899,8	22515,4	,000
Konstanter Term	1.435,8	1	1.435,8	3,5	,061
Preis	9.416.816,4	1	9.416.816,4	23273,9	,000
farbe	3,7	1	3,7	,0	,924
name	504,7	2	252,4	,6	,537
farbe * name	1.082,8	2	541,4	1,3	,264
Fehler	94.273,6	233	404,6		
Gesamt	23.077.156.900,0	240			
Korrigierte Gesamtvariation	54.753.672,7	239			

a R-Quadrat = ,998 (korrigiertes R-Quadrat = ,998)

Lesehilfe:

Die Einflussvariablen *Produktfarbe* und *Produktname* sowie der Interaktionseffekt dieser beiden Variablen sind insignifikant und üben somit keinen Einfluss auf die Verkaufszahlen aus. Der Einfluss *Preis* ist hingegen signifikant: Man irrt sich in weniger als 0,05% der Fälle (da die Größe des p-Wertes ansonsten hätte 0,001 betragen müssen), wenn man von einem Einfluss des Preises auf die Verkaufszahlen ausgeht.

Abb. 6.34 ANCOVA-Test der Zwischensubjekteffekte (Beispiel Schokopralinen)

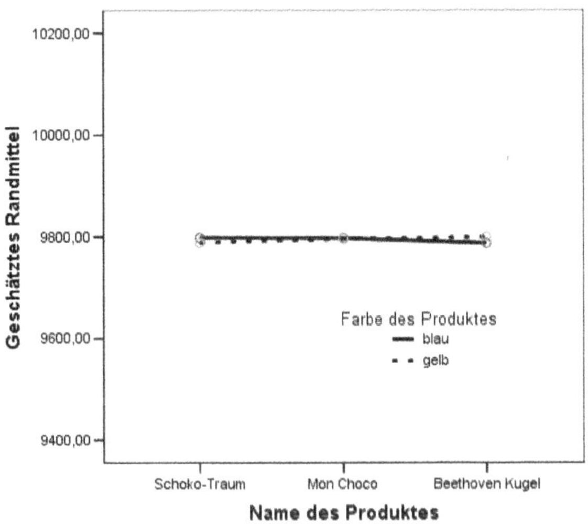

Abb. 6.35 Randmittel des Absatzes bei einer ANCOVA (Beispiel Schokopralinen)

Letzteres bedeutet, dass eine Kovarianzanalyse eine Varianzanalyse über die Regressionsresiduen der Regression zwischen den Kovariablen einerseits und der abhängigen Variable andererseits darstellt.[28] Letztlich macht dies die enge Verwandtschaft zwischen der Varianz- und der Regressionsanalyse deutlich, denn die einzelnen Faktoren ließen sich auch in einer Regression als Dummy-Variablen berücksichtigen. Nach einer Regressionsanalyse wären neben den einzelnen Signifikanzen dann auch die marginalen Effekte der einzelnen Faktorausprägungen bekannt. Aus diesem Grund sollte gut überlegt werden, ob nicht sofort auf die Regressionsanalyse zurückgegriffen wird, da durch sie mehr Informationen herausgearbeitet werden können.

Neben den genannten varianzanalytischen Verfahren existiert noch die sog. Multivariate *ANOVA* – auch *MANOVA* genannt. Diese liegt vor, wenn der Einfluss von Faktoren und ggfs. von Kovariablen auf mehrere abhängige Variablen gleichzeitig in derselben Varianzanalyse untersucht wird. Die abhängigen Variablen werden sozusagen zu einem Wert zusammengefasst. Eine solche Analyse ist nur dann mehreren univariaten Varianzanalysen vorzuziehen, wenn die abhängigen Variablen miteinander in Zusammenhang stehen. Beispielsweise könnte man untersuchen, ob ein gleichzeitiger Einfluss zwischen den unabhängigen Faktoren *Art der Werbebotschaft* (X_1) und *Markenname* (X_2) auf die beiden abhängigen Variablen *Qualitätswahrnehmung* (Y_1) und *Preiswahrnehmung* (Y_1) besteht:

$$Y_1; Y_2 = f(X_1; X_2; \ldots; X_n) \tag{6.53}$$

Dabei lässt sich die Signifikanz eines Einflusses mit Hilfe von unterschiedlichen Kennzahlen (Wilks' Lambda, Hotelling-Spur, Wurzel nach Roy, Pillai-Spur, etc.) bestimmen, auf deren Herleitung und weitere Darstellung an dieser Stelle verzichtet wird.

6.4.1.4 Berechnung der Varianzanalyse mit SPSS

Anhand der Beispieldatei *schokopraline_farbe_name_preis.sav* wollen wir in SPSS die ANOVA/ANCOVA durch die Befehlsfolge *Analyze → General Linear Model → Univariate ...*.[29] berechnen. Es öffnet sich die Dialogbox aus Abb. 6.36, in der die abhängige Variable *(absatz)*, die unabhängigen nominalen Faktoren *(Farbe* und *Name des Produkts)* und mögliche Kovariablen (beispielsweise der *Preis*) eingegeben werden. Weitere Schritte sowie Ergebnisse und Interpretationen lassen sich Abb. 6.36 entnehmen.

6.4.1.5 Berechnung der Varianzanalyse mit Stata

Nach Öffnung der Datei *schokopraline_farbe_name_preis.dta* in Stata erfolgt die Varianzanalyse durch die Befehlsfolge *Statistics → Linear models and related → ANOVA/MANOVA → Analysis of variance and covariance*. Es öffnet sich die Dialogbox aus

[28] Streng genommen müssten bei einer ANCOVA auch alle Maßnahmen der Regressionsdiagnostik (Heteroskedastizität, Autokorrelation, Multikollinearität etc.) durchgeführt werden (vgl. beispielsweise Cleff (2015)).

[29] In der deutschsprachigen SPSS Version ist die Befehlsfolge *Analysieren → Allgemeines lineares Modell → Univariat ...*

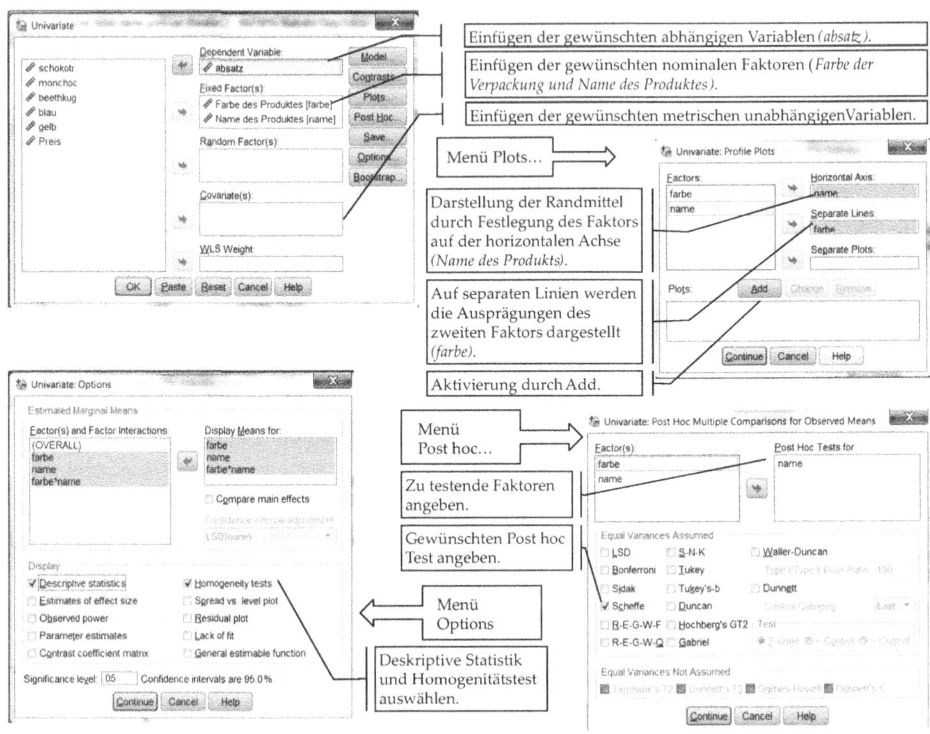

Abb. 6.36 Varianzanalyse mit SPSS

Abb. 6.37, in der die abhängige Variable *(absatz)*, die nominalen Faktoren *(Farbe* und *Name des Produkts)* und mögliche Kovariablen (beispielsweise der Preis) eingegeben werden. Die Kovariablen werden kenntlich gemacht, indem dem Variablennamen das Präfix „c." vorangestellt wird. Möchte man also den Preis als Kovariable berücksichtigen, erfolgt die Eingabe durch *c.variablennamen*, also in unserem Beispiel durch *c.preis*.

Die Berücksichtigung von Interaktionseffekten zweier Variablen erfolgt durch Eingabe der beiden Variablennamen die durch die Zeichenfolge „##" verbunden werden. In unserem Beispiel berücksichtigt die Eingabe von *name##farbe* den Interaktionseffekt der Faktoren *Name* und *Farbe des Produkts*. Darüber hinaus können auch Interaktionseffekte mit mehr als zwei Variablen berücksichtigt werden, indem alle betroffenen Variablen – jeweils durch „##" verbunden – hintereinander aufgeführt werden ($var_1\#\#var_2\#\#\ldots\#\#var_n$).

6.4.1.6 Berechnung der Varianzanalyse mit Excel

Sind in Excel mit dem Add-Ins-Manager die Module *Analyse-Funktionen* und *Analyse-Funktionen-VBA* aktiviert,[30] lassen sich einfache Formen der ein- oder zweifaktoriellen

[30] Für Excel 2010 ist dieser über die Schaltflächenkombination *Datei → Optionen → Add-ins → Gehe zu* erreichbar.

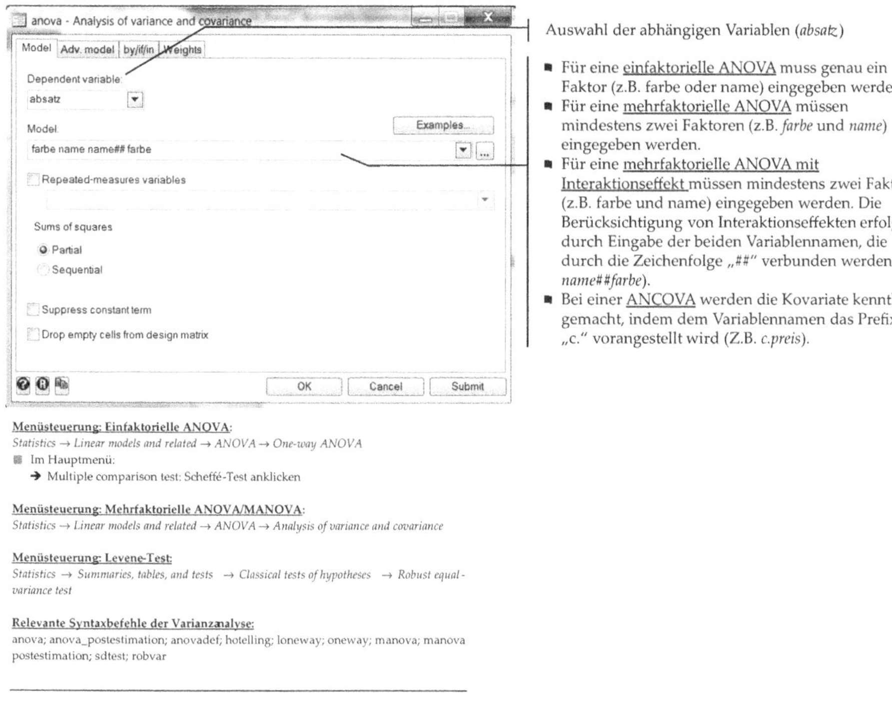

Abb. 6.37 Varianzanalyse mit Stata

ANOVA durchführen. Darüber hinaus ist die Berechnung mehrfaktorieller Analysen nicht möglich. In diesem Fall sollte der Leser die Verwendung von professionellen Statistikpaketen (z. B. SPSS oder Stata) in Erwägung ziehen. Grundlage für die Durchführung der ANOVA ist wiederum die Überprüfung der Annahme der Varianzgleichheit. Hierzu wird auf die in Abschn. 6.3.1.3 beschriebene Vorgehensweise des F-Tests mit Excel verwiesen. Die Gruppenvarianzen müssen dabei einzeln miteinander verglichen werden. Je mehr Gruppen vorliegen, umso mehr vergleichende Zweistichproben-F-Tests sind durchzuführen. Die Möglichkeit eines einzigen (Omnibus-)Tests (z. B. Levene-Test) zur Überprüfung der Annahme der Varianzgleichheit existiert in Excel nicht.

In Abb. 6.38 ist der Datensatz *Schokopraline_Name_Analysis_Excel.xls* mit Absatzzahlen von Pralinen mit unterschiedlichen Namen beispielhaft dargestellt. Die Anzahl der Beobachtungen in jeder Gruppe muss bei der Analyse nicht zwangsläufig identisch sein. Über die Menüfolge *Daten → Datenanalyse → Anova: Einfaktorielle Varianzanalyse* kann dann überprüft werden, ob sich die Absatzzahlen mindestens zweier Produktnamen im Mittel voneinander unterscheiden. Hierzu ist im Eingabefenster der Datenbereich *$A$1:$C$30* der drei zu vergleichenden Produktnamen unter *Eingabebereich:* einzuge-

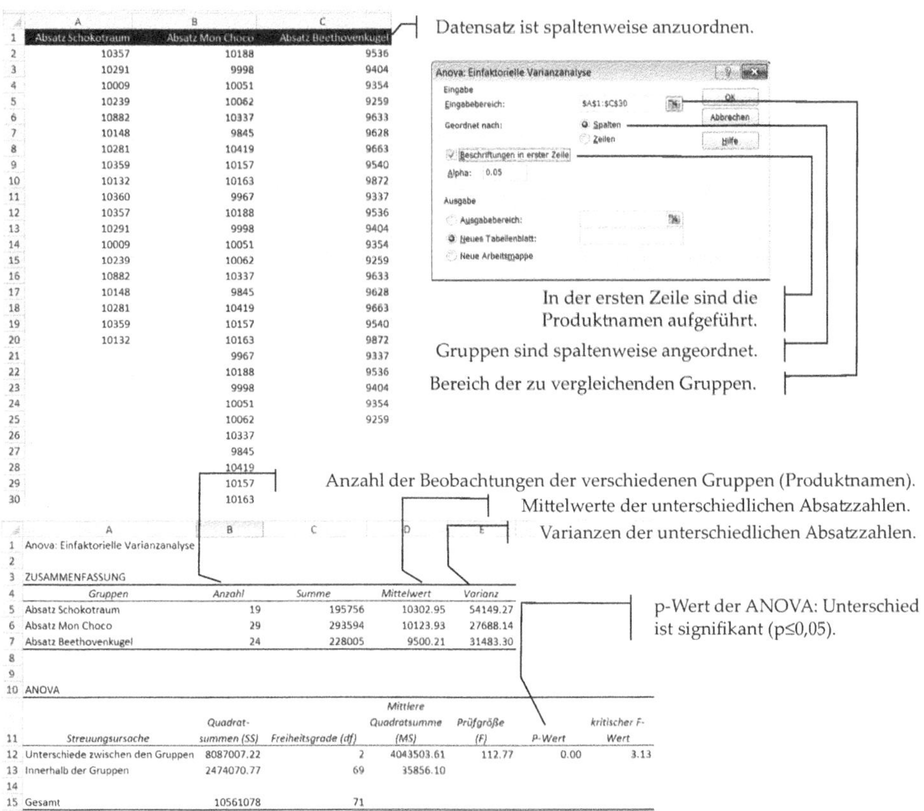

	A	B	C
1	Absatz Schokotraum	Absatz Mon Choco	Absatz Beethovenkugel
2	10357	10188	9536
3	10291	9998	9404
4	10009	10051	9354
5	10239	10062	9259
6	10882	10337	9633
7	10148	9845	9628
8	10281	10419	9663
9	10359	10157	9540
10	10132	10163	9872
11	10360	9967	9337
12	10357	10188	9536
13	10291	9998	9404
14	10009	10051	9354
15	10239	10062	9259
16	10882	10337	9633
17	10148	9845	9628
18	10281	10419	9663
19	10359	10157	9540
20	10132	10163	9872
21		9967	9337
22		10188	9536
23		9998	9404
24		10051	9354
25		10062	9259
26		10337	
27		9845	
28		10419	
29		10157	
30		10163	

Anova: Einfaktorielle Varianzanalyse

ZUSAMMENFASSUNG

Gruppen	Anzahl	Summe	Mittelwert	Varianz
Absatz Schokotraum	19	195756	10302.95	54149.27
Absatz Mon Choco	29	293594	10123.93	27688.14
Absatz Beethovenkugel	24	228005	9500.21	31483.30

ANOVA

Streuungsursache	Quadratsummen (SS)	Freiheitsgrade (df)	Mittlere Quadratsumme (MS)	Prüfgröße (F)	P-Wert	kritischer F-Wert
Unterschiede zwischen den Gruppen	8087007.22	2	4043503.61	112.77	0.00	3.13
Innerhalb der Gruppen	2474070.77	69	35856.10			
Gesamt	10561078	71				

Abb. 6.38 Varianzanalyse mit Excel

ben. Da die drei Gruppen spaltenweise angeordnet sind, ist unter *Geordnet nach:* die Kategorie Spalten zu wählen und unter *Beschriftung in der ersten Zeile* durch einen Haken zu vermerken, dass in der ersten Zeile des Eingabebereiches die Produktnamen aufgeführt sind. Danach wird mit *OK* bestätigt. Es ergeben sich die in Abb. 6.38 unten aufgeführten Ergebnisse. Da der p-Wert mit $p = 0{,}00 \leq 0{,}05$ ist, unterscheiden sich die durchschnittlichen Absatzzahlen von mindestens zwei der drei Gruppen signifikant voneinander.[31]

6.4.2 Kruskal-Wallis-Test (H-Test)

Im letzten Kapitel haben wir mit der Varianzanalyse ein Verfahren kennengelernt, welches unter bestimmten Annahmen den Vergleich von mehr als zwei Gruppen hinsichtlich

[31] Sehr gute Darstellungen über die Vorgehensweise bei Excel finden sich hier: https://www.youtube.com/watch?v=tPGPV_XPw-o und hier: https://www.youtube.com/watch?v=JfUf5DR2Azs.

des Mittelwerts einer metrischen Variablen erlaubt. Was ist aber zu tun, wenn die Anwendungsvoraussetzungen nicht erfüllt sind, weil beispielsweise ordinalskalierte Daten vorliegen oder die Daten weder normalverteilt noch homoskedastisch sind?

In Fortführung des Beispiels aus Abschn. 6.3.2 könnte man sich beispielsweise fragen, ob sich drei verschiedene Kundengruppen (A-Kunde, B-Kunde, C-Kunde) in ihrer ordinal gemessenen Zahlungsbereitschaft unterscheiden (vgl. Abb. 6.39). Eine erste Möglichkeit wäre die mehrfache Durchführung von Mann-Whitney-U-Tests für zwei unabhängige Stichproben. Mit zunehmender Anzahl der zu vergleichenden Gruppen steigt die Anzahl der durchzuführenden Mann-Whitney-U-Tests um ein Vielfaches. Zudem steigt die Wahrscheinlichkeit, dass einer dieser Tests zufälligerweise signifikant wird.

Aus diesem Grund wird zur Überprüfung von Gruppenunterschieden bei mehr als zwei Gruppen – also bei k unabhängigen Stichproben/Gruppen – hinsichtlich der Ausprägung einer ordinalen oder metrischen Variable der sogenannte H-Test von Kruskal-Wallis (1952, 1953) verwendet. Dieser Test ist vor allem dann anzuwenden, wenn die Anwendungsvoraussetzungen der Varianzanalyse (vgl. Abschn. 6.4.1) nicht erfüllt sind. Die Grundidee des H-Tests ist der des U-Tests (vgl. Abschn. 6.3.2) zum Teil identisch. Er überprüft, ob sich die durchschnittliche Rangzahl mindestens einer Gruppe von der einer anderen Gruppe signifikant unterscheidet. Es werden also folgende Hypothesen überprüft:

1. Schritt: Formulierung der Hypothesen

H_0: $\mathrm{E}(\overline{R_i}) = \mathrm{E}(\overline{R_j})$ für alle $i \neq j$
H_1: $\mathrm{E}(\overline{R_i}) \neq \mathrm{E}(\overline{R_j})$, für mindestens ein beliebiges $i \neq j$

2. Schritt: Festlegung des Signifikanzniveaus α

Im nächsten Schritt erfolgt die Festlegung des Signifikanzniveaus α, also der maximal zulässigen Wahrscheinlichkeit, bei der H_0 irrtümlicherweise abgelehnt wird, obwohl die Hypothese zutrifft. Die Festlegung der Größe von α obliegt dem Forscher selbst. In der Regel wird α bei den Schwellenwerten 1 %, 5 % oder 10 % festgelegt, wobei die 5 %-Schwelle die gängigste Größe für α ist. Der maximal zulässige α-Fehler wird an dieser Stelle auf $\alpha = 0{,}05$ festgelegt.

3. Schritt: Ziehung der Stichprobe

In unserem Beispiel wird eine Stichprobe im Umfang von $n = 25$ gezogen. Die drei Teilstichproben umfassen dabei $n_1 = 5$ A-Kunden, $n_2 = 11$ B-Kunden und $n_3 = 9$ C-Kunden.

Zahlungs-bereitschaft	Kunde
[0-5] €	C-Kunde
[0-5] €	C-Kunde
[0-5] €	B-Kunde
[0-5] €	C-Kunde
]5-10] €	C-Kunde
]5-10] €	B-Kunde
]5-10] €	B-Kunde
]10-15] €	C-Kunde
]10-15] €	C-Kunde
]10-15] €	B-Kunde
]10-15] €	B-Kunde
]10-15] €	C-Kunde
]10-15] €	C-Kunde
]10-15] €	B-Kunde
]10-15] €	A-Kunde
]15-20] €	B-Kunde
]15-20] €	C-Kunde
]15-20] €	B-Kunde
]15-20] €	B-Kunde
]15-20] €	A-Kunde
]15-20] €	B-Kunde
]15-20] €	B-Kunde
]15-20] €	A-Kunde
]15-20] €	A-Kunde
]20-25] €	A-Kunde

Schritt 1: Vergabe von Rangplätzen

Rang Zahlungs-bereitschaft
2,5
2,5
2,5
2,5
6
6
6
11,5
11,5
11,5
11,5
11,5
11,5
11,5
11,5
20
20
20
20
20
20
20
20
20
25

Schritt 2: Nach Gruppen ordnen

A	B	C
11,5	2,5	2,5
20	6	2,5
20	6	2,5
20	11,5	6
25	11,5	11,5
	11,5	11,5
	4	11,5
	20	11,5
	20	20
	20	
	20	
96,5	149	79,5

Schritt 3: Berechnung

	Kunde	N	Mean Rank
Klasse der Zahlungsbereitschaft	A-Kunde	5	19.30
	B-Kunde	11	13.55
	C-Kunde	9	8.83
	Total	25	

Test Statistics[a,b]

	Klasse Zahlungsbereitschaft
Chi-Square	7.214
df	2
Asymp. Sig.	0.027
Exact Sig.	.022
Point Probability	.000

a Kruskal Wallis Test
b Grouping Variable: Kunde

Abb. 6.39 Kruskal-Wallis-Test (H-Test)

4. Schritt: Überprüfung der Testvoraussetzungen

Metrisches oder ordinales Skalenniveau der Testvariable	✓
Es liegt eine Zufallsstichprobe vor	✓
Die Stichproben sind unabhängig voneinander	✓
Testvariable sollte in den Gruppen annähernd die gleiche Verteilungsform aufweisen	✓

5. Schritt: Bestimmung des empirischen Testwerts

In Abb. 6.39 liegt die auf einer fünfstufigen Skala [1 = 0–5 €; 2 = 5,01–10 €; 3 = 10,01–15 €; 4 = 15,01–20 €; 5 = 20,01–25 €] gemessene, ordinalskalierte Zahlungsbereitschaft von drei Kundengruppen (A, B, C) für eine bestimmte Weinsorte vor. Der H-Test überprüft nun, ob sich mindestens eine der Kundengruppen hinsichtlich ihrer durchschnittlichen Zahlungsbereitschaft signifikant unterscheidet.

Um diese Frage beantworten zu können, erfolgt – unter Berücksichtigung von Rangbindungen – zunächst die Vergabe von Rangplätzen (vgl. Schritt 1 in Abb. 6.39). Danach werden die Rangplätze der Befragten jeweils gruppenspezifisch zugeordnet (vgl. Schritt 2 in Abb. 6.39). Da viermal die niedrigste Zahlungspräferenz ausgewählt wurde, erhalten alle diese Personen eine

$$\text{Rangzahl von } \frac{1+2+3+4}{4} = 2{,}5. \tag{6.54}$$

Dies gilt für drei Personen der Kundengruppe C und für eine Person der Kundengruppe B. Entsprechend wird diesen der Rangplatz 2,5 zugeordnet. Gleichermaßen wird mit den restlichen Zahlungsbereitschaften verfahren. Danach werden gruppenweise alle Rangplätze zu Rangsummen aufaddiert, sodass sich für Gruppe A ein Wert von 96,5, für B ein Wert von 149 und für C ein Wert von 79,5 Rangplätzen ergibt. Aufgrund der unterschiedlichen Anzahl an Beobachtungen, erfolgt durch Division der gruppenspezifischen Fallzahlen die Berechnung der jeweiligen durchschnittlichen Rangplätze: Im Durchschnitt belegen die Kunden der Gruppe A den 19,3-ten ($= 96{,}5/5$), die Kunden der Gruppe B den 13,6-ten ($= 149/11$) und die Kunden der Gruppe C den 8,8-ten Rang.

Sollten alle Kundengruppen die gleiche Zahlungsbereitschaft aufweisen, so dürften sich die ermittelten durchschnittlichen Ränge nicht maßgeblich unterscheiden. Analog zum Mann-Whitney-U-Test muss also auch hier überprüft werden, welche Rangzahl man erwarten kann, wenn sich die Gruppen nicht unterscheiden würden. Für alle Beobachtungen wird eine gesamte Rangplatzsumme von $1 + 2 + 3 + \ldots + n$ vergeben, die letztlich auch mit Hilfe von

$$\frac{n \cdot (n+1)}{2} \tag{6.55}$$

berechnet werden kann. Für das Beispiel von 25 Befragten ergibt sich eine gesamte Rangsumme von

$$\frac{n \cdot (n+1)}{2} = \frac{25 \cdot (25+1)}{2} = 325 \text{ Rangplätzen.} \tag{6.56}$$

Teilt man die Rangsumme nun durch die Anzahl aller Beobachtungen, erhält man den Erwartungswert für den durchschnittlichen Rang unter der Annahme, dass sich die durchschnittlichen Ränge der Gruppen nicht unterscheiden. Für das gegebene Beispiel heißt dies:

$$\mathrm{E}\left(\overline{R}\right) = \frac{1+2+3+\ldots+n}{n} = \frac{n \cdot (n+1)}{2 \cdot n} = \frac{(n+1)}{2} = \frac{(25+1)}{2} = 13. \tag{6.57}$$

Der Vergleich mit den tatsächlich realisierten Durchschnittsrängen (19,3; 13,6; 8,8) zum Erwartungswert ($\mathrm{E}\left(\overline{R}\right) = 13$) legt die Vermutung nahe, dass sich die Gruppen unterscheiden. Sind die Unterschiede zwischen den durchschnittlichen Rängen der drei Gruppen nun aber groß genug, um als statistisch signifikant zu gelten?

Zur Überprüfung wird zunächst die Summe aller quadrierten – also vom Vorzeichen unabhängigen – Abweichungen der tatsächlichen durchschnittlichen Ränge zum Erwartungswert gebildet:

$$\sum_{j=1}^{k} \left(\overline{R}_j - \mathrm{E}\left(\overline{R}\right)\right)^2 = \sum_{j=1}^{k} \left(\overline{R}_j - \frac{N+1}{2}\right)^2. \tag{6.58}$$

Für unser Beispiel ergibt sich demnach:

$$(19{,}3 - 13)^2 + (13{,}6 - 13)^2 + (8{,}8 - 13)^2 = 57{,}7. \tag{6.59}$$

Ist diese Gesamtabweichung von 57,7 viel oder wenig? Oder anders gefragt: Ist sie signifikant oder nicht? Diese Frage lässt sich nur beantworten, wenn man eine theoretische Verteilung findet, die sich genauso verhält, wie die quadrierten Gesamtabweichungen der durchschnittlichen Ränge vom Erwartungswert.

6. Schritt: Bestimmung des kritischen Testwerts

Teilt man zu diesem Zweck die oben ermittelte Summe der quadrierten Abweichungen durch die Varianz der Ränge, erhält man einen Wert, der mit H bezeichnet wird. Es lässt sich zeigen, dass die Summe der Abweichungen geteilt durch die Varianz der Ränge mit $k-1$ Freiheitsgraden asymptotisch Chi-Quadrat-verteilt ist (Bortz, Lienert, Boehnke (2000, S. 222ff.):

$$H = \sum_{j=1}^{k} \frac{\left(\overline{R}_j - \mathrm{E}\left(\overline{R}\right)\right)^2}{\frac{\sigma^2}{n_j}} \sim \chi^2_{k-1}. \tag{6.60}$$

Der H-Wert geht von einer unendlich großen Grundgesamtheit aus. Liegt hingegen eine endliche Grundgesamtheit vor – und das dürfte die Regel sein – muss hierfür korrigiert werden, sodass gilt:

$$H^{\text{endlich}} = \frac{N-1}{N} \sum_{j=1}^{k} \frac{\left(\overline{R}_j - \mathrm{E}\left(\overline{R}\right)\right)^2}{\frac{\sigma^2}{n_j}} = \frac{N-1}{N} \sum_{j=1}^{k} \frac{\left(\overline{R}_j - \frac{N+1}{2}\right)^2}{\frac{N^2-1}{12 \cdot n_j}} \sim \chi^2_{k-1}. \tag{6.61}$$

Wird zusätzlich noch um Rangbindungen korrigiert, ergibt sich die – zugegebenermaßen etwas komplizierte – Formel für den H-Wert:[32]

$$H^{\text{endlich}}_{\text{corr}} = \frac{H}{C} = \frac{\frac{N-1}{N} \sum_{i=1}^{k} \left(\frac{\left(\overline{R}_i - \frac{N+1}{2}\right)^2}{\frac{N^2-1}{12 \cdot n_i}} \right)}{1 - \frac{\sum_{j=1}^{m} t_j^3 - t_j}{N^3 - N}} \sim \chi^2_{k-1}. \tag{6.62}$$

[32] t_i stellt jeweils die Anzahl der Ränge für die Merkmalsausprägung i dar. Im Beispiel haben wir für die Merkmalsausprägung 1 viermal die verbundenen Ränge 2,5, für die Merkmalsausprägung 2 dreimal die verbundenen Ränge 6, für die Merkmalsausprägung 3 achtmal die verbundenen Ränge 11,5 und für die Merkmalsausprägung 4 neunmal die verbundenen Ränge 20.

Wenden wir diese „verrückte“ Formel auf unser Beispiel an, ergibt sich folgender H-Wert:

$$H_{\text{corr}}^{\text{endlich}} = \frac{\frac{25-1}{25}\left(\frac{(19{,}3-13)^2}{\frac{25^2-1}{12\cdot 5}} + \frac{(13{,}6-13)^2}{\frac{25^2-1}{12\cdot 11}} + \frac{(8{,}8-13)^2}{\frac{25^2-1}{12\cdot 9}}\right)}{1 - \frac{(4^3-4)+(3^3-3)+(8^3-8)+(9^3-9)}{25^3-25}} \approx 7{,}2 \sim \chi^2_{3-1} = \chi^2_2. \quad (6.63)$$

7. Schritt: Testentscheidung

Ob die Größe des H-Wertes von 7,2 nun signifikant ist, hängt vom gewählten Signifikanzniveau ab. Würde man das Signifikanzniveau bei $\alpha = 0{,}05$ festlegen, so ergäbe sich ein theoretischer Wert für χ^2_2 von 5,991. Alle Werte, die über dieser Grenze liegen, sind statistisch signifikant und man würde H_0 ablehnen. Der empirisch ermittelte H-Wert liegt mit 7,2 weit über dieser Grenze, sodass die Nullhypothese mit einer Irrtumswahrscheinlichkeit von kleiner als fünf Prozent abgelehnt wird.

Der entsprechende p-Wert in Abb. 6.39 gibt Auskunft über die genaue Höhe des begangenen Fehlers: Für das oben beschriebene Verfahren der asymptotischen Signifikanz ergibt sich ein Wert von $p = 0{,}027$. Der asymptotische H-Test ist allerdings nur dann unverzerrt, wenn bei $k = 3$ Gruppen jede Gruppe mindestens $n_j \geq 9$ Beobachtungen, bei $k = 4$ Gruppen mindestens $n_j \geq 5$ Beobachtungen und bei $k = 5$ Gruppen mindestens $n_j \geq 3$ Beobachtungen enthält. Bei mehr als fünf Gruppen spielt die Anzahl der Beobachtungen pro Gruppe keine Rolle mehr (Bortz, Lienert, Boehnke 2000, S. 225). In unserem Beispiel für drei Kundengruppen ist diese Bedingung für die A-Kunden nicht erfüllt, weshalb die Ergebnisse des exakten H-Tests zu interpretieren sind. Bei einem p-Wert von $p = 0{,}022$ irrt man sich in 2,2 Prozent der Fälle, wenn man davon ausgeht, dass sich mindestens eine Gruppe von einer anderen unterscheidet. Als Fazit lässt sich ziehen, dass sich die durchschnittlichen Ränge der unterschiedlichen Kundengruppen voneinander unterscheiden. Welche Gruppen sich nun genau voneinander unterscheiden, muss wiederum durch nachfolgende U-Tests bestimmt werden, wenngleich die durchschnittlichen Ränge erste Hinweise darauf geben können, welche Gruppenvergleiche post-hoc herangezogen werden sollten.

Wie der U-Test geht auch der H-Test von annähernd gleichen Verteilungsverläufen innerhalb der zu vergleichenden Gruppen aus. Ist dies nicht der Fall, so ist der Test nicht effizient und entscheidet eher konservativ für die Beibehaltung von H_0, obwohl Gruppenunterschiede vorliegen. Je stärker die Verteilungsformen der beiden Gruppen voneinander abweichen, umso mehr drückt ein signifikantes Testergebnis neben den Unterschieden in der zentralen Tendenz auch Unterschiede im Verteilungsverlauf aus. Interessiert also nicht ausschließlich die Fragestellung nach Unterschieden bei den Durchschnittsrängen, sondern die allgemeine Frage nach generellen Unterschieden zwischen den Gruppen – also auch hinsichtlich Verteilungsverläufen etc. – kann der H-Test bedenkenlos eingesetzt werden. Liegen aber eine normalverteilte Population und Varianzhomogenität vor, ist die ANOVA im Vergleich zu einem H-Test das effizientere Verfahren. Aber auch hier gilt: Beide Verfahren können als Backup dienen, wenn sie zu ähnlichen Schlussfolgerungen führen. Ist dies nicht der Fall, sollten sich unbedingt Überlegungen über Gründe hierfür anschließen.

An dieser Stelle wollen wir die formale Welt der mathematischen Berechnungen wieder verlassen. Kein Empiriker würde den H-Test heute noch von Hand rechnen, sondern er wird dies einer einschlägigen Statistiksoftware überlassen. Einmal von der Last der komplexen Formel befreit, werden wir sehen, dass die Durchführung und die Interpretation des Kruskal-Wallis-Tests (H-Tests) sich als eher einfach herausstellen.

6.4.2.1 Berechnung des Kruskal-Wallis-H-Tests mit SPSS

Anhand der Beispieldatei *Rang (Flaschendesign).sav* wollen wir in SPSS den H-Test durch die Befehlsfolge *Analyze → Nonparametric Tests → Legacy Dialogs → K Independent Samples …* [33] berechnen. Es öffnet sich das in Abb. 6.40 links dargestellte Fenster. Die Gruppierungsvariable – in unserem Fall die Kundenart – ist in das Feld *Grouping Variable* zu verschieben und unter *Define Groups* ist das Intervall der zu vergleichenden Gruppennummern – in unserem Fall sind das die Gruppen 1 bis 3 – anzugeben. Unter *Test Variables List* erfolgt die Angabe der zu testenden Variable – in unserem Fall ist das die Klasse der Zahlungsbereitschaft. Unter *Exact …* kann die Berechnung eines exakten oder asymptotischen H-Tests angefordert werden. Bei kleinen Stichproben erfolgt automatisch die Angabe beider Testergebnisse.

Bei einem exakten p-Wert von $p = 0{,}022$ irrt man sich in 2,2 Prozent der Fälle, wenn man davon ausgeht, dass sich mindestens eine Gruppe von einer anderen unterscheidet. Als Fazit lässt sich ziehen, dass sich die durchschnittlichen Ränge der unterschiedlichen Kundengruppen voneinander unterscheiden.

6.4.2.2 Berechnung des Kruskal-Wallis-H-Tests mit Stata

Die Durchführung des Kruskal-Wallis-H-Tests in Stata auf Basis der Beispieldatei *Rang (Flaschendesign).dta* erfolgt durch die Befehlsfolge *Statistics → Nonparametric analysis → Tests of hypotheses → Kruskal-Wallis rank test*. Es öffnet sich das in Abb. 6.41 dargestellte Fenster. Die Gruppierungsvariable – in unserem Fall die Kundenart – ist in das Feld *Variable definig groups* einzutragen. Unter *Outcome Variable* erfolgt die Angabe der zu testenden Variable – in unserem Fall ist das die Klasse der Zahlungsbereitschaft.

Beim asymptotischen p-Wert von $p = 0{,}0271$ irrt man sich in 2,71 Prozent der Fälle, wenn man davon ausgeht, dass sich mindestens eine Gruppe von einer anderen unterscheidet. Als Fazit lässt sich ziehen, dass sich die durchschnittlichen Ränge der unterschiedlichen Kundengruppen voneinander unterscheiden. Allerdings ist an dieser Stelle zu beachten, dass in unserem Beispiel die Bedingung einer hinreichend großen Stichprobe für die A-Kunden nicht erfüllt ist und die Testergebnisse somit verzerrt sein können.

[33] In der deutschsprachigen SPSS Version ist die Befehlsfolge *Analysieren → Nicht parametrische Tests → Alte Dialogfelder → K unabhängige Stichproben …*

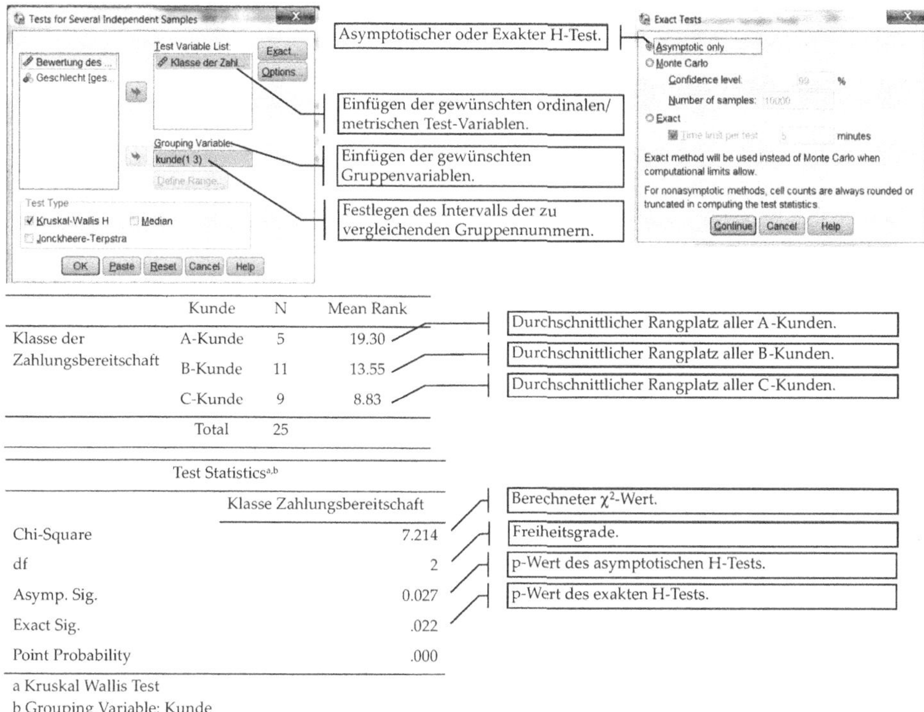

	Kunde	N	Mean Rank
Klasse der Zahlungsbereitschaft	A-Kunde	5	19.30
	B-Kunde	11	13.55
	C-Kunde	9	8.83
	Total	25	

Test Statistics[a,b]

	Klasse Zahlungsbereitschaft
Chi-Square	7.214
df	2
Asymp. Sig.	0.027
Exact Sig.	.022
Point Probability	.000

a Kruskal Wallis Test
b Grouping Variable: Kunde

Abb. 6.40 Kruskal-Wallis-H-Test mit SPSS

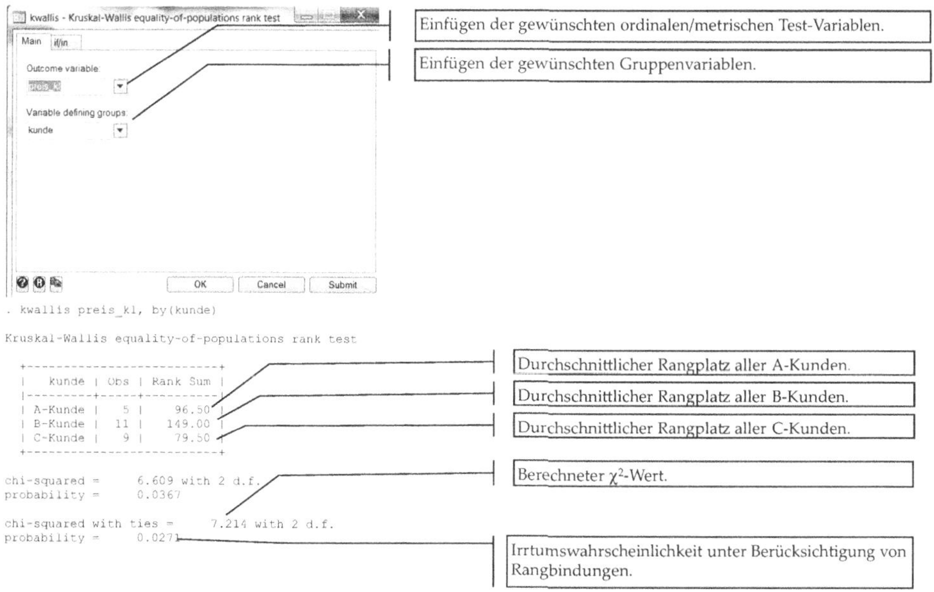


```
. kwallis preis_kl, by(kunde)

Kruskal-Wallis equality-of-populations rank test

  +-------------------------+
  |   kunde | Obs | Rank Sum |
  |---------+-----+----------|
  | A-Kunde |   5 |    96.50 |
  | B-Kunde |  11 |   149.00 |
  | C-Kunde |   9 |    79.50 |
  +-------------------------+

chi-squared =     6.609 with 2 d.f.
probability =     0.0367

chi-squared with ties =     7.214 with 2 d.f.
probability =     0.0271
```


Abb. 6.41 Kruskal-Wallis-H-Test mit Stata

6.5 Sonstige Testverfahren

6.5.1 Chi-Quadrat-Unabhängigkeitstest

Der Chi-Quadrat-Unabhängigkeitstest (*engl.:* Chi-Square Test of Independence) – der verkürzt gerne auch als Unabhängigkeitstest bezeichnet wird – prüft, ob zwei nominale Merkmale stochastisch unabhängig sind. Geprüft wird somit die Nullhypothese H_0, dass kein Zusammenhang zwischen zwei kategorialen Variablen besteht. Demgegenüber steht die Alternativhypothese H_1, dass ein Zusammenhang vorliegt.

Für die Durchführung des Tests erinnern wir uns zunächst an einige Erkenntnisse aus der deskriptiven Statistik: Eine übliche Form, den Zusammenhang zweier nominalskalierter Variablen darzustellen, ist die sogenannte Kreuz- bzw. Kontingenztabelle (*engl.:* contingency table oder cross table). In Erweiterung zur univariaten Häufigkeitstabelle enthält eine bivariate Kontingenztabelle die Häufigkeit von Ausprägungspaaren. In Abb. 6.42 ist eine Kontingenztabelle am Beispiel der Überlebenden der Titanic-Katastrophe in Abhängigkeit der Buchungsklasse abgebildet. Jedem dürfte die Geschichte der Titanic bekannt sein. Eine Geschichte, die immer wieder Grundlage für Kinoverfilmungen war und wohl auch zukünftig sein wird, bietet sie doch Stoff aus technischer Arroganz, Fehlverhalten in Befehlsstrukturen und sozialer Asymmetrie bei den Opfern. Am 10. April 1912 brach die Titanic zu ihrer Jungfernfahrt von Southampton in England nach New York auf. Aufgrund ihrer Größe und technischen Ausstattung galt der Riesendampfer als unsinkbar. Am 14. April streifte das Schiff jedoch einen Eisberg und sank am Morgen des nächsten Tages gegen 2:15 Uhr. Von den 2201 Passagieren überlebten lediglich 710.

Im Folgenden wollen wir untersuchen, ob der oft unterstellte Zusammenhang, dass vor allem die Passagiere der ersten Klasse überlebt haben und die Passagiere der dritten Klasse zu den Opfern zählten, statistisch signifikant ist. Hierzu nutzen wir die Angaben des British Board of Trade Inquiry Report (1990). Für jeden Passagier liegen Angaben zum Geschlecht (Kind, männlich, weiblich), Angaben über die gebuchte Klasse (1. Klasse, 2. Klasse, 3. Klasse und Besatzung) sowie Angaben über das Überleben oder Nicht-Überleben an Bord der Titanic vor.

Betrachtet man zunächst in der Kontingenztabelle (vgl. Abb. 6.42) die Struktur der Überlebenden aufgegliedert nach der gebuchten Klasse des jeweiligen Passagiers, stellt sich die berechtigte Frage, ob alle Passagiere die gleiche Überlebenschance hatten. Wir erkennen, dass mehr Passagiere der dritten Klasse (528) als Passagiere der ersten Klasse (123) nicht überlebt haben. Da allerdings auch mehr Passagiere der dritten Klasse an Bord des Schiffes waren (706 gegenüber 325), ist dies zunächst nicht verwunderlich – auch dann nicht, wenn alle tatsächlich die gleiche Chance zu überleben gehabt hätten. Betrachtet man nun aber die relativen Häufigkeiten, so haben 32,3 Prozent aller Passagiere das Unglück überlebt: Immerhin 62,2 Prozent der Passagiere der ersten und nur 25,2 Prozent der Passagiere der dritten Klasse. Tatsächlich ist die Chance zu überleben von durchschnittlich 32,3 Prozent sehr asymmetrisch verteilt. Je größer diese Asymmetrie, umso größer ist letztlich auch der Zusammenhang zwischen gebuchter Klasse und der Tatsache,

Ueberlebt * Klasse Crosstabulation

			Klasse				Total
			Besatzung	1. Klasse	2. Klasse	3. Klasse	
Ueberlebt	Überlebt	Count	212	202	118	178	710
		Expected Count	285,5	104,8	91,9	227,7	710,0
		% within Ueberlebt	29,9%	28,5%	16,6%	25,1%	100,0%
		% within Klasse	24,0%	62,2%	41,4%	25,2%	32,3%
		% of Total	9,6%	9,2%	5,4%	8,1%	32,3%
		Residual	-73,5	97,2	26,1	-49,7	
		Std. Residual	-4,3	9,5	2,7	-3,3	
		Adjusted Residual	-6,8	12,5	3,5	-4,9	
	Nicht überlebt	Count	673	123	167	528	1491
		Expected Count	599,5	220,2	193,1	478,3	1491,0
		% within Ueberlebt	45,1%	8,2%	11,2%	35,4%	100,0%
		% within Klasse	76,0%	37,8%	58,6%	74,8%	67,7%
		% of Total	30,6%	5,6%	7,6%	24,0%	67,7%
		Residual	73,5	-97,2	-26,1	49,7	
		Std. Residual	3,0	-6,5	-1,9	2,3	
		Adjusted Residual	6,8	-12,5	-3,5	4,9	
Total		Count	885	325	285	706	2201
		Expected Count	885,0	325,0	285,0	706,0	2201,0
		% within Ueberlebt	40,2%	14,8%	12,9%	32,1%	100,0%
		% within Klasse	100,0%	100,0%	100,0%	100,0%	100,0%
		% of Total	40,2%	14,8%	12,9%	32,1%	100,0%

Chi-Square Tests

	Value	df	Asymp. Sig. (2-sided)
Pearson Chi-Square	187,793[a]	3	,000
Likelihood Ratio	178,414	3	,000
Linear-by-Linear Association	,000	1	,998
N of Valid Cases	2201		

a. 0 cells (,0%) have expected count less than 5. The minimum expected count is 91,94.

Symmetric Measures

		Value	Approx. Sig.
Nominal by Nominal	Phi	,292	,000
	Cramer's V	,292	,000
	Contingency Coefficient	,280	,000
N of Valid Cases		2201	

a. Not assuming the null hypothesis.

b. Using the asymptotic standard error assuming the null hypothesis.

Abb. 6.42 Nominaler Zusammenhang der Überlebenden auf der Titanic

das Unglück überlebt zu haben. Hätten die Passagiere der ersten Klasse ebenfalls nur eine durchschnittliche Chance zu überleben gehabt, dann hätten anstelle der 202 Passagiere nur 32,3 % · 325 ≈ 105 überlebt. Diese Zahl entspricht der *Erwarteten Häufigkeit bei Unabhängigkeit*. In der dritten Klasse wären anstelle der 528 nur 67,7 % · 706 ≈ 478 Tote zu beklagen gewesen.

Die Differenzen zwischen den erwarteten Häufigkeiten und den tatsächlichen Häufigkeiten (*engl.:* residuals) bieten zwar erste Anhaltspunkte über den Zusammenhang zwischen den Variablen, diese müssen aber durch Division durch die Wurzel der erwarteten Häufigkeiten standardisiert werden (*engl.:* standardized residuals). Positive Werte für die standardisierten Residuen drücken eine überdurchschnittliche (empirische) Häufigkeit im Vergleich zur erwarteten Häufigkeit aus, negative Werte den umgekehrten Fall. Es ist zu erkennen, dass die Passagiere der ersten Klasse mit 9,5 in der Spalte der Überlebenden überdurchschnittlich und die Passagiere der dritten Klasse mit −3,3 unterdurchschnittlich häufig vertreten sind. Die Tatsache, dass fast alle standardisierten Residuen weit von null entfernt liegen, weist tendenziell auf einen Zusammenhang hin.

Durch Quadrierung der standardisierten Werte in jeder Zelle erhält man den jeweiligen Chi-Quadrat-Wert. Die Summe der quadrierten standardisierten Residuen aus den einzelnen Zellen ergibt den Gesamt-Chi-Quadrat-Wert. Dieser ist ein von der gewählten Kodierung der beiden Variablen unabhängiger Wert, bei dem sich positive und negative Abweichungen nicht aufheben. Nimmt der Gesamt-Chi-Quadrat-Wert den Wert null an, besteht zwischen den tatsächlich beobachteten und den erwarteten absoluten Häufigkeiten bei Unabhängigkeit kein Unterschied. Die beiden betrachteten Variablen sind somit unabhängig voneinander. Tendenziell gilt, dass mit der Abhängigkeit der betrachteten Variablen die Größe des Chi-Quadrat-Wertes ansteigt. Leider ist die Stärke der Abhängigkeit nicht der einzige Faktor, der die Größe des Chi-Quadrat-Wertes beeinflusst. Tendenziell steigt der Chi-Quadrat-Wert auch mit der Größe der Stichprobe und mit der Anzahl der Zeilen und Spalten der Kontingenztabelle. Auch ist bei Tabellen mit einer großen Anzahl an Zeilen und Spalten eine Einschätzung der Stärke eines Zusammenhanges nicht trivial. Je mehr Zeilen und je mehr Spalten eine Kontingenztabelle besitzt, umso komplizierter wird es, hieraus Zusammenhänge erkennen zu können. Auch ist es kaum möglich, die Stärke von Zusammenhängen zweier Tabellen miteinander zu vergleichen.

Diese Tatsachen versucht man bei der Berechnung von auf Chi-Quadrat basierten Zusammenhangsmaßen und dem Chi-Quadrat-Unabhängigkeitstest zu berücksichtigen. Zur Überprüfung stochastischer Unabhängigkeit zweier nominaler Variablen geht man deshalb wie folgt vor:

1. Schritt: Formulierung der Hypothesen
Die Hypothesen des Chi-Quadrat-Unabhängigkeitstest lauten:

H_0: Zwischen zwei kategorialen Variablen besteht kein Zusammenhang (Variablen sind statistisch/stochastisch unabhängig).
H_1: Zwischen zwei kategorialen Variablen besteht ein Zusammenhang (Variablen sind statistisch/stochastisch abhängig).

2. Schritt: Festlegung des Signifikanzniveaus α
Im nächsten Schritt erfolgt die Festlegung des Signifikanzniveaus α, also der maximal zulässigen Wahrscheinlichkeit, bei der H_0 irrtümlicherweise abgelehnt wird, obwohl die Hypothese zutrifft. Die Festlegung der Größe von α obliegt dem Forscher selbst. In der Regel wird α bei den Schwellenwerten 1 %, 5 % oder 10 % festgelegt, wobei die 5 %-Schwelle die gängigste Größe für α ist. Der maximal zulässige α-Fehler wird an dieser Stelle auf $\alpha = 0{,}05$ festgelegt.

3. Schritt: Ziehung der Stichprobe und Prüfung der Annahmevoraussetzungen
Es muss eine Zufallsstichprobe vorliegen. Dabei ist darauf zu achten, dass die erwarteten Häufigkeiten in jeder Zelle möglichst größer als fünf sind. Dies sollte für mindestens

20 % der Zellen gelten. Ist letztere Bedingung nicht gegeben, wird von der Berechnung des Unabhängigkeitstests abgeraten. Anstelle dessen sollte der Fisher-Yates-Test (1963) verwendet werden.

4. Schritt: Bestimmung des kritischen Testwerts
Unter den oben genannten Annahmen ist die Testgröße mit $v = (m-1) \cdot (q-1)$ Freiheitsgraden näherungsweise Chi-Quadrat-verteilt. Die Werte für m und q entsprechen dabei der jeweiligen Anzahl der Zeilen und Spalten der Kontingenztabelle. Für das Beispiel aus Abb. 6.42 ergeben sich aufgrund von zwei Zeilen und vier Spalten insgesamt $v = (4-1) \cdot (2-1) = 3$ Freiheitsgrade. Bei einem festgelegten α von 0,05 ist der Chi-Quadrat-Tabelle in der Spalte $p = (1-\alpha) = 0{,}95$ und in der Zeile für drei Freiheitsgrade der kritische Wert von

$$c_0 = \chi^2_{3;0,95} = 7{,}815 \tag{6.64}$$

zu entnehmen.

5. Schritt: Bestimmung des kritischen Testwerts
Liegt der empirisch berechnete Wert für Chi-Quadrat über diesem kritischen Wert ($c_0 < \chi^2$), so wird H_0 bei einer Irrtumswahrscheinlichkeit von $\alpha \leq 0{,}05$ abgelehnt. Berechnet man den Chi-Quadrat-Wert für unser gegebenes Beispiel von Hand, ergibt sich folgendes Ergebnis:

$$\chi^2 = \sum_{i=1}^{k}\sum_{j=1}^{m} \frac{(n_{ij} - n_{ij}^e)^2}{n_{ij}^e} = \frac{(212-285{,}5)^2}{285{,}5} + \frac{(673-599{,}5)^2}{599{,}5} + \ldots + \frac{(528-478{,}3)^2}{478{,}3} \approx 187{,}8. \tag{6.65}$$

Die Parameter n_{ij}^e und n_{ij} entsprechen dabei den erwarteten und den tatsächlichen Häufigkeiten der einzelnen Zellen der betrachteten Kreuztabelle.

6. Schritt: Testentscheidung
Bei diesem Schritt hängt es davon ab, ob die Berechnungen mit Hilfe der traditionellen Chi-Quadrat-Tabelle (vgl. Abschn. 8.2) oder mit Hilfe von Ergebnistabellen professioneller Statistikprogramme erzeugt werden. Im letzteren Fall ist lediglich zu überprüfen, ob der p-Wert – häufig auch als asymptotische Signifikanz bezeichnet – geringer als der unter Schritt 2 festgelegte Wert für α ist ($p \leq \alpha$). In diesem Fall wird H_0 verworfen und eine statistische Abhängigkeit mit einer Irrtumswahrscheinlichkeit von p angenommen. Erfolgt die Berechnung hingegen mit Hilfe der traditionellen Chi-Quadrat-Tabelle (vgl. Abschn. 8.2), so ist zunächst der kritische Wert c_0 für das gegebene Konfidenzniveau $(1-\alpha)$ und den gegebenen Freiheitsgraden $v = (m-1) \cdot (q-1)$ zu bestimmen (siehe Schritt 4). Der empirisch berechnete Wert für Chi-Quadrat liegt mit $\chi^2 = 187{,}8$ eindeutig über dem kritischen Wert $c_0 = 7{,}815$, sodass H_0 verworfen wird.

An dieser Stelle sei daran erinnert, dass durch den Unabhängigkeitstest der Zusammenhang zwischen den beiden Variablen zwar bestätigt ist. Ob der Zusammenhang auch letztlich der vermutete ist – also in unserem Fall (vgl. Abb. 6.42): *Es haben mehr Passagiere der ersten Klasse überlebt* und nicht umgekehrt –, muss letztlich durch Betrachtung der (standardisierten) Residuen zwischen tatsächlichen und erwarteten Häufigkeiten nachgewiesen werden.

Sollte der Unabhängigkeitstest zu dem Ergebnis kommen, dass H_0 nicht verworfen werden kann – das ist der Fall wenn ($c_0 > \chi^2$) und ($p > \alpha$) gilt –, muss die Größe der nominalen Zusammenhangsmaße (z. B. Cramers V) als nicht signifikant verschieden von Null interpretiert werden. Es kann also nicht von einer stochastischen Abhängigkeit ausgegangen werden.

6.5.1.1 Berechnung des Chi-Quadrat-Unabhängigkeitstests mit SPSS

Um mit SPSS eine Kreuztabelle nebst dazu gehöriger Berechnung der nominalen Zusammenhangsmaße und des Unabhängigkeitstests zu generieren, muss durch Verwendung der Befehlsfolge *Analyze → Descriptive Statistics → Crosstabs…* das Crosstabs-Fenster geöffnet werden.[34] In diesem Fenster sind zunächst die beiden Zeilen- und Spaltenvariablen auszuwählen, deren Zusammenhang überprüft werden soll. In unserem Beispiel soll die Variable *Ueberlebt* als Zeilenvariable (Row(s)) und die Variable *Klasse* als Spaltenvariable (Column(s)) ausgewählt werden.

Durch Anklicken des Feldes *Cells* (Zellen) öffnet sich ein Fenster, in dem die gewünschten Berechnungen der Kontingenztabelle ausgewählt werden können (vgl. Abb. 6.43 *Das Zellen-Fenster*). Die Auswahl der zu berechnenden Zusammenhangsmaße nebst dem Ergebnis des Unabhängigkeitstests erfolgt über das Feld *Statistics …* (vgl. Abb. 6.43 *Das Statistik-Fenster).* Durch Bestätigung des *OK*-Feldes werden die Tabellen in Abb. 6.42 generiert.

Bestätigt wird der oben bereits festgestellte statistische Zusammenhang mit einer asymptotischen Signifikanz von $p = 0.000 \leq 0{,}05$ (vgl. Abb. 6.42). Mit einem Wert für Cramers V von 0,292 ist der Zusammenhang mittelstark.[35]

6.5.1.2 Berechnung des Chi-Quadrat-Unabhängigkeitstests mit Stata

Mit Stata lässt sich die Analyse analog durchführen. Durch die Befehlsfolge *Statistics →Summaries, tables, and tests →Tables →Two-way tables with measures of association* öffnet sich das folgende *Two-way-table-Fenster* (vgl. Abb. 6.44). Es müssen ebenfalls die beiden zu betrachtenden (Zeilen-/Spalten-) Variablen und die gewünschten Berechnungen ausgewählt werden. Auf der linken Seite befinden sich alle Zusammenhangsmaße sowie die Berechnung der Chi-Quadrat-Statistik, während auf der rechten Seite die gewünschten

[34] In der deutschsprachigen SPSS Version ist die Befehlsfolge *Analysieren → Deskriptive Statistiken → Kreuztabellen …*

[35] Eine sehr gute Darstellung über die Vorgehensweise zur Berechnung des Unabhängigkeitstests mit SPSS findet sich hier: https://www.youtube.com/watch?v=wfIfEWMJY3s.

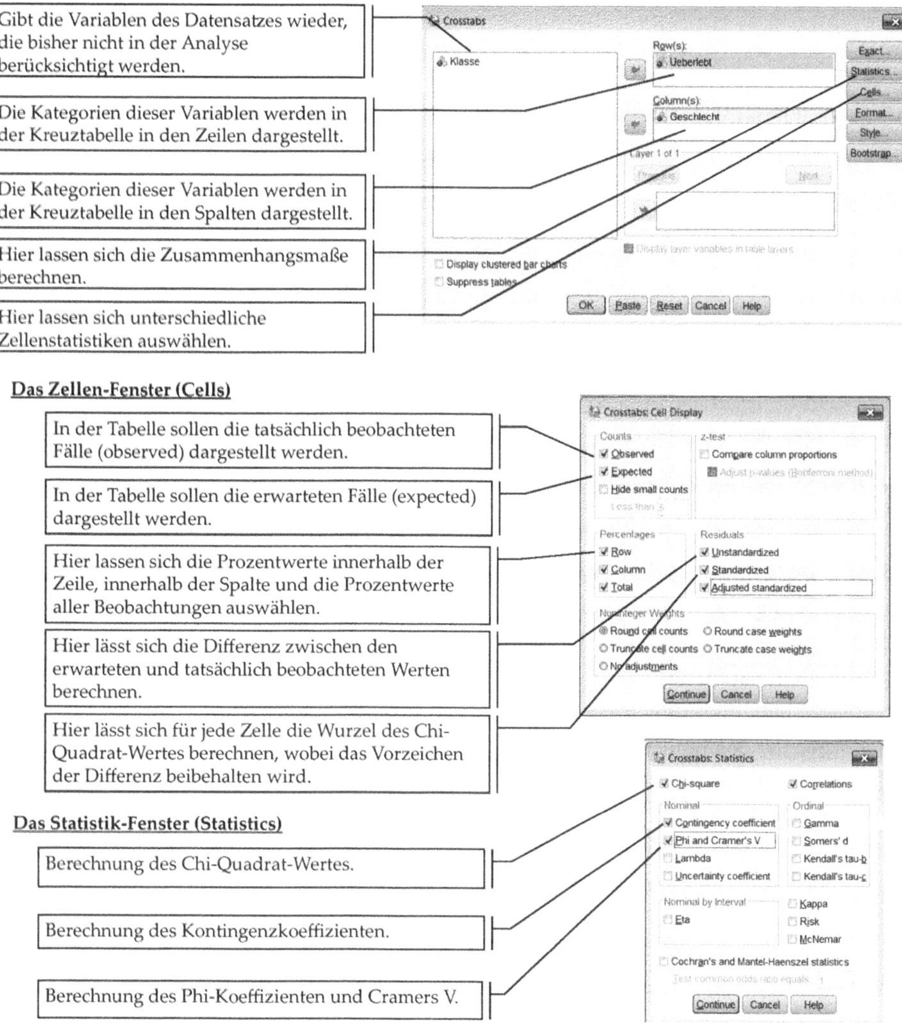

Abb. 6.43 Nominaler Zusammenhang der Überlebenden auf der Titanic mit SPSS

Zellenstatistiken der Kontingenztabelle angegeben werden können. Durch Drücken von *OK* bzw. *Submit* wird der Stata-Befehl[36] ausgelöst und die Ergebnisse können – analog zum Beispiel mit SPSS – interpretiert werden.[37]

[36] Syntaxbefehl: *tabulate class survived, cchi2 cell chi2 clrchi2 column expected row V.*

[37] Eine sehr gute Darstellung über die Vorgehensweise zur Berechnung des Unabhängigkeitstests mit Stata findet sich hier: https://www.youtube.com/watch?v=GZIi9zAlzIA.

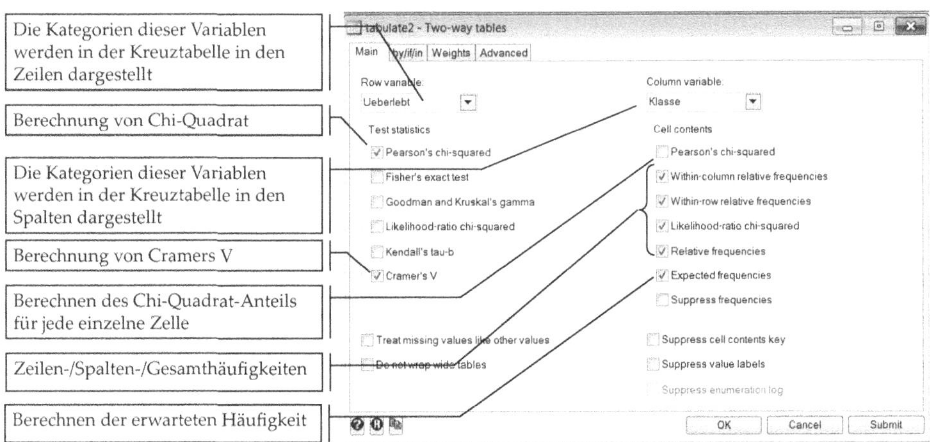

Abb. 6.44 Nominaler Zusammenhang der Überlebenden auf der Titanic mit Stata

6.5.1.3 Berechnung des Chi-Quadrat-Unabhängigkeitstests mit Excel

Die Berechnung von Kreuztabellen sowie die der damit zusammenhängenden Parameter wie Chi-Quadrat lassen sich in Excel nur mit einem größeren Aufwand durchführen. Dies liegt vor allem daran, dass Kontingenztabellen weder unter Analysefunktionen noch unter den allgemeinen Funktionen ausreichend vorprogrammiert sind. Hier zeigt sich im besonderen Maße der Nachteil von Excel im Vergleich zu professionellen Statistikpaketen.

Dennoch soll das Vorgehen in Excel an dieser Stelle kurz skizziert werden. Zunächst müssen die (bedingten) tatsächlichen Häufigkeiten einer jeden Zelle wie in Abb. 6.45 ausgezählt werden. Hierfür ist die Anwendung der Pivot-Tabellen-Funktion hilfreich. Mit der Befehlsfolge *Einfügen* und *PivotTable* wird das Fenster *Pivot Tabelle erstellen* geöffnet, in welches unter dem Punkt *Tabelle oder Bereich auswählen* der Bereich der Rohdaten zu markieren ist. Danach sollte durch die Betätigung des *OK*-Feldes die Pivot-Tabelle in ein neues Arbeitsblatt abgelegt werden. Die beiden Variablen (*Überlebt* und *Klasse)* können danach per „drag and drop" von der Feldliste auf die Felder *Spaltenfelder hierher ziehen* bzw. *Zeilenfelder hierher ziehen* verschoben werden. Es entsteht eine Kreuztabelle, bei der zunächst noch die bedingten absoluten Häufigkeiten innerhalb der Tabelle fehlen. Diese können nun erzeugt werden, indem eine der beiden Variablen von der Feldliste per „drag and drop" auf das Feld *Σ Werte* gezogen wird. In diesem Feld ist die Variable anzuklicken, der Menüpunkt *Wertfeldeinstellungen …* zu wählen und die Option *Anzahl* als Wertfeldzusammenfassung zu bestätigen. Es entsteht eine Kreuztabelle mit den tatsächlichen Häufigkeiten. Veränderungen in den Rohdaten führen erst dann zu Veränderungen in der Kreuztabelle, wenn sich der Cursor auf einer Zelle der Kreuztabelle befindet und die Befehlsfolge *PivotTable-Tools → Optionen → Aktualisieren* durchgeführt wird. Die erwarteten Häufigkeiten lassen sich dann analog der gegebenen Formel (Zeilensumme multipliziert mit der Spaltensumme geteilt durch die Gesamtsumme) in Excel programmieren (vgl. 2. Tabelle in Abb. 6.45). In einer weiteren Tabelle

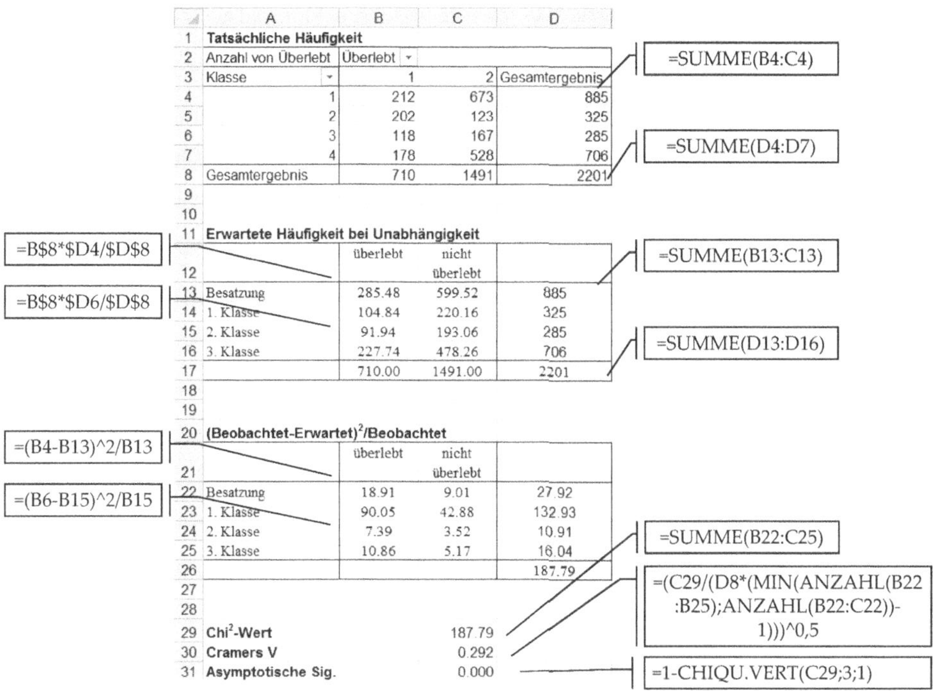

Tatsächliche Häufigkeit

Anzahl von Überlebt	Überlebt		
Klasse	1	2	Gesamtergebnis
1	212	673	885
2	202	123	325
3	118	167	285
4	178	528	706
Gesamtergebnis	710	1491	2201

Erwartete Häufigkeit bei Unabhängigkeit

	überlebt	nicht überlebt	
Besatzung	285.48	599.52	885
1. Klasse	104.84	220.16	325
2. Klasse	91.94	193.06	285
3. Klasse	227.74	478.26	706
	710.00	1491.00	2201

(Beobachtet-Erwartet)²/Beobachtet

	überlebt	nicht überlebt	
Besatzung	18.91	9.01	27.92
1. Klasse	90.05	42.88	132.93
2. Klasse	7.39	3.52	10.91
3. Klasse	10.86	5.17	16.04
			187.79

Chi²-Wert	187.79
Cramers V	0.292
Asymptotische Sig.	0.000

Abb. 6.45 Nominaler Zusammenhang der Überlebenden auf der Titanic mit Excel

(vgl. 3. Tabelle in Abb. 6.45) lassen sich dann zellenweise die einzelnen Chi-Quadrat-Bestandteile berechnen. Aus der Summe dieser Chi-Quadrat-Bestandteile ergibt sich dann der Chi-Quadrat-Wert, aus dem schließlich Cramers V sowie der *p*-Wert des Unabhängigkeitstests berechnet werden kann. Beispielhaft sind die einzelnen Berechnungsformeln in Abb. 6.45 wiedergegeben.[38]

6.5.2 Tests auf Normalverteilung

Die vorangegangenen Kapitel haben deutlich gemacht, dass viele Test- und Schätzverfahren von der Annahme normalverteilter Variablen ausgehen. Kann die Annahme einer Normalverteilung nicht gehalten werden, sind viele der parametrischen Verfahren nur noch asymptotisch – also nur bei großen Stichproben – oder gar nicht gültig (vgl. das Zentrale Grenzwerttheorem in Abschn. 5.1).

Der einfachste Weg zur Überprüfung der Normalverteilung ist die Erstellung eines Histogramms. Der Forscher hat in Augenscheinnahme der Grafik zu entscheiden, ob die

[38] Eine sehr gute Darstellung über die Vorgehensweise zur Berechnung des Unabhängigkeitstests mit Excel findet sich hier: https://www.youtube.com/watch?v=ODxEoDyF6RI.

Daten approximativ einer Normalverteilung folgen oder nicht. Field (2005) kritisiert die in dieser Vorgehensweise immanente Subjektivität und Möglichkeit einer missbräuchlichen Interpretation („Well, it looked normal to me"). Dass diese Kritik durchaus berechtigt ist, zeigt sich in Abb. 6.46, in der bei identischer Datenlage der gleiche Sachverhalt (Verteilung des Absatzes eines Produktes) links mit fünf Säulen und rechts mit 25 Säulen dargestellt ist. Selbst der ehrlichste Leser wird in beiden Fällen zu unterschiedlichen Schlüssen kommen, obwohl es sich um ein und denselben Sachverhalt handelt.

Zur Überprüfung der Normalverteilungsannahme sollten deshalb objektive Testverfahren wie der Kolmogorov-Smirnov-Anpassungstest (Kolmogorov 1933; Smirnov 1933), der Shapiro-Wilk-Test (Shapiro und Wilk 1965) oder der Shapiro-Francia-Test (Shapiro und Francia 1972) Anwendung finden. Mit diesen Verfahren lassen sich folgende Hypothesen testen:

H_0: Die zu untersuchenden Werte folgen einer Normalverteilung.
H_1: Die zu untersuchende Werte folgen keiner Normalverteilung.

Der Kolmogorov-Smirnov-Anpassungstest ist eine Testmethode, der keine eigene Verteilungsannahme unterliegt. Der Test basiert auf der Idee des Vergleichs der maximalen absoluten Differenz zwischen einer kumulierten Verteilungsfunktion einer empirischen Stichprobe und der kumulierten Verteilungsfunktion einer festgelegten theoretischen Verteilung. Der Test überprüft also die Güte der Anpassung empirisch ermittelter Beobachtungen an eine gegebene theoretische Verteilung, in diesem Fall an die Normalverteilung.

Von vielen Statistikern wird der Kolmogorov-Smirnov-Anpassungstest aufgrund seiner vergleichsweise geringeren Teststärke (*engl.:* power) nicht als das beste Testverfahren zur Überprüfung auf Normalverteilung bewertet. Der Test neigt mehr als andere Verfahren zur Ablehnung der Normalverteilungsannahme. Zudem werden Abweichungen von der Normalverteilung in den äußeren Bereichen der Verteilung nicht ausreichend erkannt, weshalb gerne auf den Shapiro–Wilk-Test oder den Shapiro–Francia-Test verwiesen wird. Ersterer eignet sich besonders bei Stichproben bis zu $n = 2000$ Beobachtungen, letzterer bei einem größeren Stichprobenumfang.

Liegt der p-Wert eines Tests unter dem üblich festgelegten Signifikanzniveau von $\alpha = 0{,}05$, so wird die Normalverteilungsannahme (H_0) verworfen. In seltenen Einzelfällen kann die gemeinsame Anwendung der Testverfahren zu unterschiedlichen Entscheidungen führen. In jedem Fall sollte davon ausgegangen werden, dass keine Normalverteilung vorliegt, sobald eines der gezeigten Testverfahren zu signifikanten Ergebnissen ($p \leq 0{,}05$) führt.

6.5.2.1 Berechnung von Tests auf Normalverteilung mit SPSS

Anhand der uns bereits bekannten Beispieldatei *schokopraline_farbe_name_preis.sav* wollen wir, nach den Verpackungsfarben Blau und Gelb getrennt, die Annahme auf Normalverteilung der Absatzzahlen überprüfen. Nach der Befehlsfolge Analyze →

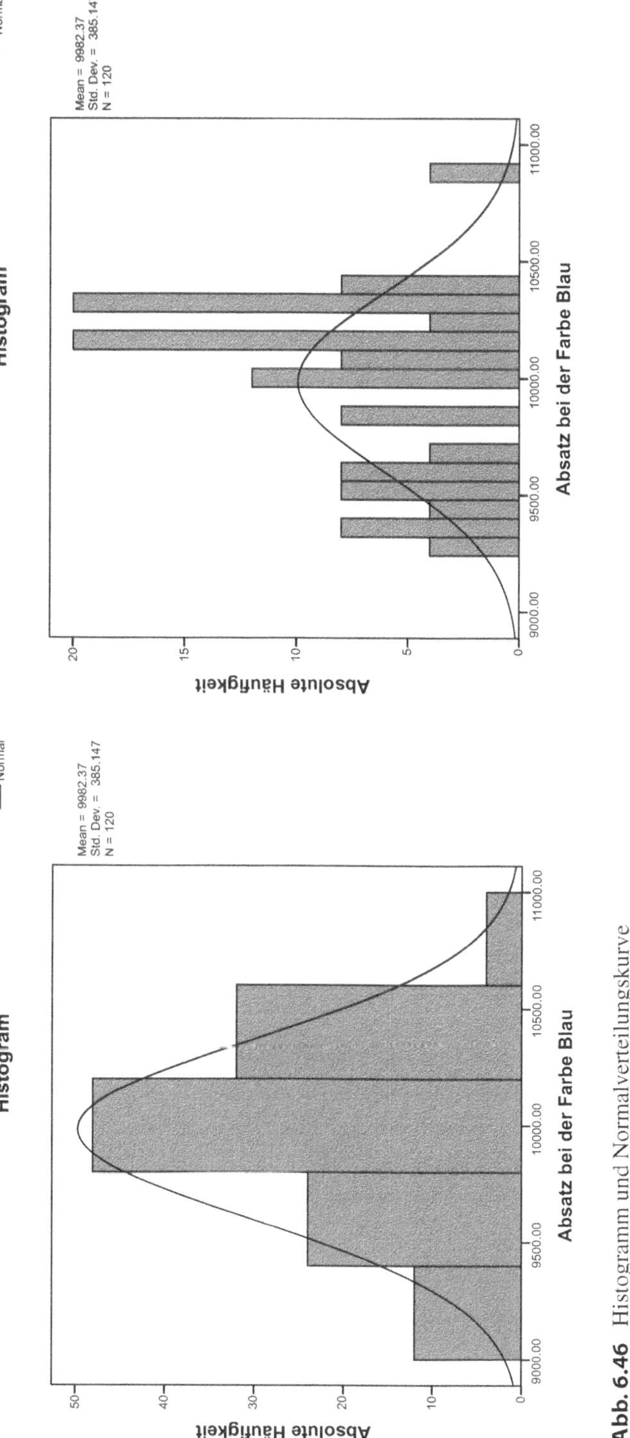

Abb. 6.46 Histogramm und Normalverteilungskurve

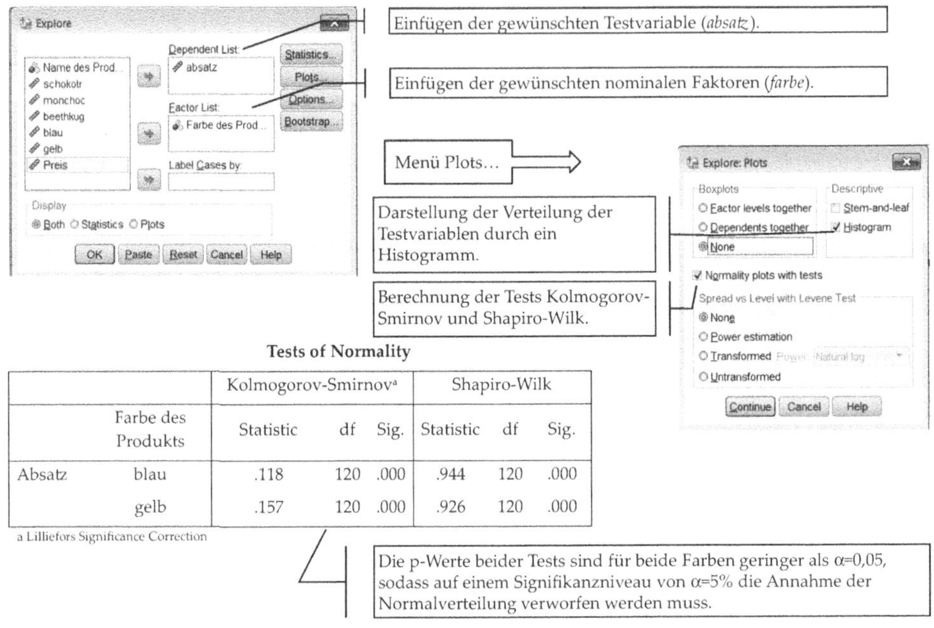

Tests of Normality

	Farbe des Produkts	Kolmogorov-Smirnov[a]			Shapiro-Wilk		
		Statistic	df	Sig.	Statistic	df	Sig.
Absatz	blau	.118	120	.000	.944	120	.000
	gelb	.157	120	.000	.926	120	.000

a Lilliefors Significance Correction

Abb. 6.47 Test auf Normalverteilung mit SPSS

Descriptive Statistics → Explore ...[39] lässt sich im Dialogfenster unter *Dependent List* die Testvariable *(absatz)* die Testvariable eingeben. Soll die Prüfung nach Gruppen getrennt erfolgen, ist unter *Factor List* eine Gruppierungsvariable *(farbe)* anzugeben (vgl. Abb. 6.47). Unter der Rubrik Plots ... können Histogramme wie in Abb. 6.46 und die Tests nach Kolmogorov-Smirnov und Shapiro-Wilk angefordert werden.

Nach Bestätigung durch OK ergeben sich die Tabellen in Abb. 6.47. Die p-Werte beider Tests sind für beide Farben geringer als $\alpha = 0{,}05$, sodass auf diesem Signifikanzniveau die Annahme der Normalverteilung verworfen werden muss.[40]

6.5.2.2 Berechnung von Tests auf Normalverteilung mit Stata

Auch hier wollen wir mit der Beispieldatei *schokopraline_farbe_name_preis.dta* für die Verpackungsfarben Blau und Gelb die Annahme auf Normalverteilung der Absatzzahlen überprüfen. Die grafische Analyse mit Hilfe von Histogrammen der blauen (= 1) und gelben (= 2) Verpackungsfarbe erfolgt durch Eingabe der folgenden Befehle in die Stata Kommandozeile:

[39] In der deutschsprachigen SPSS Version ist die Befehlsfolge *Analysieren → Deskriptive Statistiken → Explorative Datenanalyse ...*

[40] Sehr gute Darstellungen über Tests auf Normalverteilung mit SPSS finden sich hier: https://www.youtube.com/watch?v=dK-JNR3g_LU und hier: https://www.youtube.com/watch?v=sQkB-AlJgPI.

- *histogram absatz if farbe==1, normal*
- *histogram absatz if farbe==2, normal*

Für die Tests nach Shapiro-Wilk und Shapiro-Francia sind folgende Befehle einzugeben:

- *swilk absatz if farbe==1 oder sfrancia absatz if farbe==1*
- *swilk absatz if farbe==2 oder sfrancia absatz if farbe==2*

Die Berechnung des Kolmogorov-Smirnov-Tests gestaltet sich etwas aufwändiger. Zunächst muss der Mittelwert und die Standardabweichung des Absatzes jeder Farbe durch Eingabe des Befehls *by farbe, sort: summarize absatz* berechnet werden. Danach ist zur Überprüfung auf Normalverteilung der Befehl

- *ksmirnov testvar = normal((testvar-mean(testvar))/standardabw(testvar))*

zu verwenden. Für die blauen und gelben Verpackungsfarben ergeben sich somit die Befehle

- *ksmirnov absatz = normal((absatz-9982.367)/385.1468) if farbe==1*
- *ksmirnov absatz = normal((absatz-9606.067)/490.2867) if farbe==2*

Die Tests nach Shapiro-Wilk und Shapiro-Francia ergeben in allen Fällen p-Werte kleiner als $\alpha = 0{,}05$, sodass nicht von einer Normalverteilung ausgegangen werden kann.

6.6 Übungsaufgaben zu Testverfahren

Aufgabe 36
In einem Gerichtssaal erwartet ein Angeklagter sein Urteil. Das Gericht muss über „schuldig" oder „nicht schuldig" entscheiden.

a. Welche beiden Fehler können die Richter bei ihrer Entscheidung machen?
b. In der Rechtsprechung gibt es den Grundsatz: „Im Zweifel für den Angeklagten". Wie müssten die Hypothesen aussehen, wenn von obigem Grundsatz ausgegangen wird? Vergleichen Sie die Situation mit einem statistischen Test!
c. Beschreiben Sie stichpunktartig das Vorgehen bei einem statistischen Test!

Aufgabe 37
Geben Sie für untenstehende Beispiele zu den relevanten Variablen das Skalenniveau und ein geeignetes Testverfahren an! Sind die jeweiligen Stichproben abhängig oder unabhängig? Ist kein Skalenniveau angegeben, ist das jeweils höchst mögliche Skalenniveau anzunehmen.

a. Unterscheiden sich Männer und Frauen hinsichtlich des verfügbaren Einkommens? Die Stichprobegröße ist $n = 1000$.
b. 20 Männer und Frauen geben auf einer Skala zwischen 1 und 5 an, wie ihnen ein bestimmtes Produktdesign gefällt. Ist die Bewertung geschlechtsspezifisch?
c. 20 Personen geben vor und nach einer Produktpräsentation ihre Meinung zu einem Produkt auf einer Skala zwischen 1 und 5 ab. Hat sich die Meinung durch die Produktpräsentation verändert?
d. Unterscheiden sich drei Studiengänge hinsichtlich ihrer Anteile für männliche und weibliche Studierende?
e. Unterscheiden sich Käufer und Nichtkäufer eines Produktes hinsichtlich ihres Alters? Der Mittelwert des Alters wird als approximativ normalverteilt angenommen.
f. Unterscheiden sich zwei Fahrzeugtypen (z. B. Golf und Astra) hinsichtlich einer Sonderausstattung?
g. Vor und nach einer Werbemaßnahme wird die Meinung zu einem Produkt auf einer Skala zwischen 1 und 5 erfragt. Hat sich die Meinung durch die Werbemaßnahme verändert?
h. Sie sollen herausfinden, ob sich die Einstellung zu Holzspielzeug von Eltern mit Söhnen von der Einstellung von Eltern mit Töchtern unterscheidet. Eltern, die sowohl Söhne als auch Töchter haben, werden zunächst nicht betrachtet. Die Einstellung wird auf einer 5-stufigen Skala (1 = „Holzspielzeug finde ich gar nicht gut“ bis 5 = „Holzspielzeug finde ich sehr gut“) gemessen.
i. Welches Verfahren wenden Sie an, wenn auch die Gruppe der Eltern mit Söhnen *und* Töchtern in den Vergleich mit einbezogen werden?

Aufgabe 38

Bei einer Befragung von 1000 Käufern eines neuen Kfzs werden die in folgender Abbildung dargestellten Fragen in einem Fragebogen gestellt. Geben Sie für die untenstehenden Analyse-Beispiele zu den relevanten Variablen das Skalenniveau und ein geeignetes Testverfahren an! Sind die jeweiligen Stichproben abhängig oder unabhängig?

Fragebogen

1. Geben Sie bitte die Postleitzahl der Stadt an, in der Sie wohnen: ______________

2. Wie ist Ihr erster Eindruck von Ihrem neuen KFZ?

	sehr zufrieden	zufrieden	unzufrieden
a) Gesamteindruck	☐	☐	☐
b) Äußere Form	☐	☐	☐
c) Innenraum	☐	☐	☐
d) Qualitätseindruck	☐	☐	☐

3. Mein vorheriges Fahrzeug habe ich ____ Jahre gefahren.

4. Mein KFZ ist ein: ☐ Privatfahrzeug ☐ Firmenfahrzeug

5. Wieviele KFZ gleicher Marke haben Sie früher besessen? ____________KFZ

a. Unterscheiden sich Privat- und Firmenfahrzeugbesitzer hinsichtlich ihres Wohnortes?
b. Unterscheiden sich Privat- und Firmenfahrzeugbesitzer hinsichtlich ihres Eindrucks von der Qualität ihres neuen Kfzs?
c. Weicht die mittlere Fahrdauer des zuletzt gefahrenen Kfzs von 5 Jahren ab?
d. Unterscheiden sich Privat- und Firmenfahrzeugbesitzer hinsichtlich der Anzahl der bisher besessenen Kfzs gleicher Marke?
e. Unterscheidet sich die Zufriedenheit der Kunden mit dem Gesamteindruck des neuen Kfzs von der Zufriedenheit mit dem Innenraum des Kfzs?

Aufgabe 39

Pro Tag besuchen mehr als 10.000 Kunden Ihre Geschäfte. Eine Stichprobe im Umfang von $n = 100$ Kunden aus Geschäft A ergibt eine durchschnittliche Verweildauer von 45 Minuten. Die tatsächliche Verweildauer sei normalverteilt mit unbekanntem Mittelwert μ und einer theoretischen Varianz von $\sigma^2 = 15^2$ Minuten^2. Laut Geschäftsleitung beträgt die mittlere Verweildauer 55 Minuten. Testen Sie, ob auf Basis der Stichprobe diese Aussage mit einer maximalen Irrtumswahrscheinlichkeit von $\alpha = 0{,}05$ verworfen werden kann und begründen Sie!

Aufgabe 40

Die Geschäftsleitung aus Aufgabe 31 verlangt von Ihnen, auszuliefernde Ware vor der Auslieferung mit einer maximalen Irrtumswahrscheinlichkeit von 20 Prozent hinsichtlich der vom Kunden gewünschten Mindestlänge von 150 cm zu überprüfen. Nachdem Sie die Maschine neu justiert haben, ziehen Sie erneut eine Stichprobe von 120 Bändern und erhalten eine durchschnittliche Länge von 150,1 cm bei einer empirischen Varianz von $S^2_{\text{emp}} = 3^2\,\text{cm}^2$. Die Länge der Bänder in der Grundgesamtheit sei auch hier normalverteilt.

a. Formulieren Sie auf das Beispiel bezogen die Hypothesen des Testes, sodass der α-Fehler den „schwerwiegendsten Fehler" bezeichnet!
b. Überprüfen Sie, ob unter diesen Umständen die Annahme der Mindestlänge von 150 cm beibehalten werden kann!
c. Bestimmen Sie den p-Wert aus Aufgabenteil b.!

Aufgabe 41

Die Geschäftsleitung verlangt von Ihnen, mit 99-prozentiger Sicherheit sagen zu können, dass die Umstellung von gelber auf blaue Verpackung zu besseren Absatzzahlen führt, als die Belassung bei gelber Verpackung. Die gelbe Verpackung hatte im Durchschnitt zu einem wöchentlichen Absatz von 10.000 Packungen geführt. Die Stichprobe in 100 der 5500 Leckermärkten ergab für die blaue Verpackung einen Wochenabsatz von 10.050 Packungen bei einer empirischen Standardabweichung von 360 Packungen.

a. Formulieren Sie auf das Beispiel bezogen die Hypothesen des Testes, sodass der α-Fehler den „schwerwiegendsten Fehler" bezeichnet!

Ränge

	Werbeart	N	Mittlerer Rang
Bewertung	Wurfsendung	15	38,00
	Lokalanzeiger	15	10,10
	Plakat	15	20,90
	Gesamt	45	

Statistik für Test [a,b]

	Bewertung
Chi-Quadrat	35,057
df	2
Asymptotische Signifikanz	,000

a. Kruskal-Wallis-Test

b. Gruppenvariable: Werbeart

Abb. 6.48 Wirkung von drei Werbemaßnahmen

b. Formulieren Sie den entsprechenden β-Fehler!
c. Testen Sie, ob unter diesen Umständen die Forderung der Unternehmensführung erfüllt ist!
d. Wie groß muss die Stichprobe – ceteris paribus – gewählt werden, damit die Untergrenze eines einseitigen Konfidenzintervalls ($\alpha = 5\,\%$) bei mindestens 9950 Packungen liegt?

Aufgabe 42
Sie werden mit einer Wettbewerbsanalyse für Babynahrung betraut. Hierzu befragen Sie 120 Eltern auf zwei 5-stufigen Skalen, inwieweit sie die Produkte von *hupp* und *Malipa* als naturbelassen empfinden.

a. Welche Verfahren lassen sich anwenden?
b. Im Rahmen der Untersuchung sollen Sie außerdem untersuchen, ob ein neues Produkt „Baby Karotte" oder „Baby Möhre" heißen soll. Sie befragen die gleichen 120 Eltern: 60 Eltern sollen auf einer 5-stufigen Noten-Skala den Namen „Baby Karotte", die weiteren 60 Eltern auf einer analogen Skala den Namen „Baby Möhre" bewerten. Welches Verfahren wenden Sie an?

Aufgabe 43
Im Rahmen einer Studie untersuchen Sie die Wirkung von drei unterschiedlichen Werbemaßnahmen (Wurfsendung, Anzeige in der Lokalzeitung und Werbeplakat) auf die Kundenpräferenz für ein bestimmtes Produkt. Die Kundenpräferenz wird auf einer zehnstufigen Skala (1 = „würde ich sofort kaufen" bis 10 = „würde ich bestimmt nicht kaufen") gemessen. Es ergeben sich die in Abb. 6.48 dargestellten Ergebnisse.

a. Interpretieren Sie die Ergebnisse! Gehen Sie dabei auch auf die Frage ein, für welche Werbeart Sie sich entscheiden würden.
b. Skizzieren Sie kurz, wie die mittleren Ränge in Abb. 6.48 bestimmt werden!
c. Sie untersuchen nun in einer anderen Studie die Wirkungen der Werbemaßnahmen „Lokalanzeiger" und „Plakatwerbung" auf die Wahrnehmung der Produktqualität. Es ergeben sich die Analyseergebnisse in Abb. 6.49. Interpretieren Sie die Ergebnisse! Wie groß ist die einseitige asymptotische Signifikanz?

Ränge

	Werbeart	N	Mittlerer Rang	Rangsumme
Wahrnehmung der Produktqualität	Lokalanzeiger	10	13,65	136,50
	Plakat	15	12,57	188,50
	Gesamt	25		

	Wahrnehmung der Produktqualität
Mann-Whitney-U	68,500
Wilcoxon-W	188,500
Z	-,380
Asymptotische Signifikanz (2-seitig)	,704
Exakte Signifikanz [2*(1-seitig Sig.)]	,723[a]

a. Nicht für Bindungen korrigiert.

b. Gruppenvariable: Werbeart

Abb. 6.49 Wirkung von zwei Werbemaßnahmen

Aufgabe 44

Sie erhalten die in Abb. 6.50 dargestellten Ergebnisse einer Studie über die getätigten Jahresumsätzen verschiedener Haushaltstypen in einer Supermarktkette. Was wurde inhaltlich untersucht und wie sind die Ergebnisse zu interpretieren?

Aufgabe 45

Sie haben von Käufern zweier Kraftfahrzeugmarken die Stärke des Motors in klassierter Form erhoben. Es entsteht die Kontingenztabelle in Abb. 6.51.

a. Ergänzen Sie die erwarteten Häufigkeiten bei Unabhängigkeit!
b. Wie viel Prozent der Käufer der Marke 1 haben ein Fahrzeug mit zwischen 76 und 100 PS gekauft?
c. Wie viel Prozent der gekauften Fahrzeuge mit einer Motorenleistung zwischen 51 und 75 PS sind von der Kfz-Marke 2?

Group Statistics

Haushaltstyp		N	Mean	Std. Deviation	Std. Error Mean
Jahresumsatz	Typ 1	178	772.7131	15.87738	1.19006
	Typ 2	184	778.2458	29.90867	2.20490

Independent Samples Test

		Levene's Test for Equality of Variances		t-test for Equality of Means						
									95% Confidence Interval of the Difference	
		F	Sig.	t	df	Sig. (2-tailed)	Mean Difference	Std. Error Difference	Lower	Upper
Jahres-umsatz	Equal variances assumed	81.231	0.000	-2.188	360	0.029	-5.53277	2.52900	-10.50623	-0.55930
	Equal variances not assumed			-2.208	280.54	0.028	-5.53277	2.50556	-10.46485	-0.60069

Abb. 6.50 Ergebnisse einer Marktforschungsstudie

	<51 PS	51-75 PS	76-100 PS	>101 PS	Randhäufigkeit (x)
KFZ-Marke 1	100 (____)	55 (____)	5 (____)	0 (____)	
KFZ-Marke 2	0 (____)	30 (____)	5 (____)	5 (____)	
Randhäufigkeit (y)					

Abb. 6.51 Käufer von Kfz-Marken

d. Skizzieren Sie stichwortartig die Vorgehensweise beim Chi-Quadrat-Unabhängigkeitstest!
e. Bestimmen Sie den Chi-Quadrat-Wert, sodass der Chi-Quadrat-Unabhängigkeitstest nicht verzerrt! Kann auf Basis dieses Chi-Quadrat-Wertes bei einem Signifikanzniveau von $\alpha = 1\,\%$ auf einen Zusammenhang zwischen gekaufter Kfz-Marke und Motorenstärke geschlossen werden?
f. Angenommen, Sie hätten die Stichprobe des obigen Beispiels so erhöht, dass keine Zeilen oder Spalten aggregiert werden müssen. Für Chi-Quadrat ergibt sich nun ein Wert von nur 7,128. Kann auf Basis dieses Chi-Quadrat-Wertes bei einem Signifikanzniveau von $\alpha = 1\,\%$ auf einen Zusammenhang zwischen gekaufter Kfz-Marke und Motorenstärke geschlossen werden?

Aufgabe 46

In einem Experiment zur Wirkung von Musik auf die Ausgabebereitschaft beim Einkauf in einem Supermarkt wurden 400 Kunden zufällig ausgewählt. Ein Teil der Kunden tätigte seine Einkäufe an Tagen, an denen im Supermarkt keine „Hintergrundmusik" eingespielt wurde. Der andere Teil der Kunden tätigte den Einkauf an einem Tag, an dem der Einkauf durch Musik und Werbeansagen begleitet wurde. Jeder Kunde wurde hinsichtlich der Gesamtsumme der getätigten Einkäufe in eine der drei Gruppen, hohe, mittlere und geringe Ausgabebereitschaft eingruppiert (vgl. Abb. 6.52).

		Hohe Ausgaben (y=1)	Mittlere Ausgaben (y=2)	Geringe Ausgaben (y=3)	Summe (x)
Mit Musik (x=1)	Anzahl (Erw. Häufigkeit)	130 (89,25)	30 (26,25)	50 (94,50)	210
Ohne Musik (x=2)	Anzahl (Erw. Häufigkeit)	40 (80,75)	20 (23,75)	130 (85,50)	190
Summe (y)	Anzahl	170	50	180	400

Abb. 6.52 Musikwirkung

	1 Person (y=1)	2 Personen (y=2)	≥3 Personen (y=3)	Summe (x)
0 Bananen (x=1)	40 (40)	0 (4)	40 (36)	80
1 Banane (x=2)	103 (102,5)	15 (10,25)	87 (92,25)	205
2 Bananen (x=3)	5 (4)	0 (0,4)	3 (3,6)	8
≥3 Bananen (x=4)	2 (3,5)	0 (0,35)	5 (3,15)	7
Summe (y)	150	15	135	300

Abb. 6.53 Bananen

a. Bestimmen Sie den Chi-Quadrat-Wert, sodass der Chi-Quadrat-Unabhängigkeitstest nicht verzerrt!
b. Kann aus den Daten bei einem Signifikanzniveau von $\alpha = 5\,\%$ auf einen Zusammenhang zwischen Musikeinspielung und Gesamtsumme des Einkaufs geschlossen werden?

Aufgabe 47
Sie haben von Käufern in einem Lebensmittelhandel die Haushaltgröße des Kunden sowie die Anzahl der gekauften Bananen in der Kontingenztabelle der Abb. 6.53 ermittelt.

a. Bestimmen Sie den Chi-Quadrat-Wert, sodass der Chi-Quadrat-Unabhängigkeitstest nicht verzerrt!
b. Kann aus den Daten bei einem Signifikanzniveau von $\alpha = 5\,\%$ auf einen Zusammenhang zwischen Haushaltsgröße und Bananenkauf geschlossen werden?

Aufgabe 48
In einer Studie wird die Präferenz für ein Produkt *(How would you rate this product?)* und die Einstellung zum Preis des Produktes *(It is a fair price)* erhoben. Es ergibt sich die in Abb. 6.54 dargestellte Kreuztabelle.

a. Wie viel Prozent der Befragten mit der Produktbewertung „poor“ geben bei der Aussage *It is a fair price* die Antwort *strongly disagree*?
b. Ist der Zusammenhang signifikant? Bewerten Sie dabei die Eignung der Koeffizienten Phi, Cramers V, Kontingenzkoeffizient und Kendalls Tau zur Lösung dieser Fragestellung!
c. Nach einer Produktpräsentation werden die gleichen Probanden nach ihrer Einstellung zum Preis des Produktes *(After product presentation: It is a fair price)* auf einer Skala von 1 *(strongly agree)* bis 4 *(strongly disagree)* befragt und ein Test durchgeführt. Interpretieren Sie die Ergebnisse aus Abb. 6.55!

How would you rate this product? * It is a fair price Crosstabulation

Count

		It is a fair price				Total
		strongly agree	agree	disagree	strongly disagree	
How would you rate this product?	excellent	25	22	14	9	70
	good	54	30	44	28	156
	fair	71	45	50	28	194
	poor	25	20	23	12	80
Total		175	117	131	77	500

Symmetric Measures

		Value	Asymp. Std. Error[a]	Approx. T[b]	Approx. Sig.
Nominal by Nominal	Phi	,111			,718
	Cramer's V	,064			,718
	Contingency Coefficient	,111			,718
Ordinal by Ordinal	Kendall's tau-b	,012	,037	,326	,745
	Kendall's tau-c	,012	,035	,326	,745
	Spearman Correlation	,014	,044	,318	,750[c]
Interval by Interval	Pearson's R	,019	,044	,426	,671[c]
N of Valid Cases		500			

a. Not assuming the null hypothesis.

b. Using the asymptotic standard error assuming the null hypothesis.

c. Based on normal approximation.

Chi-Square Tests

	Value	df	Asymp. Sig. (2-sided)
Pearson Chi-Square	6,214[a]	9	,718
Likelihood Ratio	6,176	9	,722
Linear-by-Linear Association	,181	1	,670
N of Valid Cases	500		

a. 0 cells (,0%) have expected count less than 5. The minimum expected count is 10,78.

Abb. 6.54 Produktpräferenz

Ranks

		N	Mean Rank	Sum of Ranks
After product presentation: It is a fair price - It is a fair price	Negative Ranks	159[a]	83,09	13212,00
	Positive Ranks	6[b]	80,50	483,00
	Ties	335[c]		
	Total	500		

a. After product presentation: It is a fair price < It is a fair price

b. After product presentation: It is a fair price > It is a fair price

c. After product presentation: It is a fair price = It is a fair price

Test Statistics[b]

	After product presentation: It is a fair price - It is a fair price
Z	-11,770[a]
Asymp. Sig. (2-tailed)	,000

a. Based on positive ranks.

b. Wilcoxon Signed Ranks Test

Abb. 6.55 Preispräferenz 1

d. Der gleiche Sachverhalt wird mit einer anderen Prozedur nochmals überprüft. Interpretieren Sie die Ergebnisse aus Abb. 6.56! Welches nicht-parametrische Verfahren können Sie anwenden, um den gleichen Sachverhalt zu untersuchen?

Aufgabe 49

Was wurde bei der in Abb. 6.57 dargestellten Prozedur getestet? Interpretieren Sie das Ergebnis!

Aufgabe 50

Als Manager/in eines Konsumgüterproduktes möchten Sie mit Hilfe einer Fernsehwerbung eine möglichst große Anzahl von Personen ihrer Zielgruppe erreichen. Mit Hilfe einer Stichprobe ermitteln Sie für vier verschiedene Sender zu jeweils drei verschiedenen Sendezeiten (Time-Slots: 17.00–17.59 Uhr; 18.00–18.59 Uhr; 19.00–19.59 Uhr) die Anzahl der erreichten Haushalte (n) sowie die durchschnittliche Anzahl der pro Time-Slot und Sender erreichten Personen der Zielgruppe (Mittelwert). Die Ergebnisse finden sich in der Datei *Werbekontakte.sav* bzw. *Werbekontakte.dta*.

a. Sind die Voraussetzungen der mehrfaktoriellen Varianzanalyse erfüllt? Was müssten Sie tun, wenn diese Voraussetzungen nicht erfüllt wären?
b. Welche signifikanten Subgruppen entstehen für die Variable *Fernsehsender?*
c. Unterscheiden sich die Time-Slots voneinander? Begründen Sie Ihre Aussagen!
d. Erklären Sie inhaltlich und anhand der Randhäufigkeiten, warum der Interaktionseffekt zustande kommt!
e. Sie haben nun Angebote von der ARD für Time-Slot 19.00–19.59 Uhr und vom ZDF für Time-Slot 18.00–18.59 Uhr eingeholt. Das ZDF ist dabei etwas kostengünstiger. Welches Entscheidungsproblem haben Sie nun und welches Verfahren müssten Sie ggfs. noch anwenden, um eine rationale Entscheidung treffen zu können? Begründen Sie Ihre Aussagen!

Aufgabe 51

Sie sind Manager/in einer internationalen Kette von Baumärkten in Deutschland, Frankreich, Spanien und dem Vereinigten Königreich. Nachdem bisher jeder nationale Baumarkt

Paired Samples Statistics

		Mean	N	Std. Deviation	Std. Error Mean
Pair 1	After product presentation: It is a fair price	1,9040	500	,99638	,04456
	It is a fair price	2,2200	500	1,08718	,04862

		Paired Differences					t	df	Sig. (2-tailed)
					95% Confidence Interval of the Difference				
		Mean	Std. Deviation	Std. Error Mean	Lower	Upper			
Pair 1	After product presentation: It is a fair price - It is a fair price	-,31600	,51055	,02283	-,36086	-,27114	-13,840	499	,000

Abb. 6.56 Preispräferenz 2

One-Sample Statistics

	N	Mean	Std. Deviation	Std. Error Mean
Age	500	52,8780	10,07463	,45055

One-Sample Test

	Test Value = 54					
					95% Confidence Interval of the Difference	
	t	df	Sig. (2-tailed)	Mean Difference	Lower	Upper
Age	-2,490	499	,013	-1,12200	-2,0072	-,2368

Abb. 6.57 Einstichproben-t-Test

sein eigenes Markenlabel hatte, wollen Sie nun eine einheitliche Außendarstellung (Corporate Identity) definieren. Hierzu führen Sie eine Marktstudie durch, in der die Farbwirkung des Baumarktlabels auf die durchschnittliche Anzahl der Besucher pro Stunde untersucht wird (s. Datei *Baumarkt.sav* bzw. *Baumarkt.dta).*

a. Welche Farbe würden Sie vorziehen?
b. Zwischen welchen Ländern unterscheiden sich die durchschnittlichen Besucherzahlen? Verwenden Sie hierzu die Ergebnisse des Scheffé-Tests!
c. Erklären Sie inhaltlich und anhand der Randhäufigkeiten, warum der Interaktionseffekt zustande kommt!
d. Sind die Voraussetzungen der mehrfaktoriellen Varianzanalyse erfüllt?

Aufgabe 52

Der international agierende Nougatcreme-Hersteller *Schnutella* ist auf der Suche nach einem neuen Werbeträger und einer neuen Werbebotschaft. Aufgrund der Fußball-EM sind der Torhüter Oliver Wahn, der eiskalte Torjäger Frigo und das Mittelfeldgenie Zinedine in der Diskussion. Die Werbeagentur *Nullhirn&Partner* hat sich hierzu drei neue Werbebotschaften (messages) ausgedacht, nämlich *Schnutella: Schokolade mit Disziplin*, *Schnutella: Chocolat, ohlala* und *Schnutella: Connecting Chocolate*. Im Rahmen von 500 europäischen Testmärkten wird der Einfluss der Werbeträger in verschiedenen Kombinationen mit den drei Werbebotschaften auf den Absatz überprüft (s. *Schnutella.sav* bzw. *Schnutella.dta*).

a. Welchen Werbeträger würden Sie aufgrund einer einfaktoriellen ANOVA auf Basis des Scheffé-Tests vorziehen?
b. Welche Werbebotschaft würden Sie aufgrund einer einfaktoriellen ANOVA auf Basis des Scheffé-Tests vorziehen?
c. Sie werden vom Management gebeten, Vorschläge für den neuen Werbeträger und die neue Werbebotschaft zu unterbreiten. Interpretieren Sie bitte kurz die Ergebnisse der

mehrfaktoriellen Varianzanalyse! Gehen Sie dabei auf Voraussetzungen der Varianzanalyse, die Bedeutung jeder Variablen für den Absatz und mögliche Widersprüche zu Aussagen in vorherigen Aufgabenteilen ein! Beschreiben Sie bitte außerdem, welche Frage durch die obige Varianzanalyse nicht eindeutig beantwortet werden kann!

6.7 Lösungen der Übungsaufgaben

Lösung 36

a. 1. Fehler: Angeklagter wird verurteilt, obwohl er unschuldig ist. 2. Fehler: Angeklagter wird nicht verurteilt, obwohl er schuldig ist.
b. Entsprechend dem Grundsatz „Im Zweifel für den Angeklagten" ist sicherzustellen, dass die Wahrscheinlichkeit für eine fälschliche Verurteilung möglichst gering ist. Zu beweisen ist, dass der Angeklagte schuldig ist. Das führt zu:
   H_0: Angeklagter unschuldig
   H_1: Angeklagter schuldig.
   Fehler erster Art: Angeklagter unschuldig und verurteilt
   Fehler zweiter Art: Angeklagter schuldig und nicht verurteilt

   „Schlimmster Fehler" ist der Fehler erster Art: $\alpha = P(H_1|H_0$ richtig). In statistischen Tests wird versucht, die Wahrscheinlichkeit für diesen Fehler möglichst gering zu halten.
c. 1. Aufstellung der Hypothesen.
   2. Bestimmung der Verteilung der Prüfgröße unter Annahme der Gültigkeit der Nullhypothese.
   3. Bestimmung des Annahme-/Ablehnungsbereiches.
   4. Bestimmung des Wertes der Prüfgröße in der Stichprobe.
   5. Entscheidung: Fällt der Wert aus der Stichprobe in den Ablehnungsbereich, wird die Nullhypothese abgelehnt. Andernfalls wird die Nullhypothese nicht abgelehnt. „Schlimmster Fehler" ist der Fehler erster Art: $\alpha = P(H_1|H_0$ richtig)

Lösung 37

a. Geschlecht: nominal (dichotome Gruppierungsvariable); Einkommen: metrisch (Testvariable); aufgrund der hinreichend großen Stichprobe ist der Mittelwert approximativ normalverteilt; Anwendung des t-Tests für zwei unabhängige Stichproben.
b. Geschlecht: nominal (dichotome Gruppierungsvariable); Produktbewertung: ordinal (Testvariable); zwei unabhängige Stichproben; Anwendung des Mann-Whitney-U-Tests.

c. Einstellung zum Produkt vorher: ordinal; Einstellung zum Produkt nachher: ordinal; abhängige Stichprobe; Stichprobe erlaubt es nicht, von einer approximativen Normalverteilung der Mittelwerte auszugehen; Anwendung des Wilcoxon-Vorzeichen-Rang-Tests.
d. Geschlecht: nominal; Studiengangszugehörigkeit: nominal; Anwendung des Chi-Quadrat-Unabhängigkeitstests.
e. Käufer und Nichtkäufer: nominal (dichotome Gruppierungsvariable); Alter: metrisch (Testvariable); unabhängige Stichprobe; aufgrund der approximativen Normalverteilung der Mittelwerte kann der t-Test für zwei unabhängige Stichproben angewendet werden.
f. Zwei Kfz-Typen: nominal; Ausstattungsmerkmal: nominal; Anwendung des Chi-Quadrat-Unabhängigkeitstests.
g. Bewertung vor Werbemaßnahme: ordinal; Bewertung nach Werbemaßnahme: ordinal; abhängige Stichprobe; Anwendung des Wilcoxon-Vorzeichen-Rang-Tests.
h. Eltern (nur Söhne; nur Töchter): nominal (dichotome Gruppierungsvariable); Bewertung von Holzspielzeug: ordinal (Testvariable); zwei unabhängige Stichproben; Anwendung des Mann-Whitney-U-Tests.
i. Eltern: nominal (Gruppierungsvariable); Bewertung von Holzspielzeug: ordinal (Testvariable); drei unabhängige Stichproben; Anwendung des Kruskal-Wallis H-Tests.

Lösung 38

a. Privat- und Firmenfahrzeugbesitzer: nominal; Wohnort: nominal; Anwendung des Chi-Quadrat-Unabhängigkeitstests.
b. Privat- und Firmenfahrzeugbesitzer: nominal (dichotome Gruppierungsvariable); Qualitätseindruck: ordinal (Testvariable); zwei unabhängige Stichproben; Anwendung des Mann-Whitney-U-Tests.
c. Mittlere Fahrtdauer: metrisch; Anwendung des Einstichproben-t-Tests.
d. Privat- und Firmenfahrzeugbesitzer: nominal (dichotome Gruppierungsvariable); Anzahl der Kfz gleicher Marke: metrisch (Testvariable); unabhängige Stichprobe; aufgrund der approximativen Normalverteilung der Mittelwerte ($n = 1000$) kann der t-Test für zwei unabhängige Stichproben angewendet werden.
e. Zufriedenheit Gesamteindruck: ordinal; Zufriedenheit Innenraum: ordinal; abhängige Stichprobe; Anwendung des Wilcoxon-Vorzeichen-Rang-Tests.

Lösung 39

Es soll überprüft werden, ob die Verweildauer 55 Minuten entspricht. H_0: $\mu = 55$; H_1: $\mu \neq 55$. Aus den empirischen Daten ergibt sich: $\overline{x} = 45$. Bei bekannter Varianz der Grundgesamtheit und nicht benötigtem Korrekturterm ergibt sich folgender Annahmebereich für H_0:

$$\left[\mu_0 - z_{1-\frac{\alpha}{2}}\sigma_{\overline{x}}; \mu_0 + z_{1-\frac{\alpha}{2}}\sigma_{\overline{x}}\right] = [55-1{,}96\cdot 1{,}5; 55+1{,}96\cdot 1{,}5] = [52{,}06; 57{,}94]. \quad (6.66)$$

H_0 wird nicht beibehalten, da der empirische Mittelwert $\overline{x} = 45$ nicht in diesen Annahmebereich fällt. Mit einer maximalen Irrtumswahrscheinlichkeit von weniger als fünf Prozent kann behauptet werden, dass die mittlere Verweildauer ungleich 55 Minuten ist.

Lösung 40

a. Die Geschäftsführung will beweisen, dass die Länge der Bänder durchschnittlich mindestens 150 cm ist: H_0: $\mu < 150$; H_1: $\mu \geq 150$. Der „schwerwiegendste" Fehler aus Sicht der Geschäftsführung wäre somit die Entscheidung, eine nur scheinbar die Mindestbedingung erfüllende Lieferung zu versenden.
b. Bei unbekannter Varianz der Grundgesamtheit und nicht benötigtem Korrekturterm ($n > 30$) ergibt sich bei einer Stichprobengröße von 120 folgender Annahmebereich für H_0:

$$[-\infty; \mu_0 + z_{1-\alpha}\sigma_{\overline{x}}[= \left[-\infty; \mu_0 + z_{1-\alpha}\frac{S_{\text{emp}}}{\sqrt{n-1}}\right[= [-\infty; 150 + 0{,}842 \cdot 0{,}275[$$
$$= [-\infty; 150{,}23[. \tag{6.67}$$

H_0 wird beibehalten, da der empirische Mittelwert $\overline{x} = 150{,}1$ in diesen Annahmebereich fällt. Die Annahme der Geschäftsleitung, dass die Mindestlänge der Bänder im Durchschnitt größer als 150 cm ist, kann nicht bewiesen werden.

c. Die Differenz zwischen empirischem Mittelwert und dem Hypothesenwert beträgt $150{,}1 - 150 = 0{,}1$

$$150{,}1 = \mu_0 + z_{1-\alpha}\frac{S}{\sqrt{n-1}} = 150 + z_{1-\alpha}\frac{3}{\sqrt{120-1}} \Rightarrow \frac{0{,}1}{3}\sqrt{119} = z_{1-\alpha} \tag{6.68}$$

$$\Rightarrow 0{,}36 = z_{1-\alpha} \Rightarrow \Phi(0{,}36) = 1 - \alpha \Rightarrow \alpha = 1 - \Phi(0{,}36) \tag{6.69}$$

Da der Wert für $\Phi(0{,}36)$ nicht direkt aus einer einseitigen Tabelle der Normalverteilung entnommen werden kann, erfolgt eine Umformung in: $\Phi(0{,}36) = 1 - \Phi(0{,}64)$, was – zufälligerweise auch – einem Wert von 0,36 entspricht. Die Irrtumswahrscheinlichkeit ist somit:

$$\Rightarrow \alpha = 1 - (1 - \Phi(0{,}64)) = 1 - (1 - 0{,}36) = 0{,}36. \tag{6.70}$$

Lösung 41

a. Die Geschäftsleitung wird den Kosten eines Umstiegs auf die Farbe Blau nur dann zustimmen, wenn dies im Vergleich zur gelben Verpackung nicht zu niedrigeren Absatzzahlen führt. Zu testen wäre entsprechend:

$$H_0\colon \mu_{\text{blau}} \leq 10.000 \quad \text{versus} \quad H_1\colon \mu_{\text{blau}} > 10.000. \tag{6.71}$$

Die Geschäftsführung will beweisen, dass die blaue Verpackung bessere Ergebnisse erzielt. Aus dieser Sicht wäre der „schwerwiegendste" Fehler die Entscheidung für die blaue Verpackung, obwohl diese in der Realität nicht zu besseren Absatzzahlen führt.

b. Ich lehne die Hypothese, dass der Absatz mit blauer Verpackung zurückgeht bzw. gleich bleibt nicht ab, obwohl in Wahrheit die blaue Verpackung zu besseren Absatzzahlen führt: P(Entscheidung für $H_0|H_1$ richtig) = β-Fehler.
c. Bei unbekannter Varianz der Grundgesamtheit und nicht benötigtem Korrekturterm ergibt sich bei einer Stichprobengröße von 100 (> 30) folgender Annahmebereich für H_0:

$$[-\infty; \mu_0 + z_{1-\alpha}\sigma_{\overline{x}}] = \left[-\infty; \mu_0 + z_{1-\alpha}\frac{S_{\text{emp}}}{\sqrt{n-1}}\right] = \left[-\infty; 10.000 + z_{99\,\%}\frac{360}{\sqrt{99}}\right]$$
$$= [-\infty; 10.084{,}17] \tag{6.72}$$

H_0 wird beibehalten, da der empirische Mittelwert $\overline{x} = 10.050$ in diesen Annahmebereich fällt. Die Annahme der Geschäftsleitung, dass die blaue Verpackung nicht zu niedrigeren Absatzmengen führt, kann auf dem 1 %-Niveau nicht bestätigt werden.

d. Approximativ kann bei der Berechnung des Konfidenzintervalls die Normalverteilung angenommen werden, wenn die errechnete Stichprobengröße den Wert 30 überschreitet. Die Untergrenze des einseitigen Konfidenzintervalls bei unbekannter Varianz der Grundgesamtheit und $(n-1) > 30$ sowie $n/N > 0{,}05$ berechnen sich durch

$$\mu_u = \overline{x} - z_{1-\alpha} \cdot \hat{\sigma}_{\overline{x}} \Rightarrow \mu_u = \overline{x} - z_{1-\alpha}\frac{S_{\text{emp}}}{\sqrt{n-1}}. \tag{6.73}$$

Werden die Werte in diese Gleichung eingesetzt, ergibt sich:

$$9950 = 10.050 - 1{,}645\frac{360}{\sqrt{n-1}} \Rightarrow \frac{-100}{-1{,}645} = \frac{360}{\sqrt{n-1}} \Rightarrow \sqrt{n-1}^{\,2} = 5{,}92^2$$
$$\Rightarrow n = 36{,}06 \approx 37. \tag{6.74}$$

Durch Rundungen kann es zu leichten Abweichungen kommen. Da die Stichprobengröße weit über dem Wert 30 liegt, ist die Verwendung der Normalverteilung zulässig.

Lösung 42

a. Es liegt eine gepaarte/abhängige Stichprobe vor. Aufgrund des ordinalen Skalenniveaus kann der Wilcoxon-Vorzeichen-Rang-Test angewendet werden. Wenn approximativ eine Normalverteilung der Mittelwerte der Stichproben unterstellt werden kann (dies ist bei $n = 2 \cdot 60 = 120$ eine realistische Annahme), eignet sich zudem der t-Test für gepaarte/abhängige Stichproben.

b. Es liegen zwei unabhängige Stichproben vor. Wenn approximativ die Normalverteilung und ein metrisches Skalenniveau unterstellt werden kann (dies ist bei $n = 2 \cdot 60 = 120$ eine realistische Annahme), eignet sich der t-Test für unabhängige Stichproben. Ansonsten ist der Mann-Whitney-U-Test anzuwenden.

Lösung 43

a. Aufgrund fehlender Verteilungsangaben und der kleinen Stichprobe wurde ein Kruskal-Wallis-Test (H-Test) durchgeführt. Die asymptotische Signifikanz ist deutlich kleiner als 0,05, sodass sich mindestens eine Werbeart von den anderen unterscheidet. Welche dieser drei Werbearten sich signifikant voneinander unterscheiden, darüber gibt der H-Test keine Auskunft. Niedrige durchschnittliche Messwerte bedeuten im gegebenen Beispiel eine hohe Kundenpräferenz (1 bedeutete ja, „würde ich sofort kaufen“). Den niedrigsten durchschnittlichen Rang hat die Werbeart „Lokalzeitung“. Ob sich diese aber signifikant von der Werbeart „Plakat“ unterscheidet, muss durch einen Mann-Whitney-U-Test ermittelt werden.
b. Zunächst wird die ordinal skalierte Variable der Größe nach sortiert und danach – analog zur Rangbildung bei Rangkorrelationskoeffizienten – Rangplätze vergeben. Diese werden danach gruppenweise einer Durchschnittsbildung der Ränge unterzogen.
c. Der Mann-Whitney-U-Test ist nicht signifikant. Die exakte Signifikanz beträgt 0,723, was weit über dem üblicherweise geforderten Grenzwert von 0,05 liegt. Die Produktqualität unterscheidet sich in der Kundenwahrnehmung zwischen Lokal- und Plakatwerbung nicht. Die einseitige asymptotische Signifikanz liegt mit $0{,}704/2 = 0{,}352$ im nicht-signifikanten Bereich.

Lösung 44

Untersucht wurde, ob sich die durchschnittlichen Jahresumsätze zweier Haushaltstypen signifikant voneinander unterscheiden. Da die Stichproben mit 178 und 184 hinreichend groß sind, wurde eine Normalverteilung angenommen und der t-Test für unabhängige Stichproben verwendet. Die Standardabweichungen der beiden Stichproben ($S_{\text{Typ1}} = 15{,}88$ Geldeinheiten; $S_{\text{Typ2}} = 29{,}91$ Geldeinheiten) unterscheiden sich signifikant voneinander (Levene's Test for Equality of Variances ($F = 81{,}23$; $p = 0{,}000$)), sodass die Signifikanz des Mittelwertunterschieds in der Zeile „Equal variances not assumed“ abgelesen wird: Man irrt sich in $p = 2{,}8\,\%$ der Fälle, wenn von unterschiedlichen Durchschnittswerten ausgegangen wird. Haushaltstyp 2 generiert mit rund 778 Geldeinheiten einen signifikant höheren durchschnittlichen Jahresumsatz als Haushaltstyp 1 mit rund 773 Geldeinheiten.

Lösung 45

a. Vgl. Abb. 6.58.
b. $5/160 = 3{,}125\,\%$

	<51 PS	51-75 PS	76-100 PS	>101 PS	Randhäufigkeit (x)
KFZ-Marke 1	100 (80)	55 (68)	5 (8)	0 (4)	160
KFZ-Marke 2	0 (20)	30 (17)	5 (2)	5 (1)	40
Randhäufigkeit (y)	100	85	10	5	200

Abb. 6.58 Lösung Kfz-Marken (1)

	<51 PS	51-75 PS	>75 PS	Randhäufigkeit (x)
KFZ-Marke 1	100 (80)	55 (68)	5 (12)	160
KFZ-Marke 2	0 (20)	30 (17)	10 (3)	40
Randhäufigkeit (y)	100	85	15	200

Abb. 6.59 Lösung Kfz-Marken (2)

c. $30/85 = 35{,}29$
d. 1. Aufstellung der Hypothesen.
   2. Bestimmung der erwarteten Häufigkeiten unter Annahme der Gültigkeit der Nullhypothese.
   3. Überprüfung, ob höchstens 20 % der Zellen erwartete Häufigkeiten von weniger als fünf aufweisen. Falls das nicht der Fall ist, müssen Zeilen oder Spalten so aggregiert werden, dass dieser Zustand beseitigt ist.
   4. Bestimmung des Chi-Quadrat-Wertes (Teststatistik).
   5. Ablesen des kritischen Wertes zum angegebenen Signifikanzniveau aus der Tabelle.
   6. Entscheidung: Ist der empirische Chi-Quadrat-Wert größer als der kritische Wert, sind die beiden Variablen abhängig voneinander (wird die Nullhypothese abgelehnt). Ist der empirische Chi-Quadrat-Wert kleiner als der kritische Wert, sind die beiden Variablen unabhängig voneinander (wird die Nullhypothese nicht abgelehnt).
e. Da drei von acht ($= 37{,}5\,\% > 20\,\%$) Zellen der Kontingenztabelle erwartete Häufigkeiten von kleiner als fünf aufweisen, werden die beiden letzten Spalten der Tabelle aggregiert (vgl. Abb. 6.59). Es entsteht dann folgende Kontingenztabelle, bei der nur noch 16,6 Prozent der Zellen erwartete Häufigkeiten von weniger als fünf haben:

Für die Bestimmung der Annahmekennzahl aus der Chi-Quadrat-Tabelle (vgl. Abschn. 8.2) ergibt sich: $c_0 = \chi^2[(1-\alpha;(m-1)\cdot(q-1)] = \chi^2[99\,\%;2] = 9{,}21034$. Ist $\chi^2 > c_0$ wird

H_0 (Unabhängigkeit) abgelehnt. Hier gilt: $\chi^2 = 57{,}8431 > 9{,}21034 \rightarrow$ Man irrt sich in weniger als einem Prozent der Fälle, wenn man davon ausgeht, dass ein Zusammenhang zwischen Kfz-Marke und Motorstärke besteht.

f. Für die Bestimmung der Annahmekennzahl aus der Chi-Quadrat-Tabelle (vgl. Abschn. 8.2) ergibt sich: $c_0 = \chi^2[(1-\alpha;(m-1)\cdot(q-1)] = \chi^2[99\,\%;3] = 11{,}3449$. Ist $\chi^2 > c_0$ wird H_0 (Unabhängigkeit) abgelehnt. Hier gilt: $\chi^2 = 7{,}128 < 11{,}3449 \rightarrow$ Der Zusammenhang der beiden Variablen ist bei einer maximalen Irrtumswahrscheinlichkeit von höchstens 1 % statistisch nicht signifikant, sodass die H_0-Hypothese nicht verworfen werden kann.

Lösung 46

a.

$$\chi^2 = \frac{(130-89{,}25)^2}{89{,}25} + \frac{(30-26{,}25)^2}{26{,}25} + \ldots + \frac{(130-85{,}5)^2}{85{,}5} = 84{,}41 \qquad (6.75)$$

b. Freiheitsgrade: (Zeilenzahl − 1)(Spaltenzahl − 1) = (2 − 1)(3 − 1) = 2; Bestimmung des kritischen Wertes aus der Chi-Quadrat-Tabelle (vgl. Abschn. 8.2): $c_0 = \chi^2[(1-\alpha;(m-1)\cdot(q-1)] = \chi^2[95\,\%;2] = 5{,}9915$; Testentscheidung: Ist $\chi^2 > c_0$ wird H_0(Unabhängigkeit) abgelehnt. Hier gilt: $\chi^2 = 84{,}41 > 5{,}9915 \rightarrow$ Man irrt sich in höchstens 5 Prozent der Fälle, wenn man davon ausgeht, dass ein Zusammenhang zwischen der Höhe der Ausgaben und der Musikeinspielung besteht.

Lösung 47

a. In mehr als 20 % der Fälle entstehen Zellen mit einer erwarteten Häufigkeit kleiner als fünf. Deshalb werden die letzten drei Zeilen zu einer Zeile zusammengefasst (Lösung 1). Für den Chi-Quadrat-Wert ergibt sich: $\chi^2 = 0+4+0{,}44+0+1{,}45+0{,}16 = 6{,}06$. Es bestünde auch die Möglichkeit, die letzten beiden Zeilen und die letzten beiden Spalten zu aggregieren (Lösung 2). Für den Chi-Quadrat-Wert ergibt sich dann: $\chi^2 = 0+0+0{,}002+0{,}002+0{,}033+0{,}033 = 0{,}072$.
b. Lösung 1: Freiheitsgrade: (Zeilenzahl − 1)(Spaltenzahl − 1) = (2 − 1)(3 − 1) = 2; Bestimmung des kritischen Wertes aus der Chi-Quadrat-Tabelle (vgl. Abschn. 8.2): $c_0 = \chi^2[(1-\alpha;(m-1)\cdot(q-1)] = \chi^2[95\,\%;2] = 5{,}9915$; Testentscheidung: Ist $\chi^2 > c_0$ wird H_0 (Unabhängigkeit) abgelehnt. Hier gilt: $\chi^2 = 6{,}06 > 5{,}9915 \rightarrow$ Man irrt sich in weniger als fünf Prozent der Fälle, wenn man davon ausgeht, dass ein Zusammenhang zwischen Haushaltgröße und Anzahl der gekauften Bananen besteht. H_0 (Unabhängigkeit) wird abgelehnt.
Lösung 2: Freiheitsgrade: (Zeilenzahl − 1) · (Spaltenzahl − 1) = (3 − 1) · (2 − 1) = 2; Bestimmung des kritischen Wertes aus der Chi-Quadrat-Tabelle (vgl. Abschn. 8.2):

$c_0 = \chi^2[(1-\alpha;(m-1)\cdot(q-1)] = \chi^2[95\,\%;2] = 5{,}9915$; Testentscheidung: Ist $\chi^2 > c_0$ wird H_0 (Unabhängigkeit) abgelehnt. Hier gilt: $\chi^2 = 0{,}072 < 5{,}9915 \rightarrow$ Man irrt sich in mehr als fünf Prozent der Fälle, wenn man davon ausgeht, dass ein Zusammenhang zwischen Haushaltgröße und Anzahl der gekauften Bananen besteht. H_0 (Unabhängigkeit) wird beibehalten. Es zeigt sich: Je nach Aggregation können Ergebnisse resultieren, die zu unterschiedlichen Entscheidungen führen.

Lösung 48

a. Der gesuchte Anteil ist $p = 12/80 = 15\,\%$.
b. In diesem Fall geht es um zwei ordinalskalierte Variablen, die beide mehr als zwei Ausprägungen aufweisen. Aus diesem Grund ist die Verwendung des Phi-Koeffizienten nicht sinnvoll. Es können lediglich die Koeffizienten Tau, Spearman und Cramers V heran gezogen werden. In keinem Fall sind die Ergebnisse signifikant (der Anteil der Zellen mit erwarteter Häufigkeit < 5 liegt unter $20\,\%$).
c. Nach dem durchgeführten Wilcoxon-Vorzeichen-Rang-Test ist der Unterschied signifikant ($p = 0{,}000$). Ansonsten hätte sich ein p-Wert von 0.001 ergeben. Man irrt sich somit in weniger als $p \leq 0{,}5\,\%$ der Fälle, wenn man davon ausgeht, dass sich die Einstellungen zum Preis vor und nach der Präsentation unterscheiden. Die Differenzen zwischen den Werten nach und vor der Produktpräsentation sind in 159 Fällen negativ und in nur sechs Fällen positiv. Das bedeutet, dass die Rangplätze nach der Präsentation sehr viel häufiger kleiner sind als vorher. Kleinere Werte bedeuten gemäß der angegebenen Skalierung, dass die Kunden nach der Produktpräsentation eher der Aussage zustimmen, dass es sich um einen fairen Preis handelt, als vorher.
d. Nach dem durchgeführten t-Test für gepaarte/abhängige Stichproben ist der Unterschied ebenfalls signifikant ($p = 0{,}000$). Analog zu Aufgabenteil c. kommt man zu dem Ergebnis, dass die Kunden den Preis nach der Präsentation für angemessener halten: Es ergibt sich eine Mittelwertdifferenz von $(-0{,}3)$ zwischen der Bewertung nach (1,9) und vor (2,2) der Produktpräsentation. Während der (nicht-parametrische) Wilcoxon-Vorzeichen-Rang-Test als verteilungsfreier Test keinen bestimmten Verteilungstyp voraussetzt, ist beim (parametrischen) t-Test für gepaarte/abhängige Stichproben eine Normalverteilung der Mittelwerte vorausgesetzt. Kann die Verteilungsannahme der Normalverteilung nicht begründet angenommen werden, ist daher das nicht-parametrische Verfahren (Wilcoxon-Vorzeichen-Rang-Test) anzuwenden. Im Beispielfall kann aber aufgrund der hinreichend großen Stichprobe von $n = 500$ eine Normalverteilung der Mittelwerte approximativ angenommen werden.

Lösung 49

Insgesamt wurde mit Hilfe eines Einstichproben-t-Tests überprüft, ob sich der Altersdurchschnitt in einer Population von $\mu = 54$ Jahren unterscheidet. Dieses Verfahren setzt eine hinreichend große Stichprobe voraus, was mit $n = 500$ gegeben ist. Bei einer Standardabweichung von $S = 10{,}1$ Jahren liegt der Mittelwert der Stichprobe bei $\overline{x} = 52{,}9$

Jahren. Man irrt sich mit einer Wahrscheinlichkeit von $p = 1{,}3\,\%$, wenn man davon ausgeht, dass das Durchschnittsalter nicht dem Wert $\mu = 54$ Jahre entspricht. Geht man von einem Signifikanzniveau von $\alpha = 5\,\%$ aus, so ist das Durchschnittsalter signifikant unterschiedlich von $\mu = 54$ Jahren. Das 95 %-Konfidenzintervall für das Alter entspricht:

$$\mu_{u/o} = [54 - 2{,}01; 54 - 0{,}24] = [51{,}99; 53{,}76]. \qquad (6.76)$$

Lösung 50
Aus den Abb. 6.60 und Abb. 6.61 ergibt sich Folgendes:

a. Varianzhomogenität kann nicht verworfen werden, da der Levene-Test insignifikant ist. Für alle Untergruppen ergibt der Kolmogorov-Smirnov-Test allerdings signifikante Ergebnisse. Die Annahmevoraussetzung der Normalverteilung ist entsprechend nicht gegeben. Zwar handelt es sich um eine sehr große Stichprobe, allerdings sollte an dieser Stelle in jedem Fall der nicht-parametrische Kruskal-Wallis-Test durchgeführt werden.
b. Einfaktorielle ANOVA ergibt signifikante Unterschiede zwischen jedem einzelnen Fernsehsender.
c. Einfaktorielle ANOVA ergibt signifikante Unterschiede zwischen jedem einzelnen Time-Slot.
d. Ein Interaktionseffekt kommt dadurch zustande, dass die Zuschauer zu unterschiedlichen Zeiten unterschiedliche Senderpräferenzen haben.
e. Obwohl das ZDF kostengünstiger ist, erreicht es zu den angegebenen Zeiten weniger Zuschauer als die ARD. Das eigentliche Entscheidungsproblem „Ermittlung der Kosten pro Zuschauer“ kann mit gegebenem Datenmaterial nicht gelöst werden.

Lösung 51
Aus den Abb. 6.62 und Abb. 6.63 ergibt sich Folgendes:

a. Grün. Randmittel sind immer größer als die der anderen Farben und entsprechende Variable ist signifikant.
b. Einfaktorielle ANOVA ergibt signifikante Unterschiede. Scheffé ergibt Unterschiede für UK (niedrigste Besucherzahl); Spanien (Mittlere Besucherzahl); Deutschland und Frankreich (beide höchste Besucherzahl).
c. Zwar kommt grün i. d. R. am besten an, dennoch wirken die einzelnen Farben in den Ländern unterschiedlich. Es gibt in der mehrfaktoriellen ANOVA also ein Zusammenspiel zwischen den Faktoren *Land* (für sich signifikant) und *Farbe* (für sich signifikant).
d. Varianzhomogenität kann nicht verworfen werden, da der Levene-Test insignifikant ist. Der Kolmogorov-Smirnov-Test ergibt signifikante Ergebnisse, sodass die Annahmevoraussetzung der Normalverteilung nicht gehalten werden kann. Zwar sind die Stichproben sehr groß, allerdings kann eine Verzerrung der Ergebnisse nicht ausgeschlossen werden. Die Durchführung eines Kruskal-Wallis-Tests ist an dieser Stelle geboten.

Levene's Test of Equality of Error Variances[a]

Dependent Variable: Kontakte mit Zielgruppe

F	df1	df2	Sig.
1.298	11	988	.220

Tests the null hypothesis that the error variance of the dependent variable is equal across groups.

a. Design: Intercept + werbung + time + werbung * time

Tests of Between-Subjects Effects

Dependent Variable: Kontakte mit Zielgruppe

Source	Type III Sum of Squares	df	Mean Square	F	Sig.
Corrected Model	2713194.965[a]	11	246654.088	2799.053	.000
Intercept	11877229.844	1	11877229.844	134783.866	.000
Werbung	1449354.541	3	483118.180	5482.468	.000
Time	745670.711	2	372835.356	4230.969	.000
Werbung * time	438971.020	6	73161.837	830.247	.000
Error	87063.114	988	88.121		
Total	18092301.000	1000			
Corrected Total	2800258.079	999			

a. R Squared = .969 (Adjusted R Squared = .969)

Multiple Comparisons

Dependent Variable: Kontakte mit Zielgruppe

Scheffé

(I) Werbung	(J) Werbung	Mean Difference (I-J)	Std. Error	Sig.	95% Confidence Interval	
					Lower Bound	Upper Bound
ARD	ZDF	-11.04*	.791	.000	-13.26	-8.82
	RTL	30.95*	.778	.000	28.77	33.13
	SAT1/Pro7	97.47*	.883	.000	94.99	99.94
ZDF	ARD	11.04*	.791	.000	8.82	13.26
	RTL	41.99*	.862	.000	39.58	44.40
	SAT1/Pro7	108.50*	.957	.000	105.83	111.18
RTL	ARD	-30.95*	.778	.000	-33.13	-28.77
	ZDF	-41.99*	.862	.000	-44.40	-39.58
	SAT1/Pro7	66.52*	.946	.000	63.87	69.17
SAT1/Pro7	ARD	-97.47*	.883	.000	-99.94	-94.99
	ZDF	-108.50*	.957	.000	-111.18	-105.83
	RTL	-66.52*	.946	.000	-69.17	-63.87

Based on observed means. The error term is Mean Square(Error) = 88.121.

*. The mean difference is significant at the .05 level.

Abb. 6.60 Ergebnisse der Varianzanalyse (Beispiel Werbekontakte) Teil 1

Multiple Comparisons

Dependent Variable: Kontakte mit Zielgruppe

Scheffé

(I) Time slot	(J) Time slot	Mean Difference (I-J)	Std. Error	Sig.	95% Confidence Interval	
					Lower Bound	Upper Bound
17.00-17.59	18.00-18.59	-9.97*	.740	.000	-11.78	-8.16
	19.00-19.59	-63.19*	.723	.000	-64.96	-61.42
18.00-18.59	17.00-17.59	9.97*	.740	.000	8.16	11.78
	19.00-19.59	-53.22*	.721	.000	-54.99	-51.46
19.00-19.59	17.00-17.59	63.19*	.723	.000	61.42	64.96
	18.00-18.59	53.22*	.721	.000	51.46	54.99

Based on observed means. The error term is Mean Square(Error) = 88.121.

*. The mean difference is significant at the .05 level.

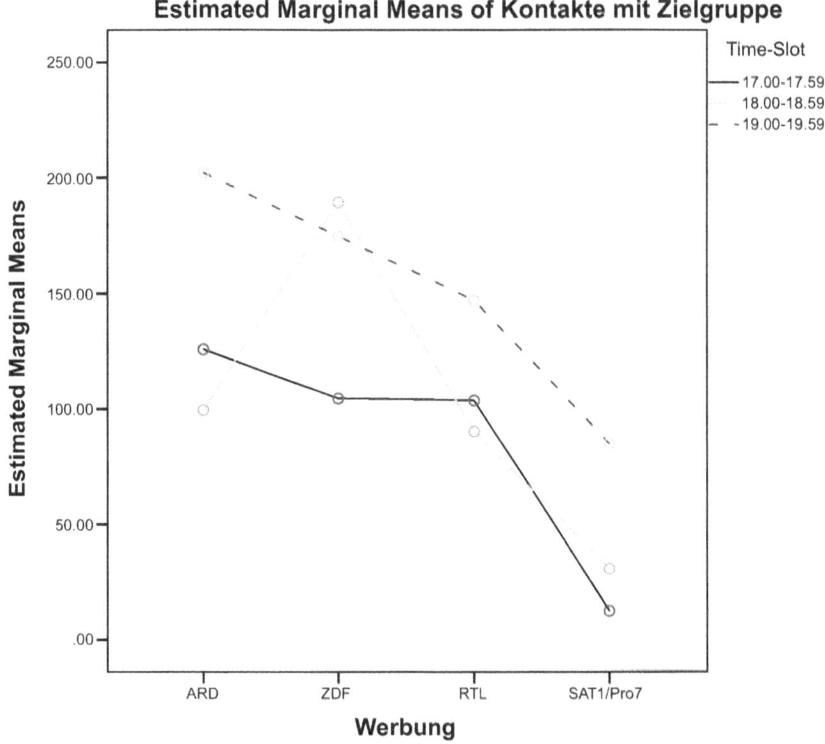

Abb. 6.61 Ergebnisse der Varianzanalyse (Beispiel Werbekontakte) Teil 2

Levene's Test of Equality of Error Variances[a]

Dependent Variable: Erwartete Besucherzahl pro Stunde in einem Baumarkt

F	df1	df2	Sig.
.688	11	988	.751

Tests the null hypothesis that the error variance of the dependent variable is equal across groups.

a. Design: Intercept + country + colour + country * colour

Tests of Between-Subjects Effects

Dependent Variable: Erwartete Besucherzahl pro Stunde in einem Baumarkt

Source	Type III Sum of Squares	df	Mean Square	F	Sig.
Corrected Model	268649464.547[a]	11	24422678.595	2489.557	.000
Intercept	1705513916.768	1	1705513916.768	173853.769	.000
country	96365533.102	3	32121844.367	3274.382	.000
colour	63274857.455	2	31637428.728	3225.002	.000
country * colour	59967125.291	6	9994520.882	1018.804	.000
Error	9692327.997	988	9810.049		
Total	2383406174.000	1000			
Corrected Total	278341792.544	999			

a. R Squared = .965 (Adjusted R Squared = .965)

Multiple Comparisons

Dependent Variable: Erwartete Besucherzahl pro Stunde in einem Baumarkt

Scheffé

(I) Country	(J) Country	Mean Difference (I-J)	Std. Error	Sig.	95% Confidence Interval	
					Lower Bound	Upper Bound
Germany	France	23.30*	8.165	.044	.44	46.17
	Spain	317.46*	8.325	.000	294.15	340.77
	UK	971.18*	9.541	.000	944.46	997.89
France	Germany	-23.30*	8.165	.044	-46.17	-.44
	Spain	294.16*	8.838	.000	269.41	318.91
	UK	947.88*	9.991	.000	919.90	975.85
Spain	Germany	-317.46*	8.325	.000	-340.77	-294.15
	France	-294.16*	8.838	.000	-318.91	-269.41
	UK	653.72*	10.122	.000	625.37	682.06
UK	Germany	-971.18*	9.541	.000	-997.89	-944.46
	France	-947.88*	9.991	.000	-975.85	-919.90
	Spain	-653.72*	10.122	.000	-682.06	-625.37

Abb. 6.62 Ergebnisse der Varianzanalyse (Beispiel Baumarkt) Teil 1

Multiple Comparisons

Dependent Variable: Erwartete Besucherzahl pro Stunde in einem Baumarkt

Scheffé

(I) Colour	(J) Colour	Mean Difference (I-J)	Std. Error	Sig.	95% Confidence Interval	
					Lower Bound	Upper Bound
Yellow	Red	291.77*	7.626	.000	273.08	310.47
	Green	-511.40*	7.788	.000	-530.49	-492.31
Red	Yellow	-291.77*	7.626	.000	-310.47	-273.08
	Green	-803.17*	7.620	.000	-821.85	-784.49
Green	Yellow	511.40*	7.788	.000	492.31	530.49
	Red	803.17*	7.620	.000	784.49	821.85

Based on observed means. The error term is Mean Square(Error) = 9810.049.

*. The mean difference is significant at the .05 level.

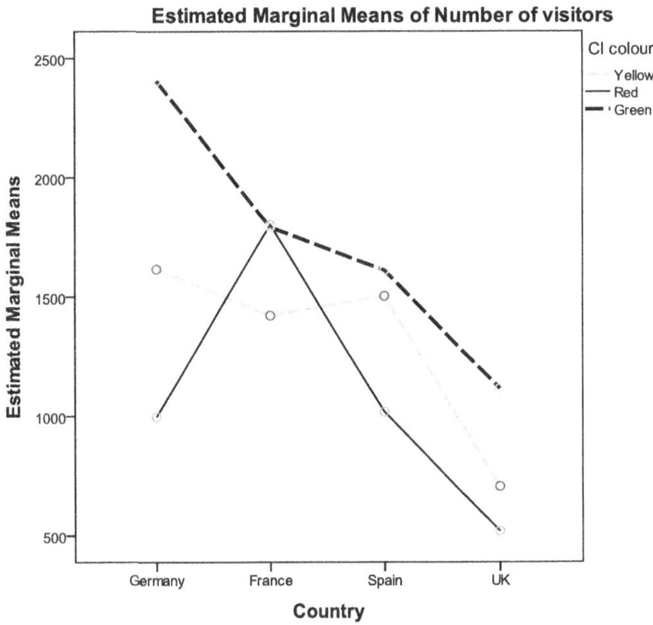

Abb. 6.63 Ergebnisse der Varianzanalyse (Beispiel Baumarkt) Teil 2

Lösung 52

Aus den Abb. 6.64 und Abb. 6.65 ergibt sich Folgendes:

a. Es bestehen signifikante Unterschiede. Die besten Werte kommen beim Werbeträger Zinedine zustande.
b. Es bestehen signifikante Unterschiede. Die besten Werte kommen bei *Connecting-Chocolate* zustande.

Levene's Test of Equality of Error Variances[a]

Dependent Variable: Erwarteter Absatz von Schnutella

F	df1	df2	Sig.
.825	8	491	.581

Tests the null hypothesis that the error variance of the dependent variable is equal across groups.

a. Intercept + spieler + message + spieler * message

Tests of Between-Subjects Effects

Dependent Variable: Erwarteter Absatz von Schnutella

Source	Type III Sum of Squares	df	Mean Square	F	Sig.
Corrected Model	63380369.7[a]	8	7922546.2	766.1	.000
Intercept	2596566347.0	1	2596566347.0	251089.3	.000
spieler	13369405.0	2	6684702.5	646.4	.000
message	17676416.9	2	7598443.2	854.7	.000
spieler * message	30393772.7	4	10341.2	734.8	.000
Error	5077532.0	491			
Total	2795172865.0	500			
Corrected Total	68457901.7	499			

a. R Squared = .926 (Adjusted R Squared = .925)

Multiple Comparisons

Dependent Variable: Erwarteter Absatz von Schnutella

Scheffé

(I) Spieler	(J) Spieler	Mean Difference (I-J)	Std. Error	Sig.	95% Confidence Interval	
					Lower Bound	Upper Bound
Wahn	Zinedine	-445.80*	10.871	.000	-472.49	-419.11
	Frigo	-206.52*	11.330	.000	-234.34	-178.70
Zinedine	Wahn	445.80*	10.871	.000	419.11	472.49
	Figo	239.28*	11.300	.000	211.54	267.03
Frigo	Wahn	206.52*	11.330	.000	178.70	234.34
	Zinedine	239.28*	11.300	.000	-267.03	-211.54

Based on observed means. The error term is Mean Square(Error) = 10341.206.

*. The mean difference is significant at the .05 level.

Abb. 6.64 Ergebnisse der Varianzanalyse (Beispiel Schnutella) Teil 1

c. Varianzhomogenität kann nicht verworfen werden, da der Levene-Test insignifikant ist. Alle Faktoren haben einen signifikanten Einfluss. Die Entscheidung fällt auf den Werbeträger Zinedine, allerdings mit der Werbebotschaft *Chocolat ohlala*. Grund hierfür ist der Interaktionseffekt. Aufgrund der Verletzung der Normalverteilungsannahme sollten die Ergebnisse mit Hilfe des Kruskal-Wallis-Tests überprüft werden. Was die Varianzanalyse nicht beantworten kann, sind Aussagen zu den marginalen Effekten, wie es beispielsweise bei der Regressionsanalyse möglich ist.

Multiple Comparisons

Dependent Variable: Erwarteter Absatz von Schnutella

Scheffé

(I) Message	(J) Message	Mean Difference (I-J)	Std. Error	Sig.	95% Confidence Interval	
					Lower Bound	Upper Bound
Schokolade mit Disziplin	Chocolat-Oh-la-la	-382.00*	11.376	.000	-409.93	-354.07
	Connecting Chocolate	-429.65*	11.391	.000	-457.61	-401.68
Chocolat-Oh-la-la	Schokolade mit Disziplin	382.00*	11.376	.000	354.07	409.93
	Connecting Chocolate	-47.65*	10.795	.000	-74.15	-21.15
Connecting Chocolate	Schokolade mit Disziplin	429.65*	11.391	.000	401.68	457.61
	Chocolat-Oh-la-la	47.65*	10.795	.000	21.15	74.15

Based on observed means. The error term is Mean Square(Error) = 10341.206.

*. The mean difference is significant at the .05 level.

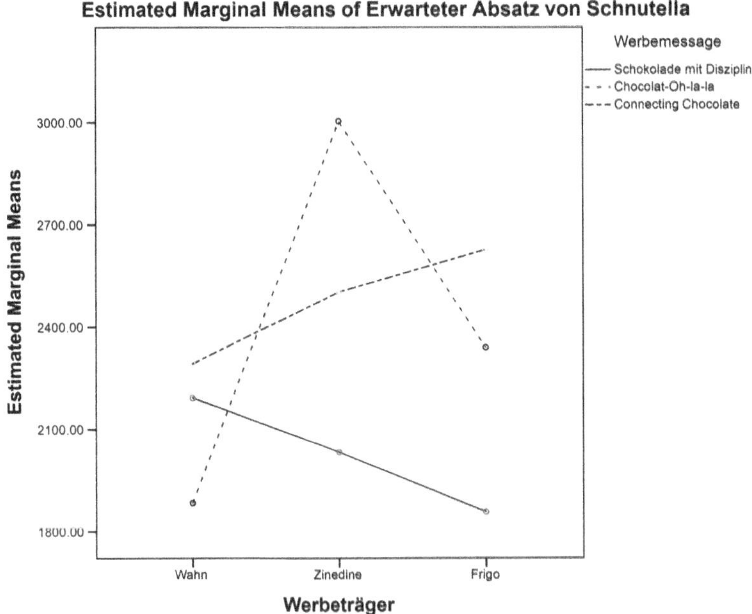

Abb. 6.65 Ergebnisse der Varianzanalyse (Beispiel Schnutella) Teil 2

Literatur

Backhaus K, Erichson B, Plinke W, Weiber R (2016) Multivariate Analysemethoden. Eine anwendungsorientierte Einführung, 14. Aufl. Springer Gabler, Berlin und Heidelberg

Bortz J (1999) Statistik für Sozialwissenschaftler, 5. Aufl. Springer, Berlin und Heidelberg

Bortz J, Lienert GA, Boehnke K (2000) Verteilungsfreie Methoden der Biostatistik, 2. Aufl. Springer, Berlin und Heidelberg

British Board of Trade (1990) Report on the Loss of the „Titanic" (S.S.). British Board of Trade Inquiry Report (reprint). Allan Sutton Publishing, Gloucester, UK

Brown MB, Forsythe AB (1974) Robust tests for the equality of variances. J Am Stat Assoc 69:364–367

Cleff T (2015) Deskriptive Statistik und Explorative Datenanalyse. Eine computergestützte Einführung mit Excel, SPSS und Stata, 3. erweiterte und überarbeitete Aufl. Springer Gabler, Wiesbaden

Conover WJ (1980) Practical nonparametric statistics. Wiley, New-York

Dixon WJ (1954) Power under normality of several nonparametric tests. Ann Math Stat 25:610–614

Field A (2005) Discovering Statistics Using SPSS. SAGE, London

Fisher RA, Yates F (1963) Statistical tables for biological, agricultural, and medical research. Oliver and Boyed, London

Hair JF, Anderson RE, Tatham RL, Black WC (1998) Multivariate Data Analysis, 5. Aufl. Prentice Hall, London u. a.

Kolmogorov AN (1933) Sulla determinazione empirica di una legge di distribuzione. Giornale Dell' Istituto Italiano Degli Attuari 4:83–91

Kruskal WH, Wallis WA (1952) Use of ranks in one-criterion variance analysis. J Am Stat Assoc 47:583–621

Kruskal WH, Wallis WA (1953) Errata: Use of ranks in one-criterion variance analysis. J Am Stat Assoc 48:907–911

Mann HB, Whitney DR (1947) On a test whether one of two random variables is stochastically larger than the other. Ann Math Stat 18:65–78

Neyman J (1937) Outline of a theory of statistical estimation based on the classical theory of probability. Philos Trans Royal Soc Ser A 236(767):333–380

Neyman J, Pearson ES (1928) On the use and interpretation of certain test criteria for purposes of statistical inference, part i. Biometrika 20A:175–240

Neyman J, Pearson ES (1928) On the use and interpretation of certain test criteria for purposes of statistical inference, part ii. Biometrika 20A:263–294

Popper K (1934) Logik der Forschung, 1. Aufl. Mohr, Tübingen

Satterthwaite FE (1946) An approximate distribution of estimates of variance components. Biometrics Bull 2:110–114

Scheffé H (1953) A method for judging all contrasts in the analysis of variance. Biometrika 40:87–104

Shapiro SS, Francia RS (1972) An approximate analysis of variance test for normality. J Am Stat Assoc 67:215–216

Shapiro SS, Wilk MB (1965) An analysis of variance test for normality (complete samples). Biometrika 52:591–611

Smirnov NV (1933) Estimate of deviation between empirical distribution functions in two independent samples. Bull Mosc Univ 2:3–16

Spearman CE (1904) The proof and measurement of association between two things. Am J Psychol 15(1):72–101

Stevens JP (1972) Four Methods of Analyzing between Variations for the k-Group MANOVA Problem. Multivar Behav Res 7(October 1972):442–454

Welch BL (1947) The generalization of Student's problem when several different population variances are involved. Biometrika 34:28–35

Wilcoxon F (1945) Individual comparisons by ranking methods. Biometrics 1:80–83

Wilcoxon F (1947) Probability tables for individual comparisons by ranking methods. Biometrics 3:119–122

Witting H (1960) A generalized Pitman efficiency for nonparametric tests. Ann Math Stat 31:405–414

Formelsammlung

7

Lageparameter

Mittelwert aus einer Urliste:

$$\overline{x} = \frac{1}{n}(x_1 + x_2 + \ldots + x_n) = \frac{1}{n}\sum_{i=1}^{n} x_i$$

Mittelwert aus einer gegebenen Häufigkeitstabelle:

$$\overline{x} = \frac{1}{n}\sum_{v=1}^{k} x_v \cdot n_v = \sum_{v=1}^{k} x_v \cdot f_v$$

Mittelwert aus klassierten Daten:

$$\overline{x} = \frac{1}{n}\sum_{v=1}^{k} n_v m_v = \sum_{v=1}^{k} f_v m_v, \text{ } (m_v \text{ ist die Klassenmitte})$$

Median aus klassierten Daten:

$$\tilde{x} = x_{0,5} = x_{i-1}^{OG} + \frac{0{,}5 - F(x_{i-1}^{OG})}{f(x_i)}\left(x_i^{OG} - x_i^{UG}\right)$$

Median aus Urliste bei ungerader Beobachtungsanzahl (n):

$$\tilde{x} = x_{\left(\frac{n+1}{2}\right)}$$

T. Cleff, *Angewandte Induktive Statistik und Statistische Testverfahren*,
https://doi.org/10.1007/978-3-8349-6973-6_7

Median aus Urliste bei gerader Beobachtungsanzahl (n):

$$\tilde{x} = \frac{1}{2}\left(x_{(\frac{n}{2})} + x_{(\frac{n}{2}+1)}\right)$$

Quantile aus Urlisten (Weighted Average Methode):

Zunächst wird das Produkt $(n + 1) \cdot p$ bestimmt. Das Ergebnis setzt sich aus einem ganzzahligen Bestandteil vor dem Komma und einem Dezimalbruch nach dem Komma zusammen (i,f). Das gesuchte Quantil liegt zwischen den beiden Beobachtungswerten $x_{(i)}$ und $x_{(i+1)}$, wenn (i) die Ordnungszahlen des geordneten Datensatzes darstellt. Der berechnete Nachkommaanteil dient zur Positionierung zwischen den beiden Werten mit Hilfe der Formel:

$$(1 - f) \cdot x_{(i)} + f \cdot x_{(i+1)}$$

Quantil aus klassierten Daten:

$$x_p = x_{i-1}^* + \frac{p - F(x_{i-1}^*)}{f_i} \Delta x_i$$

Streuungsparameter

Empirische Varianz:

$$\text{Var}(x)_{\text{emp}} = S_{\text{emp}}^2 = \frac{1}{n} \sum_{i=1}^{n} (x_i - \overline{x})^2 = \frac{1}{n} \sum_{i=1}^{n} x_i^2 - \overline{x}^2$$

Empirische Standardabweichung:

$$S_{\text{emp}} = \sqrt{\text{Var}(x)_{\text{emp}}} = \sqrt{\frac{1}{n} \sum_{i=1}^{n} (x_i - \overline{x})^2}$$

Induktive/Theoretische Varianz:

$$\text{Var}(x)_{\text{theor}} = \frac{1}{n-1} \sum_{i=1}^{n} (x_i - \overline{x})^2$$

Induktive/Theoretische Standardabweichung:

$$S_{\text{theor}} = \sqrt{\text{Var}(x)_{\text{theor}}} = \sqrt{\frac{1}{n-1} \sum_{i=1}^{n} (x_i - \overline{x})^2}$$

Bivariate Zusammenhangsmaße

Berechnung von Chi-Quadrat:

$$\chi^2 = \sum_{i=1}^{k} \sum_{j=1}^{m} \frac{\left(n_{ij} - n_{ij}^e\right)^2}{n_{ij}^e}$$

Phi:

$$\text{PHI} = \sqrt{\frac{\chi^2}{n}}$$

Kontingenzkoeffizient:

$$C = \sqrt{\frac{\chi^2}{\chi^2 + n}} \in [0; 1[$$

Cramers V:

$$\text{V} = \sqrt{\frac{\chi^2}{n \cdot (\min(k, m) - 1)}} = \varphi \cdot \sqrt{\frac{1}{\min(k, m) - 1}} \in [0; 1]$$

Kovarianz:

$$\operatorname{cov}(x; y) = S_{xy} = \frac{1}{n} \sum_{i=1}^{n} (x_i - \overline{x})(y_i - \overline{y}) = \frac{1}{n} \sum_{i=1}^{n} x_i y_i - \overline{x}\,\overline{y}$$

Korrelation nach Pearson:

$$r = \frac{S_{xy}}{S_x S_y} = \frac{\frac{1}{n} \sum_{i=1}^{n} (x_i - \overline{x})(y_i - \overline{y})}{\sqrt{\left(\frac{1}{n} \sum_{i=1}^{n} (x_i - \overline{x})^2\right) \cdot \left(\frac{1}{n} \sum_{i=1}^{n} (y_i - \overline{y})^2\right)}}$$

Korrelation nach Spearman (Grundformel):

$$\rho = \frac{S_{xy}}{S_x S_y} = \frac{\frac{1}{n} \sum_{i=1}^{n} (R(x_i) - \overline{R(x)})(R(y_i) - \overline{R(y)})}{\sqrt{\left(\frac{1}{n} \sum_{i=1}^{n} (R(x_i) - \overline{R(x)})^2\right) \cdot \left(\frac{1}{n} \sum_{i=1}^{n} (R(y_i) - \overline{R(y)})^2\right)}}$$

Grundregeln der Kombinatorik

Permutation von N verschiedenen Elementen (ohne Wiederholung)

$$P_N^N = N!$$

Permutation von N Elementen bei k unterschiedlichen Gruppen (mit Wiederholung)

$$P^N_{n_1;\ldots;n_k} = \frac{N!}{n_1!n_2! \cdot \ldots \cdot n_k!}, \text{ mit } \sum_{i=1}^{k} n_i = N$$

Kombination ohne Wiederholung/Zurücklegen (ohne Berücksichtigung der Reihenfolge)

$$C^N_n = \binom{N}{n} = \frac{N!}{n!(N-n)!}$$

Kombination mit Wiederholung/Zurücklegen (ohne Berücksichtigung der Reihenfolge)

$$\tilde{C}^N_n = \binom{N+n-1}{n}$$

Variation ohne Wiederholung/Zurücklegen (mit Berücksichtigung der Reihenfolge)

$$V^N_n = n!\binom{N}{n} = \frac{N!}{(N-n)!}$$

Variation mit Wiederholung/Zurücklegen (mit Berücksichtigung der Reihenfolge)

$$\tilde{V}^N_n = N^n$$

Grundregeln der Wahrscheinlichkeitsrechnung

Additionssatz bei sich ausschließenden Ereignissen

$$P\left(\bigcup_{i=1}^{m} A_i\right) = \sum_{i=1}^{m} P(A_i)$$

Komplementäre Ereignisse

$$A \cap B = \{\}; \; P(A \cap B) = 0$$

Additionssatz zweier sich nicht ausschließender Ereignisse

$$P(A \cup B) = P(A) + P(B) - (A \cap B)$$

Multiplikationssatz bei Unabhängigkeit

$$P(A \cap B) = P(A) \cdot P(B)$$

Genereller Multiplikationssatz

$$P(A \cap B) = P(A|B) \cdot P(B)$$

Satz der Totalen Wahrscheinlichkeit

$$P(A) = P(A|B) \cdot P(B) + P(A|C) \cdot P(C) + \ldots + P(A|Z) \cdot P(Z)$$

Theorem von Bayes

$$P(A|B) = P(B|A) \cdot P(A)/P(B)$$

Diskrete Verteilungen
Binomialverteilung:

$$B(n,k,p) = \binom{n}{k} \cdot p^k \cdot (1-p)^{n-k} = \frac{n!}{k!(n-k)!} \cdot p^k \cdot (1-p)^{n-k}$$

- Erwartungswert einer binomialverteilten Zufallsvariable

$$\mathrm{E}(X) = n \cdot p$$

- Varianz einer binomialverteilten Zufallsvariable

$$\mathrm{Var}(X) = n \cdot p \cdot (1-p)$$

- Binomialverteilte Zufallsvariablen sind annähernd (approximativ) …
  - … normalverteilt ($N(n \cdot p; \sqrt{n \cdot p \cdot (1-p)})$), wenn $n \cdot p \cdot (1-p) > 9$ gilt.
  - … POISSON-verteilt ($\mathrm{Po}(n \cdot p)$), wenn $n \cdot p \leq 10$ und $n \geq 1500 \cdot p$ gilt.

Hypergeometrische Verteilung:

$$H(N, M, n, x) = \frac{\binom{N-M}{n-x} \cdot \binom{M}{x}}{\binom{N}{n}}$$

- Erwartungswert einer hypergeometrisch verteilten Zufallsvariable

$$\mathrm{E}(X) = n \cdot M/N$$

- Varianz einer hypergeometrisch verteilten Zufallsvariable

$$\mathrm{Var}(X) = n\frac{M}{N}\left(1 - \frac{M}{N}\right) \cdot \frac{N-n}{N-1}$$

- Hypergeometrisch verteilte Zufallsvariablen sind annähernd (approximativ) ...
  - ... normalverteilt, wenn $0{,}1 < M/N < 0{,}9$ und $n > 30$ gilt.
  - ... POISSON-verteilt ($\mathrm{Po}(n^* M/N)$), wenn $0{,}1 > M/N$ oder $0{,}9 < M/N$ und $n > 30$ gilt.

Poisson Verteilung:

$$P(X) = \frac{\lambda^x}{x!} e^{-\lambda}$$

- Erwartungswert einer Poisson-verteilten Zufallsvariable

$$\mathrm{E}(X) = \mu = \lambda$$

- Varianz einer Poisson-verteilten Zufallsvariable

$$\mathrm{Var}(X) = \lambda$$

- Poisson-verteilte Zufallsvariablen sind approximativ normalverteilt ($N(\mu = \mu; \sigma = \sqrt{\mu})$), wenn $\mu \geq 10$ gilt.

Stetige Verteilungen
Gleichverteilung:

$$f(x) = \begin{cases} \frac{1}{b-a} & \textit{für } a < X \leq b \\ 0 & \textit{sonst} \end{cases}$$

- Erwartungswert einer gleichverteilten Zufallsvariable

$$\mathrm{E}(X) = \frac{a+b}{2}$$

- Varianz einer gleichverteilten Zufallsvariable

$$\mathrm{Var}(X) = \frac{(b-a)^2}{12}$$

Normalverteilung:

$$f_x(x) = \frac{1}{\sigma\sqrt{2 \cdot \pi}} \cdot e^{-\frac{(x-\mu)^2}{2 \cdot \sigma^2}}$$

- Erwartungswert einer normalverteilten Zufallsvariable

$$\mathrm{E}(X) = \mu$$

- Varianz einer normalverteilten Zufallsvariable

$$\operatorname{Var}(X) = \sigma^2$$

- Standardisierung (z-Transformation)

$$P\left(X_u \le X \le X_o\right) = P\left(\frac{X_u - \mu}{\sigma} \le Z \le \frac{X_o - \mu}{\sigma}\right)$$

- Reproduktivität zweier Normalverteilungen

$$N\left(\mu_1 + \mu_2; \sqrt{\sigma_1^2 + \sigma_2^2}\right)$$

Konfidenzintervall für den Mittelwert
Berechnung von Konfidenzintervallen für den Mittelwert vgl. Abb. 5.7

Länge eines Konfidenzintervalles

$$\mathrm{E} = 2 \cdot z_{1-\frac{\alpha}{2}} \cdot \hat{\sigma}_{\overline{x}} = 2 \cdot z_{1-\frac{\alpha}{2}} \frac{S_{\text{theor}}}{\sqrt{n}} = 2 \cdot z_{1-\frac{\alpha}{2}} \frac{S_{\text{emp}}}{\sqrt{n-1}}$$

Stichprobengröße eines Konfidenzintervalls

$$n = \frac{2^2 \cdot z_{1-\frac{\alpha}{2}}^2 \cdot S_{\text{theor}}^2}{\mathrm{E}^2} = \frac{2^2 \cdot z_{1-\frac{\alpha}{2}}^2 \cdot S_{\text{emp}}^2}{\mathrm{E}^2} + 1$$

Konfidenzintervall für den Anteilswert
Berechnung von Konfidenzintervallen für den Anteilswert vgl. Abb. 5.10

Länge eines Konfidenzintervalles für den Anteilswert

$$\mathrm{E} = 2 \cdot z_{1-\frac{\alpha}{2}} \cdot \hat{\sigma}_{\overline{x}} = 2 \cdot z_{1-\frac{\alpha}{2}} \frac{S_{\text{theor}}}{\sqrt{n}} = 2 \cdot z_{1-\frac{\alpha}{2}} \frac{S_{\text{emp}}}{\sqrt{n-1}}$$

Stichprobengröße eines Konfidenzintervalls für den Anteilswert

$$\mathrm{E}^2 = \frac{2^2 \cdot z_{1-\frac{\alpha}{2}}^2 \cdot S_{\text{theor}}^2}{n} = \frac{2^2 \cdot z_{1-\frac{\alpha}{2}}^2 \cdot \overline{p} \cdot (1-\overline{p})}{n}$$

Konfidenzintervall für die Varianz
Zweiseitig

$$P\left(\frac{(n-1) \cdot S_{\text{theor}}^2}{\chi_{1-\frac{\alpha}{2};n-1}^2} \le \sigma^2 \le \frac{(n-1) \cdot S_{\text{theor}}^2}{\chi_{\frac{\alpha}{2};n-1}^2}\right) = P\left(\frac{n \cdot S_{\text{emp}}^2}{\chi_{1-\frac{\alpha}{2};n-1}^2} \le \sigma^2 \le \frac{n \cdot S_{\text{emp}}^2}{\chi_{\frac{\alpha}{2};n-1}^2}\right)$$
$$= 1 - \alpha$$

Einseitig

$$P\left(\frac{(n-1)\cdot S^2_{\text{theor}}}{\chi^2_{1-\alpha;n-1}} = \frac{n\cdot S^2_{\text{emp}}}{\chi^2_{1-\alpha;n-1}} \leq \sigma^2\right)$$
$$= 1-\alpha \text{ oder } P\left(\sigma^2 \leq \frac{(n-1)\cdot S^2_{\text{theor}}}{\chi^2_{\alpha;n-1}} = \frac{n\cdot S^2_{\text{emp}}}{\chi^2_{\alpha;n-1}}\right) = 1-\alpha$$

Einstichproben T-Test
Berechnung des Einstichproben T-Tests für den Mittelwert vgl. Abb. 6.6

Überschreitungswahrscheinlichkeit p bei zweiseitigem Test

$$p = 2\cdot\left(1 - P\left(t^{n-1} \leq t_{\text{kritisch}} = \left|\frac{\overline{x}-\mu_o}{\sigma_{\overline{x}}}\right|\right)\right)$$

Überschreitungswahrscheinlichkeit p bei einseitigem Test

$$p_{\text{links}} = P\left(t^{n-1} \leq t_{\text{kritisch}} = \frac{\overline{x}-\mu_o}{\sigma_{\overline{x}}}\right) \text{ für } H_1\colon \mu < \mu_{\text{o}}$$
$$p_{\text{rechts}} = \left(1 - P\left(t^{n-1} \leq t_{\text{kritisch}} = \frac{\overline{x}-\mu_o}{\sigma_{\overline{x}}}\right)\right) \text{ für } H_1\colon \mu > \mu_{\text{o}}$$

Chi-Quadrat Test
Berechnung von Chi-Quadrat:

$$\chi^2_{\text{emp}} = \sum_{i=1}^{k}\sum_{j=1}^{m}\frac{\left(n_{ij}-n^e_{ij}\right)^2}{n^e_{ij}}$$

Entscheidung:

H_0 (Unabhängigkeit) wird abgelehnt, wenn: $\chi^2_{\text{emp}} > \chi^2_{1-\alpha;(m-1)\cdot(q-1)}$

Kruskal-Wallis-Test (H-Test)
Hypothesen:

H_0: $\mathrm{E}(\overline{R_1}) = \mathrm{E}(\overline{R_2}) = \ldots = \mathrm{E}(\overline{R_k})$; H_1:$\mathrm{E}(\overline{R_i}) \neq \mathrm{E}(\overline{R_j})$, für mindestens ein beliebiges $i \neq j$

Teststatistik:

$$H^{\text{endlich}} = \frac{N-1}{N} \sum_{j=1}^{k} \frac{\left(\overline{R}_j - \mathrm{E}\left(\overline{R}\right)\right)^2}{\frac{\sigma^2}{n_j}} = \frac{N-1}{N} \sum_{j=1}^{k} \frac{\left(\overline{R}_j - \frac{N+1}{2}\right)^2}{\frac{N^2-1}{12 \cdot n_j}} \sim \chi^2_{k-1}$$

Entscheidung:

Teststatistik ist $\chi 2$ verteilt mit $k-1$ Freiheitsgraden. Gilt $\chi^2_{k-1} \leq H$; Annahme von H_1

Tabellenanhang

8

8.1 Standardnormalverteilung

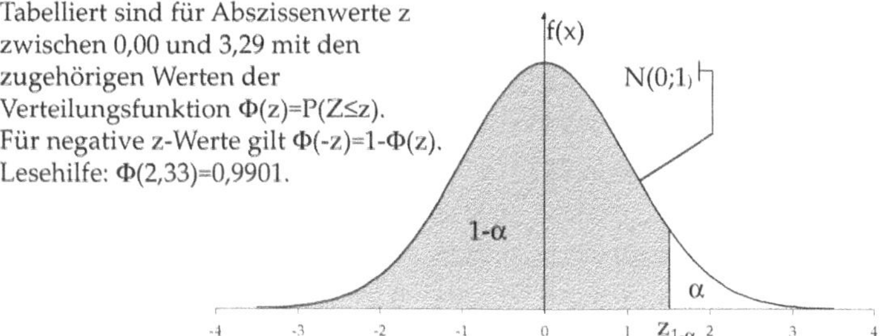

T. Cleff, *Angewandte Induktive Statistik und Statistische Testverfahren*,
https://doi.org/10.1007/978-3-8349-6973-6_8

z	0.00	0.01	0.02	0.03	0.04	0.05	0.06	0.07	0.08	0.09
0.0	0.5000	0.5040	0.5080	0.5120	0.5160	0.5199	0.5239	0.5279	0.5319	0.5359
0.1	0.5398	0.5438	0.5478	0.5517	0.5557	0.5596	0.5636	0.5675	0.5714	0.5753
0.2	0.5793	0.5832	0.5871	0.5910	0.5948	0.5987	0.6026	0.6064	0.6103	0.6141
0.3	0.6179	0.6217	0.6255	0.6293	0.6331	0.6368	0.6406	0.6443	0.6480	0.6517
0.4	0.6554	0.6591	0.6628	0.6664	0.6700	0.6736	0.6772	0.6808	0.6844	0.6879
0.5	0.6915	0.6950	0.6985	0.7019	0.7054	0.7088	0.7123	0.7157	0.7190	0.7224
0.6	0.7257	0.7291	0.7324	0.7357	0.7389	0.7422	0.7454	0.7486	0.7517	0.7549
0.7	0.7580	0.7611	0.7642	0.7673	0.7704	0.7734	0.7764	0.7794	0.7823	0.7852
0.8	0.7881	0.7910	0.7939	0.7967	0.7995	0.8023	0.8051	0.8078	0.8106	0.8133
0.9	0.8159	0.8186	0.8212	0.8238	0.8264	0.8289	0.8315	0.8340	0.8365	0.8389
1.0	0.8413	0.8438	0.8461	0.8485	0.8508	0.8531	0.8554	0.8577	0.8599	0.8621
1.1	0.8643	0.8665	0.8686	0.8708	0.8729	0.8749	0.8770	0.8790	0.8810	0.8830
1.2	0.8849	0.8869	0.8888	0.8907	0.8925	0.8944	0.8962	0.8980	0.8997	0.9015
1.3	0.9032	0.9049	0.9066	0.9082	0.9099	0.9115	0.9131	0.9147	0.9162	0.9177
1.4	0.9192	0.9207	0.9222	0.9236	0.9251	0.9265	0.9279	0.9292	0.9306	0.9319
1.5	0.9332	0.9345	0.9357	0.9370	0.9382	0.9394	0.9406	0.9418	0.9429	0.9441
1.6	0.9452	0.9463	0.9474	0.9484	0.9495	0.9505	0.9515	0.9525	0.9535	0.9545
1.7	0.9554	0.9564	0.9573	0.9582	0.9591	0.9599	0.9608	0.9616	0.9625	0.9633
1.8	0.9641	0.9649	0.9656	0.9664	0.9671	0.9678	0.9686	0.9693	0.9699	0.9706
1.9	0.9713	0.9719	0.9726	0.9732	0.9738	0.9744	0.9750	0.9756	0.9761	0.9767
2.0	0.9772	0.9778	0.9783	0.9788	0.9793	0.9798	0.9803	0.9808	0.9812	0.9817
2.1	0.9821	0.9826	0.9830	0.9834	0.9838	0.9842	0.9846	0.9850	0.9854	0.9857
2.2	0.9861	0.9864	0.9868	0.9871	0.9875	0.9878	0.9881	0.9884	0.9887	0.9890
2.3	0.9893	0.9896	0.9898	0.9901	0.9904	0.9906	0.9909	0.9911	0.9913	0.9916
2.4	0.9918	0.9920	0.9922	0.9925	0.9927	0.9929	0.9931	0.9932	0.9934	0.9936
2.5	0.9938	0.9940	0.9941	0.9943	0.9945	0.9946	0.9948	0.9949	0.9951	0.9952
2.6	0.9953	0.9955	0.9956	0.9957	0.9959	0.9960	0.9961	0.9962	0.9963	0.9964
2.7	0.9965	0.9966	0.9967	0.9968	0.9969	0.9970	0.9971	0.9972	0.9973	0.9974
2.8	0.9974	0.9975	0.9976	0.9977	0.9977	0.9978	0.9979	0.9979	0.9980	0.9981
2.9	0.9981	0.9982	0.9982	0.9983	0.9984	0.9984	0.9985	0.9985	0.9986	0.9986
3.0	0.9987	0.9987	0.9987	0.9988	0.9988	0.9989	0.9989	0.9989	0.9990	0.9990
3.1	0.9990	0.9991	0.9991	0.9991	0.9992	0.9992	0.9992	0.9992	0.9993	0.9993
3.2	0.9993	0.9993	0.9994	0.9994	0.9994	0.9994	0.9994	0.9995	0.9995	0.9995

8.2 Chi-Quadrat-Verteilung

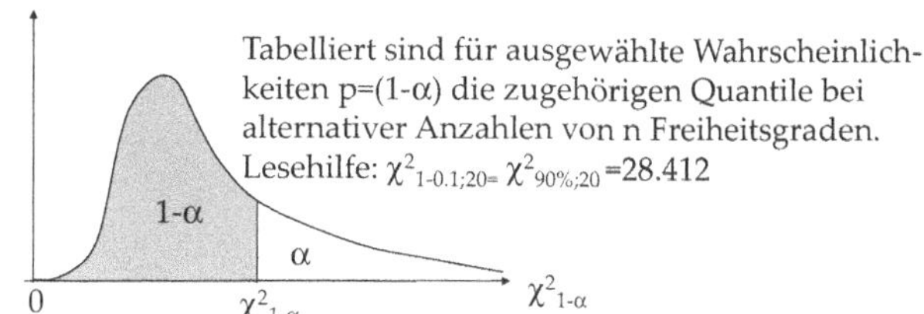

Tabelliert sind für ausgewählte Wahrscheinlichkeiten p=(1-α) die zugehörigen Quantile bei alternativer Anzahlen von n Freiheitsgraden. Lesehilfe: $\chi^2_{1-0.1;20}=\chi^2_{90\%;20}=28.412$

n	$p=(1-\alpha)$					
	0.001	0.005	0.025	0.005	0.1	0.5
1	0.000	0.000	0.001	0.000	0.016	0.455
2	0.002	0.010	0.051	0.010	0.211	1.386
3	0.024	0.072	0.216	0.072	0.584	2.366
4	0.091	0.207	0.484	0.207	1.064	3.357
5	0.210	0.412	0.831	0.412	1.610	4.351
6	0.381	0.676	1.237	0.676	2.204	5.348
7	0.598	0.989	1.690	0.989	2.833	6.346
8	0.857	1.344	2.180	1.344	3.490	7.344
9	1.152	1.735	2.700	1.735	4.168	8.343
10	1.479	2.156	3.247	2.156	4.865	9.342
11	1.834	2.603	3.816	2.603	5.578	10.341
12	2.214	3.074	4.404	3.074	6.304	11.340
13	2.617	3.565	5.009	3.565	7.042	12.340
14	3.041	4.075	5.629	4.075	7.790	13.339
15	3.483	4.601	6.262	4.601	8.547	14.339
16	3.942	5.142	6.908	5.142	9.312	15.338
17	4.416	5.697	7.564	5.697	10.085	16.338
18	4.905	6.265	8.231	6.265	10.865	17.338
19	5.407	6.844	8.907	6.844	11.651	18.338
20	5.921	7.434	9.591	7.434	12.443	19.337
21	6.447	8.034	10.283	8.034	13.240	20.337
22	6.983	8.643	10.982	8.643	14.041	21.337
23	7.529	9.260	11.689	9.260	14.848	22.337
24	8.085	9.886	12.401	9.886	15.659	23.337
25	8.649	10.520	13.120	10.520	16.473	24.337
26	9.222	11.160	13.844	11.160	17.292	25.336
27	9.803	11.808	14.573	11.808	18.114	26.336
28	10.391	12.461	15.308	12.461	18.939	27.336
29	10.986	13.121	16.047	13.121	19.768	28.336
30	11.588	13.787	16.791	13.787	20.599	29.336
40	17.916	20.707	24.433	20.707	29.051	39.335
60	31.738	35.534	40.482	35.534	46.459	59.335
80	46.520	51.172	57.153	51.172	64.278	79.334
100	61.918	67.328	74.222	67.328	82.358	99.334

Chi-Quadrat-Verteilung (Fortsetzung)

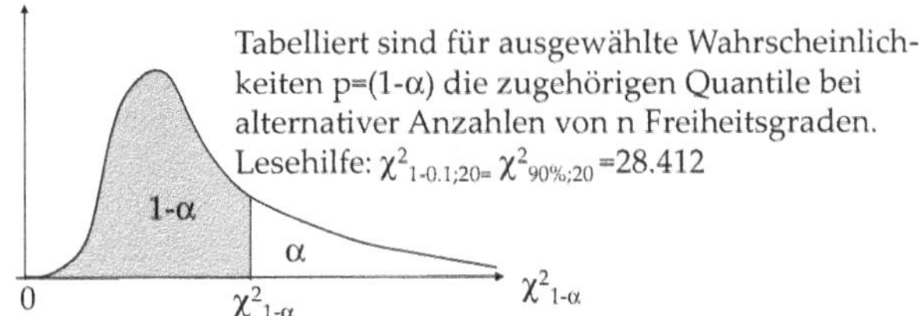

n	$p = (1-\alpha)$					
	0.9	0.95	0.975	0.99	0.995	0.999
1	2.706	3.841	5.024	6.635	7.879	10.828
2	4.605	5.991	7.378	9.210	10.597	13.816
3	6.251	7.815	9.348	11.345	12.838	16.266
4	7.779	9.488	11.143	13.277	14.860	18.467
5	9.236	11.070	12.833	15.086	16.750	20.515
6	10.645	12.592	14.449	16.812	18.548	22.458
7	12.017	14.067	16.013	18.475	20.278	24.322
8	13.362	15.507	17.535	20.090	21.955	26.124
9	14.684	16.919	19.023	21.666	23.589	27.877
10	15.987	18.307	20.483	23.209	25.188	29.588
11	17.275	19.675	21.920	24.725	26.757	31.264
12	18.549	21.026	23.337	26.217	28.300	32.909
13	19.812	22.362	24.736	27.688	29.819	34.528
14	21.064	23.685	26.119	29.141	31.319	36.123
15	22.307	24.996	27.488	30.578	32.801	37.697
16	23.542	26.296	28.845	32.000	34.267	39.252
17	24.769	27.587	30.191	33.409	35.718	40.790
18	25.989	28.869	31.526	34.805	37.156	42.312
19	27.204	30.144	32.852	36.191	38.582	43.820
20	28.412	31.410	34.170	37.566	39.997	45.315
21	29.615	32.671	35.479	38.932	41.401	46.797
22	30.813	33.924	36.781	40.289	42.796	48.268
23	32.007	35.172	38.076	41.638	44.181	49.728
24	33.196	36.415	39.364	42.980	45.559	51.179
25	34.382	37.652	40.646	44.314	46.928	52.620
26	35.563	38.885	41.923	45.642	48.290	54.052
27	36.741	40.113	43.195	46.963	49.645	55.476
28	37.916	41.337	44.461	48.278	50.993	56.892
29	39.087	42.557	45.722	49.588	52.336	58.301
30	40.256	43.773	46.979	50.892	53.672	59.703
40	51.805	55.758	59.342	63.691	66.766	73.402
60	74.397	79.082	83.298	88.379	91.952	99.607
80	96.578	101.879	106.629	112.329	116.321	124.839
100	118.498	124.342	129.561	135.807	140.169	149.449

8.3 Student-t-Verteilung

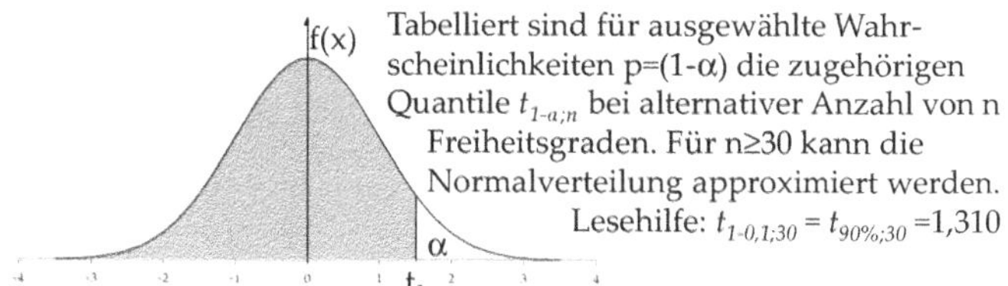

Tabelliert sind für ausgewählte Wahrscheinlichkeiten p=(1-α) die zugehörigen Quantile $t_{1-\alpha;n}$ bei alternativer Anzahl von n Freiheitsgraden. Für n≥30 kann die Normalverteilung approximiert werden. Lesehilfe: $t_{1-0,1;30} = t_{90\%;30}$ =1,310

n	Quantil für $t^n_{1-\alpha}$							
	0.8	0.9	0.95	0.975	0.99	0.995	0.999	0.9995
1	1.376	3.078	6.314	12.706	31.821	63.657	318.309	636.619
2	1.061	1.886	2.920	4.303	6.965	9.925	22.327	31.599
3	0.978	1.638	2.353	3.182	4.541	5.841	10.215	12.924
4	0.941	1.533	2.132	2.776	3.747	4.604	7.173	8.610
5	0.920	1.476	2.015	2.571	3.365	4.032	5.893	6.869
6	0.906	1.440	1.943	2.447	3.143	3.707	5.208	5.959
7	0.896	1.415	1.895	2.365	2.998	3.499	4.785	5.408
8	0.889	1.397	1.860	2.306	2.896	3.355	4.501	5.041
9	0.883	1.383	1.833	2.262	2.821	3.250	4.297	4.781
10	0.879	1.372	1.812	2.228	2.764	3.169	4.144	4.587
11	0.876	1.363	1.796	2.201	2.718	3.106	4.025	4.437
12	0.873	1.356	1.782	2.179	2.681	3.055	3.930	4.318
13	0.870	1.350	1.771	2.160	2.650	3.012	3.852	4.221
14	0.868	1.345	1.761	2.145	2.624	2.977	3.787	4.140
15	0.866	1.341	1.753	2.131	2.602	2.947	3.733	4.073
16	0.865	1.337	1.746	2.120	2.583	2.921	3.686	4.015
17	0.863	1.333	1.740	2.110	2.567	2.898	3.646	3.965
18	0.862	1.330	1.734	2.101	2.552	2.878	3.610	3.922
19	0.861	1.328	1.729	2.093	2.539	2.861	3.579	3.883
20	0.860	1.325	1.725	2.086	2.528	2.845	3.552	3.850
21	0.859	1.323	1.721	2.080	2.518	2.831	3.527	3.819
22	0.858	1.321	1.717	2.074	2.508	2.819	3.505	3.792
23	0.858	1.319	1.714	2.069	2.500	2.807	3.485	3.768
24	0.857	1.318	1.711	2.064	2.492	2.797	3.467	3.745
25	0.856	1.316	1.708	2.060	2.485	2.787	3.450	3.725
26	0.856	1.315	1.706	2.056	2.479	2.779	3.435	3.707
27	0.855	1.314	1.703	2.052	2.473	2.771	3.421	3.690
28	0.855	1.313	1.701	2.048	2.467	2.763	3.408	3.674
29	0.854	1.311	1.699	2.045	2.462	2.756	3.396	3.659
30	0.854	1.310	1.697	2.042	2.457	2.750	3.385	3.646
40	0.851	1.303	1.684	2.021	2.423	2.704	3.307	3.551
60	0.848	1.296	1.671	2.000	2.390	2.660	3.232	3.460
120	0.845	1.289	1.658	1.980	2.358	2.617	3.160	3.373
∞	0.842	1.282	1.645	1.960	2.326	2.576	3.090	3.291

8.4 Kritische Werte für den Wilcoxon-Vorzeichen-Rang-Test

Einseitiger Test ($\alpha =$)	5 %	2.5 %	1 %	0.5 %		5 %	2.5 %	1 %	0.5 %
Zweiseitiger Test ($\alpha =$)	10 %	5 %	2 %	1 %		10 %	5 %	2 %	1 %
n 1	–	–	–	–	n 26	110	98	84	75
2	–	–	–	–	27	119	107	92	83
3	–	–	–	–	28	130	116	101	91
4	–	–	–	–	29	140	126	110	100
5	0	0	–	–	30	151	137	120	109
6	2	0	–	–	31	163	147	130	118
7	3	2	0	–	32	175	159	140	128
8	5	3	1	0	33	187	170	151	138
9	8	5	3	1	34	200	182	162	148
10	10	8	5	3	35	213	195	173	159
11	13	10	7	5	36	227	208	185	171
12	17	13	9	7	37	241	221	198	182
13	21	17	12	9	38	256	235	211	194
14	25	21	15	12	39	271	249	224	207
15	30	25	19	15	40	286	264	238	220
16	35	29	23	19	41	302	279	252	233
17	41	34	27	23	42	319	294	266	247
18	47	40	32	27	43	336	310	28	261
19	53	46	37	32	44	353	327	296	276
20	60	52	43	37	45	371	343	312	291
21	67	58	49	42	46	389	361	328	307
22	75	65	55	48	47	407	378	345	322
23	83	73	62	54	48	426	396	362	339
24	91	81	69	61	49	446	415	379	355
25	100	89	76	68	50	466	434	397	373

Sachverzeichnis

T. Cleff, *Angewandte Induktive Statistik und Statistische Testverfahren*,
https://doi.org/10.1007/978-3-8349-6973-6

The manufacturer's authorised representative in the EU is Springer Nature Customer Service Centre GmbH, Europaplatz 3, 69115 Heidelberg, Germany. If you have any concerns regarding our products, please contact ProductSafety@springernature.com

Printed and bound by CPI Group (UK) Ltd, Croydon, CR0 4YY

28/04/2026

02098479-0016